河合塾
SERIES

現代文と格闘する 三訂版

河合塾講師
竹国友康
前中　昭
牧野　剛
共著

河合出版

はじめに

いま、私たちは、これまで確かなものとされてきた世界観や価値観が揺れ動く、不透明な世界にいる。

この変動する時代の大きく重いうねりのなかで、世界は手軽に読み解けると謳《うた》っていた「定石集」や「用語集」は、世界の豊かさやこわさを見くびっていた分、しっぺ返しされ、次々と無効宣告を受けている。

そして、時代と戯れる「テクニック集」や「マニュアル集」を消費したあとの空しさのなかで、私たちは、自分の力で世界そのものと、もう一度じっくり向き合っていくほかには、未来をつかむことなどできないのではないかと、気付き始めた。

自分の頭で考え、行動することはエネルギーの要ることだが、そのエネルギーをかけ、自分自身と、そして世界と格闘し、そのなかで自分にとっての大切な「問い」と「答え」を求め続けよう。

私たちが、人間や世界に対する興味や好奇心を持って、先人たちが積み重ねてきた知的営みの上に立つ「現代文」と格闘することもまた、新しい自分と世界を発見していく、未来につながる営みであると思うのだ。

時代は確かに混迷のなかにあるが、しかしそのただなかからこそ、新しい社会や新しい生き方を展望する言葉たちが立ち上がってくることを、私たちはかすかに予感してもいるはずだから。

さあ、「現代文と格闘する」ことから始めよう。

本書の構成について

本書は三部構成となっている。
実際の取り組み方については、各部の扉《とびら》に詳しく説明しているので、ここでは、三部構成のあらましを説明しておくにとどめる。

第一部「ことばをイメージする」では、現代文を読解するためのキーワード群を精選し、それらのイメージアップを図った。「ことば」の意味や用い方をただたくさん暗記するのではなく、いくつかの重要な「ことば」に焦点を当て、その「ことば」のつながりや周辺のテーマをも見通しながら、生きた理解ができるように試みた。

第二部「文章を読みつなぐ」では、現代文を読解するための方法**「読みつなぐ」**ということについて説明する。「方法」と書いたが、「定石」や「テクニック」と呼ばれるような煩雑で、いかめしい「やり方」を強制しようというのではない。むしろ、文章を全体としてつかもうとする思考の流れに沿った「読みつなぎ方」を、君自身が自在に編み上げていけるように、いくつかのシンプルな「視点」を提案しようというものだ。

第三部「文章と格闘する」の［演習編］では、いよいよ君に鉛筆やシャープペンシルを持って実際に、入試頻出のテーマを追った問題と取り組んでもらうことになる。［解説編］では、問題ごとに一つのガイドラインとしての「読みつなぎ方」を示すことで、君が自分の「読みつなぎ方」と照らし合わせて、読解上の問題点を自分でたやすく発見できるようにしている（自分の課題を知ることが飛躍への秘訣だ！）。ただ「答え」を合わせて終わるのではなく、論述や選択肢の「答え」を導く根拠ともなる「読み」を確かなものにしてほしい。また、設問の解法が具体的にわかるように、要所要所に設問タイプ別に**「解法のヒント」**を置いた。

言うまでもないが、「現代文」の力を伸ばしていくカギは、**人間と世界に対する、君の知的な好奇心にかかっている**と言える。そのため、入試現代文で取り上げられるテーマ（これは「小論文」にも「英文解釈」にも頻出するものだ）について、さらに広く深く考えていく手がかりを提供し、君の知的な関心を喚起するために、**「知の扉」**を第二部・第三部に置いた。

［三訂版の刊行にあたって］

本書の初版は一九九五年に、改訂版は二〇〇六年に刊行された。その間、数多くの受験生、また現場の先生がたが本書を熱く支持してくださった。心より感謝申し上げる。改訂版に寄せられたご意見・ご要望に応え、このたび三訂版を刊行する。三訂版では、入試現代文の傾向を考慮し問題文の大幅な差し替えを行うとともに、今後、現代文学習の目標として思考力・表現力の養成にいっそう焦点が当てられることをかんがみ、論述問題を増やし、問題文の読解プロセス、論述答案の導き方について説明を強化した。また、すべての問題に「全文要約」の答案例と考え方を示し、要約練習と取り組みやすい工夫を加えた。なお、三訂版の作成にあたって、河合塾講師、中田勝也氏、畑中小百合氏のご協力を得た。記して謝意を表したい。

著者

目次

解法のヒント 一覧

知の扉 一覧

第一部

1

ことばをイメージする

1

評論文を読解し問題を解いていくために、どうしても必要な作業がある。その一つは、評論文に繰り返し登場し、しかも中心的な内容を紡《つむ》ぎ出しているにもかかわらず、高校までの現代文の授業では必ずしも十分に教えられることのないいくつかの熟語を正確に理解しておくことである。評論文重要語の数は決して多くはない。たかだか五〇語ぐらいのものである。だから、これらの言葉に早く慣れてしまうことだ。

2

では、どのようにしてこれらの言葉を理解していけばよいのだろう。

評論文に頻出する重要語を頭から記憶することを生徒に要求する教師がいたり、またそれらを何百語も羅列した参考書・用語集があったりするが、はたしてそれでよいのだろうか。こうした「詰め込み学習」がもたらす皮肉な例を一つ挙げて考えてみよう。

たとえば、よく出てくる「認識」という言葉を辞書で引いたとしよう。この辞書は十分に権威のあるものであることは、ご存知の通りである。

《認識［にんしき］＝①人間が物事を知る働きおよびその内容。知識とほぼ同じ意味。知識が主として知りえた成果を指すのに対して、認識は知る作用および成果の両者を指すことが多い。》（新村出『広辞苑』第六版　岩波書店）

「知識とほぼ同じ意味」とあるので、「知識」のほうも引いてみる。

《知識［ちしき］＝③知られている内容。認識によって得られた成果。》（同前）

ここからわかることは、二つの言葉の違いはせいぜい「作用」と「成果」の違いということであろうか。しかし、それも、「認識」の意味の説明のほうにも「成果」がある以上、どちらも「ほぼ同じ」と記憶しなければならないのかとも思ってしまう。こんな具合では、現代文の勉強に力を入れようと思っても入れる気が起こらないのではないか。

また、言葉の具体的なイメージを伴うことなく、ただ辞書的な意味をバラバラに孤立したまま記憶しても、そうした言葉を使いこなせないことも確かであろう。

3

このような受験現代文の現状を反省し、その欠点を突破しようと、第一部は書かれた。したがって、辞書的なお仕着せ《しきせ》（＝お決まりのモノ）の意味の説明を羅列するのではなく、厳選した評文重要語の意味を鮮明に規定すること、つまり、その言葉の登場してくる背景も押さえながら、言葉を個々バラバラにではなく、関連する言葉のグループにおいて捉え理解できるように説明を試みた。またそのため、要所要所で、言葉のイメージをイラストで提示してもいる。なお、文例は主に入試で出題された問題文から採用した。

言葉の意味を一つずつ覚え込もうとしないで、以下の説明を「読み物」のようにひと通りざっと読んでみてほしい。そして、第二部・第三部と取り組みながら、必要に応じて第一部に戻って来ると効果的な理解が得られるだろう。

では、始めよう。

I 「字義」上の関連語

日本語の熟語は、多くの場合、複数の漢字の組み合わせである。漢字の多くは表意文字であるので、熟語をつくる一つ一つの漢字の意味やイメージを深く理解することによって、一連の熟語の意味やイメージを理解できる場合がある。ここではその代表として「識」と「義」を考えてみよう。

1 「識」〈知識―意識―認識〉

「識」を辞書で調べると「①見分ける、知る、さとる　②認識する心の作用　③かんがえ、いけん　④知り合い　⑤しるし」（『日本国語大辞典』）などとなっている。ここに見られる「識」の基本的な行為は「外部的な情報や信号を頭脳が受け取り（その本人がそれがどのようなものであるかを了解し）きちんと頭の中で整理整頓して記憶していること」に由来している。つまり「識」は、図1のように「頭の中に外的信号を整理整頓する整理箱があり、そこにきちんと入れていること」を意味している。とすれば**知識**（knowledge）とは、「頭の中に整理整頓されている外部の信号がどこに入っているか理解し自分のものとして利用できるまでに知っていること」となるであろう。

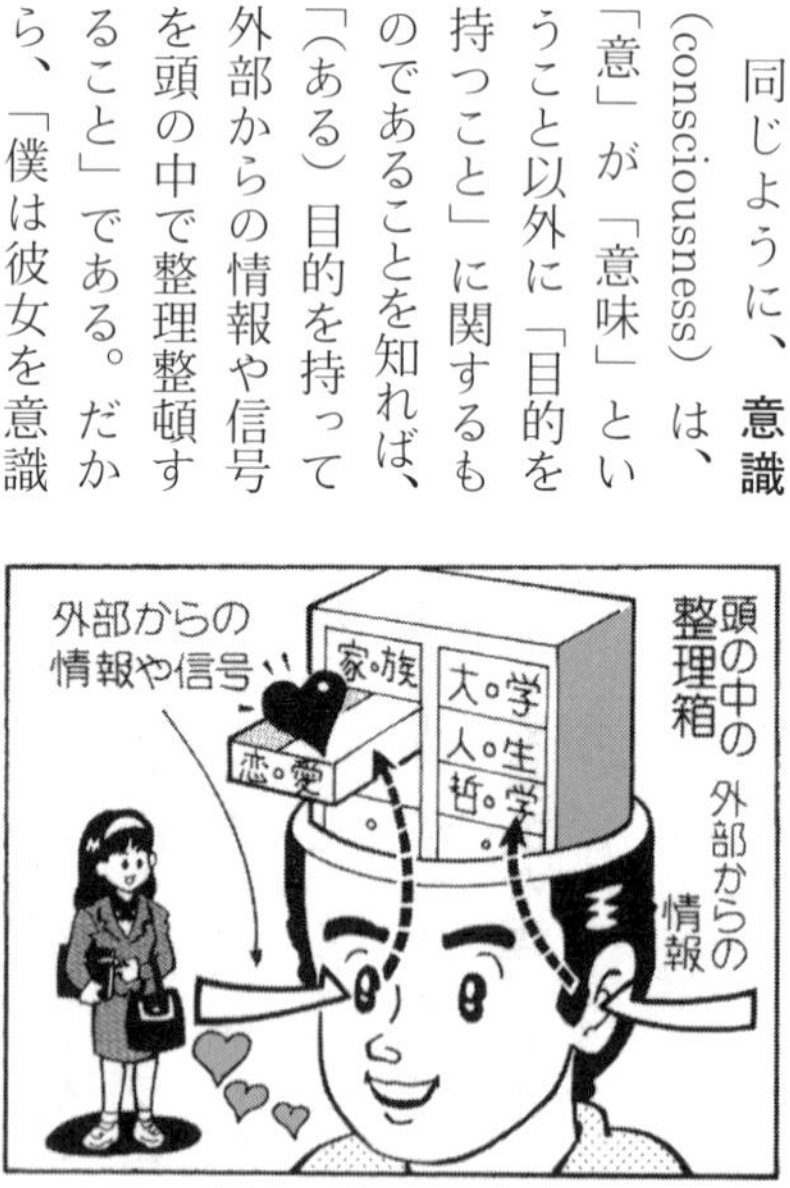

図1　「識」とは何か

同じように、**意識**（consciousness）は、「意」が「意味」ということ以外に「目的を持つこと」に関するものであることを知れば、「（ある）目的を持って外部からの情報や信号を頭の中で整理整頓すること」である。だから、「僕は彼女を意識している」という文は、「僕は彼女をある目的（＝たとえば『恋人にしたい』とか、『友人になりたい』ということ）を持って頭の中で整理整頓した」ということなのである。この点からすれば**無意識**（unconsciousness）は、その「意」の内容が「無い」わけだから、「目的を持っていないこと」になる。だから「私は無意識のうちに口びるに手をやった」という文は、「私は（何の）目的もなく気がついたら口びるに手をやっていた」という意味である。

認識（recognition）は、「認」が、役所での「認め＝自分の印を押すこと」とか、「子どもの認知＝自分の子であることを確認すること」とかに見られるように、「AとBはこれこれが違う」、つまり、「伊藤であって水野ではない」とか、「血液型がA型やB型やAB型ではなくO型なので私の子どもである」とかいう「差異が基本にあることを認め頭の中に整理すること」にほかならない。結局は「他との違いをはっきりつかんで、そのものであることを認め確認すること」という意味になる。つまり、簡単に言えば、「認」が「差を見抜くこと」であるわけで、**認識**は「差を見抜いて頭に整理整頓すること」と言えよう。

これ以外に「識別」「識者」「常識」などもあるが、これらも今までの説明を利用して考えれば、その意味するところはわかるであろう。

〔例〕〈経験科学としての経済学は、作業モデルとして〝経済人〟を想定し、**認識**をすすめるが、だれもこの〝経済人〟が現実の中に一人歩きする具体的人間そのものだと思ってはいない。現実の具体的人間はもっと複雑な行動をする複雑な人間である。同様に歴史科学の想定する〝歴史人〟も、**認識**をまとめるための概念模型、ウェーバーのコトバを使えば、一つの〝理想型〟であることが忘れられてはならないであろう。〉

久野収「歴史主義と反歴史主義」による

【意味】〈……（経済社会とそれ以外との）差を見抜いて整理整頓をすすめるが、……（歴史社会とそれ以外との）差を見抜いて整理整頓してまとめるための……〉

2　「義」〈一義―広義―両義〉

「義」は辞書的には「①正しい、道にかなった　②わけ、意味　③公共のために尽くす」などであるが、③は「義人」などの特殊なもので、このごろの文章にはあまり見られない。また①も「正義、道義」などに限られている。つまり、われわれにとっては②の「意味」こそ問題なのである。「義」を「意味」と解釈すれば、**一義**、**二義的**、**多義**はそれぞれ「一つの意味、第一の意味」、「二番目の意味、特に重要ではない（一義的ではない）意味」、「多くの意味」と理解できる。また、**広義**、**狭義**も「広い意味」「狭い意味」と考えることができるし、**定義**（definition）も「意味を定めること」と言える。

問題は、**両義**（ambiguity）である。「両」は「両手」「両足」などのように「二つ」を意味する。その「二つ」はただ単に「二つ」であるだけでなく、「（左右などのように）対照的な二つ」なのである。そうすると、「両義」とは「対照的な二つの意味」ということになろう。もし「壁の両義性」と言うならば、「壁のもっている対照的な二つの意味」のことで、「壁はわれわれを暑さ、寒さ、外敵などから守ってくれるものである」というプラスイメージの意味とともに、「あまりに壁が厚くなってしまうと出られなくなるもの」というマイナスイメージの意味も合わせ持つことになる。

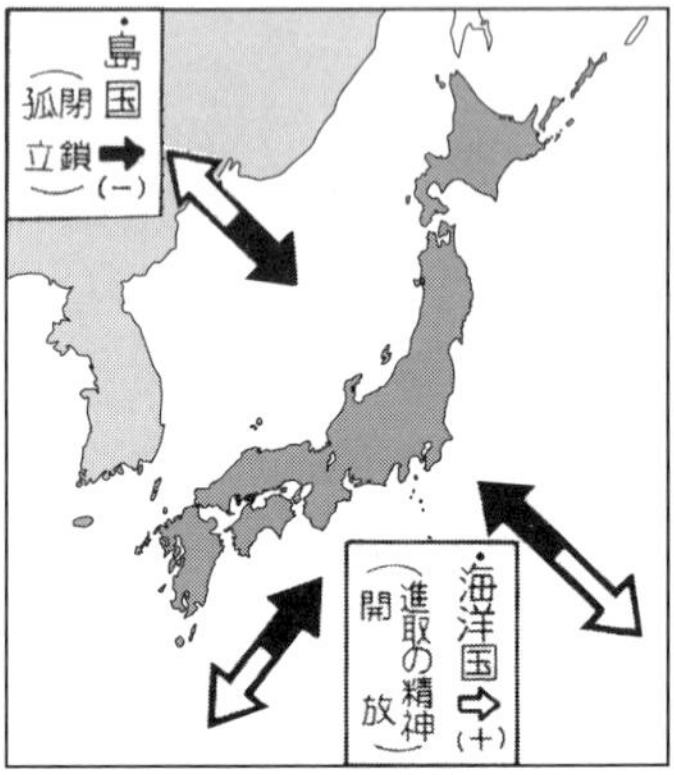

図2　海の両義性

　また「日本を取り巻く、海の両義性」とは、たとえば、図2のように海によって日本は大陸から孤立しているとともに、海を介して世界のどことでもつながっているという、日本のあり方にとっての、「海のもつ対照的な二つの意味」のことであると考えればよい。

〔例〕〈言葉の数の有限性は、第一に、ひとつひとつの言葉の意味内容に広がりをもたせ、第二に、意味の**多義性**を惹《ひ》き起こすことになる。語られるべき世界の事物は連続的に連なっているのに言葉は広がりをもった領域を受け持たざるを得なくなる。言葉のこの性格に対して、**多義性**は副次的なものである。なぜならば、ひとつひとつの言葉が仮に数個の意味をもったにせよ、言葉の総数が高々《たかだか》数倍になる効果を生みだすだけで、このことは連続世界の多様性を前にしてほとんど無力だからである。〉

　菅野道夫「ファジィ理論の目指すもの」による

【意味】〈……第二に、意味が多くあるという状態を惹き起こすことになる……言葉の（示す）性格に対して、意味が多くあるという性格は、副次的なものである。……〉

II　論理を示す重要語

　論理的な内容を示す重要な言葉もいくつかある。その代表的なものをここで説明する。とくに**逆説**（パラドックス）という言葉は、傍線が引かれその意味を踏まえた説明が求められたり、空欄問題として問われたりすることが多いものである。

1　矛盾・逆説

　人間はさまざまな「論理を使う動物」である。その論の中には、「AはB。BはC。ゆえにAはC。（「人間は動物である。動物はすべて死ぬ。ゆえに、人間はすべて死ぬ。」)」などという「三段論法」と呼ばれる、ある点では論理が直線的なものがある一方、論理の逆転や飛躍のあるきわめて複雑な様相を示すものもある。

　こうした複雑な論理の中に「矛盾」、「逆説」というものがある。

　矛盾（contradiction）とは、二つの命題やモノゴトが論理的には同時に成り立つ可能性がないのに、その二つが同時に存在したり主張されたりすることである。つまり、「どのような盾《たて》をも打ち抜く矛《ほこ》（やり）」を売った商人が、同時に「どのような矛にも耐えられる盾」を売るとしたら、彼の言い方には「矛盾」があることになってしまう。「二律背反」「自家撞着《じかどうちゃく》」とも言う。

　一方、**逆説**（paradox）は、「一見すると真理に矛盾するように見えるけれども、その実、よく考えてみると、その内容がなるほどその通りだと了解されるような言説」のことをいう。逆説の典型例として辞書にもよく載っている、「急がば回れ」で具体的に考えてみよう。「急がば回れ」は、「急いでいる時には近道をする」という普通の言い方（考え方）を逆転させ、「急いでいる時は遠回りせよ」という言い方（考え方）になっていて、一見、真理（普通の考え方）に矛盾するように思える。しかし、「急いでいる時こそ、慎重に回って行った方が結局は早く確実に着くこと」はたびたびある。したがって、「急がば回れ」という言説は、「矛盾しているように見えるけれども真理としてある」点で、「逆説」なのである。

　また、「科学文明の逆説」について考えてみよう。世界が文明化し、科学技術が発展すればするほど、生活や労働における危険や苦労は少なくなり、人類の幸福は拡大するように思えるが、その実、それと矛盾するように見える、科学技術によって起こる「公害」や「自然破壊」、そして「核兵器の開発」などは、人類の生存さえも危ういものにしてしまうことになり、これは明らかに「科学文明の逆説的な状況」と言えるのである。

　これらの例のように、**「逆説」は、「本来なら（普通なら）～となるはずなのに、かえって反対に～となってしまう」**というような意味で用いられることが多い。

〔例〕〈考えてみれば、人間の選択といういとなみは、ふしぎな**逆説**をはらんでなりたっている。私たちはもっとも主体的であろうとする瞬間に、かえって徹底的な自己抛棄《ほうき》に身をまかせなければならないのである。〉

山崎正和「無常と行動」による

【意味】〈……普通ならひとがもっとも主体的になろうとするとき（たとえば危機に直面したとき）には自分自身の

判断を強く貫いていくはずなのに、そのような場合かえってそれとは反対に自分の判断を捨ててしまうこと（たとえば、「困ったときの神頼み」）にならなければならないのである。〉

2　アンビバレンス

アンビバレンス（ambivalence）の基本的な意味は、心理学で言う、「相反する感情（たとえば「愛と憎しみ」）が同時に存在して葛藤《かっとう》している心的状態のこと」である。そこから「生と死のアンビバレンス」というように、「対立するものが同時に存在する」意味として、より一般的に使われるようにもなった。「両面価値」「両価性」と翻訳されることもある。

〈例〉〈……異文化の中で生活すればするほど、日本文化をもつことの幸せを感じないでいられない。とともにそれを重荷に思うもどかしさがある。……自文化に対するこの**アンビバレンス**は、一般的にいってもこれから大きなものとなるに違いない。〉　青木　保「文化の否定性」による

【意味】〈この「幸せ」と「重荷」という二つの対立する感情を「日本文化」に同時に感ずる気持ちは……〉

Ⅲ　近代をめぐる諸概念

ここから、現代文においてとくに頻出する、「近代」(the modern age) をめぐるさまざまなテーマを理解するために必要な重要語のいくつかを取り上げる。これらの言葉を理解するに当たっては、それらの意味を個々別々にではなく、相互の意味の関連とそれらの言葉の成立背景をもよく考えてみることが肝要である。

1　近代・主体・科学

近代と呼ばれる時代は、世界の中心に「神」(God) の存在を考える「中世」(the middle age) の後にやってきた。「中世」（キリスト教圏での）においては、すべての世界の秩序は唯一絶対の「神」の意志によって創造され、人間も自然も「神」の「被造物」（神によって造られたもの）としてあった。

ところが、「近代」は、この「神」の下《もと》にあった中世的な秩序《ヒエラルキー》（＝ピラミッド型の、安定した階層構造）を打ち倒し、世界を「人間」(human being) を中心に構成し直そうとした。その手っ取り早いやり方としては、「神」の占めていた場所に「人間」がそのまま横滑りし

て、その位置を奪取すればよいのである（図3を見てほしい）。こうして、「人間（の理性）」を世界の中心に据えた「人間中心主義」（ヒューマニズム〈humanism〉）が成立する。この思想は、一面では旧秩序から解放された人間賛歌ではあったが、他面では神の存在を恐れぬ人間を生み出し、思い上がらせるものともなった。

　近代を特徴付ける指標として、これ以外にも、①自由・平等・市民、②資本主義・自由市場、③進歩の思想などを挙げることができる。

　ところで、この「近代」のものの考え方を基礎付けた哲学者の一人が、デカルトである。デカルトは、あらゆるものごとを疑い抜いたあげく、それでもなお疑い得ないものとして実在する、この「疑っている自分自身の存在」（＝コギト的自己）を発見した。「Cogito ergo sum《コギト・エルゴ・スム》」（「思う、故《ゆえ》に、我在り」）である。これは同時に、自分自身を他から切り離された独自の存在として、つまり**主体**（subject）として考えるから、その「主体」の外にある存在はすべて、「主体」が見たり、感じたり、考えたりする相手として、つまり**客体・対象**（英語ではどちらもobject）として区分されるようになる。ここに、**主客二元論**（世界を「主体」と「客体」とに二分して捉える見方）が成立する。たとえば、「私が花を見る」という場合、見ている「私」は「主体」であり、私に見られている「花」は「客体・対象」であるということになる。

　この主客二元論は、近代**科学**を発展させる基礎となった。なぜなら、中世的な秩序の下では「人間」は「神」の「被造物」とされ受動的な位置に甘んじていたので、「人間」が「主体」となってさまざまなものごとを研究したり、作り変えたりできなかったからである。こうして「近代」において、「主体」から切り離された「客体」世界が成立し、それを観察・研究する近代「科学」が急速に進展していくのである。

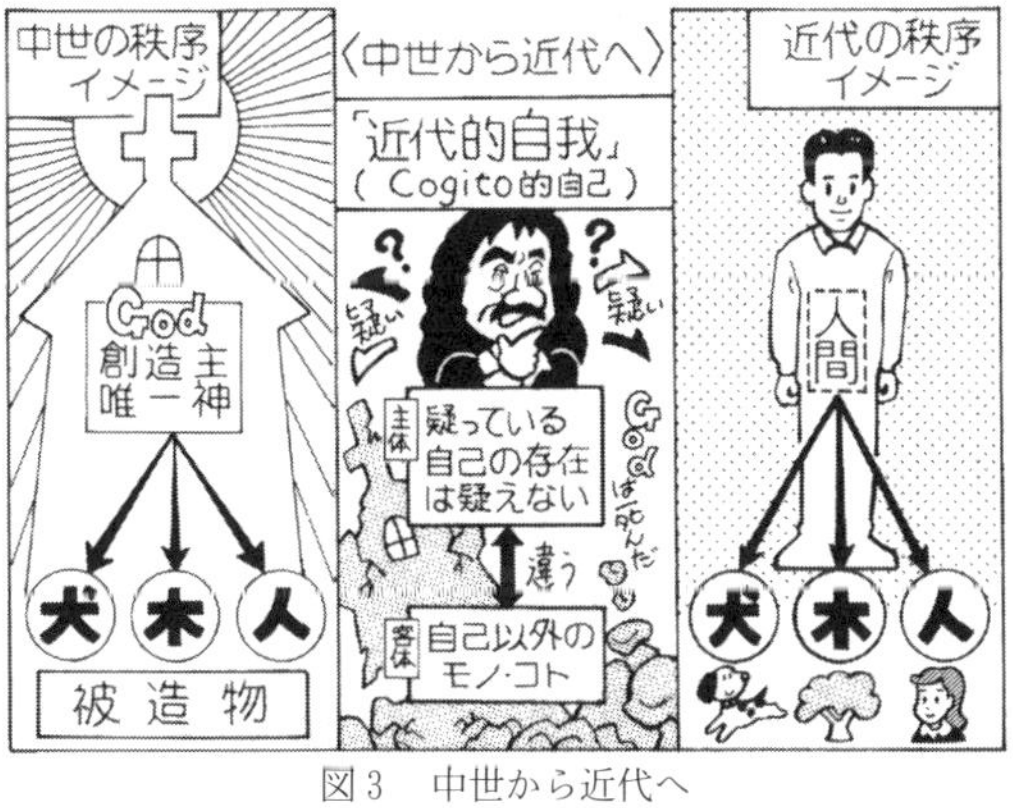

図3　中世から近代へ

　このことに関連して、「科学」の根本にある**「自然の**

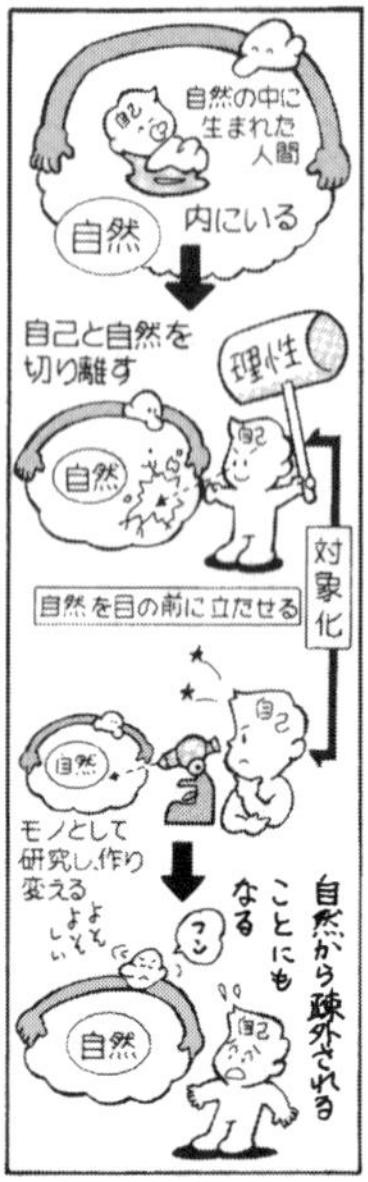

図4　自然の対象化

対象化（客体化）」ということについても考えておこう。「自然」（nature）のただなかに生まれた「人間」（このとき、人間と自然は一体化し区別できない）が、「自己」を「自然」から切り離し、「自然」を「自分の前に立たせ」、それを「対象化（客体化）」する。そして「人間」は「自然」を「作り変えたり、操作したりする」ようになったのである。図4を見てよく理解してほしい。現代の「科学文明の時代」を思想の言葉で表すとしたら「自然の対象化の時代」と言えるわけだ。

　なお、**主観・客観**という言葉は、「主体」「客体」という言葉と対応している。一般的な用い方では、「主観」とは「主体（私個人）の見方のこと」であり、一方、「客観」とは「客体（「私」の立場を離れた第三者）の見方のこと」であると理解しておけば十分だろう。言うまでもないことだが、近代「科学」は「客観的」な法則を明らかにするものとしてある。

〔例〕〈私は、人類の歴史は、自然の一部でありながら、自然を**対象化**する意志をもつようになった生物の一つの種が、悲惨な試行錯誤をかさねながら、個人の一生においても、社会全体としても、叡知《えいち》をつくして、つまり最も「人工的」に、みずからの意志で自然の理法にあらためて帰一する、その模索と努力の過程ではないかと思うことがある。〉　川田順造「曠野から」による

【意味】〈……自然を自分から切り離し目の前に置いて自分の思うままに利用しようとする意志をもつようになった……〉

2　理性・精神↔感性・肉体

「近代」という時代は、人間の**理性**（reason）・**合理性**（rationality）を世界の中心価値において成立した。この「理性」「合理性（合理的精神）」を上位に置く近代的な考えは、またそれらと対立するとされるものごと、たとえば**感性**（感覚）・**非合理性**（いずれも理性では説明できないこと）、**肉体**（精神が支配しようとするもの、精神の言うことをきかないもの）を下位のものと見なす見方をもたらすものであった。

　おおざっぱな言い方をすれば、「理性」「精神」（mind, spirit）は人間的な価値の高いものであり、一方、「感

覚」(sense)「肉体（身体）」(body) は他の動物にも共通する劣ったものだと考えるわけである。

　しかし、「理性」を持っていたはずの近代国家が引き起こした二十世紀前半の二度にわたる世界大戦の惨禍《さんか》や、二十世紀後半になって地球規模での広がりを見せた、「合理的」であるべき近代科学（技術）がもたらす環境破壊といった事態は、近代人が信じて疑わなかった人間の「理性」「合理的精神」が絶対のものではないということを人びとに実感させた。そしてそこから、「感覚」や「肉体」を劣位の価値と見なしていた従来の考え方に対する見直しが始まった。

　このように「近代」(modern) の考え方を批判的に見直し、乗り越えていこうとするさまざまな思索や考え方を**「ポスト・モダン」**(post-modern) の思想と呼ぶことも付け加えておきたい。「post」とは「post-war」（戦後）というように「〜の後」という意味だから、「ポスト・モダン」は「近代の後・超近代」という意味である。

Ⅳ　対概念《ついがいねん》

ここでは、「具体」と「抽象」というような、一つのセットになった言葉を取り上げる。もちろんのことだが、一対《いっつい》の言葉なのだから、バラバラにではなく、一組《ひとくみ》の言葉として理解しよう。

1　具体↕抽象——概念・観念

具体 (concrete) とは、「そのものがあるがままの姿」と考えてよい。当然それは千差万別であろう。たとえば「犬」は「具体的」に見れば、Aさんに飼われている、黒色をした「クロ」であるとか、Bさんに拾われた、喧嘩で耳にけがをした「ポチ」であるとか、野良犬の名なしの「X」であるとか、としてある。これらの「具体的」な犬の共通の性格を考えるためにはどうしたらよいのだろうか。

　そこで図5のような思考実験をしてみよう。これらの「具体的」な犬を溶かし、そのバターでスポンジケーキの上に「犬」のデコレーションを絞り出したとしたら、

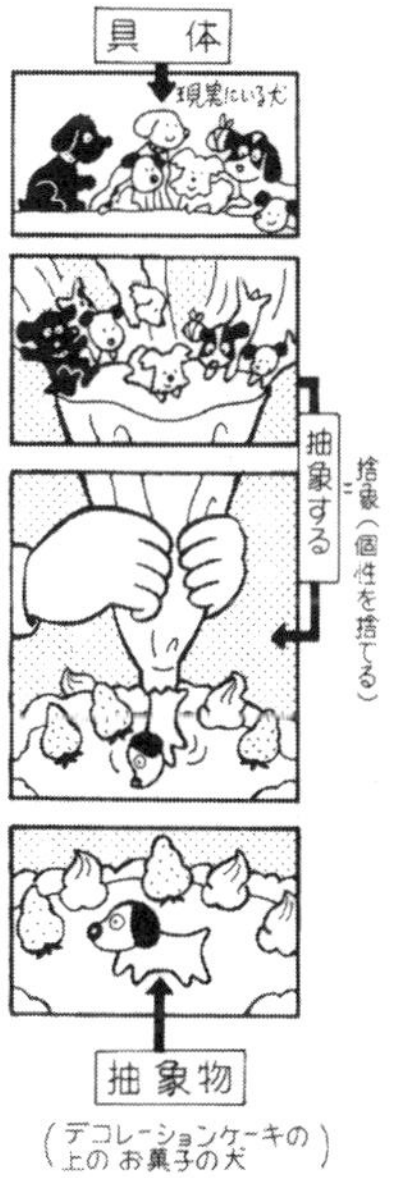

図5　「犬」を抽象する

そこには、「クロ」「ポチ」「X」のどれにも似ているが、しかし、そのどの一匹でもないものが作り出せるであろう。その犬は、「具体的な一匹ずつの個性（たとえば黒色とか耳に傷があるとか）が**捨象**《しゃしょう》（＝考慮する必要がない要素を捨てること）されたものであり、「捨象」を通して「抽《ひ》き出された」（＝抽出された）ものが**抽象**（abstract）物なのである。そして、この「抽象」は、「具体」性を欠く点で難解なものと思われもするが、その「抽象」性においてかえって、ものごとの**本質**（essence）を鋭く示しているとも言える。「本質」とは、それらの具体的な「犬」の共通の性質である。「具体」的な「犬」をいくら羅列的に記述しても、それだけでは「犬」の「本質」はいっこうに明らかになってこない。文章読解においても、「抽象」的な部分を押さえることが大切なのは、この理由による。

　このとき、デコレーションした「犬」、つまり「具体」性を「捨象」し、本質的で「抽象」物となった「犬」を、言葉で「犬とは……である」と言い表してみる（たとえば、「犬とは足が四本でしっぽがある」）と、その内容が「犬」の**概念**（conception）と言われるものとなる。「概念」とは、「あるものごとの抽象された本質を言葉で表した意味」つまり、簡単に言えば「ある言葉の意味」とも言える。

　ところで、人間の思考は、「具体」を「抽象」するだけでなく、一旦「抽象」された世界でさらに「抽象」的な思考を自立的に展開することもできる。たとえば、数学のある種の考え方（「虚数」！）は、必ずしも「具体」から「抽象」されたものとは言いがたい。それは、「論理（ロジック〈logic〉）」による組み立てで創り出された「抽象」的な構築物と言うことができる。

　なお、具体的なデータから一般的に成り立つ原理や法則を導くことを**帰納**（induction）と言う。その対義語は**演繹**（deduction）と言い、ある前提（命題）から論理的に言えることを導く推論法のことである。先に見た三段論法（P13）は演繹法の一つである。

　「概念」という言葉に関連して、**観念**（idea）という言葉についても簡単に考えておこう。「観念」とは、「頭のなかで考えたことやイメージのこと」を言う。頭のなかで考えるときは、「言葉」で考えるのが普通だろうから、「観念」と「概念」とは重なってはいる。しかし、「概念」が、あるものごとを「○○とは……」と言明したものであるのに対し、「観念」はそのときどきに頭のなかに浮かんだことをも言うから、「観念」は「概念」

よりも広い「概念」と考えられる。両者の違いについては、「観念的な男」（頭で考えるだけで行動しない男）と、「男という概念」（男とは……である）という二つの類似した表現で考えてみておくとよい。「概念的な男」という表現はないだろう。

〔例〕　装飾という**概念**は、美という**概念**などとともに、最も誤解されている**概念**の一つである。

柳　宗玄「装飾ではない装飾について」による

【意味】〈装飾という言葉の意味は、美という言葉の意味などとともに、最も誤解されている言葉の意味の一つである。〉

〔例〕〈義侠の行為を方向づける価値の基準は、超越神への信仰のごとき、この世界を超越する**観念**への忠誠ではなく、この世界に内在する個人や集団に向けられた忠誠であるが、さらにそれは、平和とか自由のごとき普遍的な原則への忠誠でなく、自分とある個別の関係をむすんだ具体的な個人や集団に向けられた、個別的な忠誠である。〉

見田宗介「近代日本の心情の歴史」による

【意味】〈……この世界を超越する、頭の中で考えたものへの忠誠ではなく、この世界に内在する個人や集団に向けられた忠誠であるが……〉

2　現象↔本質

ここでも図6を参考にしながら説明していこう。いま池の水面《みなも》を見ているとして、その水面にあぶくがプクプクと浮かび上がってきて波立っているとしよう。この目の前に見える「表面的な現れのこと」を**現象**（phenomenon もしくは appearance）と言う。ある人は「あ！あぶくだ」とつぶやいたきり、それ以上は考えないだろうが、ここに、なぜ水面にあぶくがこのように浮かび上がってくるのだろうかと考える人がいたとしよう。前者の、表面に現れたものごとだけを見てすませている人の見方を**現象的な見方**と言い（あるいは「皮相《ひそう》な見方」とも言う）、一方、後者の、その「現象」の生まれてくる背景や目に見えない原因までも考えようとする人の見方を**本質的な見方**と言う。

図6　「見えること」と「見えないこと」

私たちは友人や知人の言動に接し

て、ともすればそれらを「現象」的に捉えてしまいがちではないだろうか。自分のことを本当に心配してくれているからこそ、あえて苦言を呈してくれているのに、ついそれを「ウルサイ！」と受け取ってしまう。また、隠された悪意に気づかないまま、甘言《かんげん》に乗せられて、あとから「シマッタ！」とも思う。読解力を身に付け、ものごとの「本質」をつかまえる力を付けることは本当に大事なことだ。

〔例〕〈……〈境界がさだかでない〉という**現象**は、日本の空間、より範囲を狭くすれば日本の建築空間の特性である。言葉をかえれば、境界があると同時に境界がないような空間の連続性、あるいは領域の仕切り方があらゆるところに見うけられる。……〉

原　広司「空間〈機能から様相へ〉」による

【意味】〈……〈境界がさだかでない〉という表面的な現れは、……〉

3　普遍（一般）↕特殊（個別）

普遍（universal）とは、「どの時代でも、どの場所でも、誰にとっても、成り立つ（こと）」を意味している。「一般」とも似ている。

たとえば、ミロのビーナスは、ギリシャ時代に作られた彫刻であるが、それが十九世紀にミロス島で発見され、パリのルーブル美術館に展示された。このミロのビーナスの美は、まさしく時代を超え、場所を超えて、人びとに共通して認められているのだから、それは「普遍」的な美であると言える。

ところで、**特殊**（particular, special）は「普遍」の反対の意味を持つ。たとえば、私の個性といったものを考えてみよう。そもそも個性なるものは、他の人にはない（共通しない）私独自のものであるから、それは「特殊」なものである。また、ある地域でだけ行われている風習も「特殊」なものとしてよい。しかし、人はそれぞれ「特殊」な個性を持つが、他の人と共通する点も必ず持っているはずであり（でなければ人間同士のコミュニケーションは成り立たない）、そういう意味では、一人の人間は「普遍」的な側面と「特殊」的な側面とを同時に持っているとも言える。また、どのように「特殊」に見える風習だとしても、地球上の多くの地域に見られる共通の考え方がその背景にあるとしたら（たとえば、『生まれてきた子は祝福されるべきだ』）、そこにも「普遍性」を見いだすことができるはずである。

たしかに「普遍」と「特殊」は対概念ではあるが、両者の関連性についても注意して考えておきたい。

〔例〕〈……彼女（ミロのビーナス）はその両腕を、自分の美しさのために、無意識的に隠してきたのであった。よりよく国境を渡って行くために、そしてまた、よりよく時代を超えて行くために。このことは、ぼくに、**特殊**から**普遍**への巧《たく》まざる跳躍であるように思われる……。〉清岡卓行「手の変幻」による

【意味】〈……ある時代、ある場所、ある人に固有なものからどの時代でも、どの場所でも、だれにとっても成り立つものへの意図しない跳躍……〉

なお、「普遍」という言葉のイメージは、ミロのビーナスの「永遠の美」や、「神」の言葉としての「真理」などを思い浮かべるとよい。科学が明らかにしようとするものも、自然界の「普遍的」な法則である。

4 絶対↔相対

絶対（absolute）とは、「他から制限されたり比べられたりすることのないあり方のこと」を言う。しかし、このような辞書的な定義では何のことかわかりにくいので、例を通して考えることにしよう。図7も合わせて見てほしい。

ここに、Aという国があるとする。その国の国王aは、その国では自分にかなう敵は誰一人いないと考えているものとしよう。このとき、国王aは、自己を**絶対化**しているわけだ。また、A国の隣りのB国の国王bも、自己を「絶対化」し、王aと同じように考えているとしよう。

A国とB国との間で行き来がなければ、それぞれの国王の「絶対性」は揺るぎなく成立する。しかし、もし、A国とB国の間で何らかの交流が生じたとしたら、王たちの「絶対性」はどうなるだろうか。たとえば、A国の国民の一人がB国に商売をしに行き、そこで王bのほうが王aよりも強大であると比較して評価したとしよう。そして、この情報を国に帰って国民に知らせるとする。まもなく、A国の国民は、王bと比べてみて、王aの「絶対性」を疑い始めるだろう。このとき、A国の国

図7　絶対王の相対化

民は王aを**相対化**したことになる。

つまり、国王をたくさん集め、横に並べて比べてみると、そこには能力の差がそれぞれあって、決してその一人ひとりが「絶対」の存在ではないことがわかる。一国のなかだけでは「絶対的」に思われた存在も、その枠をはずしてみると、「相対的」な存在であったということ（関西弁でいうと、「みんなボチボチや」）がわかったというわけだ。

このように**相対**（relative）とは、「他と並べてみるかたちでのあり方のこと」を言う。

受験生なら、「絶対評価」と「相対評価」という言葉はお馴染みだろう。前者は周りの生徒が何点取っているかとは関わりなく、試験の点数をそのまま表示するやり方（たとえば、80点取れば成績表にそのまま80点と記す）のことであり、後者はその点数をクラス（学年）のなかで比較し、全体のなかでどういう位置であるかを表示するやり方（たとえば、80点取っても、全体の出来がよければ偏差値50となる）のこと、である。

〔例〕〈われわれは平生、「時がたつ」その仕方について、どのようなイメージをもっているであろうか。時間の流れ方は、状況によって異なるかに見える。しかし、幼児ならともかく、多くの成人は、そうした時間の流れ方の違いはいわば主観的な感じ方の違いであって、本当の客観的時間は、主観のそのときどきの状況とは関《かか》わりなく、刻々均一に経過しつつあり、その均一さは、時代や場所の違いを越えた**絶対的**なものだ、と考えていることであろう。〉

滝浦静雄「時間―哲学的考察―」による

【意味】〈……その均一さは、時代や場所の違いを越えた他に比べるもののないただ一つのあり方をしているものだ、と考えていることであろう。〉

5　日常・此岸↔非日常・彼岸

日常と「非日常」との対概念については、おおよその理解はできているだろう。

「日常」とは、私たちの毎日繰り返している勉強や労働（生産）の行われている、「何の変哲もないルーティン化（routine 決まり切った）した世界のこと」である。

それに対して、**非日常**は「日常」からの脱出をイメージさせる、祝祭（まつり）や旅、遊び（消費）の世界のことである。そこでは、「日常的」な秩序や約束ごとがひっくり返され、人びとは「日常的」な束縛からの解放感を味わう。

「民俗学」（folklore）（「民族学」ではない。人びとの生活のあり方、つまり「民俗」を研究する学問）では、「日常」のことを**「ケ（褻）」**と言い、「非日常」のことを**「ハレ（晴）」**と言う。これも合わせて覚えておこう。「晴れ着」「晴れ舞台」という言葉もここからきている。

ここで「此岸↔彼岸」という対概念についても考えておこう。「此」は「ここ」、「彼」は「かしこ・かなた」の意味である。「彼此《ひし》」「彼我《ひが》」（ともに、あちら（かれ）と、こちら（われ））という言葉も覚えておこう。**此岸**《しがん》は「こちらの岸」、**彼岸**《ひがん》は「あちらの岸」ということだが、本来の意味は、「お彼岸（の中日）」という言葉があるように、仏教の考え方からくるものだ。仏教では、現実世界と悟り（理想）の世界との間には「河（三《さん》途《ず》の川）」が流れていて、その河の「こちらの岸」が「此岸」、つまり「この世・現世・現実世界」であり、その河を渡った「あちらの岸」が「彼岸」、つまり「あの世・理想郷（ユートピア）・超越世界」であると、考えるのである。死者たち（たとえば「ご先祖様」）は、現世を超えた超越世界としての「彼岸」にいるという考え方をとるわけだ。そして、現代文では、この「彼岸」という言葉は必ずしも仏教語として厳密に使われるよりも、むしろ一般的には「現実的・日常的な世界を超えた超越世界のこと」の意味として使われることが多い。

なお、「彼岸」の説明で繰り返し用いた**超越**という言葉も大変重要な語である。私たちの日常からはとうてい及ばない世界、人間の経験を超えた世界、たとえば「天国」（heaven）は「超越世界」であるし、またそこにいる「神」は「超越神」というように呼ばれる。しっかりこの語も理解しておこう。

〔例〕〈……人間の豊かに生きたいという欲望は、現にある社会を超えたところに、もうひとつのあるべき社会の像を思い描く。浄土や天国というかつての夢想されたユートピアはその典型である。そしてマルクス主義はこの現にある社会を超えた**彼岸**のユートピア社会を、人間の理性の力によって現実化しようとする未曾有《みぞう》の実験だったと言える。〉

竹田青嗣「現代思想の冒険」による

【意味】〈……この現にある社会を超え人間の経験世界を超えた世界としてのユートピア社会を……〉

6 秩序↔混沌

「渾沌《こんとん》（混沌）」は、中国の古典『荘子』に登場する。どこが頭で、どこが手足かもわからぬ、目も口もないのっぺらぼうの神（世界）である。つかみどころのないこの神に、別の神が人間の姿のように目や口や鼻を開けたところ、渾沌は死んでしまったという話だ。また、ギリシャ神話の創世記でも、世界の始まりは、天も地もない、混沌とした「カオス」の状態であったとされる。そこから、大地の神、天の神、海の神が生まれ、世界の秩序が作られていく。

このように、混沌（カオス）は、それがどのような状態であるかを表現できない、無秩序な状態を意味するが、それと同時に、その状態には次の発展や展開をもたらす運動的な（ダイナミックな）エネルギーが秘められているとも言える。

これに対して、「コスモス（秩序）」は、ギリシャ神話では、神々によって統括された、整然と調和した宇宙（世界）のことを言う。このような世界観は、人間の世界を見るときにも反映され、国家や社会が秩序を持ったものとして構成されていった。その典型例として、一番上の階層に支配者がいて、一番下の階層に多数の民がいるような、静的（スタティック）で安定したピラミッド型の社会（「ヒエラルキー」）を考えてみるとよいだろう。神を頂点にいただく中世ヨーロッパの世界観や、江戸期日本の士農工商と呼ばれる階級秩序なども、その例となる。

ところで、このように一旦でき上がった秩序は、一定の期間、安定したものとしてあるが、決して永続するものではない。それは、さまざまな要因によって変形されたり解体されたりして、別の新しい秩序（体制）に移行する過程をたどる（＝革命）。つまり、人間の世界は、「混沌→秩序→混沌」の生成を繰り返していると言えるのである。

Ⅴ　ダイナミズム（動的な見方）

Ⅳで、いくつかの重要な対概念について考えてきたが、「秩序↕混沌」の相互作用のように、「A↕B」という「対立・対比」関係はそのまま固定されて、じっとその状態であり続けているのではない。たとえば政治的に対立しているA国とB国の間でも、経済的・人道的な交流があるだろうし、さらにそこから平和的な関係の構築や連合・統一といった関係さえ生まれてくる可能性もある。このように、「対立」がより高い次元での「統合」へと転化していくような動きを「**弁証法**（的発展）」（dialectic）と呼ぶ。この弁証法は、AとBとの間で交わされる「対話」を通じて、A、Bそれぞれが変化し、また両者の関係が新たに展開していくというようなことを意味するので、「対話法（問答法）」と言うこともある。この

「弁証法」については後に詳しく触れる（→P305）。

　世界を、現在あるがままに固定的に見る見方を「静的な見方」（スタティック〈static〉な見方）と言い、一方、弁証法のように、現在の変化している状態を動きとして見る見方を「動的な見方」（ダイナミック〈dynamic〉な見方）と言う。

　ここでは、対立するものの間で生じるダイナミックな動きについて少しだけ考えておきたい。対概念をただ固定的・図式的に対立関係としか捉えないなら、ダイナミズムの論理展開をもった現代文の読解は、絶望的に困難なものになるだろうからである。

1　相対主義の絶対化

「絶対的」なものが「相対化」されることについては、「絶対↕相対」の項（絶対王の相対化→P21）で見たので、ここではその反対に、「相対的」なものが「絶対化」される場合を見ておこう。

「相対主義」とは、「何ものも絶対的なものではない」という考えである。たとえば、Aさんが一つの宗教に入信し、神を信じているとしよう。すると「相対主義者」のBさんはその人に向かって、「この世に絶対的なものはないのだから、その神を私は信じない」と言うだろう。しかし、さらにBさんがAさんに向かって「この世に絶対的なものはないのだから、神を信じるあなたは間違っている」とまで言ったとしたらどうだろう。これでは、「世の中にはいろいろな考え方がある」という、さまざまな考え方の共存を認めるはずの「相対主義」ではなく、「相対主義」の立場に立っていない人びとは間違っているという、「相対主義」の押し付け（「絶対化」）になってしまわないだろうか。「相対主義者」といえども、自分と異なる相手の考え方を尊重することを怠ると、自分の考え方を「絶対的」に正しいとして、それを相手に押し付けるだけの「絶対主義者」（absolutist）になってしまうのである。つまり、「相対主義の絶対化」である。

　次の〔例〕文の内容は、ここまで述べてきた論を、明確に示すものとなっている。

〔例〕〈文化相対主義が出てきたもっとも大きな理由は、西欧文化中心主義に対する疑問であり、批判である。……（中略）……一度は人種差別論の批判に有効であった文化相対主義は、西欧近代文明に対する「未開文化」の擁護に走るあまり、今度は逆に西欧文化を差別してしまうことになった。〉

青木　保「文化の否定性」による

2　主観と客観の相互関連

「主観」と「客観」も対概念としてある。しかし、この二つも、ただ対立しているのではなく、相互に深く関連し合っている。

　まったく個人的で「主観的」であると考えられる、たとえば個人の趣味や感受性でさえ、個人が社会とまったく無関係に存在していない以上、時代の精神や社会的な動向、流行といった、「客観的」なものに影響を少なからず受けている。「客観」から完全に切り離された「主観」というものはあり得ないだろうし、もしそうした事態が現実に生じたとしたら、人びとの間でのコミュニケーションはまったく成立しないことになってしまう。

　また、科学の法則のような純粋に「客観的」と考えられるものでさえ、その法則化はたとえばニュートンの「こうにちがいない」という「主観」や直観から始められたり、その時代の多数の科学者の「主観」から始められることもある。そして、多くの人びとがその法則性を認めていくなかで、その法則は「客観的」なものであると承認されていくのである。

　しかし、このように確立した「客観的」な法則も、また時代の推移とともに、ときには「主観的な誤り」として歴史のくずかごに放り込まれることになるものもあるだろう。

　この論の〔例〕を掲げておこう。

〔例〕〈プトレマイオスの地球中心説とコペルニクスの太陽中心説を構築するための「事実」群は、少くともコペルニクスが自説を展開した段階では、まったく同じであったといってよい。いや、この言い方はやはり正確ではない。明らかに、まったく同じ「事実」群から、まったく異なった理論体系が生れるはずがない。ただ、と言うのは「事実」が中立的で、客観的なものだ、という前提を逆手《さかて》にとったうえでの表現であることに気を付けて欲しい。つまり、客観的に「事実」は一つである、という解釈に立てば、プトレマイオスの地球中心説も、コペルニクスの太陽中心説も、ともに、まったく同じ「事実」群から出発している、と言うことができるのだ。

　コペルニクスは、プトレマイオスの手にしていた「事実」群以上に、太陽中心説を決定的に有利に導くことができるような、新しい「事実」を利用して、太陽中心説を提案したわけではなかった。言い方を換えてみれば、コペルニクス当時知られていた天文学上の「事実」群は、プトレマイオス説によっても、コペルニクス説によっても、まったく同じ程度に十全に、説明することができたのである。〉

　村上陽一郎「近代科学を超えて」による

第二部
文章を読みつなぐ

2

第二部では、文章をどのように読めばよいのかについて、人が文章を読むときの実際の思考の流れをたどりながら、深く考えていく。**第1章**では**評論文の読解**を、また**第2章**では**小説文の読解**を、例題を用いながら、詳しく具体的に説明する。

ただし、ここに書かれている「読み方」を「公式」や「定石」として覚えなくてはならないなどと考える必要はない。私たちの説明は、君たちが自分のしている現在の「読み方」を振り返り、その問題点を見つけ、これからどのような「読み方」をしていけばよいかを自分自身で考えていくための手がかりや視点を提起しようとするものであるからだ。

自分で考え、行動する姿勢を大切に持って、あせらずじっくりと取り組んでもらいたい。

第1章　〈キーセンテンス〉と〈論理〉で読みつなぐ（評論文の読解）

第1節　評論文を読むということ
――部分から全体へ、全体から部分へ、文章を「読みつなぐ」――

部分から全体へ

評論文を読むときは、小説文でもそうだが、何について書かれているだろうかと、まず冒頭の第一文を読み、それに続く第二文を読み、さらにその先を読んでいくなかで、だいたいこんなことが話題の中心になっているようだと少しずつ理解が進んでいく。そのとき私たちは、第一文の内容と第二文の内容との関係を考え（「だいたい同じことが書かれているな」とか）、次の第三文の内容との関係を考え（「話題が少し変わったぞ」とか）、さらにそれに続くいくつもの文の内容を次々と関係付けながら、その段落全体の趣旨をつかむ（「あのあたりが大事そうだ」とか）というような作業、つまり、文章を「**読みつなぐ**」ということを、何となくではあれ、行っているはずだ。そして、同じように段落と段落との関係を考え、それらを読みつないでいき、文章全体のおおよその趣旨をつかんでいく。このように見てくれば、**「文章を読む」とは、いわば部分を読みつなぎ、その全体像をつかむ作業のことである**とわかるだろう。

全体から部分へ

ところで、私たちは、文章を読むとき、この「部分から全体へ」の読みつなぎだけではなく、逆に「全体から部分へ」の読みつなぎも同時に行っている。たとえば、ある段落で一つの文の内容が理解しにくい場合、一旦そこで読解の流れが途切れるが、その続きを読み進めていくなかで、わかりにくかった一文のおおよその意味が見えてくれば、途切れていた部分が読みつながったりする。また、まとめの段落まで読み進めることで、それまで論じられてきたことが、こういうことだったのかとはっきりしてくることもある。部分を部分として精確に読んでいくことはもちろんしなければならないことだが、**部分の理解は全体の理解との関係でいっそう深められるものだ**ということにも心を留めておきたい。

なお、今後、評論文か小説文かを問わず、文章を読みつないでいくなかで重要な部分（キーセンテンス）には赤色で傍線をほどこし、特に重要な語句（キーワード）は〈　〉印でくくることにする。さらに、論理の展開を示す重要語（接続詞など）は□で、強調語（後述する）は○で示している。

第2節　評論文をどう読めばよいか

——キーセンテンスを精確につかむ三つの方法——

評論文を「読みつなぐ」に当たっては、いくつかの「道具立て（方法）」が必要だ。まずは、文章の部分、部分の大切な内容や論理を精確につかむ方法をマスターすることから始めよう。例題として、中村雄二郎の「哲学の現在」を取り上げる。実際に入試で出題された問題文の一部である。まずは、ざっと一読してみてほしい。

全体のなかでその要素として一つの部分が他の部分から区別されることの明確さつまり判明と、それぞれのもののそれ自身としての明確さつまり明晰《めいせき》という区別を立てれば、近代科学の大きな前提になっていたのは、明晰と判明とを同時に要請することであり、とくに判明なものを集めていけばそれで全体として明晰なものが得られるという確信であった。つまり、複雑な対象を単純なものの複合としてとらえて単純なものへと分割し、単純なものこそもっとも明確なものであるとする考え方である。しかし、近代科学のなかでもたとえば化学の反応などをしらべていくと、一つの対象について判明であることと明晰であることとが必ずしも相容《あいい》れなくなるばかりか、さらには単純なものと複雑なものとが逆転するということが出てくる。すなわち、物質の面から実体的に見ると単純であった対象が作用の面から見ると複雑になり、また逆に、物質の面から実体的に見ると複雑であった対象が作用の面から見ると単純になるのである。たとえば、結晶質の単純な物質はなかなかその作用を明確にとらえにくく、逆に、ガラスなどのような非晶質の複雑な物質はしばしばその作用を明確にとらえやすい。とくに、生化学の対象になる生命体は、物質の観点からみればきわめて複雑であるが、その器官の示すさまざまな働きは恒常性を保っているし、また一つの系あるいはシステムとしても安定している。このようなことが次第に自覚されるようになって、科学的知による対象化や明確化は複雑なものの単純なものへの分割という方向を必ずしもとるべきでないことがいっそう明らかになってきている。ここに見られる転換は、現象を実体的に単純なものとしてとらえる捉《とら》え方から、「諸関係の織物」（バシュラール）としてとらえる捉え方への移行でもある。

キーセンテンスを精確につかむ方法(1)
具体部と抽象部とを読み分ける

私たちは普通に会話をしているときでも、具体と抽象の世界を行き来している。友達が抽象的なことを言ってわかりにくいとき、君は「たとえばどういうこと？」と言って、もっとわかりやすく具体的に説明してくれるように頼むはずだ。また反対に、君があまりにもこまごましたことを並べ立ててしゃべっていると、友達は「つまりどういうことが言いたいの？」と言って、もっと簡潔にまとめ抽象化して説明してくれるように頼むだろう。

このことは文章についても言える。書き手は、目前にある具体的な事象・データに基づき、「一つのまとまった見方や考え」（抽象）を導き出す。Aという社会の成員、a1・a2・a3がみな魚をナマで食べていれば、その具体的なデータに基づき、Aという社会には魚をナマで食べる文化があると抽象されるようにである。また反対に、書き手自身が少し抽象的に書いた部分を読み手にわかってもらいたいと考えたときは、それをわかりやすくかみくだいた具体的な説明をその前後に付けるだろう。

文章での具体部と抽象部との区分は絶対的なものではないが、一般的にいって、**抽象部に書き手の考えのまとめ（キーセンテンス）が置かれていることが多い**。具体部をよく読んで抽象的な部分の内容を理解する手がかりをつかみながら、この抽象部を段落の趣旨がよく出ている箇所として明確に押さえることである。

さて、この「具体部と抽象部と読み分ける」作業の一例を例題の文章に沿って確かめておこう。問題文の9行目に「たとえば」というコトバがある。ここから始まる二つの文（**B**とする）は、「たとえば」の前にある二つの文（**A**とする）の内容について具体的な事例を取り上げて説明している部分だ。そして、この具体部で説明された内容は、「このようなことが〜」以降の二つの文（**C**とする）に、「このようなこと」というまとめのコトバが示しているように、12行目再びまとめられ抽象されている。その展開を示すと次のようになる。「具体部と抽象部を読み分ける」作業のイメージをしっかりつかんでもらいたい。ただし、**A**の冒頭文には小さな具体部がはさみ込まれているので、その部分を（　）でくくっている。

〈抽象部〉

A……………しかし、近代科学のなかでも（たとえば化学の反応などをしらべていくと、）一つの対象について判明であることと明晰であることとが必ずしも相容れなくなるばかりか、さらには単純なものと複雑なものとが逆転するということが出てくる。すなわち、物質の面から実体的に見ると単純であった対象が作用の面から見ると複雑になり、また逆に、物質の面から実体的に見ると複雑であった対象が作用の面から見ると単純になるのである。

⇦ **具体化**

（具体部）

B……たとえば、結晶質の単純な物質はなかなかその作用を明確にとらえにくく、逆に、ガラスなどのような非晶質の複雑な物質はしばしばその作用を明確にとらえやすい。とくに、生化学の対象になる生命体は、物質の観点からみればきわめて複雑であるが、その器官の示すさまざまな働きは恒常性を保っているし、また一つの系あるいはシステムとしても安定している。

⇦ **抽象化**

（抽象部）

C……このようなことが次第に自覚されるようになって、科学的知による対象化や明確化は複雑なものの単純なものへの分割という方向を必ずしもとるべきでないことがいっそう明らかになってきている。ここに見られる転換は、現象を実体的に単純なものとしてとらえる捉《とら》え方から、「諸関係の織物」（バシュラール）としてとらえる捉え方への移行でもある。

つまり、**抽象部**（**A**）⇩**具体部**（**B**）⇩**抽象部**（**C**）の文章展開であることがわかる。このような展開を確認できれば、具体部**B**をひとまずカッコに入れて、抽象部**A**と**C**を読解上の本線（**A**⇩**C**）として読みつなぐこともできるだろう。

なお、実際の入試問題では、**B**の冒頭の「たとえば」は空欄になっていた。抽象部から具体部への論理展開を理解できているかどうかを、空欄補充問題のかたちでたずねたわけである。

キーセンテンスを精確につかむ方法(2)
強調語に着目する

文章を書き進めていくなかで書き手がここぞと思うところでは、読み手に対し注意を促すようなサインを出していることが多い。そこだけは強く訴えたい、ここに注目してほしい……といった書き手の気持ちや意思が言葉遣いに表れるのである。その言葉遣いとは、たとえば、「**〜こそ**〜である」「〜することが**必要である**」「〜**しなければならない**」「**もっと肝要なことは**〜である」といった**主張型強調語**だったり、「〜**とは**〜である」「**このようにして**〜ということが言える」「**簡潔に言い換えれば**〜である」といった**まとめ型強調語**だったりするが、これらの**強調語**に着目しながら読むことで、文章理解のための大切な部分としての**キーセンテンス**を押さえることができる。

練習用の文章で、強調語に注意してキーセンテンスを押さえてみよう。4行目から始まる、

> ……………つまり、複雑な対象を単純なものの複合としてとらえて単純なものへと分割し、単純なものこそもっとも明確なものであるとする考え方である。

という一文に目が留まる。なぜなら、「**つまり**」「**こそ**」「**もっとも**」といった**強調語**が連ねられているからである。文章の抽象度という点では、その前の一文（冒頭の一文「全体のなかでその要素として……」）と特に変わらないが、文

章の強調度という点では、この一文のほうが明らかにパワーがある。これが文章全体のなかでの中心となるキーセンテンスであるかどうかは、この部分を読んだだけでは判断できないが、ひとまず押さえておくべき大切な部分としてチェックを入れておく（その部分に線を引いておく）とよい。

このようにして、文章を読んでいくなかで、いくつかのキーセンテンスを押さえていくことができれば、全体として何を言っているかが、おおよそ見えてくるだろう。また、設問の多くは、それが選択式であれ論述式であれ、これらのキーセンテンスにからむものであるから、キーセンテンスを見つけチェックを入れていく作業は、解答の根拠をしっかり手に入れるための重要な事前準備だとも言える。

キーセンテンスを精確につかむ方法(3)
繰り返される語句や文に着目する

見知らぬ人どうしの会話が耳に入ってきたとして、そこで「Ｊリーグ」という言葉が二度三度と繰り返されているなら、私たちは「あの人たちはサッカーの話題で盛り上がっているのだな」と見当をつけることができる。また、学校の授業でも、同じことが繰り返され、「しつこいなあ」と、先生の話を聞きながら思ったこともあるだろう。そして、そこがテストに出て、後から「しまった」と思うのである。繰り返される言葉や文は、このようにその文脈での主題（テーマ）を示しているし、また伝えたい大事なことであったりもする。

何がその部分の話題の中心なのか、またその話題についてどう論じているかを、これらの**繰り返されるキーワード（語句単位）**、**キーセンテンス（文単位）**をチェックしながら読んでいくことで、文章の中心的筋道を踏みはずすことなく、読みつないでいくことができるだろう。これは、もちろん小説文の読解においても当てはまる。

再び、例題の文章で実際に当たってみよう。「単純（なもの）」という言葉が、「やけにたくさん出てくるなあ」と気付いただろうか。あまり気にならなかった諸君は、もう一度しっかりと調べ直してほしい。

そして、この**「単純（なもの）」**ということが、どういう話題に関してのものかと確かめると、「近代科学」の考え方に関するものであるとわかるだろう。このように読み取ることができれば、近代科学の考え方（特徴）は、複雑なものを**単純なもの**に分割するところにあるという、大切な内容も理解できる。繰り返される言葉や文に注意して、文章の中心的筋道を追いかけて読むこととはどんなことか、おわかりいただけただろうか。

なお、解答に際しても、キーワード（センテンス）がつかめたら、それらが入っている選択肢に着目すればよいのだし、論述答案にも、それらの語句を積極的に盛り込んでいき、論旨の明確な答案をまとめることができるだろう。

さて、**〈キーセンテンスを精確につかむ方法〉**を順を追って見てきたわけだが、方法の(1)・(2)・(3)は別々に用いるとは限らない。ある一文が、抽象部であり、なおかつ強調語を含むキーセンテンスであったりすることもあるだろう。また、強調語と言っても、先に示した言葉以外にも文脈に応じて、実にさまざまな表現がある。これらの方法は、文章を読み取るための手段であって目的ではないということを忘れないでおいてもらいたい。その方法を読み取りの目的としてしまい、それを「公式・定石」としてしまうことは、かえって文章の読み取りを硬直化させることになりかねないからだ。現代文の参考書や問題集のなかには、「読解の定石」なるものを、あたかもそれが万能であるかのごとく謳《うた》っているものもあるようだが、私たちはそのような公式主義からは自由でありたいと思っている。

第3節　実際に問題文と取り組む ――［例題1］中村雄二郎「哲学の現在」

キーセンテンスを精確につかむための「道具立て」について、おおよその確認ができたので、いよいよ実際に文章を「読みつなぐ」練習を始めよう。

［例題1］は、先ほど取り上げた中村雄二郎の「哲学の現在」である。段落が二つ付け加わって長くなっているが、**「キーセンテンスを精確につかむ方法」**(1)・(2)・(3)を生かし、大事なところだと思った部分にチェックを入れながら繰り返し読んでもらいたい。そしてそのうえで問題文の後についている設問も解いてほしい。あせらず、じっくり取り組もう。

［例題1］　次の文章を読んで、後の問いに答えよ。

（段落冒頭の丸付数字は形式段落番号を、下部の数字は形式段落内の行番号を示す）

①全体のなかでその要素として一つの部分が他の部分から区別されることの明確さつまり判明と、それぞれのものがそれ自身としての明確さつまり明晰という区別を立てれば、近代科学の大きな前提になっていたのは、明晰と判明とを同時に要請することであり、とくに判明なものを集めていけばそれで全体として明晰なものが得られるという確信であった。つまり、複雑な対象を単純なものの複合としてとらえて単純なものへと分割し、単純なものこそもっとも明確なものであるとする考え方である。しかし、近代科学のなかでもたとえば化学の反応などをしらべていくと、一つの対象について判明であることと明晰であることとが必ずしも相容《あいい》れなくなるばかりか、さらには単純なものと複雑なものとが逆転するということが出てくる。すなわち、物質の面から実体的に見ると単純であった対象が作用の面から見ると複雑になり、また逆に、物質の面から実体的に見ると複雑であった対象が作用の面から見ると単純になるのである。たとえば、結晶質の単純な物質はなかなかその作用を明確にとらえにくく、逆に、ガラスなどのような非晶質の複雑な物質はしばしばその作用を明確にとらえやすい。とくに、生化学の対象になる生命体は、物質の観点からみればきわめて複雑であるが、その器官の示すさまざまな働きは恒常性を保っているし、また一つの系あるいはシステムとしても安定している。このようなことが次第に自覚されるようになって、科学的知による対象化や明確化は複雑なものの単純なものへの分割という方向を必ずしもとるべきでないことがいっそう

明らかになってきている。ここに見られる転換は、現象を実体的に単純なものとしてとらえる捉《とら》え方から、A「諸関係の織物」(注)(バシュラール)としてとらえる捉え方への移行でもある。

②複雑なものの単純なものへの分割という方向をまっしぐらに進んだ近代科学は、実に多くのものをつくり出したと同時に実に多くのものをこわし、また実に多くのものを発見したと同時に、実に多くのものを見えにくくした。この場合、つくり出したものとこわしたもの、発見したものと見えなくなったものとをそれぞれ較《くら》べれば、つくり出したもの、発見したものの方がはるかに多いにちがいない。しかしこの場合、そのような量的な比較はほとんど意味をなさない。それというのも、ここでつくり出されたものや発見されたものの多くが私たちが人間として生きていく上に便利ではあるが間接的なものであるのに対して、こわされたものや見えなくなったものは私たちの生活にとって身近かな、しかし欠くことができないもの、しかも残り少ない有限なものだからである。永い間人間の万能性を示すしるしとされていた科学が、私たち人間の生物的な生存の基盤そのものである生態系を知らない間に大規模に破壊していたことはB文明の大きな逆説であるといっていいだろう。人間の有限性ということは昔からいわれてきたが、それは個体の生についてか、でなければ人間一般についてただ抽象的にいわれただけにすぎない。その点では、私たちの生存の場としての生態系が有限なものであると考える捉え方は、私たちの地球観と世界観とを大きく変えさせずにはおかないのではなかろうか。

③まことに科学的知の一つの徹底としての近代科学は、私たち人間にとって科学的知が人間の知としてどのような位相にあるかをあからさまに示すことになった。そして私たちはいま、そこに示されたことをかえりみてなにをなすべきかといえば、なによりも対象と私たちとを有機的に結びつけるイメージ的全体性を対象のうちに回復することであろう。なにも、それは、近代科学を前科学に引きもどすことでもなければ、近代科学の発達を逆行させることでもない。そうではなくて、近代科学がその発達の過程で軽視したり切りすてたりしてきたさまざまの側面と要因を新しい観点から吟味しなおして取りこみ、そうすることをとおして物事あるいは自然との有機的なつながりを

回復することである。そしてその結果、抽象的な純粋性や普遍性を失うかわりに、私たちの具体的な生活とかかわったものになるだろう。また、私たち人間の属するそれぞれの文化と結びつき、その一部分として働くことになるだろう。それぞれの文化圏の科学的知の遺産が、方法の点でも蓄積された知識についても生かされて、科学的知そのものの多元的な発展の道が開かれるようになるだろう。

（中村雄二郎「哲学の現在」）

（注）バシュラール――フランスの哲学者。（一八八四～一九六二年）

問一　傍線部A「諸関係の織物」という比喩は、この場合、現象をどのようなものとしてとらえる捉え方を言っているのか。最も適当なものを、次の中から一つ選べ。

ア　現象を様々の観点から多元的なものとしてとらえる捉え方
イ　現象を実体と作用の交差した全体としてとらえる捉え方
ウ　現象を安定した一つの系あるいはシステムとしてとらえる捉え方
エ　現象を分割と総合の複雑なかかわりあいとしてとらえる捉え方
オ　現象を様々の要素が分かち難く入り組んだ総体としてとらえる捉え方

問二　傍線部B「文明の大きな逆説である」とあるが、これはどういうことを言おうとしているのか。最も適当なものを、次の中から一つ選べ。

ア　文明はそれ自身の内部に非文明へ逆行しやすい危険を抱えているのである。

イ　人類に恩恵を与えるべき文明が、人類の存在を脅《おびや》かすという結果を招いていたのである。
ウ　一つの文明の進歩発展が、そのまま他の文明の破壊へと向かっていたのである。
エ　人間のこれまで信奉して来た文明観が、逆転させられる事態に立ち至ったのである。
オ　従来疑われもしなかった文明の価値が、それを逆の面から見る説によって覆《くつがえ》されたのである。

問三　筆者は「科学的知」についてどのように考えているか。最も適当なものを、次の中から一つ選べ。

ア　科学的知それ自体のなかには、近代科学が発達していく間に排除され破壊されたものを回復する可能性を見いだすことができないだろう。
イ　科学的知は、明晰と判明という近代科学に要請された前提をすべて捨て去ることによって、真に新しく多元的によみがえることができるだろう。
ウ　科学的知は、自然や物事と人間との有機的具体的なかかわりの全体的回復によって、はじめて文化の多様性に対応した発展を約束されるだろう。
エ　科学的知は、もともと現象の一面を対象化するにすぎないのだから、その限界は人間の知の別の多面的な活動によってのり越えることができるだろう。
オ　科学的知がいかに人間の文化の正常な発展を阻害するものであったかを痛感するならば、私たちは思い切ってこれと決別する必要があるだろう。

第4節　全体をつかむことに向かって読みつなぐ

がんばって問題まで解いた諸君は、早く答えを知りたいだろうが、もう少し説明を続けさせてほしい。文章を読み取り、答えを確実に導き出すには、「**キーセンテンスを精確につかむ方法**」だけでは十分ではない。そこで、この節では、文章の「**全体を大きくつかむ方法**」について順次説明しながら、合わせて問題文を段落ごとに読みつないでいこう。問題の解き方を求めることばかりにあせらないで、どのような難問にも立ち向かえる「基礎体力」をしっかりと付けておくことが大切だ。

全体を大きくつかむ方法(1)
文と文の関係を読みつなぎ、段落の論旨をつかむ

一つの段落は、筆者にとっての思考のひとまとまりを示している。したがって、私たちも段落単位で文章を読んでいけばよい。実際一文一文を追いかけて読んでいくわけだが、それは一つの段落全体の論旨をつかむための作業であると自覚しておこう。そして**一つの段落が終わったところで、その段落の論旨をまとめてみたり、見出しを付けてみたりすることを勧めたい。**

第①段落を読みつなぐ

冒頭から抽象的な議論で始められるので、少し抵抗があるかも知れない。ここではこの一文を精密に読むことから始めることにする。

〈第一文〉
全体のなかでその要素として一つの部分が他の部分から区別されることの明確さつまり判明と、それぞれのものそれ自身としての明確さつまり明晰という区別を立てれば、近代科学の大きな前提になっていたのは、明晰と判明とを同時に要請することであり、とくに判明なものを集めていけばそれで全体として明晰なものが得られるという確信であった。

この第一文は一文としてはかなり長い部類に入るだろう。それだけに何を言っているのかわからないとサジを投げたくなる人もいるかもしれない。**文章の趣旨がつかみにくいときは、まず文の主部と述部の確認から始めるとよい。**「主部―述部」は文の骨格であり、主部はその文の主題（テーマ）であるからだ。

（主部）近代科学の大きな前提になっていたのは ⇩ （述部）～確信であった。

主部は「近代科学の大きな前提になっていたのは」であり、述部は文末の「～確信であった」である。この点が確認できれば、この一文が、「近代科学の大きな前提になっていた確信」について述べたものだと、その論旨がはっきりとわかるだろう。そして、その「確信」の内容は、「とくに判明なものを集めていけばそれで全体として明晰なものが得られる（という確信）」の部分に示されている。もちろん詳しく見れば、「確信」の説明は「明晰と判明とを同時に要請することであり」の部分から始まっているが、その続きに**「とくに」**と**強調語**があるので、これ以降を「確信」の内容説明だと押さえておけばよい。これで第一文は的確に読めた。この読み取ったことを確認しておくためにも、また問題を解くときにすぐさま大事な部分に戻れるようにしておくためにも、「近代科学の大きな前提になっていたのは」「判明なものを集めていけばそれで全体として明晰なものが得られるという確信であった」の部分にしっかりとチェックを入れておこう。キーセンテンスの印である。

続いて第二文（第①段落4行目）へと読みつないでいく。

（第二文）
……………つまり、複雑な対象を単純なものの複合としてとらえて単純なものへと分割し、単純なものこそもっとも明確なものであるとする考え方である。

第二文は**「つまり」**で始まっているので、第一文とは、**言い換え**か**まとめ**の**「関係」**にある一文だとわかる。したがって、主部は示されていないが、第一文と同じく「近代科学の大きな前提になっていたのは」が主部（主題）であると考えられる。また、第一文の「判明なものを集めていけばそれで全体として明晰なものが得られるという確信」という内容は決してわかりやすいものではなかったと思うが、これは第二文の「複雑な対象を単純なものの複合としてとらえて単純なものへと分割し、単純なものこそもっとも明確なものであるとする考え方」という述部の内容に相当するものだと考えることができ、第一文の内容も理解しやすくなったはずだ。ここにも線を引いておくことにしよう。

ところで、この考え方は、たとえば、人間の身体という複雑な対象を、心臓、脳、胃腸……というように単純な要素に分けていき、それぞれの身体的要素を明確なものとして把握し、またそれらの明晰な要素の組み合わされたものとして身体という全体を考えるというようなことを言っている。現在病院に、心臓外科、脳外科、胃腸科……というような区分があるのも、こうした近代科学の「複雑な対象を……単純なものへと分割」するという考え方によるものであるのは言うまでもない。近代以前には「医者」はいても、「心臓外科医」はいなかった。

以上のように読みつないできた、第一文・第二文をまとめると、

第一文・第二文のまとめ

近代科学の前提になっている確信・考え方は、複雑なものを単純なものへと分割し、単純なものこそ明確なものとするものである。

ということになる。この近代科学の前提になっている考え方を**X**としておこう。

さて、第三文は「しかし〜」（第①段落5行目）で始まっている。これまでの議論（**X**）とこれ以降の議論とが「**しかし**」の「**関係**」、つまり**対比・対立の関係**にある。何と何とがどう対比されているかを注意深く読みつないでいかなくてはならない。

ところで、これ以降の文章展開は、〈**キーセンテンスを精確につかむ方法(1)**〉ですでに詳しく見た通り（↓P31）、「**抽象部⇩具体部⇩抽象部**」であり、抽象部どうしを読みつなげばよいことがわかっている。この二つの抽象部のうち、後の方が「**このようなこと**が次第に自覚されるようになって……」と**まとめを示す言葉**（**強調語！**）で始まっている点に着目すれば（第①段落12行目）、こちらの方を押さえておけば十分だと判断できる。したがって、「科学的知による対象化や明確化は複雑なものの単純なものへの分割という方向を必ずしもとるべきでないことがいっそう明らかになってきている」に忘れずチェックを入れることで、キーセンテンスであることを確認しておこう。

このキーセンテンスは、科学は**X**の考え方をとるべきでないという内容である点で、第一文・第二文と対立関係にあることは明らかにわかるのだが、これだけでは、**X**の考え方に取って代わる考え方がどのようなものなのかは、まだわからない。これ以降に、その考え方が出てくるはずだと想定しながら、次に読み進んでいこう。

（段落末尾の一文）

……ここに見られる転換は、現象を実体的に単純なものとしてとらえる捉《とら》え方から、〈「諸関係の織物」〉（バシュラール）としてとらえる捉え方への移行でもある。

この一文（第①段落14行目）に「……捉え方**から**……捉え方**への移行**でもある」とあるところから、ここでXという考え方に取って代わるべき考え方が示されたとわかる。その考え方とは、現象を『諸関係の織物』としてとらえる捉え方」（この考え方をYとしよう）のことである。そして、この一文は、第①段落全体の**まとめ**に当たる部分であるということが理解できるだろう。まとめの文という意味でも、ここにもチェックを入れておく。

このようにして、第①段落の議論の筋道（論理）を「**科学についての考え方にはXからYへの転換（移行）が見られる**」と**関係付け、読みつなぐ**ことができたわけだ。したがって、第①段落のまとめは、次のように簡潔にまとめることができるだろう。

第①段落のまとめ

科学的知は、現象（物事）を実体的に単純なものとしてとらえる捉え方から、「諸関係の織物」としてとらえる捉え方へ移行している。

ただし、『諸関係の織物』としてとらえる捉え方」（Y）とはどのようなことだろう。この語句が、キーワードであることはわかるが、その内容はここでは説明されていない。これ以降にその内容理解を求めていく必要がある。

なお、「**実体**と**関係**」という対概念は評論文の重要語句である。**知の扉**⑥（P188）を後で読んでおいてほしい。

全体を大きくつかむ方法(2)
段落どうしの「関係」をつかむ

　文と文の**関係を読みつなぎ**、一つの段落の論旨がつかめたら、次の段落へ読み進めていく。このとき大事なことは、新たに読み進める段落の論旨をつかまえようとするのはもちろんのこと、**その論旨が前の段落の論旨とどう「関係」するか**もしっかり考えていくことである。たとえば、前の段落の話題となんら変わるところがないとか、その内容が掘り下げられ深められているとか、新しい話題が出されたとか、それまでの議論に疑問を投げかけているとか……を考えながら読み進めていき、その段落全体の論旨をつかめたら、あらためて前の段落の論旨との「関係」を明確に「読みつなぐ」ことだ。その実際を第②段落を読み進めることで示してみよう。

第②段落を読みつなぐ

　冒頭に**「したがって」「しかし」「また」**などの接続詞があると、前の段落との論理**「関係」**が、それぞれ**因果・逆接・補足の関係**にあるなどとわかるので**段落冒頭の接続詞には注意を払うべきだ**が、この場合、接続詞はない。冒頭の一文からていねいに読んでいく以外にない。

〈第一文〉
複雑なものの単純なものへの分割という方向をまっしぐらに進んだ近代科学は、実に多くのものをつくり出したと同時に、実に多くのものをこわし、また実に多くのものを発見したと同時に、実に多くのものを見えにくくした。

　冒頭の第一文の主部は「複雑なものの単純なものへの分割という方向をまっしぐらに進んだ近代科学は」である。これは第①段落で科学の考え方Xとして読み取ったところのものである。そしてそれ以下に、近代科学がこれまで前提としていた考え方Xにはプラス面とマイナス面のあることが指摘されている。文中には「**と同時に**」という**並列の論理関係を示す語**が二回出てくるが、その前後でプラス面とマイナス面が対比的にまとめられている。すなわち、プラス面は、「と同時に」の前の「多くのものをつくり出した」「多くのものを発見した」であり、一方マイナス面は、「と同時に」の後にそれぞれある「多くのものをこわし」「多くのものを見えにくくした」である。ところで、筆者はそのどちらの面にウエイトを置いて論じているのだろうか。日本語では「Aであると**同時に**Bでもある」という記述では、AよりもBを強調しようとしていることが多いが、すでに第①段落で見た通り、筆者は科学の考え方をXからYへと転換すべきと考え、既成のXという見方を疑問視しているようなので、ここでは科学の考え方Xのマイナス面（問題点）を中心に論じようとしていると想定できる。

そして、このことは第二文・第三文（第②段落3行目〜5行目）の「つくり出したもの、発見したものの方がはるかに多いにちがいない（たしかにXのプラス面は多い）。しかしこの場合、そのような量的な比較はほとんど意味をなさない（しかしマスナス面も見なくてはならない）。」という筆者の価値判断が明示された説明からも、はっきりと確かめられるだろう。

以上、第一文から第三文までを、一旦まとめておこう。

第一文から第三文までのまとめ

複雑なものの単純なものへの分割という方向をまっしぐらに進んだ近代科学（科学の考え方X）は、多くのものをこわし、多くのものを見えにくくしたというマイナス面を持つ。

さらに、第四文（第②段落5行目）に読み進んでいこう。

（第四文）

……それというのも、ここでつくり出されたものや発見されたものの多くが私たちが人間として生きていく上に便利ではあるが間接的なものであるのに対して、こわされたものや見えなくなったものは私たちの生活にとって身近かな、しかし欠くことができないもの、しかも残り少ない有限なものだからである。

この文が**「それというのも～からである」**という**理由提示の文型**となっていることに注意したい。第四文では、第三文で述べた、科学のプラス面がいくら多くあっても意味がないと判断することの理由が述べられている。**理由が示されている部分では、何についての理由がどのように述べられているかという「関係」を明確に押さえておく必要がある。**その「関係」を問う「理由説明の問題」は多い。この一文のポイントは、後半部の「……であるのに対して、こわされたものや見えなくなったものは私たちの生活にとって身近かな、しかし欠くことができないもの、しかも残り少ない有限なものだからである」に集約されている。つまり、近代科学がマイナス面をもたらしたことを見なくてはならない（第三文までの趣旨）のは、科学によってこわされたり見えなくさせられたりしたものが人間の生活にとって非常に大事なものであるからだ（第四文の趣旨）というのである。このようにして「第一文から第三文までの趣旨」と「第四文の趣旨」とを、理由の「関係」として読みつなぐことができた。理由提示の第四文の後半部はチェックを入れておきたい部分だ。

ここまで読み進めてくると、第①段落と第②段落との「関係」もおおよそ理解できるはずだ。つまり、第①段落で述べた二つの科学の考え方のうち、考え方**X**のマイナス面を詳しく掘り下げたのが、この第②段落なのである。では、筆者が積極的に論じようとしている考え方**Y**についての詳しい掘り下げはどこでなされるのだろうか。ここで、予想を立ててみてほしい。

さて第五文「永い間人間の……」（第②段落7行目）以降は、第四文の、近代科学によってこわされ見えなくされた「私たちの生活にとって」身近で、不可欠で、有限なものとはどういうものであるのかを、「生態系」という事例に沿って論じた**具体部**と見てよいだろう。近代科学の考え方**X**は生態系（地球上の生物はそれぞれが互いに深く依存し合う関係にあること）を破壊し、現在、その事態への反省が「地球観と世界観（たとえば、「地球の資源は無限だ」というような見方）」の見直しを迫っているという趣旨である。何はともあれ、第一文から第四文までの**抽象部**の、特にチェックを入れたキーセンテンスを読みつなげていれば、読み取りとしては十分よくできたと言える。

第②段落のまとめ

近代科学は、多くのものを発見したが、同時に、私たちの生活にとって不可欠で有限なものをこわし、見えなくしている。

全体を大きくつかむ方法(3)
全体の構成を見通し、全体の中心論旨をつかむ

段落と段落とを「関係」付け、読みつないでいくことは、とりもなおさず、文章全体の「関係」、つまり**文章全体の構成や組み立て**を見通していくことにほかならない。たとえば、この段落とこの段落とは同じことを論じている、そして次の三つの段落ではまた別のことが論じられ、最後の段落で全体がまとめられている……といったように文章全体の「見通し」をおおよそ持てるように読んでいく。

その際、取り組んでみてほしい具体的な作業が二つある。

(1) 読み取ったテーマを簡潔に書き出してみる。キーセンテンスを見つけてチェックを付けることは確かに重要な読解作

業ではあるが、さらに読解力を付けるためには、読み取った部分（段落や意味段落）のテーマを簡潔に書き出してみることだ。小見出しのような短いメモを付けるかたちでかまわない。問題文のキーセンテンスに線を引くことができても、その内容を書くことができなければ、文章内容を本当に理解できているとは言えない。**書くという作業を課すことで読む力・考える力が付く。**例題で言えば、第②段落のテーマを「近代科学の問題点」などと簡潔に書き出してみることだ。

（2）一つのテーマのまとまりごとに意味段落分けをしてみる。一つのまとまったテーマが続いている部分が意味段落である。この作業は（1）の作業と深く関わっている。部分のテーマを書き出す作業をすれば、「あッ、ここから別のテーマに移ったぞ」と、はっきりとつかめるようになるだろう。そしてテーマが変化したところに意味段落分け（いわゆる段落分け）のマークを付けておくとよい。

（1）と（2）の作業を通じて**文章全体を部分（意味段落）の集合として捉え、部分と部分の関係を読解していく練習**をしよう。

第③段落を読みつなぐ

この段落のポイントは、**〈大切な部分を精確につかむ方法⑵〉**の**「強調語に着目する」**を生かし、第二文（第③段落2行目）をキーセンテンスとして押さえることである。

〈第二文〉

……そして私たちはいま、そこに示されたことをかえりみてなにをなすべきかといえば、なによりも対象と私たちとを有機的に結びつけるイメージ的全体性を対象のうちに回復することであろう。

ここで筆者が主張しようとしていることは、「対象と私たちとを有機的に結びつけるイメージ的全体性を対象のうちに回復すること」が、「私たち」の「なすべき」ことであるということだ。この内容はかなり抽象的で、わかりやすいとは言えない。しかし手がかりはある。第四文（第③段落５行目）まで読み進むと、第二文の表現・内容とほぼ同じ説明が出てくる。

（第四文）
……そうではなくて、近代科学がその発達の過程で軽視したり切りすてたりしてきたさまざまの側面と要因を新しい観点から吟味しなおして取りこみ、そうすることをとおして物事あるいは自然との有機的なつながりを回復することである。

〈キーセンテンスを精確につかむ方法⑶〉で見た通り**「繰り返される言葉や文」**はその部分の中心的主題であるし、筆者にとっての中心的主張点である。したがって第二文の表現・内容と同じような表現・内容が第四文でも繰り返されていることから、その内容が重要な事柄だとさらにはっきりとわかるだろう。第二文の「対象と私たちとを有機的に結びつけるイメージ的全体性を……回復する」とは、第四文の「（人間と）自然との有機的なつながりを回復すること」であると理解してよいだろう。

ところで、ここで強く主張されている「自然との有機的なつながりを回復すること」が本文全体において重要な内容であることはわかったが、ここで、第①段落の最後の一文にあった「『諸関係の織物』としてとらえる捉え方」というキーワード（Ｙとした）が思い浮かんだろうか。Ｙは、科学についての新しい捉え方なのだから、第③段落に説明されている今後「回復」すべき科学のあり方と内容的に重なっていると想定できよう。このことはまた、『諸関係の織物』と「有機的なつながり」という表現の対応からも確かめられるだろう。こうして、『諸関係の織物』とは、「自然との有機的なつながり」のことであるということも「読みつなぐ」ことができた。

次に、第五文（第③段落7行目）からの展開は、その冒頭に「そしてその**結果**」とあるので、それまでの展開が原因でそれ以降が結果に当たる、**因果の「関係」**になっているとわかるだろう。そして第五文から段落末の第七文まで、どの一文もその結びが「〜になるだろう」とあることに気付けば、この段落全体の論理の筋道を**「〜であれば、その結果〜になるだろう」**と簡潔にまとめることができる。この論理に沿って、第③段落をまとめてみよう。

第③段落のまとめ

科学が自然との有機的なつながりを回復すれば、科学は具体的な生活とかかわり、文化の一部となり、そして科学的知の多元的な発展の可能性が開かれてくるだろう。

全体を読みつなぐ

第③段落と他の段落との「関係」を中心にして、全体の構成について見ていこう。第②段落では近代科学のマイナス面が論じられた。しかし第③段落では明らかに、そのマイナス面に対してどうしたらよいかという積極的な提案が示されている。このように二つの段落の内容が対比的（対立的）であることがわかれば、第②段落が科学の考え方**X**を掘り下げているのだから、反対に第③段落は科学の考え方**Y**を掘り下げているとわかるだろう。したがって、文章全体の構成は次のようになろう。

文章全体の構成

第①段落……科学の考え方は**X**から**Y**へと転換している――**（全体のテーマの提示）**

第②段落……従来の考え方**X**の問題点――**（Xの掘り下げ）**

第③段落……新たな考え方Yに立って今後なすべきこと――（Yの掘り下げ）

もちろん文章全体は「科学」について論じたものだが、少し詳細に見れば、右の「文章全体の構成」で示したように段落ごとにテーマが展開（推移）している。つまり例題の文章は**三つの意味段落で構成されている**と理解できる。先に**読み取ったテーマを簡潔に書き出してみる作業**をお勧めしたが、右の「**文章全体の構成**」で示している各段落のまとめに示しているような内容を書くことができればよいのである。便宜上、**X**や**Y**という記号を使ってまとめているが、もっと簡潔に（小見出し風に）それぞれの部分のテーマを、第①段落は「科学の考え方の転換」、第②段落は「従来の考え方」、そして第③段落は「新たな考え方」というように書き出すこともできるだろう。

こうして**文章全体を部分（意味段落）の集合として捉え、部分と部分の関係を読解する練習**をしていくことで、**文章全体の構成**と**全体の中心論旨**をつかみ、それらを踏まえて過不足のない**全文要約**をまとめることができるようになる。本書では、とくに第三部の評論文の練習問題で、**全文要約**を「二〇〇字」を目安に的確にまとめることを一つの大きな課題としている。全体を見通し、つかんだ全体を表現するトレーニングは、諸君の**読解力**、**思考力**、**表現（論述）力**を鍛えてくれる。エネルギーを傾けて取り組み、根気よく練習していこう。

全体の中心論旨

近代科学を見直し、自然と有機的につながった科学を目指すべきだ。

要約では「文章全体の構成」に示した論の展開が「要約文」に出るように組み立てていくとよいのである。たとえば、

〈～という考え方（第①段落）に立った近代科学は、いま～という問題を起こしており（第②段落）、そのため科学はその考え方を改め、今後は～をなすべきである（第③段落）〉というようにまとめていくと、ひとまず合格点の「要約文」ができるだろう。

全文要約

複雑な現象を実体的に単純なものに分割できると捉える近代科学は、多くのものを発見したが、同時に私たちの生活にとって不可欠で残り少ない有限なものをこわすという問題を起こしている。私たちがしなければならないのは対象と私たちとを有機的に結び付けるイメージ的全体性を対象のうちに回復することであり、そのことで科学は具体的な生活に関わるものとなり、文化の一部となって科学知の多元的な発展の道が開かれていくだろう。

（一九九字）

こうして**段落の論旨**をつかみ、**段落の関係**をつかみ、そして**文章全体の構成**を見通し**全体の論旨**をつかむことができた。**これが、私たちが考える、文章を「読みつなぐ」という具体的な作業である。**筆者の思考の流れをじっくりと追いかけたり、またそれを確認するために段落の論旨を「いちいち」まとめたりすることはメンドウでタマラナイと思った人も多いと思う。しかし、初めは時間がかかるだろうが、この**「関係」を「読みつなぐ」作業**を練習していかなくては、読解力は決して本物とはならないだろう。そして、本文がよく読めていなければ、正解を選ぶ根拠をこちらが明確に持っていないのだから、問題を解くに当たっても、もっともらしい選択肢に振り回されかねない。また論述問題でも、それらしいところを抜き出して終わりという、自分でも何を言っているかわからない答案になる。受験勉強が少しでも楽になることは大変いいことだし、私たちもそう願って本書を書いているのだが、それを勘違いして「本文を読まなくても正解がわかる」などというウソに惑わされるなら、それは不幸なことだ。

多くの人にとって、ここまでの解説を読んでくることだけでも大変なことだったかもしれない。「こんな作業はメンドウクサイ！」と投げ出したくなっている人もいることだろう。しかし、君がこの「読みつなぐ」作業をこれからやっていけることは、解説をここまで読み進めてくることができた、その事実が十分に保証してくれている。もうすでに、文章を読むということの出発点には立っているのだ。心配するには及ばない。先へ歩を進めよう。

第5節　問題をどう解けばよいか

さて、いよいよこの第5節で、先に取り組んでもらった［例題1］の設問解説をしておこう。いままでしっかりと考えてきた**「読みつなぐ」作業の結果を問題を解くプロセスで生かしていくこと**をしっかりつかんでもらいたい。

これからそれぞれの設問について説明していくが、そこでなされる答えを導き出すに当たっての「考え方」のすじ道と、君自身が正解をどのように選んだかという「考え方」のすじ道とを、しっかりと比較し検討してほしい。答え合わせをして終わるだけでは何も意味がない。

設問解説

問一

傍線部A「諸関係の織物」は、第①段落末尾のキーセンテンスであり、チェックは入れておいた。このように、**キーセンテンスは問題を立てる箇所となり、また問題の答えとなる箇所となることも多い**。だから、キーセンテンスと思われる部分にはチェックを入れて読んでいくとよいのである。

さて、「諸関係の織物」とは、すぐ前の「現象を実体的に単純なものとして捉える」という**X**とした科学の考え方と対比される、Yとした科学の考え方のほうであった。

　ここで先に見た**「全体の構成をつかむ」**という読みつなぎの作業が大いに生かされてくる。第②段落で考え方Xの掘り下げがなされ、第③段落で考え方Yの掘り下げがなされていたのだから、傍線部Aの内容を理解するには、第③段落に注目すればよいことがわかる。さらに、**「段落の論旨をつかむ」**作業で得た第③段落中の**キーセンテンス**を確かめれば、「対象と私たちとを有機的に結びつけるイメージ的全体性を対象のうちに回復すること」＝「物事あるいは自然との有機的なつながりを回復すること」の部分が、「諸関係の織物」の説明に関わるとわかるだろう。

　このように考えてくると、傍線部A「諸関係の織物」とたとえられる、現象（物事）の捉え方とは「考え方XではなくYである」という方向で説明することができるだろう。この問題は選択肢の問題であるが、もし同じことが論述問題として問われても、何を答えればよいかはもはや明らかだろう。現実を単純なものに分割（X）せず、対象との有機的な全体性としてとらえる（Y）、というような方向で答案をまとめればよいのである。このような説明がある選択肢が正解となるはずだが、もう一度、君の選んだ答えがよいかどうか、「XでなくYである」という説明があるものを選ぶという「考え方」に立って見直してみてほしい。**問題を解いていくに当たって大事なことは、このような「考え方」を文章の読み取りに沿って立てること**であって、消去法についての煩瑣《はんさ》な「テクニック」を習得することではない。

　さて、選択肢**ア**〜**オ**を一つずつ検討していこう。

　アは、X・Yに触れていないし、選択肢に言うような捉え方の議論自体が本文にはない。

　イは、「全体としてとらえる」という部分はYについて言っているが、「実体と作用の交差」という議論が本文にはないし、「実体」はむしろXの考え方に立つものでまずい。

　ウは、第①段落中の具体部にある「生化学」の例にすぎないので、ここで問われている現象の一般的な「捉え方」の説明にはなり得ない。

　エは、「複雑なかかわりあい」という部分がわかりにくいが、もしそれがYの「全体性」「有機的なつながり」を意味していたとしても、「分割と総合」の部分の「分割」が明らかにXの考え方（単純なものへと分割）なので誤りである。

　オは、「様々の要素が分かち難く入り組んだ」の部分がXでない（単純に分割できない）に当たり、「総体としてとらえる」の部分がYについて言っている。答えは**オ**である。

問二

　この問題は、「逆説」という語句の意味が、文脈に沿って把握できているかどうかをたずねたものである。第一部で、この

「逆説」という語について説明した（→P13）が、「逆説」という語は、それを含む部分にしばしば傍線が引かれて説明が求められたり、空欄が空けられてその補充を求められたりするという意味で、よく理解しておかなくてはならない重要語の一つである。

傍線部B「文明の大きな逆説である」について、実際に考えていこう。傍線部Bのある第②段落は、「段落の論旨をつかむ」作業によって、近代科学はプラス面を持つが同時にマイナス面をもつという内容であることがわかっている。そして、傍線部Bは、その一文を見ると、「……人間の力能性を示すしるしとされていた科学（プラス面）が、私たち人間の生物的な生存の基盤……を知らない間に大規模に破壊」する事態を結果させている（マイナス面）ということを言ったものと理解できよう。したがって、科学はプラス面を持っているのに、かえって反対にマイナス面を生み出しているという、「逆説的」な説明となっている選択肢を選べばよい。

アは、「逆説」を「逆行」と誤解しているので誤り。

イは、「人類に恩恵を与えるべき文明」（プラス面）が、かえって「人類の存在を脅かす」マイナス面の「結果を招いていた」という説明であり、本文の内容にも沿い、また「逆説」の語の意味にも合っているので、正解である。

ウは、「一つの文明の進歩発展」と「他の文明の破壊」という、本文にはない対立を作った説明であり、またそれが「逆説」にもならないので、誤り。

エは、「逆説」を単に「逆転」と誤解しているので誤り。

オは、「逆説」を「逆の面から見る説」と誤解しているので誤り。

「逆説」という言葉の意味やその用い方をよく理解できているかどうかが、正解を手にするカギとなっている。これからの学習でも、第一部「**ことばをイメージする**」を必要に応じて何度も読み返してもらいたい。

問三

筆者が科学知をどう考えているかという問題であるが、それは「**文章全体の構成**」を見れば明らかな通り、第③段落に答えが提示されているはずだ。そこで科学の今後あるべき方向が掘り下げられているからである。第③段落の論旨は、「**第③段落のまとめ**」（→P52）にあるように、「科学が自然との有機的なつながりを回復すれば、科学は具体的な生活とかかわり、文化の一部となり、そして科学的知の多元的な発展の可能性が開かれてくる」である。したがって、後はこのまとめと一致する選択肢**ウ**を選ぶだけである。

また、第③段落のキーセンテンス中にある、キーワード「対象と私たちとを有機的に結びつけるイメージ的全体性」「物事あるいは自然との有機的なつながり」に着目できれば、「有機的具体的なかかわりの全体的回復」とある選択肢ウに注目することはたやすくできる。キーセンテンスをつかみ、キーワードを意識して、積極的に「読みつないだ」結果を、設問を解くプロセスで大いに生かしてほしい。

アは、「科学的知それ自体のなかには……可能性を見いだすことができない」と、科学知の可能性を全体的に否定しているので間違い。

イも、「……近代科学に要請された前提をすべて捨て去ること」と、近代科学を全体的に否定しているので間違い。筆者は、「近代科学を前科学に引きもどすことでもなければ、近代科学の発達を逆行させることでもない」（第③段落）と述べており、近代科学のプラス面まで否定しているのではないからである。

エは、「科学的知は……その限界は人間の知の別の多面的な活動によってのり越えることができる」の部分が間違い。第③段落の終わりの2行に「それぞれの文化圏の科学的知の遺産……生かされて……科学知そのものの多元的発展」とあるように、筆者は「科学知そのものの」発展を構想しているのであり、選択肢にある「人間の知の別の」活動（科学知以外の知）を考えているわけではない。

オは、「……私たちは思い切ってこれ（科学知）と決別する必要があるだろう」の部分も、**エ**と同様に、「科学知そのものの多元的な発展」について論じる筆者の立場に反しており、明らかに誤り。

本文の読み取りをおろそかにしたまま、選択肢の違いを検討する（そのこと自体は決して悪いこととは言わないが）だけというようなことをしている人はいないだろうか。もしそのようなことをしているなら、これから大いに文章を「読みつなぐ」練習をしてほしい。そうすると、今までやって来たことも、より生かされることになるはずだ。**「段落の論旨⇩段落どうしの関係⇩全体の構成」をつかむことは、そのまま解答の根拠をつかむことに他ならない**のである。消去法ばかりでやっていると、文章を読む力は一向に伸びることがない。

解答

問一　オ
問二　イ
問三　ウ

知の扉 ①

有機的全体性、心身二元論について

ここで、中村雄二郎『哲学の現在』に出てきた「有機的全体性」あるいは「イメージ的全体性」という概念について考えておこう。これらの概念は、科学技術の急速な展開を見た「近代」という時代の問題点を見直し、近代が壊してきた豊かな世界を回復しようという文脈のなかで用いられている。次に、同じ著者によるその使用例を二つ挙げる。

a　およそこの世の中のありとあらゆるものを精神と物体（物質）とに分け、両者をそれぞれ別個の独立したものとみなすこの考え方（注・デカルト的な近代の二元論）からすれば、身体はもちろん物体の一部、いや物体そのものである。したがって私たちの身体も空間的な拡がりだけをもち、分割されうるもの、要素部分から組み立てられる一種の機械とみなされた。つまりそこでは、原始人や古代人たちが人間の死を魂が身体から消え去ったことと考えていたのに対して、人が死ぬのは心臓を動かす諸器官がこわれるためだと考えられるようになった。このような極端な機械論の考え方は必ずしもそのまま生理学や医学に持ち込まれ受けつがれたわけではない。それぞれの段階で、人体をもっと**有機的**、**全体的な性格**をもったものとしてとらえかえす**有機体論**によって、ときに修正され、ときに緩和された。（『哲学の現在』岩波新書）

b　人間は、きわめて複雑な仕組みをもった**生命有機体**であり、精神＝身体的存在である。だから、その働きに故障が起き不調に悩まされることはいつの時代にもあったし、いつでも病気は怖れられた。ただ今日違うのは、かつてのように病気が私たちの生活や経験の一環ではなくなって、もっぱら医学的治療の対象になったことである。つまり、病気は、客観化できるかぎりのもの、抽象的なものとして扱われるようになったわけだ。（『術語集』岩波新書）

a・bともに、おおよそ同じようなことを言っている。人間（身体）は本来、要素に分割できない一つの全体としての、生命のもとに複雑に関係付けられた「生命有機体」であるのに、近代科学（近代医学）は人間を要素で組み立てられた機械のように捉える。したがって、近代医学にとって病気とは、一つの要素（たとえば胃）のトラブルであり、その悪くなった要素を修理する（胃への投薬）か、部品を交換すればよい（胃の除去・臓器の移植）と考える。［例題1］の文章にあった「複雑なものの単純なものへの分割という方向をまっしぐらに進んだ近代科学」（第②段落冒頭）という記述も、もちろんこの考え方につながっていることは言うまでもない。

ところで、この人間（身体）観を支えているのが、aに「この世の中のありとあらゆるものを精神と物体とに分け、両者を別個の独立したものとみなす」とある、デカルト的な二元論である（↓P15・16を読み直しておくこと）。この考え方を基本にして、近代医学だけでなく近代科学も発展した。なぜなら、もし両者が一体のものとしてあったなら（精神と物体を一元のものと考えたら）、精神を持った人間と、その人間が観察し分析すべき物体とが区別できず、そもそも物体の観察も分析も始めることはできない（物体を対象化できない）からである。

このように見てくると、**有機的全体性**とは、人間や自然を、一つの生命のもとに複雑に関連付けられた、そのどの部分も要素に分割できない、一つの全体（ただ要素を足し合わせてできたものではない）と捉える見方とでもイメージできるだろう。問題文のなかで取り上げられていた「生態系」という事例（生物全体は一つのつながりを持っているとする見方）も理解の手がかりとなろう。

また「有機的全体性」という見方は、人間を一つの全体と捉えるのだから、デカルトのような**心身二元論**の立場ではなく、精神と身体との深い関係、その一体性（精神＝身体）を想定する立場のものであることは言うまでもない。

なお、「イメージ的全体性」というのも、近代科学が人間や自然を要素に細かく分割していけばいくほど、人間全体のイメージ（具体像）が見えにくくなり、人間自体が抽象的で、部分的にしか捉えられなくなってしまうという事態に対し、人間や自然の全体性・イメージ性を回復しようという見方を表している言葉だ。

中村雄二郎（なかむら・ゆうじろう）

一九二五年生まれ。明治大学名誉教授。哲学者。現代思想を広く概観する作業と精力的に取り組んできた。著作も多く、その文章が入試によく取り上げられる一人である。

【参考図書】

中村雄二郎『哲学の現在』、『臨床の知とは何か』（いずれも岩波新書）

村上陽一郎『近代科学を超えて』（講談社学術文庫）、『新しい科学論』（講談社ブルーバックス）

第2章 〈出来事〉と〈心情・想念〉で読みつなぐ（小説文の読解）

第1節　小説文を読むということ

小説を読むと言っても、いろいろな場合がある。退屈しのぎに読み始めた小説のおもしろさ、おかしさに、つい時間の経つのを忘れてしまう。あるいは、何気なく手にした小説に、これまで知らなかった未知の世界に連れて行かれ、好奇心を満たしてもらう……などなど。だが、なぜとも知らず心が揺すぶられ、**これまでの自分とは別の自分になったかのような感動を得る場合こそが、小説を読む醍醐味《だいごみ》だろう。**

では、小説が私たちに与える感動とはどういうものなのだろう。考えてみると、私たちの日常生活は概して平凡で、決まりきったものだ。毎日、同じ家で、同じ家族と寝起きや食事を共にし、同じ学校や予備校で時間割に従って勉強する。たまに友達と遊んで楽しさを感じたり、スポーツに汗を流して爽快感を味わったりしても、「ああ、自分は生きている！」という感動を得ることは滅多にない。しかし、小説、広く文学とは、もし私たちがその小説に引き込まれ、その小説の主人公たちと一緒に生きたとき、私たち自身もまた、他に置き換えることのできない、かけがえのない生を生きるのであり、そこから「ああ、自分は生きている！」という感動を得るとともに、自分のかけがえのない生を尊くありがたい奇跡的なものとして感じ、よりよく生きようという気持ちが心の底から湧き上がってくるのである。小説が私たちに与える感動というものは、こういうものなのだろう。

しかし、**入試の小説問題は、原則的に、君の読解力を問うものであって、君の感動の深さを問うものではない。そこでは、おのずと「小説を読む」こととは別種の作業が要求されているのである。**

普段小説を読む場合は、極言すれば、誤読しようが、曲解しようが、君たちが深い感動を得ればよい。だが、入試の小説問題の場合は、読解力が問われている以上、その小説が何を述べているかを精確に読み取る必要がある。小説を読む場合には、少しくらいわからない言葉があっても、ぐんぐんと読み進めていくほうが楽しい。しかし、小説問題の場合は、一文一文をていねいに読み、一節一節の内容をまとめ、段落や場面相互の関係を**読みつなぐ**ことで、各部分が何を表現し、全体として何を表現しているかを、正しく読み取らねばならないのである。その結果として、設問に対する正解が得られるのだということを、心に刻みつけておいてもらいたい。

第2節　小説文をどう読めばよいか
——小説文を読む三つの方法——

入試現代文において、主観的にすぎる読みを排し、本文に即して読むという点では、小説も評論も基本的には違いはない。

第1章　第2節「**キーセンテンスを精確につかむ方法(1)・(2)・(3)**」を生かしながら、小説文を読んでいけばよいのである。しかし、そうは言っても、小説の読解では小説なりに注意すべき点がいくつかある。

> **小説文を読む方法(1)**
> **時代、場所、人物関係など、小説の背景を正確につかむ**

どういう時代、どういう場所で、どういう人物が登場する話であるかを、しっかりと理解し頭に入れておくことが大

切だ。たとえば、敗戦直後（一九四五年）と現在とでは時代状況がまったく違うし、舞台となる土地ごとの環境にも大きな相違がある。また主人公が老人であるか子どもであるかで話は別のものになる。それらがわかりにくければ、入試問題として切り取られた小説の一部を読み取ることは難しい。だからこそ、小説問題には「前書き（リード文）」が付いていることが多い。**「前書き（リード文）」が付いているときは、それをていねいに読んでおこう。それは「本文（問題文）」を読み取る前提であり、「読み方」を方向付けるものであるということを、銘記して忘れないように。**また、本文の終わりにある「注」も本文の理解の手助けとなる場合がある。**本文を読み始める前に、「注」にも目を向けておくべきだろう。**

小説文を読む方法(2)
中心的人物の〈心情・想念〉の表れ、推移を〈出来事〉と関連させて読み取る

ここでいう**心情**とは、ちらっと心をよぎっては消えていくかすかなものから、身を焼き尽くすような激しいものまで、心の動きのすべてを言うところの言葉である。たとえば、「Aは**楽しい**一日を過ごした」、「**泣きそうになった**」というような心情に直接関わる言葉（**心情語**と呼ぼう）が示されていることに留意し、登場人物の心情を読解する。それに加え、登場人物の「想念」の読み取りも重要だ。「想念」と「心情」を区分するのが難しい場合も多くあるので、本書では〈心情・想念〉とひとくくりにして示すが、**想念**とは登場人物の**〈考えや想い〉が示されている部分**だというように理解しておいてほしい。たとえば、「Aはこれからしっかりと生きていこうと**思った**」、「自分の弱さに**気付いた**」というように、「思った」「気付いた」「感じた」「考えた」など、登場人物の想念を示す語もそれを読み取る手がかりとなる。「楽しい」「悲しい」などの心情語を追いかけて読むだけでは、こうした想念が示された部分を読み落としかねないので、〈想念をつかむ〉という読解の視点も提案したい。

以上述べた**心情・想念の把握こそが、小説文を読むうえで最も大切な作業である。**登場人物の心情・想念が明確に出ている部分は、評論文のキーセンテンスに当たる重要な部分なので、評論文を読むときと同じくチェックを入れて読んでいくことをお勧めする。

ところで、心情・想念はなんの脈絡もなしに、突発的に起こるものではない。必ずそこにはそうした心情・想念をもたらす、なんらかの出来事が関わっている。たとえば、「彼女にふられた」（出来事）⇩「ぼくはつらく悲しい」（心情・想念）、というようにである。もちろん、別の出来事が起これば、おのずと心情・想念にも変化が起こるだろう。こうした**出来事と心情・想念との相関を的確に読み取ること**で、小説の理解をより深めることができる。

日本の近現代小説では、奇想天外な物語や宇宙的なドラマが壮大な規模で展開していくというものは少ない。登場人物の周辺でささやかな出来事が生じ、関係する人物たちのあいだで微妙な心情・想念の揺れが生じていくという内容のものが大半である。また、出典がたとえストーリー展開のある小説であっても、時間制限を課した試験制度のもとでは、おのずと本文として引用することのできる字数にも制限があり、小説の長い展開をまとまったかたちで問題文として採ることは難しい。そういう意味でも、小説のある場面（部分）において起きる**出来事が、登場人物の心情・想念にどういう影響を与えたか、その前後で心情・想念はどう変化し推移したか**といったことがら、つまり**小説の構造**を意識して読み取ることが必要になる。

小説文を読む方法(3)
場面の変化・転換と全体の構成をつかむ

小説を読む方法(2)が、評論文での「キーセンテンスを精確につかむ方法」に当たるとするなら、小説を読む方法(3)は、評論文での「全体を大きくつかむ方法」に当たるものと言ってよい。小説文においても、全体の構成や組み立てを見通して読むことが大切である。

場面という概念は、やや抽象的な面もあるが、時間（たとえば回想のシーン）、場所、出来事や心情・想念の変化するところを意識し、そこに区切りを付けておくことだ。特に、**時間の推移や異なる時間帯を示す語には注意すること。**

「小説を読む方法」をまとめてみれば、次のようなことになる。

背景　⇩　場面　⇩　出来事、心情・想念（の変化）を読みつなぐ

第3節　実際に問題文と取り組む ――［例題2］清岡卓行「アカシヤの大連」

では、実際の小説問題と取り組むことで、以上のことを確かめてみよう。まずは次の小説文を一読してもらいたい。

［例題2］　次の文章を読んで、後の問いに答えよ。（段落冒頭に付けた丸付数字は形式段落番号を示す。）

①五月にはいると、一、二回の雨のあとで、空は眼《め》を洗いたくなるほど濃い青に澄みきり（そのように鮮やかなプ(注1)ラッシャン・ブルーを、彼は日本の空に見たことがなかった）、風は爽《さわ》やかで、気温は肌に快い暖かさになったのであった。特に、彼の心を激しく打ったのは、久しく忘れていたアカシヤの花の甘く芳《かんば》しい薫りである。

②五月の半ばを過ぎた頃、南山麓《なんざんろく》の歩道のあちこちに沢山植えられている並木のアカシヤは、一斉《いっせい》に花を開いた。

すると、町全体に、あの悩ましく甘美な匂《にお》い、あの、純潔のうちに疼《うず》く欲望のような、あるいは、逸楽のうちに回想される清らかな夢のような、どこかしら寂しげな匂いが、いっぱいに溢《あふ》れたのであった。

③夕ぐれどき、彼はいつものように独りで町を散歩しながら、その匂いを、ほとんど全身で吸った。時には、一握りのその花房を取って、一つ一つの小さな花を噛《か》みしめながら、淡い蜜《みつ》の喜びを味わった。その仄《ほの》かに甘い味は、たとえば、小学生の頃のかくれんぼ、高い赤煉瓦《れんが》の塀に登って、そこに延びてきているアカシヤの枝の豊かな緑に身を隠し、その棘《とげ》に刺さらないように用心しながら、その花の蜜を嘗《な》めた、長く明るい午後などを思い出させた。そして彼は、この町こそやはり自分の本当のふるさとなのだと、思考を通じてではなく、肉体を通じてしみじみと感じたのであった。

④彼の父も母も、高知県の出身であったから、彼の戸籍上のふるさとは、彼が徴兵検査と召集のために二度ほど出かけて行ったその南国の土地のほかにはなかった。実際に父祖の土地を見たとき、彼は自分が予期していた以上の好意を、その素朴でおおらかな田園に覚えた。父の生まれた田野町や、その隣の母の生まれた奈半利《なはり》町には、戦争をしている国の一部とは思えないような静けさがあった。そして、そこで、伯母《おば》や従兄《いとこ》たちがふるまってくれた鮎の塩焼、鰹《かつお》のたたき、あるいは、生きているようなちりめんじゃこの酢のものなどは、彼の飢えていた胃袋を強く魅惑した。しかし、これが自分のふるさとだという実感は、どうしても湧《わ》いてこないのであった。

⑤彼は、自分が日本の植民地である大連の一角にふるさとを感じているということに、なぜか引け目を覚えていた。もし、このことを他人に聞かせたら、恥ずかしい思いをすることになるのではないかと不安であった。というのは、この都会とその周辺には、土着人の墓場しかないということを、彼はすでにしてよく知っていたからである。つまり、大連に住んでいる彼の前世代の日本人たちは、心の中で、日本の内地のどこかにある自分のふるさとを大切にし、骨になったらそこに埋めてもらいたいと思っているようであった。また、彼のようないわば植民地二世は、年齢のせいか、まるで根なし草のように、ふるさとについての問題意識をふつうはもっていないようであった。

⑥彼はふと、自分が大連の町に切なく感じているものは、主観的にはどんなに〈真実のふるさと〉であるとしても、D客観的には〈にせのふるさと〉ということになるのかも知れないと思った。なぜなら、彼の気持ちは、大連のほとんどの日本人たちから見れば、愛国心が欠乏しているということになるだろうし、土着の気骨ある中国人たちから見れば、根なし草のたわごとということになるだろうと想像されたからである。このことが、彼の内部のどうしようもない矛盾に対応していることにも、彼は気づかないわけにはゆかなかった。それは、自分が大連の町にしか〈風土のふるさと〉を感じないのに、もう一方においては、日本語にしか〈言語のふるさと〉を感じないということであった。

⑦それにしても、偶然に似てしまった言葉による連想は、実に微妙なものである。彼は、自分に意地悪く提出した〈にせのふるさと〉という言い廻《まわ》しによって、いつしか、中学生のときのある経験を思い出していたのだ。もっとも、それは、言葉の相似ということだけが原因というわけでもない、生々しい記憶の蘇《よみがえ》りであるように思われたのであるが――。

⑧中学校の三年生のときであったが、彼は学校の博物(注2)の授業で、先生からアカシヤについて教わった。それによると、大連のアカシヤは、俗称でそう呼ばれているので、正確には、にせアカシヤ、いぬアカシヤ、あるいはハリエンジュと呼ばれなければならないということであった。そして、大連にも本当のアカシヤが二本ほどあり、それらは中央公園の東の方の入口に近いところに生えていて、こうこういう形をしているということであった。

⑨彼はその日、学校を出てから、電車に乗らずに歩いて帰った。一番の近道を歩いて帰ると、途中で、ちょうどそのだだっ広い中央公園を通ることになるのであった。

⑩彼は、しかし、本物の二本のアカシヤを眺めたとき、安心した。なぜなら、にせアカシヤの方がずっと美しいと思ったからである。にせアカシヤは、樹皮の皺《しわ》が深くて、それが少し陰気であるが、幹は真直《まっす》ぐすらりと伸び、そのかなり上方ではじめて多くの枝が分岐し、それらの枝も素直に横にひろがって、全体として実にすっきりした形

をしているが、本物のアカシヤは、幹が少し曲がっており、本数の少ない枝もなんとなくひねくれた感じでうねっており、どうも恰好《かっこう》が悪いように見えたのである。本物のアカシヤの花は咲いていなかったが、もし咲いていたら、先生が黒板に色チョークを使って描いたあんなふうな花房の実物よりは、にせアカシヤの見なれた花房の方がずっと綺麗《きれい》だろうと思った。

⑪彼はそのように遠い日のささやかなエピソードを、「にせ」という言葉が不当にも、ある生命の自然な美しさに冠せられていることに対する、一種の義憤を通じて想《おも》い起こしていたのであった。どこの愚かな博物学者がつけた名前か知らないが、にせアカシヤから「にせ」という刻印を剝《は》ぎとって、E今まで町のひとびとが呼んできた通り、彼はそこで咲き乱れている懐かしくも美しい植物を、単にアカシヤと呼ぼうと思った。

（清岡卓行「アカシヤの大連」）

（注1）　プラッシャン・ブルー――Prussian blue　紺青。
（注2）　博物――今日の生物・地学などを含んだ旧授業科目。

問一　傍線部A「あの悩ましく甘美な匂い、……どこかしら寂しげな匂い」という表現にはどんな特徴があるか。最も適当なものを、次の中から一つ選べ。

ア　矛盾した感覚的な語を組み合わせて、アカシヤの悩ましく官能的な匂いを巧妙に表現している。
イ　とらえどころのないアカシヤの匂いの曖昧《あいまい》さを強く印象づけるために、矛盾した語を多用している。
ウ　アカシヤの匂いによって喚起される微妙な心情を、矛盾を含んだ比喩を重ね用いて表現している。
エ　記憶の中のアカシヤと現実のそれとの微妙な関係を、修飾語をいくつも重ねて表現している。
オ　植民地大連にただよう異国情緒を、甘美なアカシヤの匂いを用いて、写実的に表現している。

問二　傍線部B「これが自分のふるさとだという実感は、どうしても湧いてこないのであった」とあるが、それはなぜか。最も適当なものを、次の中から一つ選べ。

ア　戸籍上のふるさとにすぎないという先入観にしばられていたから。
イ　肉体を通しての風土との結びつきが、ほとんど感じられなかったから。
ウ　都会育ちの者にとっては、田園の素朴さは余りに異質であったから。
エ　父祖の土地ではあるが、父や母の住んでいた土地ではなかったから。
オ　ふるさとについての意識の核になる、幼少年時代の記憶を欠いていたから。

問三　傍線部C「なぜか引け目を覚えていた」とあるが、だれに対して引け目を覚えたのか。最も適当なものを、次の中から一つ選べ。

ア　父母に対して
イ　土着の人たちに対して
ウ　前世代の日本人たちに対して
エ　前世代の日本人たちと土着の人たちに対して
オ　土着の人たちと前世代の日本人たちと植民地二世に対して

問四　傍線部D「客観的には〈にせのふるさと〉ということになる」とあるが、それはなぜか。最も適当なものを、次の中から一つ選べ。

ア　日本の植民地である大連を、自分のふるさとと感じることは、土着人に対してうしろめたいことであるから。

イ　日本の内地よりも、植民地大連に自分のふるさとを感じることは、日本人として愛国心の不足ということになるから。

ウ　前世代の日本人たちから見れば、植民地二世のふるさとについての問題意識は、希薄なものになっているから。

エ　一般にふるさとについての問題意識を持つことのない植民地二世のなかで、自分だけが感じているふるさと意識だから。

オ　日本人から見ても中国人から見ても、真の理解は得られそうもない、自分だけが抱いているふるさと意識だから。

問五　傍線部Ｅ「今まで町のひとびとが呼んできた通り、……呼ぼうと思った」とあるが、その気持ちの説明として最も適当なものを、次の中から一つ選べ。

ア　〈にせのふるさと〉、〈にせアカシヤ〉と言われようとも、自分はこの大連の町にふるさとを感じ、大連のアカシヤを美しいと思っているのだ、という自己の真実を確認している。

イ　大連は植民地だが、住めば都であり、〈にせアカシヤ〉の方が〈本物のアカシヤ〉よりもずっと美しいのだ、ということを改めて強く感じている。

ウ　生命の自然な美しさに、不当にも〈にせ〉という言葉を冠した愚かな博物学者に対して、地元の民衆とともに義憤を覚えている。

エ　大連は植民地であるということを心得ながら、町の人々はそこに適応して生活しており、自分もその中の一人として生きる決心をしている。
オ　〈にせ〉か〈本物〉かということは、どこかの植物学者などによって決められるべきことではなく、最終的には、そこに住んでいる人々によって決められるべきである、と考えている。

第4節　場面における、〈出来事〉と〈心情・想念〉を読みつなぐ

一読して、何が君の心に映り、頭に描かれただろうか。まだぼんやりしているだろうが、最も多く繰り返されている言葉、すなわち**キーワード**が「大連」「アカシヤ」「ふるさと」であることは捉えることができただろう。題名にある**「アカシヤ」**と**「大連」**、それに加えて**「ふるさと」**、この三語がこの問題文の中心主題を示す言葉なのである。

「前書き（リード文）」があってもなくても、**まず最初に小説の題名（タイトル）は必ず見ておこう。**

このキーワードを用いれば、**「アカシヤ」**を介して、主人公が**「大連」**こそが自分にとっての本当の**「ふるさと」**なのだ、という心情・想念を抱くようになる物語であると、その主題をおおよそ言うことができよう。

もちろん、これだけではこの小説文を読解したことにはならない。第1章でも述べたように、「部分から全体へ、全体から部分へ」と**「読みつなぐ」**ことが大切なのである。

小説に即して言えば、場面場面の心情・想念と出来事との相関を押さえ、前後の場面がどのように違い、そこでの心情・想念が出来事との関係でどう変化しているのかを読みつないでいくのである。

では、「全体」がぼんやりとつかめたところで、その「全体」をもとにして「部分」を読みつないでいくことにする。

小説文の背景

この小説文の「背景」をなしている「大連」とは何かをあらかじめ確認しておこう。「大連」とは、作者自身の説明（『アカシヤの大連』講談社文芸文庫「著者から読者へ」）によれば、次のような都市である。

- 一八九四、五年の日清戦争後、中国の遼東半島（大連を含む）が日本に割譲されたが、露・独・仏の三国干渉により、半年ほどして清に返還。
- 一八九八年、ロシアが関東州（大連を含む）を清から租借《そしゃく》（＝合意によって領土を借りること。実際は植民地化すること）し、大連湾に自由港としての新しい都市ダーリニを、パリをモデルに建設し始める。
- 一九〇四年、日露戦争で日本がダーリニを無血占領し、大連と改称。
- 一九〇五年、日露講和条約により、日本は清から関東州を租借。

もちろん問題文を読むうえで、このような知識が要求されているわけではない。しかし、問題文にある「植民地である大連」（第⑤段落冒頭）を手がかりにすれば、大連は本来なら、中国に帰属すべき空間であり、中国人の「ふるさと」であるということは理解できるはずだ。問題文の背景については、「前書き（リード文）」で一定の説明がなされることはあるとしても、日頃からさまざまなことがらに関心を持って積極的に接しておけば、文章を読む際にも、習得した知識はきっと読解の手助けをしてくれるにちがいない。

さてここから、植民地都市「大連」に「ふるさと」を感じる一人の日本人青年の心情・想念がこの文章では描かれているのだ、ということを頭に置いて、詳しく読みつないでいこう。

第①段落を読みつなぐ

①五月にはいると、一、二回の雨のあとで、空は眼《め》を洗いたくなるほど濃い青に澄みきり（そのように鮮やかなプラッシャン・ブルーを、彼は日本の空に見たことがなかった）、風は爽《さわ》やかで、気温は肌に快い暖かさになったのであった。特に、彼の心を激しく打ったのは、久しく忘れていた〈アカシヤの花の甘く芳しい薫《かんば》り〉である。

まず、「五月」という季節が明示される。それは、日本では見られない鮮やかな青空の季節であり（大連は大陸にある！）、そして「甘く芳しい薫り」を放つアカシヤの花の咲く季節である。ここで、**「特に」「激しく」**という**強調語**に注意して、主人公にとって「アカシヤの花の甘く芳しい薫り」が、この部分の中心的主題を示す語句（評論文のキーワードに当たる）として重要なのだということを把握しておく必要がある。この最後の一文にはチェックを入れておこう。なお、この文にある「久しく忘れていた」という叙述について、問題文には説明がないので、ひと言、触れておこう。主人公の「彼」は大連で生まれ育ち、中学までは地元の学校に通ったが、高校以後は、日本にある学校に進学した。「彼」は、このとき、日本から「久しぶりに」大連に戻ってきていたのである。

当時の学校制度（旧制）についても簡単に述べておこう。小学校は六年制（義務教育はここまで）、その後、一部の者は、中等学校（男子のみ。五年制。現在の中学と高校を合わせたものと考えればよい）、高等女学校（女子のみ。四年制。「高女」と略される）、あるいは実業学校や師範学校（教員養成の学校。高等小学校卒業後に進学）などに進学する。さらにその後、中学校を卒業した男子は、高等学校（三年制。現在の大学の一般教育課程に相当。旧制高校生は現在の大学生だと考えておくこと）や専門学校（修業年限三年以上。工業、農林、医学、商業など）、高等師範学校などに、また高等女学校を卒業した女子は、女子専門学校や女子高等師範学校に進学する者もいたが、その進学率は現在に比べ男女とも格段に低かった。大学（三年制。現在の大学の専門教育課程に相当）は、基本的には、中等学校を経て高等学校を卒業した男子が進学する最高学府であった。現在の「六・三・三・四」制とは異なっていたことに注意しておこう。

出来事（1）
久しく忘れていたアカシヤの花の甘く芳しい薫りが、彼の心を激しく打つ。

ところで、小説文の読解のポイントとなる**出来事**ということについて、もう少し説明を加えておきたい。出来事には、登場人物にとっての**外的な出来事**と**内的な出来事**とがあるのである。

たとえば、登場人物Aが、一年前に祖母が亡くなったときのことを現在思い出しているとしよう。一年前の「祖母が亡くなった↓Aは悲しい」と、現在の「祖母が亡くなったときのことを思い出す↓Aは悲しい」との、「出来事↓心情・想念」の関係のあいだには違いがある。一年という時間の経過があるという違いはもちろんだが、「Aは悲しい」という心情・想念を引き起こす「出来事」の性格にも違いがあるのである。前者の出来事はAの外で起きたもの（事実）であるのに対し、後者の出来事は、「思い出す」というAの内面において起きている心的な事態である。

出来事といっても、登場人物の外で生じる外的な出来事もあれば、右の「アカシヤの甘く芳しい薫りが、彼の心を激しく打つ」という出来事のように、登場人物の内面において生じる内的な出来事もある。出来事の読みつなぎ方に、そのような幅を持たせておくことを勧めたい。

第②段落を読みつなぐ

②五月の半ばを過ぎた頃、南山麓《なんざんろく》の歩道のあちこちに沢山植えられている並木のアカシヤは、一斉《いっせい》に花を開いた。すると、町全体に、あの悩ましく甘美な匂《にお》い、あの、純潔のうちに疼《うず》く欲望のような、あるいは、逸楽のうちに

回想される清らかな夢のような、どこかしら寂しげな匂いが、いっぱいに溢《あふ》れたのであった。

アカシヤの「甘く芳しい薫り」が重要だからこそ、作者は、その「薫り」について第②段落でさらに詳しく描き出す。ここで注意しなければならないのは、その「薫り」について、**「～欲望のような」「～夢のような」**と**比喩（直喩）**を二度も使っている点だ。それは、「これこれだ」と限定しようとしてもできない、豊かな表情を持った「匂い」なのである。

さらに、「悩ましく甘美な匂い」と「どこかしら寂しげな匂い」とが、「純潔」と「欲望」とが、「逸楽」（気ままに遊び楽しむこと）と「清らかな夢」とが、対比的で矛盾した表現であるということにも注意したい。その「薫り」は、きっぱりと一つに、しかも明晰に言い切ることのできない、何とも言えない複雑で微妙な（両義性をもった）匂いなのであり、それほど深く主人公の体の奥底にまでしみ入ってくる匂いなのである。だからこそ、そのアカシアの薫りに導かれるように、主人公の「彼」に、大連が「自分の本当のふるさと」であると「肉体を通じてしみじみと感じた」という心情・想念が次の第③段落で訪れるのだ、と読みつなぐこともできるだろう。もちろん、このように読まなければならないと言っているのではない。受験現代文にあっても、ひとときの「小説を読む」醍醐味を忘れ去ってほしくはないということを言いたいのである。

第③段落を読みつなぐ

③夕ぐれどき、彼はいつものように独りで町を散歩しながら、その匂いを、ほとんど全身で吸った。時には、一握りのその花房を取って、一つ一つの小さな花を噛《か》みしめながら、淡い蜜《みつ》の喜びを味わった。その仄《ほの》かに甘い味は、

> たとえば、小学生の頃のかくれんぼ、高い赤煉瓦《れんが》の塀に登って、そこに延びてきているアカシヤの枝の豊かな緑に身を隠し、その棘《とげ》に刺さらないように用心しながら、その花の蜜を嘗《な》めた、長く明るい午後などを思い出させた。
> そして彼は、この町こそやはり自分の本当のふるさとなのだと、思考を通じてではなく、肉体を通じてしみじみと感じたのであった。

まず「夕ぐれどき」――夕ぐれどきとは、ついもの想いにふけりやすい時刻であり、「独り」という状態も、もの想いをしてしまいがちな条件である。

そうしたなかで、「その匂い（アカシヤの何とも言えない微妙な匂い）を、ほとんど全身で吸」い、あるいは口でその「淡い蜜の喜びを味わ」いながら、小学生の頃のアカシヤを思い出し、「そして彼は、この町こそやはり自分のほんとうのふるさとなのだと、思考を通じてではなく、肉体を通じてしみじみと感じたのであった」と結ぶ。ここで注意しなければならないのは、この一文で、**「こそ」「やはり」「本当の」「しみじみ」**といった**強調語**が多用されていることである。そこから、この文が**キーセンテンス**であり、「この町こそやはり自分の本当のふるさとなのだ」が主人公にとっての**最も切実な心情・想念**であることを読み取らねばならない。

心情・想念（1）

彼は、この町（大連）こそやはり自分の本当のふるさとなのだと、思考を通じてではなく、肉体を通じてしみじみと感じたのであった。

ところで、このキーセンテンスには、**対義関係**にある**「思考」**と**「肉体」**という言葉が使われているが、このことについて少し考えてみよう。

「思考」とは「精神」の作用であり、「理性」の働きである。近代においては「精神」と「肉体」とを二元論的に捉え、「精神」を優位に置き、「肉体」を劣位に置く考え方があった（→P16）。しかし、「精神」なくして「肉体」はなく、「肉体」なくして「精神」はない以上、どちらが上位、どちらが下位とは言えないはずである。しかも、人間存在の根幹的な条件である「生」と「死」を決定するのは「肉体」であり、理性の働きである「思考」が捉えたものよりも、「肉体」の働きによって捉えたもののほうがその人間にとってより根源的なものであるとも言えるだろう。たとえば、食物がないとき、精神でその窮状を克服することはできない。肉体が食物を口にして初めてわれわれは生を維持することができるのである。だから、「鼻」と「口」という人間の生命に直接関わっている器官――目や耳は閉じていても死ぬことはないが、鼻と口を閉じればたちまち死ぬだろう――で捉えられたアカシヤが誘発した心情・想念は、ただ頭だけで考えられたものではなく、身体の根源において感じ取られた深く確かなものであったのだ。

ここまでが大きく分けて、**第一の場面**である。第①段落から第③段落までは、絶えずアカシヤの甘い薫りがあふれているのであり（出来事（1））、それがまた**心情・想念（1）**を引き出したのである。以上、第一の場面は次のようにまとめることができよう。

第一の場面のまとめ

出来事＝大連の五月の夕がた、独りで散歩しながら、アカシヤの花の薫りに包まれる。

心情・想念＝大連こそ自分の本当のふるさとなのだと肉体を通して実感する。

第④段落を読みつなぐ

④彼の父も母も、高知県の出身であったから、彼の戸籍上のふるさとは、彼が徴兵検査と召集のために二度ほど出かけて行ったその南国の土地のほかにはなかった。実際に父祖の土地を見たとき、彼は自分が予期していた以上の好意を、その素朴でおおらかな田園に覚えた。父の生まれた田野町や、その隣の母の生まれた奈半利《なはり》町には、戦争をしている国の一部とは思えないような静けさがあった。そして、そこで、伯母《おば》や従兄《いとこ》たちがふるまってくれた鮎の塩焼、鰹《かつお》のたたき、あるいは、生きているようなちりめんじゃこの酢のものなどは、彼の飢えていた胃袋を強く魅惑した。しかし、これが自分のふるさとだという実感は、どうしても湧《わ》いてこないのであった。

ここから場面が転換する。「アカシヤの薫り」が文章から一旦消える。それに代わって、第⑥段落までの間で、大連に〈本当のふるさと〉を感じた自分を、別の視点から捉えようとする自己省察（自分自身のあり方を振り返って考えること）が展開される。文章もそれに応じて、第一の場面に見られる感性的な表現は影をひそめ、分析的な表現が中心となってきていることにも注意したい。

さて、この第④段落では、「自分の本当のふるさと」であると感じる「大連」と対比させて、「戸籍上のふるさと」である「高知」について述べている。そこには人びとの「好意」や「素朴」な「おおらか」さや「静けさ」があった。また、物質不足の戦時下にもかかわらず数々のうまい食物もあった。「しかし」「父祖の土地」には「自分のふるさとだという実感」（心情）を感じることはなかったのである。

ここで、先に「思考」と「肉体」の対比について説明したことと関連させて、考えておきたいことがある。「戸籍」とは、その人の家族関係が記録されたものであり、本籍地の役所に保管される文書である。したがって、「戸籍上のふるさと」というのは、戸籍簿に記載されている本籍地としての「ふるさと」のことであり、それは自分の実際生まれ育った場所と一致することもあれば、そうでない場合もある。そして、本籍地は、たとえば「〇〇県〇〇市」と記載されるように、すべて「言葉」で書き記されたものであるわけだ。つまり、主人公の「彼」にとって、「戸籍上のふるさと」である「父祖の土地」は、そこで生まれ育っていない点においても、ただ「言葉」や「頭＝思考」のうえでふるさと（親の出身地）とされている場所でしかなく、何ら自分の「肉体」の実感を伴わない場所なのである。「戸籍上のふるさと」という表現を、以上のように、第③段落で述べられている「思考」と「肉体」の対比の枠組みと関連させて読みつないでいたかどうかも確かめてほしい。まとめれば、第③段落では、自分の「肉体を通して感受されるふるさと＝大連→　心情・想念（1）大連はほんとうのふるさとだとしみじみ感じる」ということを述べ、第④段落では、自分の「思考・言葉を通して認められるふるさと＝高知　→　心情・想念（1'）戸籍上のふるさとに実感はない」ということを述べているのである。このように心情・想念（1）と（1'）とは裏表の関係にある。そのため、第④段落は第二の場面にあるが、そこで述べられた心情・想念は（1'）と表示しておいた

なお、「徴兵検査」という語についても、簡単に触れておく。戦前の日本では、兵役法に基づき、二十歳になった日本国民の男子には、兵役（兵士の役につくこと）が義務付けられていた。陸軍は二年間、海軍は三年間であった。徴兵検査では、兵役に就くことができるかどうかを検査し、兵士としての資質を「甲種合格、乙種合格、丙種合格」と等級付けた。この検査は、通常、男・長子・父系中心の考えによって「父祖の土地」、つまり本籍地で行われた。また、「召集」とは、戦争が始まると、兵員が必要となるから、兵役を終え社会に戻った者を再び軍隊に呼び出して集めることを言うのである。

心情・想念（1'）

戸籍上のふるさとには自分のふるさとだという実感は持てない。

第⑤段落を読みつなぐ

⑤彼は、自分が日本の植民地である大連の一角にふるさとを感じているということに、なぜか引け目を覚えていた。もし、このことを他人に聞かせたら、恥ずかしい思いをすることになるのではないかと不安であった。というのは、この都会とその周辺には、土着人の墓場しかないということを、彼はすでにしてよく知っていたからである。つまり、大連に住んでいる彼の前世代の日本人たちは、心の中で、日本の内地のどこかにある自分のふるさとを大切にし、骨になったらそこに埋めてもらいたいと思っているようであった。また、彼のようないわば植民地二世は、年齢のせいか、まるで根なし草のように、ふるさとについての問題意識をふつうはもっていないようであった。

ここで主人公の意識は、「大連」が「日本の植民地」であることに向けられる。そして、「日本の植民地である大連」に「ふるさとを感じている」ことに「引け目を覚えていた」と言い、「不安であった」と言うのだから、この**「引け目」「不安」**という心情・想念を表現した語を**キーワード**としてしっかり押さえておく必要がある。

心情・想念（2）

大連にふるさとを感じることに引け目や不安を覚えていた。

では、なぜそのように思うのか。**その理由**を読みつないでいこう。

1　大連には「土着人の墓場しかない」。つまり、大連は、「土着人」（中国人）が長きにわたって生活の根を下ろしてきた土地であり、その意味で本来は中国人の「ふるさと」なのだと、「彼」は考えている。それは、逆に言えば、大連に住んでいる「前世代の日本人たち」（「彼」の親たち第一世代）は、そこに「墓場」を持たないよそ者であり、大連に骨を埋めようと決意して（たとえば、中国のために尽くそうとして）日本から海を渡ってやって来たのではない、ということを意味する。日本の植民地である大連でひと旗あげて（＝事業を成功させて）、いずれは故郷に錦を飾ろう（＝成功して故郷に帰ろう）と考えている点で、植民地一世にとっての帰るべき「ふるさと」はあくまでも日本なのだと、「彼」は認識しているのである。

なお、「内地」とは日本固有の領土を言い、それに対する「外地」とは日本が支配し、植民地化していた朝鮮、台湾、旧「満州」（中国東北部）などを言うのである。

2　主人公と同年齢の「植民地二世」（植民地で生まれ育った第二世代）は「根なし草のように」（若いだけにふるさとのことなど念頭になく、自由に動きまわることに心ひかれていて）「ふるさとについての問題意識」（自分にとっての〈ふるさと〉とはどこであるのかを考えること）を「ふつうは」持っていない。

結局、植民地一世は「ふるさと」は「内地」だと確信しているし、また植民地二世は「ふるさと」のことなど気にもしていないのに、自分ひとりだけが「大連こそ自分の本当のふるさとなのだ」と感じていることに「引け目」を覚えているのである。

つまり、この「引け目」とは図示すれば次のようなことになる。

自分**（日本人・二世）**ひとりだけの〈ふるさと〉
⇨（引け目）

大連
- **中国人**の〈ふるさと〉である
- **日本人**一世の〈ふるさと〉ではない
- 日本人**二世**は〈ふるさと〉など気にしていない

第⑥段落を読みつなぐ

> ⑥彼はふと、自分が大連の町に〈切なく感じているもの〉は、主観的にはどんなに〈真実のふるさと〉であるとしても、客観的には〈にせのふるさと〉ということになるのかも知れないと思った。なぜなら、彼の気持ちは、大連のほとんどの日本人たちから見れば、愛国心が欠乏しているということになるだろうし、土着の気骨ある中国人たちから見れば、根なし草のたわごとということになるだろうと想像されたからである。このことが、彼の内部のどうしようもない矛盾に対応していることにも、彼は気づかないわけにはゆかなかった。それは、自分が大連の町にしか〈風土のふるさと〉を感じないのに、もう一方においては、日本語にしか〈言語のふるさと〉を感じないということであった。

この段落でも、前の段落と同じく、「彼」の「引け目」について述べている。

大連を「主観的に」（自分ひとりだけで）〈真実のふるさと〉と感じていても、「客観的には」（他の人の立場から見れば）〈にせのふるさと〉であるのかもしれないのだ。「大連のほとんどの日本人たち」（とくに一世たち）から見れば、この「彼」のふるさと観は、日本の「内地」という〈本当のふるさと〉を忘れた、「愛国心が欠乏している」ものであり、「土着の気骨ある中国人」（そこに生まれ住み、日本の支配に反感を覚えている中国人）から見れば、「根なし草のたわごと」（よそからやって来て、その地に定着していない人間のいい加減な言いぐさ）と映るものだろう。

つまり、「引け目」とは、より精密に分析すると、次のようなことなのである。

「彼」にとっての大連

主観的 ― 自分ひとりの立場 → 〈真実のふるさと〉

⇨（引け目）

客観的 ― 他の日本人の立場／中国人の立場 → 〈にせのふるさと〉

そして、「このことが、彼の内部のどうしようもない矛盾に対応している」のである。この「矛盾」を受けているのが、そのあとに続く一文の「それは」であることに気付けば、次のような「矛盾」であることが読み取れるだろう。

大　連＝〈風土のふるさと〉

↔（矛盾）

日本語＝〈言語のふるさと〉

人間は、生まれた〈ふるさと〉で、その〈ふるさと〉の言語を身に付けながら育っていく。いわば〈ふるさと〉とは、

〈風土のふるさと〉であるだけでなく、〈言語のふるさと〉でもあるのだ。とすれば、中国語を〈言語のふるさと〉としていない主人公の彼にとって、中国に帰属すべき大連を自分の〈ふるさと〉とすることには「引け目」を感ぜざるを得ないのである。また、この「風土のふるさと」と「言語のふるさと」の矛盾は、第③段落と第④段落の解説で触れた、「肉体」と「思考＝言葉」の対立（矛盾）に対応していると見てもよいだろう。「肉体を通じてしみじみと感じ」ることができるのが「風土のふるさと」であり、「思考と言葉」によって確認できるのが「言語のふるさと」（たとえば「戸籍上のふるさと」）であろう。

なお、ひと言、断っておくと、「戸籍上のふるさと」（自分は日本国民である）や、「言語のふるさと」（母国語は日本語である）は、この文章では「客観的」なふるさとの内実を意味するものとして記述されているが、それとは反対に、その「国民」や「国語」という意識は、近代国家が形成される過程で人為的につくられた、ある意味では主観的な産物でしかないという議論もある。この点については、［問題13］（↓P322）で詳しく見ることになるだろう。

以上、論じてきたことをまとめれば、第二の場面における「彼」の心情・想念の行き着いたところは、結局次のようになるだろう。

心情・想念（2'）

大連は、客観的には自分にとって〈にせのふるさと〉となるのではないか。

中国の大連にふるさとを感じる「彼」は、しかし、日本語しか話せない。「風土のふるさと」と「言語のふるさと」とが分裂している。自分の「ふるさと」がどこかがわからなくなっている。実は、ここには大きな問題が隠されている。それは**アイデンティティの問題**である。

アイデンティティ（自分が自分であることの根拠）は、自分がどこに帰属しているかということと大きく関係する。

たとえば、自分が日本人であることに確信が持てれば、その人間のアイデンティティは安定するが、自分が日本人であるとされてはいても、そのことに疑いを抱き、確信が持てないときには、その人間のアイデンティティは動揺せざるをえない。

この主人公に即していえば、自分は戸籍上は日本人であり、日本語に〈言語のふるさと〉を感じているのに、その一方で中国の大連に〈風土のふるさと〉を感じているということは、自己にとっての〈ふるさと〉の分裂を意味し、アイデンティティの動揺を意味しているのである。

もちろんこの主人公のアイデンティティの危機は、どの社会であれ、社会的少数者やその集団（マイノリティ）がしばしば直面するアイデンティティの問題にも通じる一面を持つものである。

ここまでの、ふるさとについての自己省察がなされた**第二の場面**をまとめてみれば、次のようになる。留意しておきたいのは、第一の場面では、「アカシヤの大連」を「本当のふるさと」だと思う主人公の視点はあくまでも主観的なものであったのだが、この第二の場面では、主人公の主観を象徴する「アカシヤ」は影をひそめ、自分にとっての大連の意味を自分以外の人々と比べながら客観的にかえりみるという視点が中心にせり出しているという点である。その視点の変化（差異）を読み取りたい。それは、そのまま、ふるさとをめぐる主人公の心の動揺を意味しているはずだ。

第二の場面のまとめ

出来事＝自己の「ふるさと観」を客観的に振り返る。
心情・想念＝戸籍上のふるさとに自分のふるさとだという実感が持てないと同時に、日本の植民地である大連に主観的にふるさとを感じることに引け目や不安を覚え、大連は〈にせのふるさと〉ではないかとも思う。

第⑦段落を読みつなぐ

> ⑦それにしても、偶然に似てしまった言葉による連想は、実に微妙なものである。彼は、自分に意地悪く提出した〈にせのふるさと〉という言い廻《まわ》しによって、いつしか、中学生のときのある経験を思い出していたのだ。もっとも、それは、言葉の相似ということだけが原因というわけでもない、生々しい記憶の蘇《よみがえ》りであるように思われたのであるが——。

ここで場面が、回想のシーン（第三の場面）へと変わる。大連は〈にせのふるさと〉ではないかと自問する主人公の「彼」は、「〈にせのふるさと〉という言い廻し」によって、〈にせアカシヤ〉の美しさを再確認できた「中学生のときのある経験」を思い出す。「言葉による連想」とは、〈**にせ**のふるさと〉↓〈**にせ**アカシヤ〉という連想のことである。

ところで「（ある経験を思い出したのは）言葉の相似ということだけが原因というわけでもない、生々しい記憶の蘇りであるように思われた」とは、どういうことを言っているのだろう。この部分と、前に見た「思考＝言葉」と「肉体」の対比関係とを関連付けてみると、よく理解ができるのではないか。つまり、「中学生のときのある経験」が突然このとき思い出されてきたのは、ただ「言葉＝思考」の連想というよりも（それはあくまでも引き金にすぎない）、その経験が、言葉では説明できない、「肉体」を通じた「生々しい」出来事であったということではないか。それはまた、ここから始まる第三の場面が、第一の場面に引き続き「アカシヤの薫り」に包まれた状態にあるということを喚起させるとともに、内容上も、大連が「自分の本当のふるさと」だと「思考を通じてではなく、肉体を通じて」感じたという第一の場面の内容に再びつながっていくということの「前触れ」を意味してもいるだろう。客観的で分析的な視点が置かれた第二の場面は、この第⑦段落でもう一度反転して、主観的で身体的な直感に裏打ちされた第三の場面へと移行していく。

出来事(3)

中学生のときのある経験を生々しく思い出す。

ところで、小説の時間の流れは、実際の時間(時計の時間)が過去から現在へと不可逆的に流れるのとは異なり、私たちの内面を流れる時間と対応するかのように、現在の時間のなかに「回想」といった過去の時間に属するものがはさみ込まれたり、時間が再構成されることがよくある。**小説文の読解では、その時間構成にも注意を払うことが大切だ。**この「回想」の場面は、大きく分けた第三の場面として、第⑦段落から第⑪段落までと考えてよいが、第⑦段落は現在から**「回想」への導入**、第⑧段落から第⑩段落までは**「回想」された過去**、そして第⑪段落はその「回想」を踏まえての**現在の心情・想念**、という構成となっている。

第⑧・⑨・⑩段落を読みつなぐ

⑧中学校の三年生のときであったが、彼は学校の博物の授業で、先生からアカシヤについて教わった。それによると、大連のアカシヤは、俗称でそう呼ばれているので、正確には、にせアカシヤ、いぬアカシヤ、あるいはハリエンジュと呼ばれなければならないということであった。そして、大連にも本当のアカシヤが二本ほどあり、それらは中央公園の東の方の入口に近いところに生えていて、こうこういう形をしているということであった。

⑨彼はその日、学校を出てから、電車に乗らずに歩いて帰った。一番の近道を歩いて帰ると、途中で、ちょうどそのだだっ広い中央公園を通ることになるのであった。

⑩彼は、しかし、本物の二本のアカシヤを眺めたとき、安心した。なぜなら、にせアカシヤの方がずっと美しいと思ったからである。にせアカシヤは、樹皮の皺《しわ》が深くて、それが少し陰気であるが、幹は真直《まっす》ぐすらりと伸び、そのかなり上方ではじめて多くの枝が分岐し、それらの枝も素直に横にひろがって、全体として実にすっきりした形をしているが、本物のアカシヤは、幹が少し曲がっており、本数の少ない枝もなんとなくひねくれた感じでうねっており、どうも恰好《かっこう》が悪いように見えたのである。本物のアカシヤの花は咲いていなかったが、もし咲いていたら、先生が黒板に色チョークを使って描いたあんなふうな花房の実物よりは、にせアカシヤの見なれた花房の方がずっと綺麗《きれい》だろうと思った。

この部分では、第⑩段落冒頭と末尾で繰り返して述べられる、〈にせアカシアの方が美しい〉と思った「彼」の心情・想念を押さえることができていればよい。

中学三年生のとき、自分に親しい大連のアカシヤは正確には「にせアカシヤ」と呼ばなければならないと、先生から教えられる。その日、大連にも二本ほどあるという「本当のアカシヤ」を見に行ったのだが、それを眺めたとき「安心」する。なぜなら、にせアカシヤの方がずっと美しいと思ったからである。

心情・想念（3）

本物のアカシヤより、大連の「にせアカシヤ」の方が美しく、安心した。

ところで、「彼」はなぜ本物のアカシヤを公園まで確かめに行ったのだろう。なぜ、「にせアカシヤ」の方が美しいと思ったとき、「安心した」のだろう。先に述べた「アイデンティティの問題」と関連付けて、君自身の力で、しっかり考えてみてほしい。「なぜ安心したのか、説明せよ」という設問が作られてもおかしくはない部分である。

第⑪段落を読みつなぐ

⑪彼はそのように遠い日のささやかなエピソードを、「にせ」という言葉が不当にも、ある生命の自然な美しさに冠せられていることに対する、一種の義憤を通じて想《おも》い起こしていたのであった。どこの愚かな博物学者がつけた名前か知らないが、にせアカシヤから「にせ」という刻印を剝《は》ぎとって、今まで町のひとびとが呼んできた通り、彼はそこで咲き乱れている懐かしくも美しい植物を、単にアカシヤと呼ぼうと思った。

第⑧段落から第⑩段落に示されたエピソード（心情・想念（3））を踏まえ、「『にせ』という言葉が不当にも」「冠せられて（かぶせられて）いることに」「義憤（不当なことに対する憤り）を通じて想い起こし」、「『にせ』という刻印を剝ぎとって」、「懐かしくも美しい植物を、単にアカシヤと呼ぼうと思った」（心情・想念（3'））のである。つまり、記憶のなかの心情・想念（3）が蘇り、現在の心情・想念（3'）を導いたのである。

心情・想念（3'）

にせアカシヤから「にせ」という刻印を剝ぎとって、単にアカシヤと呼ぼうと思った。

この段階では、「彼」の**強い価値判断**や**心情・想念**、**意志**を示す強調語がいくつも使われていることに注意する。「『にせ』という言葉が**不当にも**」「一種の**義憤**」「どこの**愚かな**博物学者」「『にせ』という**刻印を剝ぎとって**」「単にアカシヤと**呼ぼう**」……。これらの言葉のボルテージの高さはどこからくるものだろう。第⑩段落の解説の終わりでたずねておいたことにつながるが、ここにあるのは、大連のアカシヤは自分にとっては本物のアカシヤであり、断じて「にせ」アカシヤではないという、自分に対する強い言い聞かせである。

そして、「にせアカシヤ」のエピソードが〈にせのふるさと〉という言い回しの連想からきたことを考えれば、この自分への強い言い聞かせは、単にアカシヤという植物の呼称の問題ではなく、自分にとっての大連は〈にせのふるさと〉などではなく、やはり〈本当のふるさと〉なのだという強い想いの表現としてあると理解できるだろう。

もし、「にせアカシヤ」という名前を認めてしまったら、自分にとっての大連も〈にせのふるさと〉であると認めることになるからである。

もちろん、一度は〈にせのふるさと〉なのではないかという「引け目」を感じたあとだけに、初めに持った〈本当のふるさと〉の実感よりも、一層強い〈本当のふるさと〉の確信を「彼」が獲得したという点も読み取らねばならない。

第三の場面のまとめ

出来事＝中学生のときのある経験（アカシヤとにせアカシヤを比べたこと）を思い出す。

心情・想念＝にせアカシヤ（にせのふるさと）から「にせ」という刻印をはぎとって単にアカシヤ（本当のふるさと）と呼ぼうと思った。

以上、段落を追って読みつないできたが、本文全体について、大きく分けた場面に従って出来事と心情・想念との関連をまとめてみれば、次のようになる。

全体の構成

第一の場面……

出来事（ⅰ）＝アカシヤの花の甘く芳しい薫りが、彼の心を激しく打つ。

心情・想念（ⅰ）＝この大連こそ、自分にとって〈本当のふるさと〉なのだ

第二の場面……
出来事(ⅱ)＝自分の「ふるさと感（観）」を客観的に振り返る。
心情・想念(ⅱ)＝大連は、自分にとって〈にせのふるさと〉なのかも知れない。
第三の場面……
出来事(ⅲ)＝中学生のときのある経験を思い出す。
心情・想念(ⅲ)＝大連こそは、やはり自分にとって〈本当のふるさと〉なのだ。

アカシヤの甘い薫りのなかで**心情・想念**（ⅰ）のような主人公の高ぶった心情は、落ち着いて考え直してみると、**心情・想念**（ⅱ）ともなる。「彼」は、**心情・想念**（ⅰ）と**心情・想念**（ⅱ）とのあいだで揺れ、いわゆる「アイデンティティの危機」に直面する。しかし、**出来事**（ⅲ）を契機として、**心情・想念**（ⅱ）は完全に否定され、**心情・想念**（ⅰ）がさらに揺るがぬ状態となった**心情・想念**（ⅲ）へと至る。ここに、「彼」は自らのアイデンティティを獲得したのである。こうしてこの文章全体を、植民地育ちの青年のアイデンティティの危機とその獲得をめぐる物語として、われわれは読み取ることができたであろう。

なお、本文全体の構成を弁証法的に言い換えれば、第一の場面は「正」、第二の場面は「反」（第一の場面の反対）、そして第三の場面は「合」（前の対立する二つの場面がより高い次元へと統合された）という構成・展開となっている。この弁証法的な展開（知の扉⑫「弁証法」→P305）は、「彼」の精神のダイナミズムにほかならない。「大連のアカシヤ」（にせアカシヤ）に導かれて、〈にせのふるさと〉という疑念は打ち消され、「彼」にとって〈本当のふるさと〉となった大連は、まさに、題名（タイトル）の通り、「アカシヤの大連」のほかにはあり得ないであろう。『前書き（リード文）』があってもなくても、**まず最初に小説の題名（タイトル）は必ず見ておこう**」と提案した（→P72）のも、この文章のように、題名（タイトル）が全体の中心主題そのものを表しているという場合もあるからだ。いま一度、題名（タイトル）の重要性を喚起しておきたい。

全体のまとめ

アカシヤの花の甘く芳しい薫りのなかで彼は大連こそが自分の〈本当のふるさと〉だと思うが、一方冷静に考えれば、よそ者である日本人の自分が中国の土地をふるさととすることはできず、やはり大連は〈にせのふるさと〉ではないかとも思え、彼の心は動揺する。しかし、にせアカシヤの美しい花の記憶が蘇るとともに、彼は、そのアカシヤの咲く大連を自分にとっての〈本当のふるさと〉として、あらためて自己確認することができた。

（一九九字）

第5節　問題をどう解けばよいか

では、以上の読みつなぎを踏まえて設問を解いてみよう。

設問解説

問一

傍線部Aは、第①段落末尾の「アカシヤの花の甘く芳しい薫り」をより詳しく述べた部分であり、この部分の「表現」の「特徴」が問われている。小説問題に特有の設問である。

ここで、表現の特徴を問う問題との取り組み方について、少し説明しておこう。

解法のヒント　**❶表現の特徴を問う問題**

（1）　比喩や擬人法など表現技法（修辞法）の特徴をたずねるものが多い。

つまり、この種の問題では、**比喩**あるいは**擬人法**などの表現技法に気づくことが正解を得るための大きな手がかりになることがよくある。この点をぜひ頭に刻みつけてもらいたい。

（2）　「表現の特徴」をたずねるといっても、「表現そのもの」を問うのではなく、その表現が関わる文脈の「内容」を問うものも多い。

日本の「言語教育（ふつう「国語」と漠然と呼ばれているもの）」では、「内容」を理解することに重点が置かれており、そのためか、表現（技法）について学ぶということがあまり行われない。「表現（技法）に関する問題」でも、表現そのものについて説明するというより、その表現が用いられている文脈上の背景（つまり、その部分の内容）を、主人公の心情・想念との関わりで説明するというかたちになりがちである。

さて、**解法のヒント**　❶を生かし、問題を解いてみよう。

まず、ここで注意しなければならないのは、すでに解説しておいたことだが（→P76）、傍線部Aの部分に、「ような」という比喩を示す言葉が二度用いられていることである。

いま一つ注意すべきなのは、これも先に解説したように、「悩ましく甘美な匂い」と「どこかしら寂しげな匂い」、「純潔」と「欲望」、「逸楽」と「清らかな夢」などが互いに矛盾した対比的な表現となっていることである。

これらの特徴をまず押さえることが大切である。**解法のヒント**　❶の（1）からだけでも、「比喩」という表現技法を指摘している選択肢**ウ**が選べるが、（2）からも考えてみよう。

傍線部をそれがある文脈との関わりで理解していくと、傍線部Aは、第①段落末尾のキーセンテンス「特に、彼の心を激しく打ったのは、久しく忘れていたアカシヤの花の甘く芳しい薫りである」の詳しい説明部分であるとわかる。つまり、傍線部Aの表現は、「彼の心を激しく打った」「アカシヤの花の」「薫り」についてのものだということだ。したがって、この「内容」を考えてみたとき、この「表現」は、ただ「アカシヤの花」についてのものだけではなく、「彼の心」と深いつながりを持っているものとも理解できよう。対立し、矛盾した表現を重ねているのも、その「薫り」が「彼の心」にとって「これだ」と言い切ってしまえない、何とも言えない微妙な匂いであることを示しているからであろう。それは当然にも、「にせ」と「本当」の間で揺れ動く〈ふるさと〉についての心の動揺も暗示する。

以上をまとめてみる（以下、(1)(2)は**解法のヒント**❶のポイント(1)(2)を意味する）。

(1)（「表現」の視点）から、傍線部Aには、比喩表現があること、対立し矛盾する語が用いられていること、が確認できる。

また、(2)（「内容」の視点）から、傍線部Aは、「彼の心」との関わりで理解できること、が確認できる。

二つのポイントのどちらもが入っているものは、**ウ**である。「〜微妙な心情」は(2)を、「矛盾を含んだ比喩を重ね用いて表現」は(1)を踏まえた説明である。他の選択肢は、アとイに「矛盾した〜語」とあるものの、そのどれもが「比喩表現」であることを言っていないし、「彼の心」に関連付けて説明もしていないという点で、二つのポイントとも不足している。

このように、**選択肢の問題で練習しなくてはならないことは、選択肢を見る「視点」をもつこと**である。ウを選んだ人も、本当にそれを選んだ根拠を説明できただろうか。「何となく」というフィーリングでは、当たったり外れたりを繰り返すだけだろう。

なお、誤りの選択肢についても簡単に触れておこう。**ア**の「官能的」は〈性的な感覚を享受する〉という意味であるが、ここは「ふるさと」だけが問題となっていて、「性的」なことは述べられていないので駄目。**イ**は「曖昧さ」がマズイ。第①段落の末尾にあるように、アカシアの薫りが「彼の心を激しく打った」のだから、その薫りを「アカシアの匂いの曖昧さ」としては本文の叙述に反することになる。このように、小説のキーセンテンスである「心情・想念」の読み取りを生かしたいものだ。**エ**は「記憶の中のアカシヤと現実のそれとの微妙な関係」が本文には叙述されていない点で無理な説明である。**オ**は「異国情緒」（＝異国の雰囲気）が本文のテーマに反する。主人公は「アカシヤ」に〈ふるさと〉を感じているのだから、大連は「異国」ではないのである。

問二

主人公の「彼」が、傍線部Bのように感じることの理由が問われている。小説題では、このような「心情説明」の出題が中心となる。もちろんのことだが、この種の問題では、第2節で見てきた**「小説文を読む三つの方法」**、そしてそのなかでも特に**方法(2)「中心人物の〈心情・想念〉の表れ、推移を〈出来事〉と関連させて読み取る」**という「読みつなぎ方」を生かさなくてはならない。実際にやってみよう。

傍線部Bは、第4節の「読みつなぐ」作業で、心情(1')とした部分である。もう一度、P79を読み直してもらいたい。傍線部のある第④段落は、「自分の本当のふるさと」であると感じる「大連」と対比させて、「父祖の土地」を論じている。「父祖の土地」は「戸籍上のふるさと」であるのだが、「しかし」そこには「自分のふるさとだという実感」を感じることはなかった（心情・想念（1'））のである。そして、この内容は、直前の第③段落の中心的な内容、つまり、心情・想念（1）とした「彼は、この町（大連）こそやはり自分の本当のふるさとなのだと、思考を通じてではなく、肉体を通じてしみじみと感じた」ということを、裏側から言い換えている。

　つまり、傍線部Bの心情・想念（1'）の「実感がない」は、心情・想念（1）の「しみじみと感じた」ことと裏表の関係としてあるということだ。このように、心情・想念（1）と心情・想念（1'）を「読みつなぐ」ことができれば、傍線部B（心情・想念（1'））の説明を、心情・想念（1）との関わりでしていけばよいとわかるだろう。本文は、選択肢の問題であるが、もしこの問題が論述問題であったとしても、心情・想念（1）に触れることが答案作成の必須条件になることは言うまでもない。

　さて、以上考察してきたように、心情・想念（1'）を心情・想念（1）との関わりで説明している選択肢はどれだろう。この視点に立って、もう一度選択肢を選び直してみてほしい。

　傍線部Bの「自分のふるさとだという実感」を、心情・想念（1）の「彼は、この町こそやはり自分のふるさとなのだと、思考を通じてではなく、肉体を通じてしみじみと感じたのであった」という説明に関連づけて説明しているのは、「肉体を通しての……」とある選択肢**イ**である。他の選択肢は、どれも、心情・想念（1）を踏まえた説明とはなっていない。

　アは、「戸籍上のふるさと……先入観」の部分が、第④段落の叙述内容からは逸脱している。**ウ**は、「都会」と「田園」の対比が、本文の内容と合わないものである。**エ**は、「父や母の住んでいた土地ではなかった」が、本文に反する。父も母も高知の出身であると本文にある。**オ**は、「幼少時代の記憶を欠いていた」が、本文の叙述からは導き出せない説明である。

問三

　主人公の「彼」が「引け目を覚えていた」相手（対象）が誰であるかが、問われている。

　傍線部C（「引け目」）は、次の文に「もし、このことを他人に聞かせたら、恥ずかしい思いをすることになるのではないかと不安であった」と言い換えられており、さらに、その次の文が「というのは～」で始まっているので、その「引け目」の生じる理由が「というのは～」以降の文で説明されていることがわかる。まずは、この部分を手がかりにすればよい。この部分は、すでに詳しく見たところなので（→P81）、ここでは、その理由を箇条書きにしてまとめておく。

1　大連には土着人の墓場しかない＝前世代の日本人たちにとっての墓場は「内地」にしかない

　＝

大連は中国人のふるさとである＝前世代の日本人たちにとって大連はふるさとではない（ふるさとはあくまでも日本である）

　この部分だけを確認して選択肢の吟味をすると、「エ　前世代の日本人たちと土着の人たちに対して」を選んでしまうかもしれない。しかし、本文では、「また、彼のようないわば植民地二世は……」と叙述が続いていることに留意する必要がある。「また」という**論理語（並列関係）**がある以上、その前の部分だけではなく、その後の部分もまた、「引け目」の生じる理由説明となっているのである。したがって、もう一つの理由は、「彼」のような若い植民地二世は「ふるさとについての問題意識をふつうは持っていないようであった」ということに関連するものだ。ここで「ふつうは」と、他と区別して何かを取り立てて述べる言葉があることに注意したい。つまり、二つ目の理由は次のようになる。

2　植民地二世は「ふつう」ふるさとがどこかなどと思い悩んだりしないのに、「彼」は同じ植民地二世なのに、そうした「ふつう」のあり方をしていない。

　以上、**1**・**2**から、「彼」の引け目の内実は、「土着の人たち」に対してはよそ者である自分が大連をふるさとと思うことはおかしいのではないかというものであり、「前世代の日本人たち」に対しては彼らのようには日本をふるさとだと思えないのもおかしいのではないかというものであり、さらに、「植民地二世」に対しては自分だけが例外的にふるさとをめぐって思い悩んでいるのは変ではないかというものなのである。したがって、この設問で問われている、「彼」が「引け目を覚えた」相手（対象）は、「土着の人たち」「前世代の日本人たち」「植民地二世」であり、答えは**オ**となる。

　問題を解くときに、傍線部と関連する部分は必ず見るだろうが、その際、**「論理関係を示す語」（対比、並列、因果など）があれば注意すること。**たとえば、この設問が論述式であったとしても、「また」の前後で大きく二つのポイントをまとめればよい、といった判断がきちんとできることが大切である。

問四

　傍線部Dの理由が問われている。傍線部の次の文が、理由を示す「なぜなら～」で始まっていることにさえ気付けば、答えはこの一文にあるとわかるだろう。第⑥段落の「読みつなぎ方」、特に「彼」の「引け目」について分析した図（→P83）を確認してもらいたい。この一文は、「なぜなら、彼の気持ちは、大連のほとんどの日本人たちから見れば……、土着の気骨ある中国人たちから見れば……からである。」とあるので、「ほとんどの日本人たち」の立場とも「中国人たち」の立場とも違うという点を踏まえたうえで、「彼の気持ち」を説明しているものを選ぶ、という方針でいけばよい。もちろん、ここで言う「ほとんどの日本人」とは、問三の解説でも見た通り、「前世代の日本人」と「植民地二世」の両方を含んだものである。

アは、「土着人（中国人）に対して」という立場だけからの説明である。

イは、「日本人として」という立場だけからの説明である。

ウは、「前世代の日本人たちから見れば」という立場だけからの説明である。

エは、「植民地二世のなかで」という立場だけからの説明である。

オは、「日本人から見ても中国人から見ても」という、両者の立場からの説明となっているので、これが正解。

問三・問四のように、**説明に必要な要素をすべて盛り込んだ選択肢を正解とし、その一部しか取り上げていない選択肢**（たとえば、二つの要素のうち一つしかないもの）**を誤答として作るという、問題作成のパターンがよくある。**必要な要素さえわかれば機械的にも正解を選べるので、頭に入れておくとよい。

問五

本文最後の第⑪段落のキーセンテンス＝心情・想念に傍線が引かれている。そして、そこに表されている「気持ち」が問われている。この部分についてはP90以降の解説を読み直してほしいが、とくに本問に関わる解説部分を次に引用したい。

「この（＝傍線部Eでの）自分への強い言い聞かせは、単にアカシヤという植物の呼称の問題ではなく、自分にとっての大連は〈にせのふるさと〉などではなく、やはり〈本当のふるさと〉なのだという強い想いの表現としてあると理解できるだろう」。

つまり、傍線部は、表向きにはアカシヤという植物の呼称をめぐった叙述になってはいるが、主人公の心情・想念の次元では、〈自分のふるさとはどこなのか〉というアイデンティティ問題をめぐっての叙述なのだ。それは、P91の「全体の構成」でも、第三の場面の心情・想念について「大連こそは、やはり自分にとって〈本当のふるさと〉なのだ。」とまとめておいたものである。

このように**場面における登場人物の心情・想念**（＝キーセンテンス）を読み取ることができれば、それをもって**選択肢を選ぶ視点**とすればよい。以上確認してきた主人公の心情・想念について触れているのは、選択肢**ア**である。アの「自分はこの大連の町にふるさとを感じ」の部分は、大連が自分にとって〈本当のふるさと〉だということを言っており、また「自己の真実を確認している」の部分は、自己のアイデンティティを確認していることを意味するだろう。そして、傍線部が直接的にはアカシヤのことについて述べているので、選択肢にも「〈にせアカシヤ〉と言われようとも……大連のアカシヤを美しいと思っている」と説明している。

残りの選択肢は、すべてこの主人公の心情・想念（アイデンティティ問題）に触れていない。選択肢**イ**の「住めば都であり」は主人公の悩みにまったく触れていないし、**ウ**の「生命の自然な美しさ」は植物としてのアカシヤの説明だけであり主人公の想念に触れていない。**エ**の「町の人々はそこに適応して生活し……自分もその中の一人として生きる」や、また**オ**の「〈にせ〉か〈本物〉かということは……そこに住んでいる人々によって決められるべきである」は、「町の人々」や「住んでいる人々」一般のことを述べているだけで（その内容も根拠が曖昧）、主人公自身の想念には触れていない。

解答

問一　ウ
問二　イ
問三　オ
問四　オ
問五　ア

知の扉　②

アイデンティティ（identity）**について**

アイデンティティとは、**「自己同一性」**「自己の存在証明」などと訳されるが、簡単に言えば「この自分は確かに自分である」と思える意識のことである。ただし、ただ自分が自分であることを知っているだけではなく、過去の自分、現在の自分、他人が認めている自分が連続性を持っていると信じられることであり、未来に向かう自分の姿を肯定できることでもある。

それゆえに、いわゆる「ルーツ」とアイデンティティは大きな関わりを持つことになる。「アカシヤの大連」の主人公は、大連を自分の〈ほんとうのふるさと〉と思いながらも、実は〈にせのふるさと〉ではないかと思い悩み、彼のアイデンティティは揺らぐのだが、やはり〈ほんとうのふるさと〉であると確信することによって、アイデンティティを安定させようとしたのである。

同様に、自分がどこに帰属しているかという帰属意識が確かなものか、不確かなものかによって、アイデンティティは大きく左右される。たとえば、大学生A君がX大学に入学し、X大学に満足することができれば、A君のアイデンティティは安定するが、X大学に不満を覚えるとき、大学生としてのA君のアイデンティティは揺らぐかもしれない。あるいはまた、自動車工場で働くBさんが、大工場の組み立てラインで、不本意ながら来る日も来る日も機械に隷属《れいぞく》した労働を強いられるとき、Bさんの人間としてのアイデンティティは危機に陥るのである。これがいわゆる「人間疎外」である。

このように考えた場合、現代のような管理社会の中で生きている多くの人びとは、どうしても自己を組織の中の「一片の歯車」のようにしか意識できず、アイデンティティを獲得することは困難になってきている。

ところで、これまで見てきた議論とは逆の、次のような議論もある。われわれは広く他者との関係のなかで生き、その関わりにおいて「私」は常に変化しているはずなのに、変わることのない実体としての「私」が存在していると想定して揺るぎない自己の同一性（アイデンティティ）を求めるのは、実際の人間の存在の仕方と遊離した考え方であり、実体論的な思考様式（関係より実体を中心に考えること）に捉われてはいないか、というような議論である。そこでは、アイデンティティを求めること自体に疑問が投げかけられているのである。たとえば、人類学者の今福龍太は『移り住む魂たち』（〔問題1〕で取り上げる）の中で次のようなことを述べている。

われわれが、今や、一つに限定されたアイデンティティ（＝同一性）を持つことが困難であるならば、逆に、自分を「だれでもない者」として意識し、アイデンティティへの思い込みや執着を断ち切って「意識的な旅人」となり、常に「移動」し続けながら「旅人」たちと遭遇するなかで、自らを開き、そのつど見出される「私」の複数性を肯定していくべきではないか、と。

「『私はどこからきたのか？（Where am I from?）』という起源のアイデンティティを問う問いかけに代わって、『私はどことどこのあいだにいるのか？（Where am I between?）』という移動の途にあるインターカルチュラルな自己規定を問う問いを、ぼくは自分に投げかけてみたかったのかもしれない。」

「いまや人間文化の強烈な経験が生成する現場のすがたは、私たちの定住的な家や共同体に似ているというよりも、むしろ旅人が移動し交通する旅程に似ている。それは旅人が集合し離散するホテルのロビーや、港や、空港のトランジット・ラウンジのようなものでもある。……その乱雑におりなされた騒音の魂のなかから、生の欲求に満ちた強い声の反響を聴きとることができるのではないか。」

今福が言うように、私たちは、さまざまな文化が豊かに交流しあい、そこから新たな文化が次々と生成する現代という現場に立ち会っている。そこには、たしかに、文化衝突という危険性（たとえば、民族紛争）も潜んでいるが、また一方では、さまざまな文化が、人やモノの交流、あるいは電波やインターネットを通して、いとも簡単に「国境」を超えて、さまざまな地域で受容され混合されてもいるのである。

このような地球規模でのインターカルチュアルな状況を考えてみるとき、一つの文化のアイデンティティも、それを他の文化から切り離された独自で、純粋なものと考えることはできないだろう。「混血」というインターカルチュラルな存在も、以前のように、アイデンティティを「半分」ずつしか持っていない「ハーフ」という欠落性としてではなく、文化と文化の交渉する現場に立って、複数の文化を持った「ダブル」という可能性として呼ばれ始めてもいるのである。

清岡卓行（きよおか・たかゆき）
一九二二〜二〇〇六年。大連に生まれる。東大仏文科に在学したが、四五年三月、大連に帰り、そこで敗戦を迎え、沢田真知と出会って、結婚する。六八年、妻を喪い、翌年、妻との出会いの意味を問うた小説『朝の悲しみ』、『アカシヤの大連』を発表し、『アカシヤの大連』で第52回芥川賞を受賞する。

【参考図書】
清岡卓行『アカシヤの大連』（講談社文芸文庫）
ヤマザキマリ『国境のない生き方』（小学館新書）

第三部

文章と格闘する

［解説編］

3

［解説編の利用法］

ここでは、君自身が、別冊の**「文章と格闘する　演習編」**の問題で取り組んだ、作業(1)〜(5)がうまくできているかどうかを、「解説」と照らし合わせ確認していくことが課題である。キーセンテンス、キーワードを押さえ文章をうまく読みつなげたかどうか、文章全体の構成をつかみ論旨の把握や要約ができているか……などの照合作業をしっかりとやってほしい。具体的には次の1〜5に従って取り組むこと。

1 解説編で示している作業例と自分のした作業とを照合しよう

解説編では、段落分け、意味段落ごとの「小見出し」例を冒頭に表示し、またキーセンテンス、強調語などの部分には赤で適宜マークを入れている。これら解説編の作業例を一つの参照基準としながら、君自身のした作業を点検してもらいたい。

解説編・〈問題1〉の作業例

②　「ALTO」（止まれ）
「DESPACIO」（徐行）

③　農場の入口に立てられた、手作りのこんなスペイン語の道路標識が、ぼくの意識を一気にメキシコ国境にまで連れ戻してゆく。サリーナスの埃っぽい道を歩いていると、そこには、ボーダーの記憶や感触が息づいているのを、だれもが感じとらざるをえない。それはしかし、祖国への甘いノスタルジーとはすこしちがう。背後に残してきた祖国の郷愁に彩られたイメージは、すでに国境の向こう側へと後退し、彼らは彼らの日常のさまざまな局面に瞬間的・継続的に出現するはるかにリアルで手ごたえのある「メキシコ」を、まさに彼ら自身のものとして「生きて」いるようなのだ。とすれば、ボーダーとはけっして地理的・政治的な「境界線」として彼らのなかにあるのではなかった。それは、むしろ彼らの日々の生活に駆動力を与え、そのリズムを刻み、その喜怒哀楽の強弱を計測する、デリケートな「感情」を構造づける一種の深遠な原理のようなものだった。それこそが、アメリカ合衆国に住むメキシコ系の人間すべての、あたらしいボーダーの意味と効用なのだ。

▽注意△　なお、各問題ごとに示した段落分けや小見出しのまとめ、またキーセンテンスのマーク部などは、あくまでも君の「読みつなぎ」を確認するための、一つの参照基準くらいに考えておいてもらいたい。もっと別の段落分けやマークしてもよい部分があってもよいのである。ただ、私たちが示した「基準」から大きく外れていないかを確かめてほしい。

2 意味段落ごとの解説「読みつなぎ方」を読み、「自分の読みつなぎ方」を検討しよう

読みつなぎ方

文章の「読みつなぎ方」について、意味段落ごとに説明している。段落分け、自分の読みつなぎ方と比べ、その問題点を見つけて、これからどう読んでいけばよいかをじっくりと考える。

語句説明

語句の意味は、脚注として適宜示したほか、難しい表現や、その内容をより深く考えておきたい語句（＊印を付したもの）については〔語句の説明〕の部分に取り上げて説明している。

た二十世紀末になって、ボーダーの侵犯やディアスポラの動きによって形成された＊ハイブリッドな文化の存在が、世界のあちこちで鮮明に浮上してきたのだ。

ころがない、万全。
ハイブリッド（hybrid）＝異質なものの混じり合ったもの。「雑種」。

読みつなぎ方

Ⅲは、**Ⅰ・Ⅱ**で論じてきたことを筆者がさらに広い視野に展開して議論を深めた部分だと読みつなぐことができていればよい。

Ⅲの主題は、「シンポジウム」（第⑪段落）の題（テーマ）とされた「ボーダー」「ディアスポラ」の二つのキーワードで示されている。そして、その詳しい説明が第⑫段落でなされている。

第⑫段落では、「『ボーダー』とは……」の一文と「『ディアスポラ』とは……」の一文にまず注目する。「**Aとは**」の「**とは**」は、**その文が主語「A」についての定義文であることを示しているから**（たとえば「言語とは……だ」）、この二つの文を、「ボーダー」「ディアスポラ」をそれぞれ定義しているキーセンテンスであると押さえる。

第⑫段落でもう一点注目しておきたいのは、第⑫段落の

＊〔語句の説明〕
「ディアスポラ」（第⑫段落）

3 論旨や「まとめ」を確かめよう

意味段落のまとめ▼

意味段落ごとの「まとめ」（部分要約）である。意味段落の番号はⅠ・Ⅱ・Ⅲ……で示している。自分の「まとめ」と読み比べること。

「全体の中心論旨」▼

筆者が本文全体を通して、一番言いたいこと、言おうとしていることである。自分のまとめた「全体の中心論旨」文と比べてみる。

「全文要約」▼

文章全体の要約である。「二〇〇字以内」の要約文（答案例）を示している。自分の要約文と比べ、問題があればまとめ直してほしい。

Ⅲのまとめ（全体の中心論旨）

政治的境界を越える人間の大量移動や資本主義的社会関係の拡張といった現代的状況を背景に、加速化されたボーダーの侵犯やディアスポラの動きによって形成されたハイブリッドな文化の存在が世界的に顕在化している。

全体の中心論旨はそのままⅢの**まとめ**と同じでいいが、**全文要約**はⅠ・Ⅱも含めておくほうがよい。Ⅰ・ⅡがⅢを論じる前提的部分なので、全体の要約文の構成は〈ⅠやⅡに見られるように、Ⅲ〉というようになるだろう。

全文要約

日々の生活を駆動させるリアルで手応えのあるものとしてあるサリーナスの「メキシコ」や、異文化・民族間に相互作用を生み出し二十一世紀のあたらしい生存のかたちを示唆するUさん家族の「実験」に見られるように、政治的境界を越える人間の大量移動や資本主義的社会関係の拡張といった現代的状況を背景に、加速化されたボーダーの侵犯やディアスポラの動きによって形成されたハイブリッドな文化の存在が世界的に顕在化している。

（二〇〇字）

4 自分の答えを合わせよう

「設問解説」▼

設問ごとに、その問いをどのように理解し、解いていったらよいのかを説明している。答えを導くプロセスや、考え方が適切であるかどうかを具体的に検討し、答えを合わせる。

解法のヒント▼

設問パターンごとに、その解法や留意点について説明している。問題を解いていくに当たっての、いわば原則（基本的考え方）とも言うべきものだから、じっくり研究すること。

設問解説

先に、**問一**から**問三**までの設問全体の関連を確認しておこう。**読みつなぎ方**で見たとおり、本文全体は意味段落Ⅰ・Ⅱ・Ⅲの三つの部分で構成されていた。設問が三つあるのは意味段落が三つあるからだと大きくつかめていただろうか。設問を解くことだけに汲々《きゅうきゅう》として（＝あくせくして）はいけない。

問一

> **解法のヒント ❷設問文の理解を十分にすること**
> 設問の形式が、選択肢型であれ論述型であれ、設問文の理解を十分にしてから取り組まなければ、見当違いの答えをしてしまうことになりかねない。まずは設問文をじっくりと読解し、何が問われているのか、どのような条件が出されているのか、などについて明確に把握しておくべきだ。難問といわれる問題の勝負は、この設問文の理解にかかっているといっても過言でない。

Ⅰに関する問題であると理解する。もちろん「あたらしいボーダーの意味と効用」の内容を突きつめていけば、Ⅲ（第⑫段落）にも関連することにはなるだろう。しかしまずは、傍線部問題

傍線部には「**あたらしい**（ボーダーの意味と効用）」という**肯定的価値を示す強調語**があるから、Ⅰの**読みつなぎ方**で見たとおり、傍線部は第③段落で論じられていた筆者の考えるボーダー観（**Y**）の内容をまとめたものだと理解できる。

次に、傍線が引かれた一文全体は、〈「それこそが」（主部）……傍線部A「なのだ」（述部）〉という構造になっているから、傍線部A＝「それ」であり、つまり「それ」の指示内容を言っている選択肢を選べばよいことがわかる。「それ」の指示内容は直前文の「（ボーダーは）彼らの日々の生活に駆動力を与え、そのリズムを刻み、その喜怒哀楽の強弱を計測する、デリケートな『感情』を構造づける一種の深遠な原理のようなものだった」である。傍線を引いた語句が、選択肢エではそれぞれ「日々の暮らし」「内的経験をかたどり織り上げていく」「根源的な力」と言い換えられていることが確認できる。答えは、**エ**である。そして、この内容が筆者の考えるボーダー観（**Y**）であることも確認しておこう。

では、残りの選択肢はそれぞれどこが間違っているのだろう。各選択肢の間違いを指摘していく前に、留意しておきたいことを述べておこう。もう一度、Ⅰの**読みつなぎ方**を読み直してほしい。傍線部Aのある第③段落で、筆者は、一般的なボーダー観（**X**）と筆者のそれ（**Y**）を対比させるかたちで議論を進め

5 理解をさらに深めよう

知の扉▼

練習問題の文章のテーマに関連付けながら、入試頻出のテーマをめぐって、より深く、より広く説明している。一つの文章の背後に広がる、知的な世界を理解し、本当の意味での思考力を付け、君自身の知的な関心領域を広げていく手がかりとすること。

また、そのテーマや周辺テーマに関わる参考図書（文庫・新書などに限った）を挙げたので、読書ガイドの一つとしてほしい。

知の扉 ③

文化論をめぐって

入試現代文でよく取り上げられるテーマの一つに「文化論」がある。もちろん文化論と言ってもその内容は多岐にわたるが、ここでは「文化相対主義」「ハイブリッドな文化」「異文化論」について概観しておこう。

近代ヨーロッパが非ヨーロッパ世界を植民地支配していくなかで、西欧が世界の中心であり、その文化は普遍的な価値を持つという考え（西欧の**自文化中心主義**）が強い力を持つようになった。西欧は非西欧社会を「遅れて劣った社会」と見なし、一方、非西欧世界は西欧を手本として自らの「近代化」「西欧化」をめざした（ときには抵抗もし

今福龍太（いまふく・りゅうた）

一九五五年生まれ。文化人類学者。メキシコ、キューバ、ブラジルなどでフィールドワークに従事する。文化人類学的知見と詩的世界を交差させるような作品を発表している。著書に『荒野のロマネスク』、『クレオール主義』、『身体としての書物』、『薄墨色の文法』など。

【参考図書】

今福龍太『クレオール主義』（ちくま学芸文庫）
青木　保『異文化理解』『多文化世界』（いずれも岩波新書）
多和田葉子『エクソフォニー——母語の外への旅』（岩波現代文庫）

［問題1］今福龍太「移り住む魂たち」

本文全体は大きく三つの部分で構成されている。それぞれ間に一行空きがあるので、その構成は視覚的にもわかりやすかっただろう。以下、意味段落を「Ⅰ　サリーナスの『メキシコ』」、「Ⅱ　日本人Uさん家族の実験」、「Ⅲ　ボーダー／ディアスポラ」の三つに分け、それぞれを読みつないでいくことにしよう。

Ⅰ　サリーナスの「メキシコ」（第①段落～第④段落）

① サリーナスは、一般には作家スタインベックの生地として知られている町だ。肥沃な谷あいの小さな町に白人系の移住者とメキシコ人と中国人移民が混住していた今世紀初頭のサリーナスの空気は、スタインベックの『エデンの東』をはじめとするいくつかの小説に色濃く写しとられている。それから半世紀たって、いまこの町の空気をつくりだしている主人公は、まちがいなくメキシコ人たちになった。イチゴを中心とする果樹園と、ブロッコリやレタスの畑での*労働力を求めて、国境を越えて千マイルちかいこの土地にまで、彼らは疲れを知らない意志によって押し出されるようにして、つぎつぎとやってくる。あるものは留まり、あるものはまた流れ去り、しかし彼らの通過とともに、土地はなおいっそう「メキシコ」の色と空気を湛《たた》えだす。

スタインベック＝アメリカ合衆国の小説家。一九〇二～一九六八年。一九三〇年代の不況期にカリフォルニアに移住した農民たちの苦しみを描いた『怒りの葡萄』でピュリツァー賞を受賞。

マイル＝約一・六キロメートル。

② 「ALTO」（止まれ）
「DESPACIO」（徐行）

③ 農場の入口に立てられた、手作りのこんなスペイン語*の道路標識が、ぼくの意識を一気にメキシコ国境にまで連れ戻してゆく。サリーナスの埃っぽい道を歩いていると、そこには、ボーダーの記憶や感触が息づいているのを、だれもが感じとらざるをえない。それはしかし、祖国への甘いノスタルジーとはすこしちがう。背後に残してきた祖国の郷愁に彩られたイメージは、すでに国境の向こう側へと後退し、彼らは彼らの日常のさまざまな局面に瞬間的・継続的に出現するはるかにリアルで手ごたえのある「メキシコ」を、まさに彼ら自身のものとして「生きて」いるようなのだ。とすれば、ボーダーとはけっして地理的・政治的な「境界線」として彼らのなかにあるのではなかった。それは、むしろ彼らの日々の生活に駆動力を与え、そのリズムを刻み、その喜怒哀楽の強弱を計測する、デリケートな「感情」を構造づける一種の深遠な原理のようなものだった。それこそが、アメリカ合衆国に住むメキシコ系の人間すべての、Aあたらしいボーダーの意味と効用なのだ。

④ サリーナスの、豊かに耕作された畑と、彼方の丘陵とを交互に眺め、そのあいだを渡る涼やかな湿り気を帯びた風を感じながら、ぼくは自分自身のメキシコの記憶が、あざやかな飛翔の軌跡をしめしつつこの北カリフォルニアの田園地帯にいままさに着地するのを、思いがけず目撃していた。

ノスタルジー＝郷愁。次文に「（祖国の）郷愁」と言い換えられている。

読みつなぎ方

Ｉとした第①段落から第④段落では、アメリカ合衆国カリフォルニア州にある「サリーナス」がどういう土地なのかについて、おもにメキシコ（人）との関わりで紹介した部分だ。

第①段落では、農業地帯サリーナスに仕事を求めてメキシコから次々とやってきたメキシコ人たちが「町の空気をつくりだし」、現在、その土地が『メキシコ』の色と空気を湛え」ている様子が紹介される。

第③段落では、サリーナスのメキシコ（ボーダー世界）をどう見るかについて掘り下げて論じている。したがって、ここがＩの中心部分であること、また、筆者が一般的なボーダー観（Ｘとする）と筆者のそれ（Ｙとする）を対比させるかたちで議論を進めていることを読み取れたかどうか、確認してほしい。

この部分の「読みつなぎ方」としては、**「ＸでなくＹ」**、**「Ｘと違ってＹ」**などのように、**「打ち消し／否定」の意味をもつ語に留意して、その前後でＸとＹが対比されていること**を読み取れたかどうかがポイントだ。具体的には、第③段落4行目「それは〜とはすこし**ちがう**」、5行目「〜イメージは〜**後退し、**〜」、7行目「ボーダーとは〜**ではなかった**」の太字で示した語に注目しながら、その前後でサリーナスのボーダー世界をどう見るかについて二つの見方が対比されているとつかむことだ。整理すると次のようになる。

第三文　それは〜祖国への甘いノスタルジー（＝Ｘ）と**ちがう**

第四文　祖国の郷愁に彩られたイメージ（＝Ｘ）は国境の向こう側へと**後退し**
　彼らの日常のさまざまな局面に出現するリアルで手ごたえのある「メキシコ」を生きている（＝Ｙ）

第五文　ボーダーとは地理的・政治的な「境界線」としてある（＝Ｘ）の**ではなかった**

第六文　それは彼らの日々の生活に駆動力を与え〜デリケートな「感情」を構造づける一種の深遠な原理のようなもの（＝Ｙ）だった

第七文　それこそがあたらしいボーダーの意味と効用（＝

Y）なのだ

対比内容のポイントは、Xが「境界線のむこう側への郷愁」としてある「イメージ」であるのに対し、Yは「（ここにある）日々の生活」を支えている「リアルで手ごたえのある」ものとしてあるという違いをつかむことだ。この第③段落がⅠの中心だから、X・Yの見方をまとめれば、そのまま「Ⅰのまとめ」になるだろう。

第④段落の「ぼくは自分自身のメキシコの記憶が……飛翔の軌跡をしめしつつこの北カリフォルニアの田園地帯にいままさに着地するのを、思いがけず目撃していた」とは、「ぼくは自分自身の」とあるから、第③段落で述べた筆者自身の見方Yを比喩的表現（メタファー）で言い換えた内容だと理解すればよい。わかりにくい表現のように思われても、関連部の論旨に沿って理解すればよいのである。

＊〈語句の説明〉――――

「労働力を求めて」（第①段落）

「労働力」とは一般的に〈生産物をつくるために投入される人間の知的、肉体的な能力〉のことを言う。したがって「労働力を求める」のは、社会や企業（雇い主）のほうなので、働き手のメキシコ人が「労働力を求めて」サリーナスにやってくるという表現は変である。筆者は、「労働力」を「仕事」というほどの意味で用いたのであろう。

「スペイン語の道路標識が、ぼくの意識を一気にメキシコ国境にまで連れ戻してゆく」（第③段落）

サリーナスは、アメリカ合衆国にありメキシコとの国境から「千マイル」近くも離れているのに、農場にメキシコで見るような「スペイン語の道路標識」が立てられているのを見ると、「ぼくの意識」においてはサリーナスがあたかもメキシコ国境に接した土地であるかのように感じられる、というように理解できればよい。

なお、米墨戦争（アメリカ・メキシコ戦争、一八四六～四八年）以前は、サリーナスを含むカリフォルニア州は、現ネバダ州、ユタ州などとともにメキシコ領であったが、戦争に勝ったアメリカ合衆国はそれらの地域を割譲させ自国の領土に組み入れた。「ロス・アンヘレス」（ロサンゼルス）、「サン・フランシスコ」（サンフランシスコ）というスペイン語に由来する都市名にもその歴史が刻まれている。現在も旧メキシコ領地域には、メキシコ系アメリカ人（チカーノ）がたくさん住んでいる。もちろんネイティブアメリカン（先住民）たちの存在も忘れてはならない。

Ⅰのまとめ

サリーナスの「メキシコ」（あたらしいボーダー）は、そこに暮らすメキシコ人にとっては、政治的境界線（国境）の向こう側にある祖国への郷愁に彩られたイメージとしてあるのではなく、日々の生活を支え駆動させるリアルで手ごたえのあるものとしてある。

Ⅱ　日本人Uさん家族の実験（第⑤段落〜第⑩段落）

⑤　でも、ここサリーナスにぼくがやってきた直接の理由は、べつのところにあった。ぼくは、この土地ですでに二〇年以上、大規模な花の栽培と出荷をおこなっている鹿児島県出身の移民者Uさん一家を、訪ねて来たのだった。戦時中、排日運動の拠点とさえなったこのサリーナスで、戦後、彼らはだれも試みたことのなかった花の栽培をはじめた。あえてそうした渦中の町を選んだところに、彼らの野心的な気概がすでにうかがえる。土地の気候と土壌にも恵まれてその仕事は成功し、いまではサリーナス自体が、全米に出荷される花全体のほとんど七割を占める、大生産地となったのだ。コンピュータによって湿度と温度をコントロールされた巨大なビニールハウスのなかでは、バラやカーネーションを主体として、さまざまな花の色と香りがあふれていた。

⑥　日本人によるカリフォルニア移民史の全体的な文脈のなかで、Uさんたち家族の軌跡を位置づけるというようなことは、とてもこの滞在記の枠のなかでできる作業ではない。ここでぼくはただ、Uさんたち家族がいま日常的な生活の現場で直面しようとしている興味深いある実験についてだけ、書い

気概＝くじけない強い意志や気性。

てみようと思う。「実験」といっても、Uさんたちがそれを実験だと意識しているわけではない。家族の拡大と成長とともに、当然のようにして現われたある選択と決断をUさん一家は柔らかく受け止めながら、そこに家族のアイデンティティを更新してゆく力が生まれでるかどうかのひとつの賭《かけ》に踏みだしたように、話を聞いていたぼくには思われたからだ。

⑦　移民一世であるUさんの話のなかでぼくの注意をひいたのは、二世である長男の結婚についての話題だった。サリーナスの日本人*コミュニティは、その経済的重要性に比べると、数のうえからはきわめて小さい。長男の結婚相手を、そうした限られた日本人コミュニティのなかから探すことは、ほとんど不可能に近かった。そしてやはり、あるとき長男が家に連れてきたガールフレンドも、長身の白人女性だった。父親であるUさんは、はじめ当惑した。いずれ一家の長となって仕事と家族をささえてゆく長男の嫁が、日本人でない、ということからくるあらゆる不透明感とそこから予想されるトラブルが、Uさんの脳裏を一瞬よぎったのだ。だが、若い二人の意思はすでにかたかった。そこでUさんは、おもいきった提案をする。結婚を認めるための二つの条件の提示だ。第一は、けっして離婚をしないこと。そして第二に、少なくともU家の嫁として、日本人の基本的な生活習慣は身につけ、母親の味噌汁の味ぐらいはきちんと受け継ぎ、そして日本語をしっかり学ぶこと。この二つである。第二の条件を満たすために、Uさんは、娘のひとりが嫁いだ九州のある温泉町の旅館に、長男の結婚相手を一～二ヵ月預け、そこで日本語と日本的しきたりを勉強してもらう、というオプションも提示した。

⑧　白人女性の答えは、確信のこもった「イエス」だった、という。ある意味で、日本人の家族の一員となるための一方的な通過儀礼を要求されたともいえる彼女は、しかしそうした条件をじつに素直に

アイデンティティ（↓P99）

移民一世＝外国へ移民し定住した第一世代。その子供たちは第二世代なので「二世」と言う。

通過儀礼＝イニシエーション（initiation）。集団や社会の正式な成員として承認されること。誕生、成人、結婚など、人生の重要な節目に行われる儀式のこと。

受け入れて、長男と結ばれた。ぼくがサリーナスを訪ねたとき、彼女はちょうど九州へ研修旅行中だった。まさに研修である。そのスポンサーでもある父親のUさんは、この日本行きがたんなる旅行ではないことをはっきりと認識させるため、彼女に毎週詳細なレポートを日本語で書いて送るよう課題を出した。すでにこの外国人の嫁を家族の一員として受け入れたのか、話しながら柔らかく微笑するUさんが、ぼくに一枚の手紙を見せてくれる。日本到着後、彼女がはじめて書いた手紙＝レポートだという。B なにげなく手渡された手紙に目をやり、たどたどしい日本語の文章を読みすすむうち、ぼくはその、不規則に並んだたくさんの平仮名とわずかな漢字がいいあらわそうとしている世界の、輝かしい肯定性とでもいうべきものに、すっかり打たれている自分に気がついた。

⑨　その、表面的には稚拙な言語世界のなかに、彼女が込めようとしている心情の豊かさには、目をみはるものがあった。あらゆるものが新鮮で鮮明な輪郭をもったものとして映る彼女のはじめての日本体験。その一部始終を報告しようと苦心する文章のなかには、配慮、感謝、希望、当惑、昂揚《こうよう》、不安、感動といったあらゆる処女的感情が、まさにその言葉の不自由さと格闘している彼女の精神の身振りそのものとして、微細に織り込まれるようにして表明されていた。ぼくは、この不思議な日本語の文章に感動した。それが、外形的には「日本語」という姿をとっていることなど、もはやぼくには一次的な問題でしかないようにさえ思われた。なぜなら、ここに書かれている言語は、一つの文化が、もう一つの文化と接触して生き生きとはじけとぶときに誕生するあの快活なリズムと陰影のある文法と簡潔な語彙とによって成立する、*ある種の普遍言語としての生命をもっていたからだ。文化的境界を超えて放たれたひとりの主体が獲得する*明晰な自己意識とさすらう魂の言葉……。

⑩　ぼくはUさんの彼女にたいする態度を、一種の「実験」であるといった。それはもちろん、一人の外国人を日本人の移民社会の家庭がメンバーの一員として受け入れる、大胆な試みである、という意味もある。だがもう一つ、アメリカ人としての彼女がU家につけくわえることのできる、あらたな貢献をも忘れてはいけない。自分を可能なかぎり「日本人」に近づけてゆこうとする彼女の努力は、しかし、それが完全なものにはけっしてなりえないというまさにその一点において、きっと、彼女のアメリカ白人としての主体性を、逆にU家のメンバーに認識させることにつながっていくだろうからだ。家庭はやがてゆるやかにアメリカ的生活倫理を受け入れながら、少しずつ変わってゆくだろう。文化的・民族的境界を超えた人間の家庭的つながりの発生は、かならず、そうした相互作用を生み出してゆく。その意味で、彼女は、サリーナスの一つの日系園芸農家が、二十一世紀のあたらしい生存のかたちに向けて歩みだす道の、隠れた先導者なのかもしれなかった。

生活倫理＝（生活していくうえで）人として守り行うべき道。「道徳」はその類義語。

読みつなぎ方

第⑤段落から、話題がサリーナスの日本人家族へと転換されたことを意識する。そして第⑥段落の読みつなぎとしては、**肯定的価値を示す強調語「興味深い」**、「**更新**してゆく力」に注目したうえで、「Uさんたち家族」が「興味深いある実験」＝「家族のアイデンティティを更新して」いこうとしていることを筆者が主題化したことをつかむ。うまく読めていただろうか。

第⑦段落以降でその「実験」の内容が詳しく論じられていくのだが、読みつなぎ方として一番点検してほしいのは、第⑩段落の3行目にある**「もう一つ」**という**並列の論理語**に留意できたかどうかである。何と何とが並列関係にあるのかを示せば、次の二つである。

実験（1）…一人の外国人を日本人の移民社会の家庭がメンバーの一員として受け入れる**大胆な試**

実験（2）…アメリカ人の彼女（Uさんの息子の夫人）がU家につけくわえることのできる**あらたな貢献**（強調語にも留意）

この並列関係を読み取れば、第⑦段落から第⑨段落までは実験（1）について、また第⑩段落が実験（2）について説明している部分だと、Ⅱのポイントを大きく把握することができる。文章を読み進めた後から、前の部分の読みつなぎ方が理解でき、次第に文章の全体像が見えてくるということはよくある。

実験（1）の説明部分で筆者は、第⑦段落でUさんが長男の結婚相手の「白人女性」に提示した結婚の条件を具体的に紹介し、次の第⑧段落でその条件に応えようとしている「彼女」の取り組みを**「輝かしい肯定性」**（これも**強調語**だ）として肯定的に評価し、その内容を第⑨段落で詳しく説明する。この「輝かしい肯定性」の理解が**問二**で問われている。〔設問解説〕であらためて詳しく見たいと思うが、Uさん宛の手紙にある「彼女」の「たどたどしい日本語」に「輝かしい肯定性」があり（第⑧段落）、また同じことだが「稚拙な言語世界のなかに」「心情の豊かさ」がある（第⑨段落冒頭文）ということの意味が、第⑨段落の終わりの二つの文でまとめられていると読みつなげていればよい。それは「一つの文化が、もう一つの文化と接触し」た際に誕生する「普遍言語としての生命」であり、その言い換えである最終文の「文化的境界を超えて放たれたひとりの主体が獲得する明晰な自己意識とさすらう魂の言葉」を意味している。傍線、波線を引いたそれぞれがほぼ対応していると理解したい。

実験（2）における、「彼女」がU家に付け加える「あらたな貢献」の内容とは、「彼女のアメリカ白人としての主体性を、逆にU家のメンバーに認識させること」（第⑩段落）である。つまり、実験（2）では「アメリカ人→日本人」という作用が働いているわけだから、反対に実験（1）では「日本人→アメリカ人」という作用が働いていると考えればよいだろう。したがって、この二つの作用をまとめて、筆者は「文化的・民族的境界を超えた人間の家庭的つながりの発生は、必ず、そうした**相互作用を生み出してゆく**」（第⑩段落、Zとする）というのである。

このZは、「相互作用」とあることからも、実験（1）と実験（2）をまとめたキーセンテンスとして捉え、それを次の文でさらに「二十一世紀の**あたらしい生存のかたち**」というキーワードでまとめていると読みつなぎたい（「あたらしい」という**強調語**にも注目すること）。この**Z**が**Ⅱ**の中心的内容である。このように**Ⅱ**を読みつないでくると、第⑥段落で主題として提示されたUさん家族の「興味深いある実験」とは、この**Z**であったとわかるだろう。そして、「二十一世紀のあたらしい生存のかたち」（**Z**）の中身は次の**Ⅲ**で展開される。

＊〔**語句の説明**〕——————

「排日運動」（第⑤段落）

日常的な差別待遇に加え、一九二四年には日本人を含むアジア系、東欧系、南欧系出身者に対する移民枠の差別的制限が米国議会で立法化されたが、後に日米間で戦争が始まると（現地時間、一九四一年一二月七日）、米国に居住する日本人移民・日系アメリカ人の多くが「敵性外国人」とされ強制収容所へ送られた。南米、カナダなど他の地域でも戦争期に同様のことが起きた。

「日本人コミュニティ」（第⑦段落）

外国で日本人たちが多く暮らしている地域や社会活動の場。一世たちの多くは出身国の国籍（ここでは日本籍）をそのままもっている場合が多いが、二世以下の世代は生まれた国の国籍（ここでは米国籍）をもつ「日系〇〇人」（ここでは日系アメリカ人）とされる。したがって、日本人だけでなく日系人も含むものとして、一般的には「日系コミュニティ」と呼ばれることが多い。

「ある種の普遍言語としての生命をもっていた」（第⑨段落）

一文の主部は「ここに書かれている言語は」であるから、日本で研修している「彼女」が日本語で書いたレポートの文章の性質について論じたものである。それは「表面的には稚拙な」言語ではあるが、「一つの文化（アメリカ合衆国文化）が、もう一つの文化（日本文化）と接触して」、スパークし火花が散るように、それは個別の文化の境界を越えていく「普遍言語」であり、それゆえ「生命」力に満ちたものなのだと、理解しておけばよいだろう。

「明晰な自己意識とさすらう魂の言葉」（第⑨段落）

第⑨段落の最後の二つの文は言い換え関係にあるから、前文の「生命をもっていた」に対応している語句だとまずつかむことだ。ただこの語句について本文でそれ以上の説明はないので、次のようにおおよそ理解しておけばよいのではないか。「明晰な自己意識」は、異文化（他者）と接触することで反対に自己（意識）がより鮮明になる。外国に出て、日本というものがより明確に見えてくるというようなことだ。そして「さすらう魂」とは、二つの文化の間で揺れ動く「魂」、具体的に言えば、「彼女」の精神において生起している「配慮、感謝、希望、当惑、昂揚、不安、感動」（第⑨段落）といった揺れ動く精神のありよう全体を指して言っているだろう。

Ⅱのまとめ

Uさん家族のなかで進行中の、文化的・民族的境界を越えた人間の家庭的なつながりという「実験」は、異文化・民族間に相互作用を生み出し、二十一世紀のあたらしい生存のかたちを示唆するものなのだ。

Ⅲ　ボーダー／ディアスポラ（第⑪段落・第⑫段落）

⑪　メキシコ人と日系人とが交錯するリリーナスの光景をあとにして、この短い旅からサンタクルーズにもどってみると、大学で、「ボーダー／ディアスポラ」という題のシンポジウムがぼくを待っていた。

⑫　「ボーダー文化」および「ディアスポラ文化」といういいかたは、現代世界のトランスナショナルな越境文化とヘテロな複合社会の形成にたいする、あたらしいパラダイムとして登場しつつある概念

トランスナショナル（transnational）＝「トランス」は「横切る／超越する」の意味。したがって、ナショナルなもの（特定の国家、民族）を越えたという意味になる。

ヘテロ（hetero）＝異なった。「ヘテロな複合社会」とは、たとえば

である。「ボーダー」とは、いうまでもなく、たとえばアメリカ―メキシコ国境地帯のような、人間と文化の錯綜したクロスオーヴァーが生じる具体的な空間であり、さらに比喩的には、あらゆる移民や移住や季節労働や亡命の行為が企図され、試みられ、越境と帰還とがくりかえされる社会環境そのものを意味している。一方、「ディアスポラ」*とは、人がある特定の国に住みつつ、別な場所との強い絆を維持しつづけているような場合に生ずる特異な関係を指す。ロンドンに住む黒人系イギリス人が、カリブ海諸地域やアメリカ合衆国やアフリカとの継続的なつながりを保ちつづけている、というようなケースが典型的だ。いずれにせよその背景には、さまざまな人種や社会階層の人間が、大量に移動し、あるいは移住を余儀なくされているという現代的状況がある。そして、資本主義的社会関係がトランスナショナルに拡張し、国家がその政治的境界線を十全に支配することが不可能になってきた二十世紀末になって、ボーダーの侵犯やディアスポラの動きによって形成された*ハイブリッドな文化の存在が、世界のあちこちで鮮明に浮上してきたのだ。

「多文化共生社会」のことである。対義語は、「同型」という意味の「ホモ(homo)」。

パラダイム(paradigm)＝特定の時代に支配的なものの考え方や見方のこと。

クロスオーヴァー(crossover)＝交差。音楽の世界でもさまざまなジャンルが混成されてできたものを「クロスオーヴァー」と言う。

十全＝不足しているところがない、万全。

ハイブリッド(hybrid)＝異質なものの混じり合ったもの。「雑種」。

読みつなぎ方

Ⅲは、Ⅰ・Ⅱで論じてきたことを筆者がさらに広い視野に展開して議論を深めた部分だと読みつなぐことができていればよい。

Ⅲの主題は、「シンポジウム」(第⑪段落)の題(テーマ)とされた「ボーダー」「ディアスポラ」の二つのキーワードで示されている。そして、その詳しい説明が第⑫段落でなされている。

第⑫段落では、「『ボーダー』とは……」の一文と「『ディアスポラ』とは……」の一文にまず注目する。**「Aとは」の「とは」は、その文が主語「A」についての定義文であることを示している**から(たとえば「言語とは……だ」)、この二つの文を、「ボーダー」「ディアスポラ」をそれぞれ定義しているキーセンテンスであると押さえる。

第⑫段落でもう一点注目しておきたいのは、第⑫段落の最後の一文である。そこに「ボーダーの侵犯やディアスポラの動きによって形成されたハイブリッドな文化の存在が」とあり、それまで論じてきた「ボーダー」と「ディアスポラ」をめぐる二つの動きが「ハイブリッドな文化」を形成していくものであり、人びとが大量に移動している現代的状況や資本主義のトランスナショナルな拡張などを背景にして、それが「世界のあちこちで**鮮明に浮上してきた**」と肯定的に論じられていることを読み取る（太字の語句は**強調語**）。したがって、この最後の文がⅢの中心的キーセンテンスということになる。そのポイントは、次の二点である。

1　ボーダーの侵犯やディアスポラの動きによって形成されたハイブリッドな文化が世界的に浮上してきている。

2　1の背景には、二十世紀末の人間の大量移動と資本主義的社会関係の拡張がある。

＊〔語句の説明〕――――

「ディアスポラ」（第⑫段落）

ディアスポラ（diaspora）は、「（種などが）まき散らされたもの」という語に由来する言葉で、一般的には「離散」と訳される。帰属する国家や居住地（故地）を離れた人びと（集団）やそうした離散自体を意味する。もともとディアスポラはパレスチナの地から追われたユダヤ人の離散について用いられる語であったが、現在では、亡命、難民、移民など、現代の政治的・社会的激動を背景とした人びとの越境や移動について研究する際に用いられるより広い概念になっている。

「ハイブリッドな文化」（第⑫段落）

「ハイブリッド」は「雑種」の意味だから、ここではさまざまな文化が交流し混ざり合ってできた「雑種的な文化」のこと。第⑰段落冒頭に出てくる「トランスナショナルな越境文化」「ヘテロな複合社会」もほぼ同じ内容を言っている。文化論では「クレオール語（文化）」というキーワードもよく出てくる。複数の言語・文化が混成してできた言語・文化という意味である。併せて理解しておこう。

Ⅲは、Ⅰ・Ⅱで論じてきたことを筆者が展開して議論を深めた部分であり、本文全体の中心論旨（まとめ）となっている。しがたって、「Ⅲのまとめ」がそのまま「全体の中心論旨」となる。

Ⅲのまとめ（全体の中心論旨）

政治的境界を越える人間の大量移動や資本主義的社会関係の拡張といった現代的状況を背景に、加速化されたボーダーの侵犯やディアスポラの動きによって形成されたハイブリッドな文化の存在が世界的に顕在化している。

全体の中心論旨はそのまま**Ⅲのまとめ**と同じでいいが、**全文要約**はⅠ・Ⅱも含めておくほうがよい。Ⅰ・ⅡがⅢを論じる前提的部分なので、全体の要約文の構成は〈ⅠやⅡに見られるように、Ⅲ〉というようになるだろう。

全文要約

日々の生活を駆動させるリアルで手応えのあるものとしてあるサリーナスの「メキシコ」や、異文化・民族間に相互作用を生み出し二十一世紀のあたらしい生存のかたちを示唆するUさん家族の「実験」に見られるように、政治的境界を越える人間の大量移動や資本主義的社会関係の拡張といった現代的状況を背景に、加速化されたボーダーの侵犯やディアスポラの動きによって形成されたハイブリッドな文化の存在が世界的に顕在化している。

（二〇〇字）

設問解説

先に、**問一**から**問三**までの設問全体の関連を確認しておこう。**読みつなぎ方**で見た通り、本文全体は意味段落**Ⅰ・Ⅱ・Ⅲ**の三つの部分で構成されていた。設問が三つあるのは意味段落が三つあるからだと大きくつかめていただろうか。設問を解くことだけに汲々《きゅうきゅう》として（＝あくせくして）はいけない。

問一

解法のヒント　❷設問文の理解を十分にすること

設問の形式が、選択肢型であれ論述型であれ、設問文の理解を十分にしてから取り組まなければ、見当違いの答えをしてしまうことになりかねない。まずは設問文をじっくりと読解し、何が問われているのか、どのような条件が出されているのか、などについて明確に把握しておくべきだ。難問と言われる問題の勝負は、この設問文の理解にかかっているといっても過言でない。

Ⅰに関する問題であると理解する。もちろん傍線部「あたらしいボーダーの意味と効用」の内容を突きつめていけば、Ⅲ（第⑫段落）にも関連することにはなるだろう。しかしまずは、傍線部問題の取り組み方の基本として**傍線部自体**、そして**傍線が引かれている一文全体**を確認しておかねばならない（**解法のヒント　❹傍線部問題の取り組み方**（→P140）で詳述）。

傍線部には**「あたらしいボーダーの意味と効用」**という**肯定的価値を示す強調語**があるから、Ⅰの**読みつなぎ方**で見た通り、傍線部は第③段落で論じられていた筆者の考えるボーダー観（**Y**）の内容をまとめたものだと理解できる。

次に、傍線が引かれた一文全体は、〈「それこそが」（主部）……傍線部A「なのだ」（述部）〉という構造になっているから、傍線部A＝「それ」であり、つまり「それ」の指示内容を言っている選択肢を選べばよいことがわかる。「それ」の指示内容は直前文の「（ボーダーは）彼らの日々の生活に駆動力を与え、そのリズムを刻み、その喜怒哀楽の強弱を計測する、デリケートな『感情』を構造づける一種の深遠な原理のようなものだった」である。傍線を引いた語句が、選択肢**エ**ではそれぞれ「日々の暮らし」「内的経験をかたどり織り上げていく」「根源的な力」と言い換えられていることが確認できる。そして、この内容が筆者の考えるボーダー観（**Y**）であることも確認しておこう。答えは、**エ**である。

では、残りの選択肢はそれぞれどこが間違っているのだろう。各選択肢の間違いを指摘していく前に、留意しておきたいことを述べておこう。もう一度、Ⅰの**読みつなぎ方**を読み直してほしい。傍線部Aのある第③段落で、筆者は、一般的なボーダー観（**X**）と筆者のそれ（**Y**）を対比させるかたちで議論を進めていた。傍線部Aは先に確認した通り筆者の考えるボーダー観（**Y**）のほうである。とすれば、その反対の**X**の内容が入っている選択肢は間違いということになる。このように、

対比関係を含む文章の問題では、傍線部と対比されている他方の内容を入れて間違いの選択肢が作られていることが多い。この視点も生かしながら残りの選択肢を見ていこう。

アは、「『メキシコ』を想起すること」が「祖国への甘いノスタルジー」（**X**）を意味するので、誤り。

イは、「その旅の記憶を誘発」「故国の匂いがはっきりと感じられる」がやはり**X**を意味するので、誤り。

ウは、「強固にアメリカ的な文化や風習が根付いている」が第③段落のテーマであるサリーナスの「メキシコ」に反するので、誤り。そこは「『メキシコ』の色と空気」（第①段落）がたたえられ「アメリカ的な文化や風習」が感じられない場所なのである。

オは、「境界を挟んだ両側の世界の融和や文化的な差異の平準化を進める」がやはり第③段落のテーマに反するので、誤り。もし「文化的な差異の平準化」が進んでいるならサリーナスの「メキシコ」色はなくなってしまう。

問二

問二はⅡ（日本人Uさん家族の実験）の論旨に関する設問であると大きくつかみ、そのうえで具体的に何についてどう説明していけばいいかを考えていこう。**問一**の説明で述べた通り、傍線部が引かれている場合、まずは**傍線部自体（語句と文）を分析的に確認する作業**から始める必要がある。

傍線部Bの文は「……たどたどしい日本語の文章……がいいあらわそうとしている世界（＝白人女性からの手紙）の、輝かしい肯定性とでもいうべきものに、（自分は）すっかり打たれてい」たという構造になっている。そして、設問では「**なぜ**『ぼく』はその『手紙』に『すっかり打たれ』たのか」と、その理由が問われている。そこでまず、「理由説明の問題」との取り組み方を確認しておくことにしよう。

解法のヒント　❸理由説明の問題

理由説明の問題では、その説明の仕方（答案のまとめ方）に大きく二つのタイプがあると考えてよいだろう。

（1）論理を構成して説明するタイプ

たとえば、「傍線部『AとBは似ている』とあるが、なぜか、その理由を説明せよ」という設問があるとして、どういう方針を立てて答案を書けばよいか。A・B二人の性格や行動パターンに何らかの共通性があるから「似ている」という判断がもたらされたはずだ。したがって、二人の共通する内容を本文に当たってまとめればよい。「**Aは……**であり、B**もまた……**だから」というような**共通関係を示す答案構成**になるだろう。また反対に、「傍線部『AとBは異なる』とあるが、なぜか、その理由を説明せよ」とあれば、「Aは……**だが**、（反対に）Bは……だから」という**対立関係を示す答案構成**になるだろう。このように答案の論理構成を考えて理由を説明するタイプがある。

（2）経緯や背景をまとめて説明するタイプ

たとえば、「傍線部『Aは悲しく思う』とあるが、なぜか、その理由を説明せよ」という設問では、どういう答案を書けばよいか。ある経緯や背景（事情）があってAは「悲しく思う」結果となったのだから、その経緯や背景に触れている部分（関連部）をまとめて説明すればよい。

では、本問の理由説明はどのタイプになるだろうか。

先に確認した傍線部の文の構造から、「心を打たれた」のはその手紙のもつ「輝かしい肯定性」によるものだということがわかる。筆者にそうした感動をもたらす直接的なきっかけ（＝経緯や背景）となった手紙のもつ「輝かしい肯定性」が意味する内容をまとめれば「理由説明」となるはずだ。本問では、理由説明のタイプ（2）の考え方に立って答案をまとめればよいのである。

Ⅱの**読みつなぎ方**で見たように、第⑧段落ではUさんが提示した条件に応えようと日本で苦闘している白人女性の取り組みを「輝かしい肯定性」として評価し、その内容を第⑨段落で詳しく説明していた。ということは、実質的には第⑨段落の内容を整理して説明ポイントを絞り、答案にまとめることになる。蛇足になるが、第⑩段落まで視野を広げなくてもいいのは、そこからは「実験」（2）の話題が中心になるからである。

問二の答案をまとめる際、何となく第⑨段落に触れておけばいいというような無方針の解答姿勢は避けたい。君がどういう視点をもって第⑨段落をまとめたのか、以下の説明と比べながら、今一度、自分の論述姿勢（方法）を振り返ってもらいたい。

傍線部Bの「輝かしい肯定性」に相当する部分を第⑨段落に探していく際、「輝かしい肯定性」と同じく**肯定的価値を示す強調語**に注目するのが要領だ。具体的に言えば、（1）「心情の豊かさには、目をみはるものがあった」、（2）「ぼくは、この不思議な日本語の文章に感動した」、（3）「普遍言語としての生命をもっていたからだ」、そして（4）「明晰な自己意識とさすらう魂の言葉」の部分にある傍線を引いて示した強調語に注目する。そのうえで、説明の手がかりになる文に当たりをつけ、答案に必要な説明ポイントを絞る。

（1）と（2）はどちらも第⑨段落の第二文に関わるものであり、（3）と（4）があるそれぞれの文（第⑨段落の終わりの二つの文）は同内容の言い換えになっている。したがって説明ポイントは、

a　（第二文）異文化とはじめて接触した人間がもつ、新鮮な感動や当惑といった心情の豊かさ

b　（終わりから二文目）異文化との接触によって生まれる普遍的な生命

＝

（終わりの一文）ひとりの主体が獲得する明晰な自己意識とさすらう魂の言葉

というように整理できればいいだろう。解答例（↓P126）では、「ともに」の前後でaとb（bは終わりの二つの文を合成する）をまとめている。この二点が答案の核となるが、傍線部Bにある「たどたどしい日本語の文章」で「手紙」を白人女性が書い

ている事情についても触れておくとよい。

ｃ　日本人家族のメンバーになるために日本で研修を積んでいることを報告する日本語で書いた手紙

以上、答案は〈ｃには、ａ・ｂが表れているから〉という構文でまとめる。

問三

傍線部ＣはⅡの末尾の部分に引かれているが、設問文に「『ボーダー／ディアスポラ』と関連付けて」という条件があるので、それらが論じられているⅢ（第⑫段落）を踏まえて説明する問題だと理解できただろう。また、もし設問にその条件がなかったとしても、Ⅲの**読みつなぎ方**で確認した通り、Ⅰ・Ⅱの議論をより深めた部分がⅢであるからⅡにある傍線部Ｃを説明する際には、Ⅲも視野に入れる必要は出てくるはずだ。

以上のように設問の理解（＝出題意図の理解）がおおよそできたら、次に説明ポイントを絞る作業に入る。もう一度設問文に戻れば、結局、ａ「あたらしい生存のかたち」、ｂ「ボーダー」、ｃ「ディアスポラ」、この三点の説明をする必要があるのは明らかだろう。ｂとｃの内容は、それぞれ第⑫段落の「『ボーダー』とは……」の一文と「『ディアスポラ』とは……」の一文をまとめればいいが、ａポイントをどうまとめる（説明する）かは少し考えねばならない。

傍線部Ｃの一文の冒頭に「その意味で」とあるので、その前の文の「相互作用」に触れることは欠かせない。そして、傍線部Ｃを含む「二十一世紀のあたらしい生存のかたち」が、第⑫段落末尾の文にある「二十世紀末になって……形成されたハイブリッドな文化の存在が……浮上してきた」と対応していると読みつなぎ（傍線を引いた語の対応に注目）、この部分も答案に盛り込むことを決める。以上を整理すると、

ａ1　文化的・民族的境界を超えた相互作用がもたらすつながり（第⑩段落）

ａ2　ハイブリッドな文化（第⑫段落）

ａ3　（ａ2の背景）二十世紀末の人間の大量移動と資本主義的社会関係の拡張

ｂ　（「ボーダーの侵犯」の説明）人間と文化の錯綜するボーダーを超える大量の人々の存在

ｃ　（「ディアスポラの動き」の説明）移住先にあっても別の場所との強い絆をもつ

の、５ポイントになるだろう。

答案の構成は〈ａ3を背景として、ｂ・ｃによって、ａ1・ａ2であること〉というようになるだろう。

解答

問一　エ

問二　日本人家族の一員となるために日本で生活習慣と日本語を習得するために苦闘している白人女性のたどたどしい日本語の手紙には、異文化とはじめて接触した人間のなかで生じる新鮮な感動や戸惑いといった豊かな精神の揺らぎとともに、越境によって新たに獲得される明晰な自己意識が普遍性をもって生き生きと表れていたから。（一四九字）

問三　資本主義の越境的な活動が活発化し国家による政治的境界線の維持が困難になった現代世界において、人間と文化の錯綜するボーダーを越える大量の人々の存在や、移住先にあっても故地との強い絆を維持するディアスポラの動きを背景として、文化間、民族間の相互作用を経て形成されるハイブリッドな文化を生きる人間のあり方。（一五〇字）

知の扉　③

文化論をめぐって

入試現代文でよく取り上げられるテーマの一つに「文化論」がある。もちろん文化論と言ってもその内容は多岐にわたるが、ここでは「文化相対主義」「ハイブリッドな文化」「異文化論」について概観しておこう。

近代ヨーロッパが非ヨーロッパ世界を植民地支配していくなかで、西欧が世界の中心であり、その文化は普遍的な価値を持つという考え（西欧の**自文化中心主義**）が強い力を持つようになった。西欧は非西欧社会を「遅れて劣った社会」と見なし、一方、非西欧世界は西欧を手本として自らの「近代化」「西欧化」をめざした（ときには抵抗もしたが）。

しかし、第一次世界大戦での、ヨーロッパの内戦、植民地の独立といった状況の変化は、それまであった西欧中心主義（西欧の価値観を絶対のものとする見方）を揺さぶり、たとえば「なぜ理性の中心であるはずのヨーロッパが自ら戦争を引き起こしたのか」という自己反省も始められた。そして、第二次世界大戦後の民族解放運動はその傾向をさらに押し進め、そのなかでどの民族もそれぞれの固有の価値を持ち、その間に文化の優劣を付ける基準は存在しないという**文化相対主義**とも言うべき考え方が広く認められるようになった。

しかし、この文化相対主義が自己の立場に対して無批判的になると、たとえば、固有の文化的価値を強調するあまり他からの異論を受け付けなかったり普遍的な価値の存在を否定したりという事態を招くことにもなるので、文化相対主義に対する批判がなされることもある（→P25「相対主義の絶対化」）。

現在、地球上のさまざまな地域で民族紛争や少数民族・外国人労働者・難民への迫害などが起きている。その根底には政治や経済の構造問題に加え、自民族・自文化を絶対化する考え方も潜んでいるだろう。［問題1］の『移り住む魂たち』を書いた今福龍太も、そうした状況を打開する手がかりを求め、「ボーダーの侵犯やディアスポラの動きによって形成されてきた**ハイブリッドな文化**の存在が、世界のあちこちで鮮明に浮上してきたのだ」（第⑫段落）と述べたように思われる。「純粋」なものを仮構するところから自文化の絶対化と異質なものに対する非寛容や排斥が生じるとすれば、異文化との相互関係においてクロスオーバーに形成されるハイブリッド（雑種、混交）な文化に「二十一世紀のあたらしい生存のかたち」を展望しようとしたのではないか。

また、「異文化」を理解することや「異文化」と交渉を持つことの意義などを論じた**異文化論**も、入試現代文でよく取り上げられるテーマの一つだ。たとえば、科学史家の村上陽一郎は「自己の解体と変革」と題する文章の中で次のように述べている。

「相手の文化的コード（異文化）を姿見《すがたみ》とし、それに自らの文化的コード（自文化）を映してみることによって、われわれは、自己を解体し、新たな自己とその共同体を目指すための材料を得るのである」。

つまり、〈異文化（他者）と出会うことは、異文化という「鏡」に映った自文化（自己）をあらためて見つめ直し、新しい自己と出会う契機となる〉というわけだ。たしかに自己（自文化）と向き合うだけでは自己は見えてこない。自己をよく映し出すには他者（異文化）という鏡がなければならないという考え方が示されている。

今福龍太（いまふく・りゅうた）

一九五五年生まれ。文化人類学者。メキシコ、キューバ、ブラジルなどでフィールドワークに従事する。文化人類学的知見と詩的世界を交差させるような作品を発表している。著書に『荒野のロマネスク』、『クレオール主義』、『身体としての書物』、『薄墨色の文法』など。

【参考図書】

今福龍太『クレオール主義』（ちくま学芸文庫）
青木　保『異文化理解』『多文化世界』（いずれも岩波新書）
多和田葉子『エクソフォニー――母語の外への旅』（岩波現代文庫）

［問題2］鷲田清一「わかりやすいはわかりにくい？」

本文全体の主題の展開に沿って意味段落を、「Ⅰ　共食の意味」（第①段落〜第⑦段落）、「Ⅱ　食のタブーをめぐって」（第⑧段落〜第⑪段落）、「Ⅲ　食べるといういとなみの意味」（第⑫段落・第⑬段落）の三つの部分に分けてそれぞれの「読みつなぎ方」を確認していこう。

Ⅰ　共食の意味（第①段落〜第⑦段落）

① ひとりで食事をしてもおいしくない。鍋料理のように、だれかと同じものをいっしょに食するときは、これは楽しくて食が進む。食が進むが、しゃべりながら食べるのがもっとおいしくて、食べるのが主かしゃべるのが主かわからなくなるくらいである。コンパという言葉があるが、これはカンパニー（会社）ともども、ラテン語のcon-という接頭辞とパンを意味するpanisの合成語を語源としている。カンパニーとはまさに食事をともにとるということであり、そこから食い扶持《ぶち》をともにする（つまり共同経営）という意味が出てくる。

② このように人類は他人といっしょに食べるという習慣をひじょうに重要視してきた。しつけの初めも、トイレット・トレーニングとならんで、共食の習慣をつけることにある。なぜ一緒に食べることがそれほど人間の社会生活において重要な意味をもつのか。それは、ともに食べるということが、他者への思いやりと相互の信頼の基礎をかたちづくるからである。

③ 眼に映る光景、耳に届く音、漂う匂い。これらの感覚は他人とすぐに共有できる。けれども味覚と

con- ＝ con-/com- は「共に」を意味する接頭辞。

いうのは個々の身体の内部で生まれるので、共有するのがむずかしい。だから、しょっちゅうカレーライスを作るお母さんは作るそのたびごとに「おいしい？」「このあいだのとくらべてどう？」と家族のメンバーに訊《き》く。ここからわかるように共食というのは、他者がいまこの味をどのように感じているか、それに思いをはせるトレーニングになるのである。つまりこのことで、わたしたちのうちに他者への想像力が育まれるのである。（イ）

④　作ってくれるひとと食べるひとが食卓をともにするというのはまた、自分にとっていちばん大切なこと、つまりいのちの源を作ってもらっている、食べさせてもらっているという事実をそのつど再確認するいとなみでもある。ここで、親密さと信頼という、ひとの社会的関係の礎《いしずえ》となるものが育まれる。

⑤　共食にはさらにもう一つの大きな意味がある。それは、壊れやすいひとの生理を秩序だったものへと調整する機能である。故郷を離れ、独り住まいをしながら都会の大学に通うようになった若い知人がいる。彼女はひとり暮らしを始めたあとしばらくして、軽い摂食障害に陥った。ひとりでテレビを観ながらスナックを齧《かじ》っているうちに、止まらなくなり、やがてひどい膨満感に襲われ、喉も通らなくなる。彼女は、いわば物理的限界に達してはじめて食事をかろうじて終えることができたのである。他方、独り住まいだからいつでも食べられるということは食事の時間が一定しないということでもある。そんなこんなの食生活を送っているうちに、ついに食のコントロールが利かなくなり、彼女は過食と拒食をくり返すようになった。（ロ）

⑥　やがて夏休みがやってきて、彼女は郷里に帰った。実家にいると食事はつねに家族といっしょだ。食欲がなくても食事のため居間に下りてゆかなければならない。食べたくなくても食べなくてはならない。口に入らなければ食べたふりをする。そして家族が食事を終えたとき、自分も終えたふりをす

る。そのうち、階下からまな板を叩く音、汁の煮える匂いがしてくると、自然と食欲が湧《わ》いてくるようになった。それじたいとしては人為的な食事の段取り、それが生理の崩れを補修したのである。こういう意味も、共食の習慣にはある。（ハ）

⑦　回遊する魚、たとえばサケは、「故郷の川底で孵化《ふか》後しばらく発生をつづけ、稚魚に成長してのち、いっせいに川を下って父祖伝来の〝餌場《えさば》〟に向かう。ここでたらふく食うと、こんどは故郷の川を目ざして海洋を逆戻りする。腹中の卵巣と精巣はひたすら成熟をつづけ、河口に着く頃はそれらがお腹に充満して腸は押しつぶされ、河を遡《さかのぼ》るときはもう飲まず食わずとなる。こうして孵化地点にたどりついた雌と雄は、そこで産卵・放精を済ませ、やがて静かに死んでいく。ここではだから、餌場で成長を終えるまでが食の相、故郷で受精を終えるまでが性の相となり、しかも当然、餌場は食の場だから、故郷は性の場となる」（三木成夫『胎児の世界』）。このように、多くの生命においては二つのうねりが波模様を描き、食（個体維持）と性（種族保存）がきっぱりと位相を分け、交代する。が、「食と性のけじめが消えた」人間は、食と性という「二足《にそく》の草鞋《わらじ》」をはいて生きる。「〝食い気〟と〝色気〟ももはやごちゃまぜ」なのである。生命の箍《たが》が外れ、果てしのない技巧が食と性を貫通する。（ニ）

稚魚（ちぎょ）＝孵化《ふか》してまもない魚。成育した魚は「成魚」。
遡る＝さかのぼる。「遡《そ》上《じょう》」、「遡行《そこう》」などの熟語も知っておくこと。
二足の草鞋をはく＝（両立しない）二つの仕事を一人が同時にかねておこなっていること。
箍＝桶や樽の外側にはめられている輪。束縛や規則の比喩として使われ、「箍が緩む」、「箍を外す」などの慣用句がある。

読みつなぎ方

Ⅰの**読みつなぎ方**のポイントは、第⑤段落冒頭文「共食には**さらにもう一つの大きな意味**がある」に留意できたかどうかである。「大きな意味がある」は**強調語**なのでこの一文をキーセンテンスとして押さえるとともに、「さらにもう一つ」という**並列の論理関係を示す語**に注目しなければならない。並列の論理語は、直前・直後の文どうしの関係のみならず、直前・直後の意味段落の関係などより大きな文章構成（展開）をつかむ手がかりとなる場合もよくある（［問題1］、P116を参照のこと）。

この並列関係に着目できれば、Ⅰは共食の二つの意味について説明していると理解できる。その二点は次のように整理できる。まず、**強調語**に注目し、第②段落2行目の「なぜ一緒に食べること（＝共食）が……**重要な意味**をもつのか」という問いに注目したうえで、その答えを示したその次の文をキーセンテンスとして押さえる。つまり、

共食の意味（1）　共食は他者への思いやりと相互の信頼の基礎をかたちづくる

を理解する。

第③段落の「共食というのは……それに思いをはせるトレーニングになる」、「他者への想像力が育まれる」、また、第④段落の「親密さと信頼という、ひとの社会的関係の礎となる」は、それぞれ共食の意味（1）の言い換えと理解できればよい（線を引いた部分がそれぞれ対応していると気付いただろうか）。

第⑤段落冒頭文で、先に見たように、共食の二つ目の意味の説明に入ることが示される。その次の文が「それは〜」となっているので、実質的にはこの文が二つ目の意味を説明したキーセンテンスとなっている。

共食の意味（2）　共食は壊れやすいひとの生理を秩序だったものへ調整する機能をもつ

第⑤段落と第⑥段落に挙げられている「若い知人」の話は、共食の意味（2）の事例（具体部）として読解する。具体部の終わりにあたる第⑥段落末尾に「……人為的な食事の段取り、それが生理の崩れを補修したのである。こういう意味**も**（**並列の論理語**だ）、共食の習慣にはある」は、事例のまとめであり、またこの内容が第⑤段落の第二文のキーセンテンスと対応していることをつかむ。

なお、第⑦段落の「読みつなぎ方」について簡単に触れておこう。突然「回遊する魚」という話が出てくるので、少し面食らった諸君もいただろう。しかし読み進めていくと、第⑦段落末尾で、人間の場合は「生命の箍が外れ、果てしのない技巧が食と性を貫通する」と結ばれているので、人間の「生命の箍が外れ」ていること、つまり、人間の生理が「壊れやすい」ものであること（共食の意味（2）のポイントだ）を、それとは対照的な魚（「多くの生命」）のあり方を取り上げて論じているのだと理解できよう。

Ⅰのまとめ

共食のもつ意味には、他者への想像力を育み、思いやりや社会関係の礎となる相互信頼をかたちづくるとともに、壊れやすいひとの生理を秩序だったものに調整する機能がある。

Ⅱ　食のタブーをめぐって（第⑧段落〜第⑪段落）

⑧　そうした生理の崩れを、ひとはみずからの食に奇妙な規則をあてがうことで補修しようとする。それが食のタブーである。

⑨　食のタブーのその一は、液体の摂取の仕方にうかがわれる。たとえば牛や鹿は、一度呑《の》み込んだものを口に戻し、反芻《はんすう》する。これと対照的に、ひとは行きつ戻りつするこうした咀嚼《そしゃく》を受けつけない。たとえばコップの水を飲むには、原理的には無数の仕方がある。ぐいと一息に飲む。一度飲んだ水をコップに戻して、残りの水と攪拌《かくはん》し飲みなおす。それで口を漱《すす》ぎ、ふたたびコップに戻して飲みなおす……。こういうかたちで無数の飲み方があるのに、ひとは二番目以降の飲み方にひどく抵抗を覚える。体内に入るのは水とおのれの唾液だけなのに。これは生理としての食が、人間においてはすでに意味の領域へと拉致《らち》されていることを示している。自己と他者、内と外、その境界を曖昧にするもの、ないものにしてしまうものを、深く忌避するところが人間にはある。

⑩　その二は、ひとの食においては、食べられるのに食べてはいけないものが厳格に決められているということである。自分（の一部）でもあれば自分ではないような曖昧な存在、それをひとの喉は受け

タブー（taboo）＝日本語では「禁忌《きんき》」。ある集団のなかで忌み避けられるべきとされていること。

忌避（きひ）＝「忌」は「忌《い》む」。嫌って避けること。

つけない。里の獣《けもの》という身近な他者を食すことはできても、ペットという「身内」は食すことができない。それは「わたしたち」の一部として家族に属している。が、人間そのものでもない。それは「わたしたち」の一員でありながら、同時に「わたしたち」の一員ではない。「わたしたち」にとって自己でありながら他者でもある／自己でもなければ他者でもない、そういう両義的な存在として、ペットはある。そしてそれがもっとも強い禁忌《タブー》の対象となる。さらに異邦にいて見たこともない絶対的な他者としての野獣、これもひとは食の対象としては忌避する。（ホ）

⑪　じつは〈性〉もまた〈食〉に似ていて、人間において性交の対象となるのも、あくまで近隣の他者であって「身内」ではない。「身内」は、自己でも他者でもない曖昧な存在だからである。また遠い異邦のひととの婚姻もながらく禁じられてきた。食におけるタブーと婚姻もしくは性関係におけるタブーとは、このように構造的に同型のものであり、それを指摘したのは、エドマンド・リーチの「言語の人類学的側面」という論考である。〈食〉と〈性〉においては、このように自己との近さ／遠さが禁忌*の対象設定の参照軸となっている。自己でも他者でもない曖昧な存在がもっとも強い禁忌の対象となり、次に「絶対的」に異質な他者が禁忌の第二の対象となり、禁忌が適用されないのは［　X　］。その意味で、〈食〉の規則にはわたしたちのコミュニケーションの構造が深く書き込まれている。

両義的（→P11）
絶対的（→P21）

読みつなぎ方

Ⅱでも、Ⅰと同様に、読みつなぎ方のポイントは**並列の論理関係を示す語**に注目できたかどうかだ。第⑨段落冒頭の「食のタブーの**その一**は」と、第⑩段落冒頭の「**その二**は」の二箇所に並列の論理語が出ている。Ⅱで筆者は食のタブーについて二点論じているとつかめていればよい。

まず第⑧段落で、食のタブーが人間の生理の崩れを補修しようとするものであると述べられる。いわば食のタブーの定義が示されたわけだ。

そして次の第⑨段落で、食のタブー（1）がまず説明される。段落末尾の文に「深く**忌避する**（＝タブー視する）」という語が出てくるのでこの文をキーセンテンスとして当たりをつけておけばよい。続いて第⑩段落から、食のタブー（2）の話題に入る。ここも段落末尾の二つの文に「強い**禁忌**の対象」、「食の対象としては**忌避する**」とあるので、ここがキーセンテンスであると判断する。二つのタブーの内容をまとめれば、次のようになるだろう。

食のタブー（1）　人間において食は意味の領域にもあるため、自他、内外といった境界を曖昧にするものが忌避される

食のタブー（2）　自他にまたがる両義的な存在や絶対的な他者は食の対象として忌避される

第⑪段落は、別の興味深い例を挙げて議論を深めたⅠの第⑦段落の役割と似ている。第⑪段落冒頭に「じつは〈性〉もまた〈食〉に似ていて」とある通り、ここでは「食のタブー」と似ている「性のタブー」が紹介される。しかしあくまでも全体の中心主題は「食」についてである。「性のタブー」についての説明を読みながら、「食のタブー」の理解を深めていくように読みつなげていればよいと思う。

＊〈語句の説明〉

「禁忌の対象設定の参照軸となっている」（第⑪段落）

「参照軸」は、「参照枠」、あるいは「準拠枠」とも言う。英語の reference の訳語である。リファレンスは、「参考（文献）や出典」、あるいは、「ものの見方や評価の基準」などを意味する。ここでは〈タブーが設定される際、自己との近さ／遠さがその基準となっている〉と理解できればよい。なお、社会学の論文などには「準拠集団」という語もよく出てくる。「リファレンス・グループ」の訳語で、「人の行動や態度に影響をあたえる社会集団のこと」を意味する。多くの受験生にとっての準拠集団と言えば、たとえば「家族」「学校」「地域」といったものになるだろうか。

Ⅱのまとめ

人間において食は意味の領域にもあるため、自他・内外といった境界を曖昧にするものや、自他にまたがる両義的な存在や絶対的な他者は、食の対象として忌避されタブーとされる。

Ⅲ　食べるといういとなみの意味（第⑫段落・第⑬段落）

⑫　ひとの生理はこのように、意味を、あるいは解釈を深く孕《はら》む。だから、ひとの感覚には、そうとは意識されないままに記憶が深く折り畳まれているのだろう。味覚は頑固である。そして、ながらく忘れていた味が、それとは関係のない何かをきっかけにふとよみがえる瞬間があるのも、生理に蓄えられた記憶というものがひとにはあるからだろう。

⑬　B食べるといういとなみの、意味による、あるいは解釈による編みなおし。それゆえにこそひとにおいては、意味によって、解釈によって食がほころびるということが起こる。*食はひとの生理と文化のはざまでいつも揺れている。

はざま＝すきま、間。

読みつなぎ方

第⑫段落の冒頭文に**「このように」**という**まとめの強調語**があることに留意する。「このように」がどの範囲を受けたものであるかを理解するには、それに続く「意味を、あるいは解釈を深く孕む」が手がかりとなる。「食」を含む「ひとの生理」に孕まれた「意味」「解釈」についての説明は、Ⅰ「共食の意味」から始まっていた。とすれば、第⑫段落の冒頭文は、直前のⅡだけでなく、Ⅰ・Ⅱ全体をまとめた文であると読みつなぐことができる。また、Ⅲにはⅰの主題「共食」もⅡの主題「食のタブー」も出てこないということ、つまりⅠ・Ⅱの主題が直接論じられず一般化されているということもⅢの読みつなぎ方のヒントになろう。

そして、第⑫段落冒頭のキーセンテンスから導かれる、「ひとの感覚」（生理）と「記憶」との関連についての話題が少し続くが、第⑬段落ではもう一度、「食」についての議論を総括する内容に戻ったと読みつなぐ。

＊〔語句の説明〕

「食はひとの生理と文化のはざまでいつも揺れている」（第⑬段落）

まず、この文で「生理」と「文化」が対比されていることをつかむ。そして、「生理」は「サケ」（第⑦段落）にも共通する「生命」につながる内容を意味し、また「文化」は人間独自の「共食」や「食のタブー」といった文化的な意味付けや解釈のことを意味していると理解する。したがって、文意は、〈人間の食は「生理」の次元だけにとどまらず「文化」の次元にも関わるため不安定である〉というようなことになる。

ところで、この「生理と文化」は、一般的には「自然と文化」という一対の概念として論じられ、「自然」に対して、人間の営む世界という意味で「文化」という語が用いられることが多い。また、人間は手に負えない無秩序で混沌とした「自然」を自分たちの「文化」の世界に取り込み秩序化し支配する、というストーリーの文章もよくある。「自然（混沌）」↕文化（秩序）」という図式も確認しておこう（↓Ｐ23）。

Ⅲのまとめ（全体の中心論旨）

人間の食には意味と解釈が深く関わっており、それは生理と文化のはざまで揺れている。

Ⅲの読みつなぎ方で確認した通り、Ⅲが**Ⅰ・Ⅱ**のまとめになっているから、**全体の中心論旨**は**Ⅲのまとめ**と同じである。**全体のまとめ**は、〈Ⅰ・ⅡのようにⅢ〉というかたちになるだろう。

全文要約

共食は、他者への想像力を育み思いやりや社会関係の礎となる相互信頼をかたちづくり、壊れやすいひとの生理を秩序だったものに調整する機能もある。また、人間において食は意味の領域にもあるため、自他・内外といった境界を曖昧にするものや、自他にまたがる両義的な存在や絶対的な他者は、食の対象として忌避されタブーとされる。このように人間の食には意味と解釈が深く関わっており、それは生理と文化のはざまで揺れている。（一九九字）

設問解説

まず設問全体の関連を見ておこう。**問一**は傍線部Ａにある「ともに食べる」「他者への思いやりと相互信頼の基礎」という話題から、**Ⅰ**のうち「共食の意味（１）」（第①段落〜第④段落）に関わる問題、また、**問二**は脱落文の「食の箍が外れ」という話題から「共食の意味（２）」（第⑤段落〜第⑥段落）に関わる問題だとわかる。**問三**の空欄問題は、**Ⅱ**の「タブー」に関する問題、そして**問四**の論述問題は、**読みつなぎ方**で述べたように全体のまとめに当たる**Ⅲ**の冒頭に線が引かれているから、本文全体をまとめる問題だと理解できるだろう。このように**設問と取り組む際にも、本文全体を読みつないだ「成果」を生かし、設問相互の関連や設問全体の構成についておおよそでいいから先に見通しておくこと**を勧めたい。

問一

入試現代文では、本文（課題文）の何箇所かに傍線が引かれ、それに関する問いが出題されることが大変多い。本問は理由説明問題だが、傍線が引かれたうえでその理由が問われている。そこでまずは傍線部の理解から出発しなければならない。そこで「傍線部問題」（傍線の引かれた問題）と取り組む際の留意点を確認しておこう。

解法のヒント　❹傍線部問題の取り組み方

傍線部問題は、選択式であれ論述式であれ、現代文では最も多い設問形式である。以下の点をしっかりと身に付けて今後の取り組みに生かしてほしい。

手順（1）傍線部中の語句に留意する。傍線部自体の説明問題でも傍線部の理由説明問題でも、すべての出発点はその傍線部にある。傍線部中の核になる語句、あるいは傍線部の文構造（S／V／Oなど）などをまずしっかりと確認すること。これは英語を読むとき、主語（S）、述語（V）、目的語（O）を意識して文構造を分析することと同じである。そこから「何が問われているか＝何を答えるのか」の理解が始まる。

手順（2）傍線の引かれた一文全体を確認する。傍線部だけでなく傍線が引かれている一文全体をしっかりと読むことだ。たとえば、その一文の冒頭に「しかし」という語があったとする。傍線部の内容は「しかし」の前の部分の内容と対比されるものであるということがわかる。このように傍線が引かれていない部分も含め、文全体を確認すること。その一文にある**指示語**や**論理関係を示す語**が傍線部を理解する手がかりとなることはよくある。

手順（3）関連部の主題（テーマ）、キーセンテンスを踏まえる。傍線部が関連する範囲はそれぞれの文章に応じて、傍線部の前後という比較的狭い場合もあれば、意味段落全体という広い場合もある。傍線部やその一文全体を分析的に見るとともに、傍線部と関連する部分も広く視野に入れておくことも基本だ。

なお、以上の三点を今後**「傍線部問題の基本」**と呼ぶことにする。設問解説で「傍線部問題の基本」という語が出てきたら、そのつどここに戻って再確認してもらいたい。

さて、この**問一**で、さっそく**傍線部問題の基本**の手順を踏んで取り組んでみよう。

手順（1）傍線部中の語句に留意する→傍線部Aの文は「ともに食べるということが」（S）、「他者への思いやりと相互の信頼の基礎を」（O）、「かたちづくる」（V）となっている。Sは意味段落Ⅰの主題「共食」のこと、Oは「共食の意味（1）」のことである。

手順（2）傍線の引かれた一文全体を確認する→一文は「それは〜からである」とあるから、Aの一文は、前の文「なぜ一緒に食べることがそれほど人間の社会生活において重要な意味をもつのか」の理由を述べた文であるとわかる。

手順（3）関連部の主題、キーセンテンスを踏まえる→関連部の主題は「共食の意味（1）」である。

そして、**問一**の設問は「なぜそう言えるか」とあるように、傍線部そのものの説明ではなくその理由が問われていることに注意する。

解法のヒント ❸理由説明の問題（→P124）で確認したように、理由説明にあたっては二つのタイプがあった。右に見た通り、傍線部Ａは共食の意味（１）だと確認できるから、本問ではそれがもたらされる**経緯や背景をまとめて説明**すればよいとわかる（理由説明の**タイプ（２）**である）。

このように設問を理解したうえで、その経緯や背景について触れている部分を探していくが、その際、**手順（１）傍線部中の語句に留意する**を生かし、「他者への思いやりと相互の信頼の基礎」という内容や表現とつながる部分に注目することがコツである。傍線部の「**他者への思いやり**」には、第③段落４行目からの「……共食というのは……**他者が…思いをはせる**トレーニングになる」の部分（ａとする）と、その次の文の「**他者への想像力が育まれる**」の部分（ここもａ）が対応している。また傍線部の「**相互信頼の基礎**」には、第④段落の末尾の文の「ここで、**親密さと信頼**という、ひとの**社会的関係の礎**となるものが**育まれる**」が対応し、その文が「**ここで〜育まれる**」となっているから、共食の意味（１）の成立背景に当たるのは、「ここで」の指示内容、つまり「いのちの源を作ってもらっている、食べさせてもらっているという事実をそのつど再確認する」の部分（ｂとする）だとわかるだろう。

論述問題ならこのａとｂの内容をまとめて理由説明の答案とするが、その視点は選択肢問題でも生かしたい。選択肢を検討する際、**どういう内容を言ったものを選ぶかという視点**を持たず、いたずらに選択肢中の語句だけを検討するというような解き方はお勧めできない。読者のなかには「現代文の入試は選択肢問題だけだから論述練習は不要だ」と考えている人もいるかもしれない。しかし実は、**論述問題に取り組むことは選択肢問題を解く視点をより確かなものにする大切な練習である**ことを知ってほしい。「急がば回れ」だ。

問一で、ａとｂを含んでいるものを選ぶという視点を持って選択肢を検討する。選択肢**エ**の「他者の感覚を想像し」がａ、「他者に作ってもらった食べ物で自分のいのちが支えられていることを確認したりする」がｂである。答えは、**エ**。

アはｂについて触れていない。**イ**は「自分のいのちが他の生命を食することによって成り立っている」がｂに当たらない。**ウ**もｂがない。また「視覚や聴覚」を「共有することが難しい」としている部分が、第③段落冒頭文、「これらの感覚は他人とすぐに共有できる」に反する。**オ**はａ・ｂに触れていない。また「ともに食べることは人類共通の社会的関係の礎」の部分が傍線部Ａの「相互信頼の基礎」を繰り返しているだけで、その理由にはまったく触れていない。

問二

脱落文の補充問題である。設問の形式には、脱落文の入る箇所の直前や直後の何字かを抜き出させるものもあるが、脱落文をもとの位置に戻す問題の解法はどの形式でも基本的には同じだ。

解法のヒント **❺脱落文の問題**

（１）脱落文で論じられているテーマ（話題）を読み取り、そのテーマにつながる中心的語句を見定める。そして、そのテーマが論じられている部分、その語句がよく出てくる部分を本文中に探す。
（2）脱落文にある、**接続詞**、**指示語などを確認**し、それによって直前・直後の文脈を想定し、それに当てはまる箇所を絞る。

この問題で、実際に見てみよう。
脱落文の問題のヒント（1）を用いる。脱落文は「食の箍が外れてしまったのである」とあるから、その**テーマ**は第⑤段落・第⑥段落で述べられている「若い知人」の「摂食障害」の例と関わるものと理解できる。この脱落文には**接続詞**、**指示語**はないから**ヒント（2）**を用いることもなく、第⑤段落末の（ロ）か、第⑥段落末の（ハ）のどちらかが該当箇所になると絞ることができる。（ロ）の直前文には「彼女は過食と拒食をくり返すようになった」とあり、それを言い換えたのが脱落文だから、**（ロ）**を答えとすればよい。（ハ）は直前部分が共食の意味（2）をまとめたキーセンテンス（抽象部）であり、そこに「それが生理の崩れを補修した」とあるので、「補修」される前の状態（「生理の崩れ」）を意味する「食の箍が外れた」をここに入れることは文脈に合わない。

問三

空欄補充問題との取り組み方については、「問題4」の設問解説（→P184）で詳述するが、その基本をひと言で言えば、**空欄のある一文全体を丁寧に分析したうえで、選択肢を選ぶ一定の視点をあらかじめ持って取り組む**ということだ。

空欄Xのある一文全体を見ると、「〈食〉と〈性〉において」、「自己でも他者でもない曖昧な存在」（aとする）が「もっとも強い禁忌の対象」となり、「『絶対的』に異質な他者」（bとする）が「禁忌の第二の対象」となり、「禁忌が適用されないのはX」となっている。したがって、Xは禁忌の対象とならないものであり、a・bのどちらの性質にも当てはまらないものだと理解できる。

このようにXの内容の大枠がつかめたら、その視点を持って選択肢を見ていく。選択肢の文はどれも「〜者、つまりは〜である」という同じパターンになっている。こういう場合は、各選択肢の対応している部分どうしを比較するのが早い。選択肢の前半（「〜者」の部分）を見ると、**エ・オ**はどれも「異質な他者」のことを言っており、それはbの内容に当たるから、禁忌の対象にならないXの逆になり間違いだとわかる。

残りの**ア・イ・ウ**については、選択肢後半（「つまりは〜である」の部分）の「隣人」と「身内」の違いに注目する。ただし、**イ**は「『わたしたち』ではない者」を「身内」と言っているので、すぐ誤りだとわかる。第⑪段落冒頭に「……性交の対象となるのも、あくまで近隣の他者であって『身内』ではない」とある。「近隣の他者」はタブーの対象とならないが「身内」はタブーの対象とされるわけである。したがって**ウ**の「身内」は不適。Xには「近隣の他者」を言い換えた「隣人」が当てはまる。答えは**ア**。

問四

Ⅲの**読みつなぎ方**で確認したように、Ⅲは**Ⅰ・Ⅱ**全体のまとめに当たる部分である。したがって、傍線部Bの説明においてはⅠ・Ⅱも視野に入れておくということを念頭に置いて、まずは傍線部自体の内容を確認することから始めよう。

ところで、**問一**で述べた**傍線部問題の基本**を思い起こしてほしい。基本の三点はもう頭に入っただろうか。**問四**は論述問題だが傍線が引かれているわけだから、ここでも**傍線部問題の基本**に従って取り組んでいけばよい。一文全体に傍線が引かれているので、**手順（1）**と**手順（2）**は重複する。

手順（1）傍線部中の語句に留意する

手順（2）傍線の引かれた一文全体を確認する→人間の食は「意味」＝「解釈」（aとする）によって「編みなおし」されている（bとする）、という内容である。したがって、aとbの二点について説明しなくてはならないということがわかる。傍線部全体の説明が求められているのだから、「編みなおし」（b）の部分も説明の対象となることを忘れてはいけない。

手順（3）関連部の主題、キーセンテンスを踏まえる→まず傍線部が直接関連している第⑬段落を読み直す。傍線部Bの次文冒頭に「それゆえ」とあるから、その文の「ひとにおいては、意味によって、解釈によって食がはころびるということが起こる」という部分を踏まえれば、傍線部Bは〈食は意味や解釈と密接に関係している〉というような内容だとわかる。さらにその次の文（第⑬段落末尾の文）でも、P138の**〔語句の説明〕**で見たように、〈食は生理・身体性と文化（＝意味・解釈）のあいだにある〉ということを言っている。

以上の手順を踏んだうえで、aとbの二つの説明ポイントの内容を詰めていこう。

a〈人間の食は意味・解釈と密接に関係している〉の説明内容としては、ⅢがⅠ・Ⅱのまとめであることを踏まえ、

a1（Ⅰ「共食」と関連づける）共食は、他者への思いやりと相互信頼の基礎をつくり、壊れやすいひとの生理を秩序づける

a2（Ⅱ「食のタブー」と関連づける）食のタブーは、生理の崩れを補修しようとするものだ

を答案に盛り込めばよいが、a1の〈壊れやすいひとの生理を秩序づける〉とa2の〈生理の崩れを補修〉は重なる内容なので、共通する内容は繰り返さず一つにまとめておく。

次に、b「編みなおし」の説明では、「なおし」に〈XをYに変化させる〉という意味・ニュアンスがあることに留意する。

手順（3）で見た通り、第⑬段落の趣旨は、〈食は生理・身体性と文化（＝意味・解釈）のあいだにある〉ということだから、ここでの「編みなおし」とは、人間の食が〈生理＝身体のレベルにとどまらない（次元へと変化した）〉、つまり動物一般の「食」から「文化」としての「食」へと変化したということを意味する。

答案は、〈人間の食は、a1・a2と密接に関わっており、bとなる〉というように組み立てればよいだろう。

解答

問一　エ
問二　(ロ)
問三　ア
問四　人間の食は、共食によって他者への思いやりと相互信頼の関係を基礎づけたり、崩れやすい生命の秩序を維持するために共食の習慣や食のタブーを設けたりするように、生命の維持という生理的な次元だけにとどまらず、文化的な意味をもはらんでいるということ。(一一九字)

知の扉　④

身体論をめぐって

心身二元論の立場（↓P60）から、人間の「精神」を至高の存在と価値付けた近代社会では、その反対に「身体」は精神に従属する単なる物質として不当におとしめられていた（↓P16）。

しかし、その一方で、近代的なものの見方に疑問を持った哲学者たちによって、「身体」の意味を問い直そうとする試みも続けられてきた。

たとえば、［問題2］の鷲田清一の文章にも見られるように、「私」という存在は、その精神のみならず、「私」の身体のあり方とも深く関連付けられ形成されているのではないか、という考え方もその一つであろう。

また、「知」をもっぱら精神の働きと考える近代的な見方に対し、「身体の知」という見方が提示されることがある。気持ちは前向きにがんばっているつもりなのに、身体が重い。「ちょっと無理しすぎているのではないか」と身体が教えてくれている。あるいは、「身にしみてわかる」という表現がある。ただ「わかる」と言わないで、どうして「身にしみて」とわざわざ言うのだろう。これらの例は、私たちの「知」が頭だけではなく身体とも深く関わっているということを示唆しているのではないか。

さらに、身体と文化との関係をテーマとして論じる文章もある。ある人類学者は次のように述べている。

私たちの文化における身体のイディオムとしては、たとえば「頭を搔《か》く」「胸をなでおろす」などがある。辞書をひもとけば、「頭を搔く」ことは「失敗したときの照れ隠しの動作」であり、「胸をなでおろす」は「安心する」ことだとちゃんと書いてある。重要なことは、私たち日本人が、実際にこの動作をまさにこうした文脈で行なっているという経験的な事実である。……

そしてこれこそが身にしみついた「文化」である。グイ／ガナ（南アフリカの狩猟採集民）も欧米人も、私たちのように「頭を搔い」たり「胸をなでおろし」たりはしない。また、私たち日本人は、いくらワクワクしても、シャーロック・ホームズのように「両手をこすりあわせ」たりしない。（菅原和孝『ブッシュマンとして生きる』、中公新書）

人類に共通するはずの身体もじつは文化に応じて構造化され、それぞれ独自の身振りや所作があるというわけである。農耕民には農耕民の、狩猟民には狩猟民の独自の身体がある。そして近代社会にはそれらとはまた異なった身体があるはずである。身体は無色透明なものではなく、そこには文化、時代、社会構造が色濃く刻印されている。

さらに、哲学者・市川浩が言うような、「人間の身体と空間の意味づけ」といった議論もある。人間にとっての空間は、均質で、のっぺらぼうの物理学的な空間ではなく、身体を原点として、前後・左右・上下というように意味付けられており、つまりその空間は人間（の身体）によって「生きられる空間（宇宙）」である、と言うのだ。

われわれは小学校のころから幾何学的な空間概念や物理学的な空間概念をたたき込まれているわけですが、生きられる空間は、そういった空間とは異なっている。たとえば、生きられる空間には〈場所〉というものがあり、〈方向〉というものがある。したがって空間のそれぞれの部分は互いに異質です。ニュートンが考えたような絶対空間は、どこをとっても同じであるという意味で均質空間といえます。それに対して、われわれが生きている空間には、常にここがあり、あそこがある。そして、いつもここからあそこへと一つの展望《パースペクティヴ》でもって世界をとらえています。……これは重要なことではないかと思うのですが、たいていの左右対称の体形をもった生物は、身体軸の方向が行動の方向です。哺乳類もそうですね。つまり、前—後が身体軸の方向であり、前は行動の方向ですから、実用的価値の方向です。ところが人間は立行をはじめます。立ちますと、身体軸の方向は、行動の方向ではなくなる。前は行動の方向ですから、実用的・行動的な価値の方向となります。操作の方向も前です。ところが、上—下という身体軸の方向はもう行動の方向ではありませんから、行動的価値はなくなる。こうして行動的価値から分離することによって、上—下は、非実用的・非行動的な価値、つまり精神的な価値の方向という性格を強く帯びるようになったのではないかと思います。

（市川　浩『〈身《み》〉の構造』）

市川の議論には、「上—下」という言葉にある「精神的な価値の方向という性格」は、二足歩行を始めた人類の身体・行動と関連しているのではないかという興味深い指摘もされている。いずれにしても、「精神」を優位に見る考え方（とくに近代以降に強調された）によって不当に扱われてきた「身体」の意味をあらためて問い直そうというさまざまな議論が、入試現代文でもしばしば取り上げられる。よく考えておきたい。

鷲田清一（わしだ・きよかず）

一九四九年生まれ。臨床哲学専攻。関西大学教授、大阪大学総長などを歴任。著書に、『モードの迷宮』、『じぶん・この不思議な存在』、『哲学の使い方』など。哲学の立場から、人間存在や人が生きる切実な「場」について深く考察している。

【参考図書】

鷲田清一『「聴く」ことの力—臨床哲学試論』（ちくま学芸文庫）
菅原和孝『ブッシュマンとして生きる—原野で考えることばと身体』（中公新書）
市川　浩『〈身〉の構造』（講談社学術文庫）

［問題3］阿部謹也「『世間』とは何か」

本文のタイトルである「『世間』とは何か」について論じた文章である。「I　世間における個人の位置」（第①段落〜第③段落）で本文全体のテーマが示され、それ以降の部分（II、III、IVとした）では、欧米の概念を通してものごとを見る日本の知識人の問題点が指摘される。そして「V　世間との関係で生まれる個人」（第⑫段落）でIのテーマについての筆者の見方が示される、という文章展開になっている。

I　世間における個人の位置（第①段落〜第③段落）

① 世間の中での個人の位置はどのようなものなのかという問いに対しては、わが国における個人の位置を歴史的に観察するしかないが、私達は明治以来長い間個性的に生きたいと望みながら、十分な形で個性をのばすことができなかった。そのことは、この百年の間ロングセラーとして読み続けられている夏目漱石の「坊っちゃん」を見ればすぐに解ることである。

② 「坊っちゃん」はイギリスでヨーロッパにおける個人の位置を見てしまった漱石が、わが国における個人の問題を学校という世間の中で描き出そうとした作品である。赤シャツはあるとき坊っちゃんにいう。「あなたは失礼ながら、まだ学校を卒業したてで、教師は始めての、経験である。所《ところ》が学校と云《い》ふものは中々《なかなか》情実のあるもので、さう*書生流に淡泊には行かないですからね」。坊っちゃんはそれに対して「今日只今《こんにちただいま》に至る迄是《までこれ》でいゝと堅く信じて居《ゐ》る。考へて見ると世間の大部分の人はわるく

ロングセラー＝長い間、よく売れる商品、本。

情実＝一般的には、〈公平でなく、個人の事情や感情に基づく、私的な評価〉のことを言うが、ここでは〈理屈だけでは割り切れない人間関係〉というような意味。

なる事を奨励して居る様《やう》に思ふ。わるくならなければ社会に成功はしないものと信じて居るらしい。たまに正直に純粋な人を見ると、坊ちゃんだの小僧だのと難癖をつけて軽蔑する。夫《それ》ぢや小学校や中学校で嘘をつくな、正直にしろと倫理の先生が教へない方がいゝ。いつそ思ひ切つて学校で嘘をつく法とか、人を信じない術とか、人を乗せる策を教授する方が、世の為にも当人の為にもなるだらう」と考えている。

③「坊っちゃん」は学校という世間を対象化しようとした作品であり、読者は坊っちゃんに肩入れしながら読んでいるが、その実皆自分が赤シャツの仲間であることを薄々感じとっているのである。しかし世間に対する無力感のために、せめて作品の中で坊っちゃんが活躍するのを見て快哉《かいさい》を叫んでいるにすぎないのである。

社会に＝社会で

対象化（→P15）

肩入れ＝ひいきすること。

快哉＝気持ちがいいこと、胸がすくこと。

読みつなぎ方

第①段落冒頭で、筆者はまず「世間の中での個人の位置はどのようなものかという問い」について取り上げる。読解法として留意しておきたいのは、**文章中の「問い」、あるいは「問いかけ文」は、主題（テーマ）の提示である**ということだ。たとえば、「人間とは何だろうか」とあれば、それ以降の主題は、文章全体に及ぶかどうかは別として、少なくとも、「人間」という主題をめぐって論じられていくはずだ。

冒頭文は、そのあと、「……私達は明治以来長い間個性的に生きたいと望みながら、十分な形で個性をのばすことができなかった」と続く。つまり、冒頭の問いかけに対して、〈世間の中での個人の位置は決して高いものではなかった〉という答えを筆者はほのめかしている。そして、そうした「世間の中での個人の位置」は、夏目漱石の「坊っちゃん」に示されていると言う。

第②段落と第③段落では、第①段落で提示された主題が、あらためて「坊っちゃん」をめぐって論じられる。ここで明治期の小説**「坊っちゃん」**を取り上げたのは、第①段落で「歴史的に観察するしかない」と述べられた論じ方（方法論）に基づくものである。キーセンテンスは二カ所ある。一つは、第②段落の冒頭文「……ヨーロッパにおける個人の位置を見てしまった漱石が、わが国における個人の問題を学校という世間の中で描き出そうとした作品である」の部分であり、もう一つは、第③段落の冒頭文「『坊っちゃん』は、学校という世間を対象化しようとした作品（であり）」の部分である。前者は、第①段落の問いかけ文と対応している点でも（**繰り返される文！**）、その後から作品の具体的な紹介が始まっていく点でも（**抽象部と具体部の読み分け！**）、重要な文言といえる。この部分を押さえることは難しくなかっただろう。また、後者も前者の言い換えである点で、キーセンテンスとして押さえたいところだ。**「キーセンテンスを精確につかむ方法(1)・(3)」**（→P31・35）を活用し、うまく読みつなぐことができただろうか。そして、それらのキーセンテンスの中心にあるキーワードは**「世間」**であることを確認しておこう。問題文末尾の題名（タイトル）も『世間』とは何か」である。

さて、もう少し細かく、君の読み取りを点検してみることにしよう。第②段落では、小説「坊っちゃん」の登場人物である「赤シャツ」は「世間」の側に立っている人物、一方「坊っちゃん」は「個人」の側に立っている人物だと理解できただろうか。第③段落では、「坊っちゃん」を読む読者について論じられている。ここで読みつないでおきたいのは、「坊っちゃんに肩入れ」して読んでいる読者も、実際は（日常の生活では）、「世間に対する無力感」を持っているという部分である。この部分は、すでに第①段落で示唆されていたこと、すなわち、〈日本においては世間の中で個人の位置は決して高くはない〉ということに対応しているわけである。

＊〈語句の説明〉——

「書生流」（第②段落）

「書生」は、明治・大正期に、勉学のために故郷を離れて他家に世話になっている学生（大学生・高校生）のことである。当時、彼らはエリート（＝選ばれた者）であって、しかも「天下国家」に関して、大言壮語《たいげんそうご》すること（＝いばって大げさに観念的に言うこと）が多かった。「書生流」は「青くさく、観念的で、現実を見ていない」という悪い意味で使われていたのである。

「坊ちゃん」「小僧」（第②段落）

当然、一人前の大人でないことを示している。明治時代に「一人前の大人」とは、「徴兵検査」を受けた二十歳以上の男子「壮丁《そうてい》」のことを言ったので、そうではない男は「半人前」として、「坊ちゃん」「小僧」と蔑《さげす》んで呼ばれた。

Ⅰのまとめ

日本の人びとは、世間の中で個性を伸ばせずにいる。

Ⅱ　世間を分析してこなかった日本の学問の問題（第④段落・第⑤段落）

④　この百年の間わが国においても社会科学*が発展してきたが、驚いたことにこのように重要な世間という言葉を分析した人はほとんどいない。私達は学校教育の中で西欧の社会という言葉を学び、その言葉で文章を綴《つづ》り、学問を論じてきた。しかし文章の中では扱わないことを会話と行動においては常に意識してきたのであって、わが国の学問が日常会話の言葉を無視した結果がここにある。

⑤　いわば世間は、学者の言葉を使えば「非言語系の知」*の集積であって、これまで世間について論じた人がいないのは、「非言語系の知」を顕在化する必要がなかったからである。しかし今私達は、この「非言語系の知」を顕在化し、対象化しなければならない段階にきている。そこから世間のもつ負の側面と、正の側面の両方が見えてくるはずである。世間という「非言語系の知」を顕在化することによって新しい社会関係を生み出す可能性もある。

顕在化＝形としてはっきり現れること。（↔潜在化）

読みつなぎ方

第④段落に入ってから、「社会科学」「学校教育」「学問」「わが国の学問」といった、学問に関連する語句が多く出てきたことを読み取る。頻出する語句の変化は、主題（少なくとも部分の主題）が変化したことを示唆するものだ。

第④段落で押さえるべきポイントは二つある。まず一つは、「……世間という言葉を分析した人（＝学者）はほとんどいない」という、日本の学問（学者）の現状（問題点）を指摘している部分である。もう一つは、その理由・背景として説明されている、第④段落の「しかし」を挟んだ前後の「対比」の内容を読み取ること。ここで対比されている内容は、「学校教育」や「学問」の中では「西欧の社会という言葉」を学び用いているが、日常の「会話と行動」においては「世間」という言葉を「意識してきた」という、「学問・教育」と「日常」とのあいだのずれである。つまり、「……わが国の学問が日常会話の言葉を無視した結果」、日本の学問は「社会」を論じても、「世間」を論じることがないのである。

まとめると、筆者はここで、日本の学問が西欧のほうばかりに顔を向け、学者も西欧の概念（＝言葉）を取り入れてそれを日本の現実に適用するだけで、足下に広がっている日本の日常的現実を自分たち自身の頭（言葉）で考え研究しようとしていないと、日本の学問の現状を批判的に論じているのである。

第⑤段落でも、「しかし」をはさんだ前後の「対比」の内容を読み取れたかどうかを点検してほしい。「……これまで……『非言語系の知』を顕在化する必要がなかった」の部分と、「今……この『非言語系の知』を顕在化し、対象化しなければならない」の部分とが、対比されている。前者では日本の学問の現状（問題点）が指摘され（第④段落の**繰り返し！**）、後者ではこれから学問が取り組むべき方向が主張されている。ここで、「非言語系の知」などというあまり見かけない語句が出てきたが、それが「世間」に対応している何かだと理解できていれば、ひとまず大丈夫だ。ただし、この「非言語系の知」については〔**語句の説明**〕をよく読み理解しておくこと。

段落末尾の一文も、**「新しい」**、**「可能性」**といった**肯定**

的価値を示す強調語に注目し、キーセンテンスとして押さえること。「世間」について研究することがもたらす意義を「新しい社会関係を生み出す可能性」として挙げている。

＊〔語句の説明〕――――

「社会科学」（第④段落）

人文科学（文学・哲学・歴史学など）、自然科学（数学・物理学・化学・工学など）に対して、法律学・経済学・社会学など、社会を研究対象とする学問の総称。

「非言語系の知」（第⑤段落）

〈言語によって説明することが困難な知〉のことを言う。たとえば、災難が身に降りかかるおそれがある年齢とされる「厄年」という考え（風習）がある。また、よくないことが起こりそうなことを感じることを「虫の知らせ」と言う。それらは、その因果関係を合理的に説明するのは難しいが、長い間の経験が集積された知恵や身体の知（→P144）として決して小さくはない意味を持つであろう。

Ⅱのまとめ

日本の学問がこれまで扱ってこなかった世間を対象化することが必要だ。

Ⅲ　欧米の概念の訳語にとらわれる知識人たち（第⑥段落～第⑧段落）

⑥　明治十年（一八七七）頃にsociety*の訳語として社会という言葉がつくられた。そして同十七年頃にindividualの訳語として個人という言葉が定着した。それ以前にはわが国には社会という言葉も個人という言葉もなかったのである。ということは、わが国にはそれ以前には、現在のような意味の

社会という概念も個人という概念もなかったことを意味している、では現在の社会に当たる言葉がなかったのかと問えばそうではない。世の中、世、世間という言葉があり、時代によって意味は異なるが、時には現在の社会に近い意味で用いられることもあったのである。

⑦　明治以降社会という言葉が通用するようになってから、私達は本来欧米でつくられたこの言葉を使ってわが国の現象を説明するようになり、そのためにその概念が本来もっていた意味とわが国の実状との間の乖離《かいり》が無視される傾向が出てきたのである。

⑧　欧米の社会という言葉は本来個人がつくる社会を意味しており、個人が前提であった。しかしわが国では個人という概念は訳語としてできたものの、その内容は欧米の個人とは似ても似つかないものであった。欧米の意味での個人が生まれていないのに社会という言葉が通用するようになってから、少なくとも文章のうえではあたかも欧米流の社会があるかのような幻想が生まれたのである。特に大学や新聞などのマスコミにおいて社会という言葉が一般的に用いられるようになり、わが国における社会の未成熟あるいは特異なあり方が覆《おお》い隠されるという事態になったのである。しかし、学者や新聞人を別にすれば、一般の人々はそれほど鈍感ではなかった。人々は社会という言葉をあまり使わず、日常会話の世界では相変わらず世間という言葉を使い続けたのである。

概念（→P19）

現象（→P20）

乖離＝そむき離れていること。

読みつなぎ方

Ⅲの部分では、欧米の言葉の訳語である「社会」「個人」――をめぐって議論がなされる。その内容を箇条書きにまとめてみよう。

（1）明治になり、「社会」「個人」という訳語がつくられた（第⑥段落）。

（2）それまで、日本には、「世の中、世、世間」という言葉があり、「社会」に近い意味で用いられていた（第⑥段落）。

（3）欧米の言葉（「社会」）で日本の現象（世間）を説明するため、欧米の概念と日本の実状とのあいだに乖離が生じるが、それは無視された（第⑦段落）。

（4）同様に、社会を構成する前提となる「個人」という訳語ができたが、その内容は欧米の個人とは似ても似つかぬものだった（第⑧段落）。

（5）学者や新聞人（知識人）が「社会」という言葉を用い、文章のうえではそれがあるかのような幻想が生まれたが、一般の人々は日常会話では「世間」という言葉を使い続けた（第⑧段落）。

この部分では、第⑦段落の「……私達は本来欧米でつくられたこの言葉を使ってわが国の現象を説明するようになり、そのためにその概念が本来もっていた意味とわが国の実状との間の乖離が無視される傾向が出てきたのである」と、第⑧段落の「……少なくとも文章のうえではあたかも欧米流の社会があるかのような幻想が生まれたのである。……ようになり、わが国における社会の未成熟あるいは特異なあり方が覆い隠されるという事態になったのである」とを、**繰り返しのキーセンテンス**として押さえたい（それぞれの線を引いた部分は、言い回しは異なるが、ほぼ同じ内容を言っており対応している）。そう読みつなぐことができれば、この部分の中心論旨を、たとえば、「欧米の概念（訳語）にとらわれ、それとは異なる日本の実状を見ようとしない知識人たちの問題」として読み取ることができるだろう。Ⅱの論旨と重なる内容である。

＊**〔語句の説明〕**——

「society」（第⑥段落）

明治初期、「明六社」の西周《あまね》や福沢諭吉たちによって、いくつもの翻訳語が苦心の末（たとえば、福沢は初め「society」を「人間交際」と訳していた）、中国語（漢字）を借りて作り出された。しかし、それぞれの社会的現実に違いがある以上、翻訳語を作り得ても、ただちにその概念が日本で受容されたことにはならず、その概念（たとえば「個人」という理念）を日本でどう実現していくかについて、福沢たちは苦闘することになる。

Ⅲのまとめ

日本の知識人たちは、欧米の概念＝訳語にとらわれ、日本の実状を見ようとしていない。

Ⅳ　知識人の怠慢（第⑨段落〜第⑪段落）

⑨　この点については特に知識人に責任がある。知識人の多くはわが国の現状分析をする中で常に欧米と比較し、欧米諸国に比べてわが国が遅れていると論じてきた。遅れているという判断の背後には、遅れを取り戻せるという見通しがなければならない。多くの知識人はそのような見通しもないままに遅れについて論じてきたのである。

⑩　たとえばカント*の「啓蒙とは何か」*という書物の中で、上官*の命令が間違っていた場合に部下のとるべき態度が論じられている。上官の命令が間違っていると考えた場合でも、部下はその命令に従わなければならない。さもなければ軍隊は成立しないからである。しかし軍務が終了したとき、その部下は上官の命令の誤りを公開の場で論じることができるとカントはいう。そしてその場合彼は自分の理性を公的に使用しているのだというのである。日本の事情を考えてみよう。ある会社員が会社の経

軍務＝軍隊での任務。

理性（→P16）

理やその他に不正を発見して、それを公的な場で指弾した場合、彼は間違いなく首になるであろう。そしてもしそのことが公的に論じられるようなことが起こった場合、彼の行動が公的な理性に基づくものだという者が日本にいるだろうか。

⑪　このカントの言葉を引用して日本の社会の遅れを説く論者は今でもあとを絶たない。しかし問題はここからはじまるのであって、こういう状態だからわが国は遅れているといってみたところで何もいっていないに等しいのである。このように考えてくると、問題の一つは、わが国においては個人はどこまで自分の行動の責任をとる必要があるのかという問題であることが明らかになろう。それはいいかえれば世間の中で個人はどのような位置をもっているのかという問いでもある。

指弾＝みんなの前で公的に批判すること。

読みつなぎ方

Ⅳの部分を読みつないでいくうえでの目の付けどころは、まず、第⑩段落冒頭の「たとえば」である。それ以降が第⑨段落の内容を具体的に論じた部分だということを押さえると同時に、その具体部（具体例）が何を説明するために置かれているのかを、直前の抽象部（第⑨段落）に戻って再確認しておくことが重要だ。**具体部と抽象部とを読み分ける**とは、このような確認作業をすることにほかならない。

抽象部である第⑨段落では、「多くの知識人」が、欧米からの日本の遅れを取り戻せるという「見通しもないままに遅れについて論じてきた」ということ、つまり、日本の知識人の無責任な言論の問題を指摘している。そして、第⑩段落・第⑪段落で、哲学者カントの言説（「上官の命令が間違っていた場合に部下のとるべき態度」について）を踏まえ、日本の知識人の無責任さが具体的に論じられていく。この具体部では、第⑨段落のキーセンテンスと対応している、第⑪段落の「……こういう状態だからわが国は遅れているといってみたところで何もいっていないに等しいのである」の部分を押さえていれば、十分だ。

　そして、続けて「**このように**考えてくると……」（**まとめ型強調語**）と、ここから「まとめ」に入ることを予告する。第⑪段落の終わりの部分は、カントの言説をめぐる議論のまとめとして押さえておきたいが、とくに、最後の「……世間の中で個人はどのような位置をもっているのかという問い」（主題）は、はずせない。なぜなら、この問いは、第①段落で提示されたものであり、それがここで再び提示されることで、この**問い**こそが文章全体の**主題**であるということがあらためて理解できるからである。

＊**〈語句の説明〉**——

「カント」（第⑩段落）

　イマヌエル・カント（一七二四〜一八〇四年）。ドイツの哲学者。著作に、『純粋理性批判』（認識論）、『実践理性批判』（道徳論）などがある。カントが、自らの認識論に生じた転換を、天動説を否定し地動説を唱えたコペルニクスにちなみ、「コペルニクス的転回」と述べたところから、その後、この表現は一般化され、〈一八〇度の大転換〉にあたる事態（たとえば、ものの見方が大きく変わることなど）を指して用いられるようになった。また、カントのエピソードとして、毎日、決まったコースを定刻通りに散歩したという話は有名である。

「啓蒙」（第⑩段落）

　「啓」は「開く」、「蒙」は「暗闇」である。つまり、「文明の光」で「非文明の闇」を照らすことである。西欧の進んだ文化や思想を学んだ知識人が、無知で「非文明的」な人々に、進んだ知識を示して、文明や自由などに目覚めさせようとすることを表している。しかし、これは、西欧近代の文明が「進んでいる」ということを前提とするものであり、現代では、こうした考え方に疑問を持つ立場から、「近代啓蒙主義」の問題点を論じる文章も多い。

「上官の命令が間違っていた場合……」（第⑩段落）

　軍隊という機構の中では、「部下」は「上官」に対して絶対服務しなければならないといった規律があり、たとえ「間違っていると考えた場合」でも、「その命令に従わなければならない」。しかし、「軍務が終了したとき（＝軍隊という機構から離れたとき）」には、その「部下」は「部下」であることをやめ（すなわち、必然的に「上官」は「上官」ではなくなり）、一人の社会的に平等な「個人」に戻る。したがって、そこでなされた命令が「間違っ」た「命令」であれば、「自分の理性を公的に使用して」（＝軍人ではなく「世界市民」（カント）としての立場から）「その部下は上官の命令の誤りを公開の場で論じることができる」のである。ところが、日本では、「個人」、あるいはそうした「個人がつくる社会」（第⑧段落）がないわけであるから、「軍務が終了したとき」も、「組織」の「上官」「部下」という関係は曖昧に続いているということになる。だから、「ある会社員が会社の経理やその他に不正を発見して、それを公的な場で指弾した場合、彼は間違いなく首になる」ということにもなるわけだ。

なお、日本においても所属組織の不正を公的機関に告発した「個人」を保護する法律（「公益通報者保護法」、二〇〇六年施行）がある。告発者が職場で不利益を受けるなどの厳しい現実は今なおあるが、内部告発をしたからといって「間違いなく首になる」わけではない。

Ⅳのまとめ

日本の知識人は、欧米からの遅れを取り戻す見通しもないまま、日本の遅れだけを論じる無責任な言説を繰り返してきた。

V　世間との関係で生まれる日本の個人（第⑫段落）

⑫ 日本の個人は、世間向きの顔や発言と自分の内面の想いを区別してふるまい、そのような関係の中で個人の外面と内面の双方が形成されているのである。いわば個人は、世間との関係の中で生まれているのである。世間は人間関係の世界である限りでかなり曖昧《あいまい》なものであり、その曖昧なものとの関係の中で自己を形成せざるをえない日本の個人は、欧米人からみると、曖昧な存在としてみえるのである。ここに*絶対的な神との関係の中で自己を形成することからはじまったヨーロッパの個人との違いがある。わが国には人権という言葉はあるが、その実は言葉だけであって、個々人の真の意味の人権が守られているとは到底《とうてい》いえない状況である。こうした状況も世間という枠の中で許容されてきたのである。

読みつなぎ方

最終段落では、第⑪段落の終わりで提示された「世間の中で個人はどのような位置をもっているのかという問い」に対して、一定の答えの方向が示される。読み取りのポイントは、二点ある。

一つは、世間と個人との「関係の中で個人の外面と内面の双方が形成されている」という、日本における個人の二面的なありようを押さえる。ここで、いわゆる「建前《たてまえ》と本音《ほんね》」ということを思い浮かべた諸君もいることだろう。その理解で合っている。

もう一点は、世間という「曖昧なものとの関係の中で自己を形成せざるをえない」ため、「日本の個人は、欧米人からみると、曖昧な存在としてみえる」という内容を押さえたい。

もちろん、以上の二点は別々のことを言っているのではない。「個人の二面性＝個人の曖昧さ」という関係になる。

一方、日本の個人と対比させて、「ヨーロッパの個人」は「絶対的な神との関係の中で自己を形成する」と説明されている。「絶対的な神（存在）」に向き合う個人は、それゆえ揺るがない（曖昧さのない）個人となるのである。

＊〈語句の説明〉――――

「絶対的な神との関係の中で自己を形成する」（第⑫段落）

ユダヤ教、キリスト教、イスラム教の神は、一神であり、その意味で絶対である。「唯一絶対神」とも呼ばれることがある。他方、ヒンズー教、日本の神道、中国の道教などは、多神である（つまり、相対神である）。「絶対」「相対」という重要語の確認をしておくこと（↓P21）。さて、「絶対的な神との関係の中で自己を形成する」とはどういうことだろう。たとえば、キリスト教宗教改革期の指導者であったカルヴァンは、神の人間に対する決定（「天国へ行くか、地獄に堕ちるか」）は絶対であり、それを現世の人間が左右できないことを説いた（「予定説」と言う）。その教えの下で、人間（信者）は、たとえ周りに誰もいなくとも、絶えず神から見られているという意識を持って自分の行動を律していかなくてはならない。そうしたことを「絶対的な神との関係の中で自己を形成する」と言うのである。

Ⅴのまとめ

日本の個人は、曖昧な世間との関係の中で外面と内面が区別されて形成される。

全体の中心論旨

曖昧に見える日本の個人を形成する世間を研究しなければならない。

第①段落の問いかけ（「世間の中での個人の位置」）と、第⑪段落の終わり（「このように考えてくると〜」以下）が対応していることに注目したうえ、それについて第⑫段落でまとめられていることを読みつなぐ。文章全体の中心軸は、この（第①段落→第⑪段落・第⑫段落）であるから、この軸をそのまま「全文要約」の軸とすればよい。次に、Ⅱ・Ⅲ・Ⅳで繰り返し述べられている、日本の知識人の問題も指摘しておこう。「読みつなぎ方」では、便宜上（読みやすいように）Ⅱ・Ⅲ・Ⅳに分割したが、この部分を「日本の知識人の問題」としてひとまとめにして読んだ人も、まったく問題はない（よく読めている）。また、第⑤段落（Ⅱ）末尾にある、「世間」を研究することの意義が述べられている部分は、積極的提言のなされている重要部分であると判断し、要約文にきちんと入れておこう。

全文要約

日本の知識人はこれまで日本社会を欧米の概念を通して論じるだけで、社会という欧米の概念に当たる世間を実状に即して対象化することもなく、欧米と比較し日本の遅れを指摘することに留まっていた。しかし、欧米の個人に比べ曖昧に見える日本の個人が世間との関係で形成される以上、言語化しにくいこの世間こそを対象化し、その負の側面と正の側面を明らかにしつつ、日本における新しい社会関係の可能性を展望していく必要がある。

（二〇〇字）

設問解説

問一

これまでの練習問題でも論述問題と取り組んだが、ここであらためて、傍線部が引かれた**論述問題の取り組み方のステップ**を説明しておこう。

解法のヒント　❻論述問題の取り組み方

論述問題で、本文を眺めながら、何となく「このあたりかな」とか、「この部分はちょうど字数条件に合いそうだな」とか、その場その場の思いつきで答案をまとめるようでは、いつまで経っても的確な答案を作ることはできない。次の手順を踏んで、答案を意識的に作成する練習をしていこう。

ステップ（1）　設問の要求・条件などにも注意し、設問を正しく受け止める。「何が問われているのか」という出題意図（出題のねらい）を理解することは、そのまま「何を答えるべきか」を理解することにほかならない。

ステップ（2）　傍線部問題の基本（↓P140）の三つの手順を踏む

手順1　傍線部中の語句に留意する。とくに傍線部を説明する設問では、傍線部中のどの語句とどの語句とに注目して説明するか（説明の中心となる語句）について、よく検討する。

手順2　傍線部の引かれた一文全体をよく読む。傍線部はある一文（ワンセンテンス）の一部分に引かれていることが多いので、傍線部だけを見るのではなく、その文全体を確かめたうえで、傍線部を理解し、説明していくための手がかりをさぐってみる。

手順3　傍線部（あるいは、傍線部中の語句）と関連する部分はどこかを確かめる。傍線部の説明とは、傍線部中の語句の単なる逐語的な「言い換え」ではなく、傍線部の関連部に沿って（まとめるかたちで）、傍線部を説明していくことである。

ステップ（3）　答案を書き始める前に、必要な説明ポイントをおおよそ決めておく。あれもこれもと欲張りすぎないで、少なくとも何と何とが答案に必要な要素なのかをあらかじめ決めておくこと。

ステップ（4）　ステップ（3）が決まったら、答案をいよいよ書き始める。**制限字数と書かなければならないポイント数とを頭に置きながら、答案を書き進めていく。**時間に余裕があれば、書き上げた答案を推敲《すいこう》する（手直しする）。

なお、**ステップ（2）の三つの手順**は、それぞれが密接に関連し合っているので、「その手順を順番通りにする」というように決めつけないで、「その手順を踏まえて考える」というように柔軟に理解してほしい。

以上の、**論述問題の取り組み方のステップ**を踏まえて、**問一**の答案を作っていくことにしよう。

ステップ（1）

設問では、傍線部Aを説明するように求められている。そして、その際、『赤シャツ』と『坊っらゃん』という言葉を用いて「具体的に説明」するという条件が付いている。さて、この「付帯条件」が少しやっかいだ。「赤シャツ」「坊っちゃん」という言葉が答案に単にありさえすればよい、ということではあるまい。本文で、両者がそれぞれどう述べられているか、両者の関係はどのようなものであるかをもう一度振り返り、出題の意図を精確に理解しよう。Ⅰの**読みつなぎ方**で確かめたことだが、「赤シャツ」は「世間」の側に立つ人物、また「坊っちゃん」は「個人」の側に立つ人物として論じられている。傍線部のある一文（傍線部の直後）の「……読者は坊っちゃんに肩入れしながら……自分が赤シャツの仲間であることを薄々感じとっている」とある部分からも、「赤シャツ」と「坊っちゃん」とが、対照的な人物として述べられていることがわかるだろう。つまり、「『赤シャツ』と『坊っちゃん』という言葉を用いて」、「具体的に説明」するという条件のあるこの設問の意味するところは（出題者の意図は）、「赤シャツ＝世間」、「坊っちゃん＝個人」という対比関係に触れながら、傍線部を説明せよ、ということになる。

ステップ（2）

手順1↓　傍線部中の語句で、説明の核になるものは、「学校という世間」と「対象化」の二点と考える。とくに「対象化」は重要語句（↓P16）であり、その意味を答案にしっかりと示す。また、傍線部と似たような表現が第②段落冒頭の文にあることも注意しておく。

手順2↓　傍線のある一文は、『坊っちゃん』は……作品であり」となっている。つまり、傍線部は「坊っちゃん」という作品についての説明部分であると、確認しておく。なお、本文においては「坊っちゃん」と一重カギ括弧が使われているが、一般的に書名を示すときには二重カギ括弧で『坊っちゃん』というように表記する。

手順3↓　**手順1・2**より、傍線部Aの関連する部分（関連部）は、第②段落冒頭の、「**『坊っちゃん』は**イギリスでヨーロッパにおける個人の位置を見てしまった漱石が、わが国における個人の問題を**学校という世間**の中で描き出そうとした**作品である**」の部分である、と確認できる。なお、Ⅰの**読みつなぎ方**をもう一度見てはしいが、私たちは、この関連部と傍線部Aとを「**繰り返し」のキーセンテンス**としてすでに押さえている。問題文に的確にマークを入れていれば、傍線部Aの関連部がどこにあるか、ただちにわかるはずだ。

以上で、**ステップ（1）**から**ステップ（2）**までがすんだ。

ステップ（3）

次に、**ステップ（3）**に進み、答案に必要な説明ポイントの見通しを立てておこう。

説明ポイント**a**（**ステップ（2）**を踏まえる）

（第一案）「学校という世間」を客観的に明らかにする／分析する／顕在化する→「対象化」の言い換えはできているが、「学校という世間」もわかりやすく説明しておきたい。

→（第二案）学校に見られる世間／世間の縮図としての学校を客観的に分析する

説明ポイント**b**（**ステップ（1）**を踏まえる）

世間的な価値観（尺度）で生きる赤シャツと個人の立場に立って世間に反発する純粋な坊っちゃんを対比している

ステップ（4）

以上の説明ポイント**a・b**を制限字数に収まるように組み立てる。

問二

典型的な「相違点（比較）の説明問題」である。「欧米の個人」と「日本の個人」は「それぞれどういう場において形成されてきたか」とあるように、それぞれの社会で「個人」の形成される前提（基盤）の「違い」が問われている。

「相違点の説明問題」は、「傍線部の説明問題」と並んで論述問題では頻出の設問形式であるので、ここで、その基本的な取り組み方についてまとめておこう。

解法のヒント　❼相違点の説明問題

論述問題で、この設問形式の出題が多数見られる。その理由は、元来、人間の思考法＝学問の基本方法に比較型があり（たとえば「天と地」「日本と西洋」など）、当然それが反映された文章がまず多くあるうえ、この論理的処理能力が大学のどの学部でも要請されているから、入試現代文においてもその処理能力が問われるのである。その意味でも、一度、相違点の説明問題をその基本原理からきちんと考え直しておくことが必要であろう。

文章中の「二つの事柄（仮にこの二つをAとBとしよう）の相違・比較」の説明が求められた場合、その違いが誰の目にも明らかになるように説明するのにはどうしたらよいのか。まず、一般的に次の三つの説明（答案）パターンが考えられよう。ただし、A・Bの内容（対立の要素）をそれぞれα・βとする。

(1)　AとBは、αであるかβであるかが（αであるかそうでないかが）違う。

(2)　Aはαであるが、Bはそうでない点が違う。

(3)　Aはαであるが、Bはβである点が違う。

実際に、予備校の実施する模擬試験でも、いつもこの三つの答案パターンがほぼ1／3ずつ出てくる。これらの解答を仮に10点満点で採点するとすれば、

(1)は、0点

(2)は、　５点
(3)は、10点
となるだろう。(1)と(2)の答案の問題点（減点理由）は次の通りである。

(1)　A、Bのどちらが、α、βであるのかがまったくわからない（結局、Aの説明もBの説明もできていない）。

(2)　Aがαであることはわかるが、Bがどうであるのかがわからない。

さて、以上の答案パターンをもう少し具体化してみよう。たとえば、日本の「カミ」と西欧の「神」をめぐる文章を読み、日本の「カミ」（問題文に多神であることが指摘されているとする〈日本では八《や》百万《およろず》のカミと言われる〉）と、西欧キリスト教の「神」（問題文に唯一神であることが指摘されているとする）の相違を問う問題があるとしよう。

答案パターン(1)「カミ」と「神」は、多神であるか唯一神であるかが異なる。

答案パターン(2)「カミ」は多神であるが、「神」はそうではない。

答案パターン(3)「カミ」は多神であるが、「神」は唯一神である。

説明を繰り返さないが、君自身で、答案パターン(1)・(2)の問題点を指摘してみてほしい。それができれば、今後、間違いなく答案パターン(3)（満点答案）を書くことができるはずであり、「相違点の説明問題」は君の得点源になるはずだ。

以上の**解法のヒント**を踏まえ、**問二**を考えていこう。「欧米の個人」と「日本の個人」がそれぞれ形成される「場」の相違についての説明なので、目を向けるべき関連部は、その話題が論じられている最終段落（第⑫段落）である。「……（日本の）個人は、世間との関係の中で生まれているのである。世間は人間関係の世界である限り……その曖昧なものとの関係の中で自己を形成せざるをえない……」とある部分と、直後の「……絶対的な神との関係の中で自己を形成することからはじまったヨーロッパの個人との違いがある」とある部分に注目する。先に見た「相違点の説明問題」の考え方に沿って、対比図式的に、

・日本の個人
　a 曖昧な　b 世間の人間関係の中で自己を形成する
↔
・ヨーロッパの個人
　a' 絶対的な　b' 神との関係の中で自己を形成する

を、説明ポイントとして押さえる。

あとは、「欧米は～のに（対して）、日本は～」という答案の構成にすればよい。

ところで、答案に、a'「絶対的な」を書いていても、a「曖昧な」を書いていなかった諸君がいたかもしれない。今後、取り組んでいく際には、次のように考えればよい。つまり、「欧米」の側に「絶対的（な神）」とある以上、「日本」の側の「世間の人間関係」には、直接には書かれていないが、「絶対」の反対の「相対」が隠れていると想定すればよいだろう。もちろん、ただ機械的にa'（「絶対」）をひっくり返してaを「相対的」とするよりも、本文の叙述に照らして「相対的」に当たる説明（語句）を意識的に探してみて、「曖昧な」（「絶対的」なものに曖昧さはないはず）という語句にたどり着けばよいのである。大事なことは、**相違点の説明問題では、はっきりとわかっているほう（たとえばa'）から、反対の内容（たとえばa）を想定するという発想をもっておくこと**である。

問三

傍線部の理由説明が求められているが、まずは**傍線部問題の基本**（→P140）を踏まえて取り組んでいこう。

手順（1）傍線部中の語句に留意するから、「しかし」「問題」「ここからはじまる」に注目する。「**しかし**」は、傍線部が直前文と対比されている内容であることを示している。直前文を確かめると、（欧米における）「個人」の行動・態度について論じた「カントの言葉」に基づき「日本社会の遅れを説く論者（＝日本の知識人）」が多くいることが指摘されている。とすれば、「しかし」から始まる傍線部は、〈欧米の概念にもとづいて日本社会の遅れを指摘する日本の知識人たちのあり方〉（aとする）を批判する筆者の立場を示すものであることが理解できる。

次に「**問題**」は、傍線部の後で述べられている「わが国においては個人はどこまで自分の行動の責任をとる必要があるのかという**問題**」、あるいはそれを言い換えた「世間の中で個人はどのような位置をもっているのかという**問い**」（b1とする）として示されている。

そして「ここから**はじまる**」は、多くの「論者」たちは「日本社会の遅れ」を指摘してすませている（＝〈ここで**終わっている**〉）が、筆者は「ここ」から〈さらに分析や考察を加えていく必要がある〉（b2とする）というようなことを言っていると理解できよう。

手順（2）傍線の引かれた一文全体を確認するから、傍線部に続く部分を確かめると、「わが国は遅れているといってみたところで何もいっていないに等しい」とあり、この部分でも知識人たちの考え方（＝a）を批判していることがわかる。

手順（3）関連部の主題（テーマ）、キーセンテンスを踏まえるから、傍線のあるⅣの主題を再確認すると、**読みつなぎ方**で見た通り、日本の知識人のあり方を批判するものであった。

以上の手順を踏むことで、何を説明すればいいのか、そのおおよそはわかるだろう。

ところで、本問は「理由説明の問題」である。解法のヒント**❸理由説明の問題**（→P124）をもう一度見直してほしい。理由説明の問題には、（1）**論理を構成して説明するタイプ**と、（2）

経緯や背景をまとめて説明するタイプの二つがあった。本問での答案は、傍線部の冒頭に「**しかし**」があり、またこれまで**傍線部問題の基本**を踏まえて傍線部の内容を手順を追って確認したところからも明らかなように、日本の（多くの）知識人の考え方（＝a）と筆者の考え方（＝b1・b2）を**対比的（対立的）に構成して説明する**という、理由説明の問題の**タイプ（1）**となることを確認しておこう。

この対比内容はまた**全体の中心論旨**（→P160）と共通するものであり、したがって、設問文にある「**本文全体の論旨を踏まえて**」という条件とも合う内容になる。もちろん「本文全体の論旨を踏まえて」という条件から、反対に、何を説明すればいいかを発想していくという取り組み方もあるだろう。では、答案の説明ポイントを整理することにしよう。

a〈**日本の知識人たちの考え方**〉についての説明として必要なのは、

a1　欧米の「社会」という概念にもとづく（当てはめる）

a2　日本社会の遅れの指摘に終始する（それ以上考察しようとしない）

の二点である。「しかし」の直前文に、ひとりの「部下」の行動について論じた「このカントの言葉を引用して」とあるので、a1の「社会」に「個人」（＝「部下」）という概念を関連付けて説明してもよい。たとえば第⑧段落冒頭の「個人がつくる社会」に注目して〈個人がつくる社会という概念によって〉などと説明することもできる。

次に、b〈**筆者の考え方**〉についての説明として必要なのは、

b1　日本には「世間」という言葉（捉え方）がある

b2　「遅れ」とされるところからb1の考察を深めていく

の二点が中心となる。a1とb1、a2とb2がそれぞれ対比的に対応している。a1で「個人と社会」の関連づけをした場合、同じくb1でも第⑪段落の「世間の中で個人はどのような位置をもっているのか」に注目して「個人と世間」の関連付けをしておいてもよい。

そして、c〈**aとbとが対立関係にあること**〉を答案全体の論理構成とすることが重要だ。たとえば〈**aは問題であり、bを考えねばならないから**〉とすれば、対立関係も、また「本文全体の論旨」もより明確に示すことができるだろう。解答例を参考にしてほしい。

解答

問一　世間的な尺度で生きる赤シャツと個人の立場から世間に反発する純粋な坊っちゃんを対比させ、世間の縮図としての学校を客観的に分析しようとした作品。（七〇字）

問二　欧米の個人が絶対的な神との関係の中で自己を形成するのに対して、日本の個人は曖昧な世間との人間関係の中で自己を形成する点。（六〇字）

問三　日本社会の現状を分析する際、日本の知識人の多くが欧米の概念を当てはめて「社会」の遅れを指摘するにとどまるのは問題であり、その「遅れ」と見えるところにこそ欧米とは異なる日本独自の「世間」というあり方を考察していく課題があると筆者は考えるから。（一二〇字）

知の扉⑤

「文化・文明」比較論について

［問題3］の最終段落（第⑫段落）で述べられている、「日本の個人の形成」と「ヨーロッパの個人の形成」の違いについての説明は、「文化・文明・社会の比較論」としてたびたび取り上げられる主題の一つと言える。

こうした「比較論」で注意すべきことは、書き手が、自分の注目した一つか二つの現象をもって、それがあたかも日本や欧米の全体の特徴であるとしたり、書き手の少ない経験をそのまま一般化してしまったりする愚を犯していないか、ということである。また「比較論」では、それがそう言えるための前提条件が自覚されていること、また、そうではない例外の存在が想定されていることも、必要である。

また、こうした「比較論」では、基本的にその図式的な性格によって、いささか怪しい点も散見される。それは、比較している二つのものが、それぞれ何を指して言っているか（その定義領域はどの範囲か）が曖昧になっていることが多い、ということだ。

たとえば、「ヨーロッパ」と「日本」とを比べる「比較論」があるとして（土居健郎『「甘え」の構造』で、日本人は他人に「甘え」、イギリス人＝ヨーロッパ人は「甘えない」とされている例など）、それでは、そこで、文章が言う「ヨーロッパ」とはどこかと問うてみると、どうだろうか。英国やフランスやドイツなどを指しているとしても、スペイン、ギリシャ、ポーランドなどが視野に入っていないということはよくあることだろう。また、「日本」と言っているが、それは「日本」だけに限定されることを言っているのだろうか。日本の隣の朝鮮半島や中国でも、そう言えるということもあるかもしれない。こうして、「比較論」では、その比較の範囲、内容を正確に確定することがきわめて難しいこととなる。つまり、「ヨーロッパ対日本」と言っていることが、実は「ヨーロッパのパリ対東京」であったり、「北欧、東欧を除くヨーロッパ対東アジア」であったりする可能性は大いにあり得るのである。さらに、「日本」と言ってみたところで、「東日本と西日本」はいろいろな点で違っている。つまり、「比較論」や「図式的な対比論」は、一見明快な議論のように見えるが、実は、本質的な弱点を持っているかもしれないのである。

とくに、十九世紀以降、日本は、世界の政治の場に登場して以来、欧米の先進国に〝追いつき、追い越せ〟と頑張ってきた。つまり、つねに日本では欧米との比較が重要視されてきたわけである。しかも、その背景には、ヨーロッパが非ヨーロッパ地域を植民地にしていた現実があり、そのなかでどうにかしてその距離を埋め、できうるならば半歩でも前に出なくてはならぬという強烈な目標を持った日本は、ヨーロッパ列強への対抗意識から、アジアの「盟主」を目指してきたのである。一九四五年の敗戦によって、この目標は潰《つい》え去ったかのように見えた。けれども、その後も、日本人の精神を縛っていたのは、経済の分野における、欧米（戦後は、とくに米国）に〝追いつき、追い越せ〟だったのではないか。精神のあり方は、あまり変わってはいないのである。

以上のような背景から、日本では、欧米との、さまざまな分野の、さまざまなレベルの比較論が書かれてきた。いや、もっと正確には、多くの分野で、研究の最初に行われるのは、欧米先進国との比較である。こうして「文化・文明・社会の比較論」が多く書かれた。しかも、「日本対欧米」といった対比の文章は問題を作りやすいので、結果として大学入試によく出題される理由ともなる。

しかし、世界は多元的であり流動しているという認識が広がってきている現在、欧米（とくに米国）の価値観や文化のフィルターを通してしか世界を見なかったり、あるいは欧米との比較（差異）でしか自分（日本）を見なかったりというのは、世界や自分自身の見方としてはいささか狭く閉じた姿勢ではないか。今後、そうした固定的な思考法を開いたものにしていくには、たとえば「タイと日本」、さらには日本にこだわらず「ハノイとメルボルン」というような問題設定をなしうる発想が、必要とされるだろう。

阿部謹也（あべ・きんや）

一九三五〜二〇〇六年。ドイツ中世史専攻。一橋大学名誉教授。著書に『ハーメルンの笛吹き男』、『中世を旅する人びと』、『「世間」論序説——西洋中世の愛と人格』、『「世間」とは何か』など。歴史学と文化人類学の結合を推進してきたが、「世間」の分析を通して新しい日本論を展開、日欧文化比較論を世に問うた。

【参考図書】

阿部謹也『「世間」とは何か』（講談社現代新書）、『日本人の歴史意識——「世間」という視角から』（岩波新書）
柳父　章『翻訳語成立事情』（岩波新書）

［問題４］李《リ》 禹煥《ウファン》「余白の芸術」

問題文全体は十一の形式段落からなるが、主題の展開を追って大きく捉えれば、**前半部**（第①段落から第⑥段落まで）では**視覚について**、そして、**後半部**（第⑦段落から最終段落まで）では視覚との関わりで**美術のありかたついて**論じている。このように全体の構成を大きく前半部（Ⅰ）・後半部（Ⅱ）に分けて捉えることができる。

ところで、視覚について論じているⅠをさらに細かく見ていくと、

「近代主義の視覚」について論じた部分（第①段落・第②段落、第④段落）、

それとは対照的な

「逆遠近法」の視覚について論じた部分（第③段落、第⑤段落）、

そして、それら二つの視線が統合された

「受動性と能動性を兼ね合わせた身体的な視覚」という筆者の主張が展開された部分（第⑥段落）

で構成されている。

そこで、Ⅰを、「近代主義の視覚」と「逆遠近法」の視覚が対比的に論じられた第①段落〜第⑤段落（Ⅰの(1)）と、「身体的な視覚」について論じた第⑥段落（Ⅰの(2)）とに分けて、本文の内容を確認していくことにする。

Ⅰの(1)　近代的な遠近法的視覚と逆遠近法的視覚（第①段落〜第⑤段落）

① 近代主義の視覚とは、同一性の確認のための眼差《まなざし》である。言い換えれば、自己の意志で対象物を措定《そてい》しておき、それを見るという意味だ。

② ルネッサンス以後の遠近法の発達で解るように、意志的な視覚主義は、客観性と科学性を標榜《ひょうぼう》した脳中心思想から来たものである。それを［（1）］に図式化した人がデカルトであり、彼において、見るということは、エゴーによる視覚の規定力を指している。

③ ところで実は、*広い世界を前にしたごく限られた眼は、逆遠近法的に開いている。自分の眼の前のものより遠いところをもっと広く思い、そのように見るということは誰でも知っており経験していることだ。もちろん具体的な対象世界において、近くのものが大きく見え、ずっと遠いものは小さく見えるということが科学的であることは明らかだが、眼の限定性から来る感じ（思い）が、その反対であることもまた否定できない。最近では、古代社会の絵画や中世のイコン、または東洋の山水画などの分析から、逆遠近法の考え方が再照明されていることも注目に価する。むしろ近代の遠近法というものが、人類文化史の中では特異な時代の産物であるという者さえいる。

④ 今日、視覚と言う時、何処《どこ》に焦点を置くかによって、正反対の言葉になってしまう。近代的な遠近法的視覚とは、こちらからあちらを一方的に捉え定めることを言う。対象物自体とか世界が重要なのではなく、見る主体の意識と知識による規定力が［（2）］であるということだ。ここでは見ることが、*設定された素材やデータで組み立てたテクストと向き合う態度である。

同一性＝AがAであること。アイデンティティ（→P99）

措定＝ある事物を「〜である」として捉え存立させること。

標榜＝主義を打ち出すこと。

デカルト＝フランスの哲学者。一五九六〜一六五〇年。近代科学のいしずえとなる〈主客二元論〉を論じた（→P15）。

⑤　これに対し逆遠近法では、反対に、B向こうからこちらを見ている形であるため、世界の側が圧倒的に大きく扱われる。それゆえ見る者の対象物に対する限定力は、曖昧で弱くなるしかない。このような視覚は、受動性が強く、偶然性や非規定的な要素の作用が著しくなりがちだろう。

読みつなぎ方

Ⅰの⑴内容を、形式段落を追って確かめていこう。

第①段落冒頭で「近代主義の視覚」（Xとする）がどういうものかが説明される。「近代主義の視覚とは、同一性の確認のための眼差である」。次の文が「言い換えれば」で始まっているので、「同一性の確認」＝「自己の意志で対象物を措定しておき、それを見るという意味だ」と押さえることはできただろうが、その理解は少し難しかったかもしれない。そこで、ある人が山を見る場合を例にとって、考えてみることにしよう。

まず山を見ている人に〈山はこれこれであるべきだ（あるはずだ）〉という概念があって、いま見ているものを〈山だ〉と捉え（＝「自己の意志で対象物を措定しておき」）、〈なるほどその対象は概念どおりの山だ〉と確かめる（＝「同一性の確認」）、というようなことを言っていると理解できればよい。この内容がまだピンと来なくても、あせらず読み進め、そのなかで理解していこう。

第②段落では、「意志的な視覚主義」（＝X）が、「客観性と科学性を標榜した脳中心思想から来たものである」と説明される。いきなり「脳中心思想」と言われても何だろうと思った諸君もいたかもしれない。しかし直後の文で、近代哲学の祖とされる「デカルト」の名が挙げられ、「彼において、見るということ（＝X）は、エゴーによる視覚の規定力を指している」と説明されているのだから、その背景にある「脳中心思想」とは、身体活動よりも、脳の意識活動（言語活動や概念化作用など）を重視する、〈主体の意識を中心におく思想〉であると理解できよう（知の扉 ④ **身体論をめぐって**（→P144））。

したがって、第②段落冒頭の「遠近法」も、対象を見る確固たる主体の視点が存在して（定まって）いることを前提とした見方であり、それは近代が生み出した「客観」的で「科学」的な見方なのである。ちなみに、「遠近法」（＝パースペクティブ）とは、一般的に〈絵画などで遠近感をもった表現を行う手法〉を意味する。視点から近くにあるものは大きく描かれ、遠くにあるものは小さく描かれる。

以下に、「近代主義の視覚」（X）について述べている第①段落、第②段落の趣旨をまとめておこう。

1　近代主義の視覚は、主体が措定した対象を見るという同一性の確認のための眼差である

2　1の成立背景には、遠近法の発達に示されるように客観性・科学性を標榜する（デカルトの）脳中心思想がある

第③段落の冒頭に**「ところで」**という**話題の転換を示唆する語**がある通り、第②段落で「遠近法」という話題が出たのに対し、ここでは「逆遠近法」という話題が対置されることを読みつなぐ。「近くのものが大きく見え、ずっと遠いものは小さく見える」というのが遠近法であるが、逆遠近法的な見方（Yとする）とは、「自分の眼の前のものより遠いところをもっと広く思い、そのように見る」というものである。

次に確認したいのは、第③段落の後半で、この逆遠近法が古今東西の絵画に見られるところから「最近では……逆遠近法の考え方が再照明されていることも**注目に値する。**むしろ近代の遠近法というものが、人類文化史の中では**特異な時代の産物**である」と述べられていることに目をとめたかどうかだ。「注目に値する」、「特異な時代の産物」という**価値判断をともなう強調語**に留意し、筆者が、逆遠近法（Y）のほうが「人類文化史」においては普遍的な視覚であって、近代の遠近法（X）を絶対化するような見方に対して疑問を呈しているという論点を読み取ることが重要だ。

以下に、「逆遠近法」（Y）について述べている第③段落の趣旨をまとめておこう。

1　人間の実感としては、視覚は逆遠近法的に開いている

2　1は、人間の眼の限定性からくる

3　遠近法は近代の産物にすぎない（人間は古代から逆遠近法的に世界を見てきた）

なお、右の1・2については後述の〔**語句の説明**〕を参

照してほしい。

第④段落では、再び、「近代的な遠近法的視覚」（Ｘ）について論じられる。この段落の内容と、同じく「近代主義の視覚」が論じられている第①段落・第②段落の内容を読みつなぎ、次に示す通り**繰り返しのキーセンテンス**をつかみたい。キーセンテンス中の語句に、それぞれ太線・波線・細線を付して、対応関係がわかるように示してみた。

「こちらからあちらを一方的に捉え定めること」（第④段落）

「対象物自体とか世界が重要なのではなく、見る主体の意識と知識による規定力が」（第④段落）

「自分の意志で対象物を措定しておき、それを見る」（第①段落）

「エゴーによる視覚の規定力」（第②段落）

表現はそれぞれ少し言い換えられてはいるが、その趣旨は、〈主体が対象を措定し、見る〉というものであるとわかるだろう。

第④段落で、あと注意しておきたい点は、「対象物自体とか世界が重要なのではなく」という部分は近代的な視覚についての説明であるが、**「ではなく」**という**否定語**に注目すると、「対象物自体とか世界が重要」の部分は、実は、近代的な視覚と対比されている逆遠近法の見方（Ｙ）の説明となっていることも理解しておくことである。

第④段落の趣旨をまとめておこう。

近代的な視覚は、見る主体（こちら）が対象物自体や世界（あちら）を一方的に規定する（Ｘ）

第⑤段落冒頭に「これ**に対し**逆遠近法では」とあるので、再び主題が、近代的な視覚から逆遠近法（Ｙ）へと転換したということを意識する。第⑤段落の趣旨は次のようになろう。

1　逆遠近法では、向こう（＝対象物自体や世界）からこちら（＝見る者）を見ている（↕第④段落「こちらからあちらを一方的に捉え定める」）

つまり、

2　世界の側が大きく扱われ（↕第④段落「対象物自体とか世界が重要なのではなく」）、見る者の対象物に対する限定力は弱い

それをまとめて言えば、

3　逆遠近法での視覚は、受動性が強く、偶然性の作用が著しくなる

ということである。もちろん、逆遠近法が受動性を持ったものであるなら、近代の視覚は反対に能動性を持ったものだと言うことができる。

＊〈語句の説明〉

「広い世界を前にしたごく限られた眼は、逆遠近法的に開いている」（第③段落）

この内容は、同じ第③段落で、逆遠近法が「眼の限定性から来る感じ（思い）」であるとも言い換えられている。人間の眼は一度に目の前の世界全体を見ることはできない（＝「眼の限定性」）から、遠いところほど狭くなって見える遠近法が「科学的であることは明らかだが」、それとは逆に、人間の実感としては「遠いところをもっと広く思い、そのように見る」のである。たとえば、山頂に立って周囲をパノラマのように見ているときの視覚の実感を思い出してみると、この内容もよくわかるのではないか。

「設定された素材やデータで組み立てたテクスト」（第④段落）

この部分にある「テクスト（text）」という語は、一般的に教科書などを意味する「テキスト（ブック）」と共通する語であるが、本来は織り上げられた布地を意味する「テクスチュア（texture）」に由来する語である。そこから転じて、文学論、芸術論、文化論などでは、多様な分析や解釈を許すような豊かな内容をはらんだ作品や世界のことを意味することが多い。たとえば「テクストとしての都市」と言えば、そこで生起している現象や移りゆく景観などで構成された〈読解され解釈される対象となる都市〉というような意味になる。

Ⅰの⑴まとめ

人類文化史において普遍的に見られる逆遠近法では、世界の側が大きく扱われ視覚による限定力は弱く受動的であるのに対し、近代に成立した遠近法的視覚は、見る主体が対象としての世界を規定するものとなっている。

Ⅰの(2)　受動性と能動性を兼ね合わせた身体的な視覚（第⑥段落）

⑥　ここで私は、受動性と能動性を兼ね合わせた身体的な視覚*を重視したい。人間は（　3　）な存在であると同時に、身体的な存在でもある点を再確認すれば、どちらにしても見るということが一方的であってはなるまい。身体は私に属していると同時に、外界とも連なっている両義的な媒介項である。だから身体を通して見るということは、見ると同時に見られることであり、見られると同時に見ることなのだ。対象物や世界は私の理性の反映ではなしに、それは外界性を持った未知的なものであるという立場と言っていい。見ることは、データ化されたテクストを読むことではなく*、他者との出会いによる相互作用であると言うことになろう。

両義的＝二つの意味を持つこと（→Ｐ11）。

読みつなぎ方

冒頭文で、次の二点に留意することができたか、確認してほしい。

一点目は、「ここで私は……**重視したい**」と**強調語**が出ていることに注目する。つまり、「ここで」（ここから）、いよいよ筆者の視覚についての考え方（主張）が展開されていくとつかむ。その意味で、大変重要な段落である。

二点目は、「受動性」（Ｙ）と「能動性」（Ｘ）を兼ね合わせた「身体的な視覚」（Ｚとする）というあり方が「重視」されるべきものとして提示されたことだ。つまり、Ｉの(1)で二つの視覚（ＸとＹ）が説明されてきたのは、筆者の考える（芸術における）視覚のありかた（Ｚ）を提起するための準備（前提）だったのだと理解できていればよい。

第三文の、「身体は私に属していると同時に、外界とも連なっている両義的な媒介項である」の部分は、身体の両義性、つまり、身体は自己の支配下にあるものであるとともに、「外界」に接しその影響を受け、自分にとっても不可知のものとしてもある、ということだ。だから、そうした両義的な「身体を通して見るということ（＝「身体的な視覚」）は、見る（能動性）と同時に見られる（受動性）こと」を結果し、また一方、「対象物や世界」も、「私の理性の反映」＝「データ化されたテクスト」（主体の理解・解釈のなかに取り込まれる対象）ではなく、「外界性を持った未知的なもの」、すなわち主体の理解の及ばない「他者」であるのだと、筆者は言う。

　第⑥段落の趣旨は、次のようになろう。

1　受動性（Y）と能動性（X）を兼ね合わせた身体的な視覚（Z）を重視したい

2　1は、身体の両義性にもとづくものだ

3　対象物や世界は未知の外界としてあり、見ることはその他者との相互作用である

Iの(2)まとめ

受動性と能動性を兼ね合わせた身体的な視覚を重視したい。

＊〔語句の説明〕

「身体的な視覚を重視したい」（第⑥段落）

　筆者がここで右のように主張するのは、逆に言えば、近代以降「身体性」が軽んじられてきたという問題が示唆されている。「第一部　ことばをイメージする」の「理性・精神↕感性・肉体」の項（P16・17）をもう一度読み直しておいてほしい。

「他者との出会いによる相互作用」（第⑥段落）

　ここで言う「他者」とは、〈主体が捉えることのできない外部世界〉というような意味である。〈他人〉という意味で「他者」という語を使うことももちろんあるが、評論文では、〈自己（主体）が捉えることのできない未知の外界（外部性）〉といった広義の語として用いられることが多い。「他者」を「外部（性）」「未知」といった語と関連付けて理解しておくとよい。

Ⅱ　新しい芸術の地平へ（第⑦段落～第⑫段落）

⑦　美術は視覚と不可分の領域である。

⑧　ところで身体的な視覚の軽視や無視による*近代自我中心の視覚主義は、必然的に作品の同一性と概念化を招く。そしてついに作品は、*世界との関係的な存在性が否定されて、言語学や哲学の説明体に成り下がり、アイディアや概念の確認以外、なんら視覚の力を呼び起こさないものとなる。従ってそこでは、作品が［（４）］であったり曖昧で不透明である時、それは軽蔑の対象であるしかない。

⑨　もはや作品が理性と世界の同一性を表す対象である時代は過ぎた。外部性を否定する、排除と差別下の、自己の内面の再現化で世界を覆い被《かぶ》す帝国主義的な視覚は、解体されなければならない。*私と外界が相互関係によって世界する、という立場からすれば、作品もまた差異性と非同一性の一種の関係項である。

⑩　モネが言った外界が存在するという意味を、関係の概念で受け入れれば、閉じられた自我主義から出て、対話が可能な開かれた世界に立つことが出来る。知識や意志に劣らず、感覚や体験が重要なのだ。それは決して内面性のみの発露ではなく、身体を通した外部との触れ合いの中で起こる出会いの一部だからである。

⑪　作品において、知的な概念性と共に、感性による知覚を呼び起こすことが出来るということは、そこに未知的な外部性が浸透されているということであり、だから、見る者と対話が成り立つのだ。見るという行為は、身体を媒介にして対象との相互関係の場の出来事を招く。作品が、出会いが可能な

近代自我中心（→P14・15）

概念化（→P18）

帝国主義＝他国を侵略支配して自国の利益を追求する考えや政策。ここでは「近代自我中心の視覚主義」の強引さを比喩的に表現している。

モネ＝印象派を代表する近代フランスの画家。一八四〇～一九二六年。

他者性を帯び、〈見る〉ということが両義性を回復する時、芸術の新しい地平は開かれよう。

読みつなぎ方

第⑦段落の「美術は視覚と不可分の領域である」の一文で、これまでの「視覚」についての議論と関連付けながら、以下で「**美術（作品）**」に焦点を当てて論じていくことが提示される。主題が大きく展開したということを読みつなぐ。したがって、ここからをⅡとした。

第⑧段落冒頭文ではまず、「近代自我中心の視覚主義」（X）が「身体的な視覚」（Z）を「**軽視や無視**」してきたという、否定的な言い回し（**強調語！**）に留意しただろうか。筆者が望ましい視覚と考えるZのあり方をXは否定してきたと言っている。第③段落で示唆された近代的な遠近法への疑問は、この段落でいっそうはっきり近代批判として表明されたわけだ。

この、〈XはZを否定してきた〉という論旨が読解できれば、第⑧段落に出てくる多少こむずかしく感じられる表現にいちいち足をとられることはないはずだ。たとえば、〈XはZを否定している〉という論旨の把握を生かして、

第⑧段落の内容は次のように理解してしまえばよい。

第一文　身体的な視覚（Z）の軽視や無視による近代自我中心の視覚主義（X）は、作品の同一性と概念化（X）を招く

第二文　作品は、世界との関係的な存在性（Z）が否定されて、言語学や哲学の説明体（X）に成り下がり、アイディアや概念の確認（X）以外、なんら視覚の力（Z）を呼び起こさない

第三文　作品が曖昧で不透明である（Z）時、それは軽蔑の対象であるしかない

理解のコツは、まず〈XはZを否定してきた〉という論旨を頭に置いたうえで、各文の傍線を引いた否定的な意味を持つ語に注目し、その否定の対象となっている部分がZに当たると大きくつかめばいいのである。

第⑧段落の趣旨は、次のようになる。これまで近代の視覚をX、筆者の考える望ましい視覚のあり方をZとしてき

たので、視覚X、Zにそれぞれ対応する作品（芸術）のあり方をX'、Z'としておく。

1　身体的な視覚（Z）の軽視＝近代自我中心の視覚主義（X）は、作品の同一性と概念化を招いた（X'）

2　近代の作品は、世界との関係的な存在性（Z'）を否定した

第⑨段落から第⑪段落では、第⑨段落冒頭に「もはや作品が理性と世界の同一性を表す対象である時代は過ぎた」とあるように、近代の作品の問題点（X'）を指摘しつつ、筆者の考える新しい芸術作品のあり方（Z'）が論じられる。ここでも、第⑧段落の読み方で触れたように、このX'とZ'を対比させて論じているという論旨を読解の視点として、次のように各段落の内容を大きく押さえることができればよい。一つ一つの語句にとらわれすぎることはない。

・第⑨段落

X'…作品は理性と世界の同一性を表す／外部性を否定する／自己の内面の再現化で世界を覆い被す

Z'…私と外界が相互関係によって世界する／作品は差異性と非同一性の関係項である

・第⑩段落

X'…閉じられた自我主義／知識や意志／内面性の発露

Z'…対話が可能な開かれた世界に立つ／感覚や体験が重要／身体を通した外部との触れ合いの中で起こる出会い

・第⑪段落

X'…知的な概念操作

Z'…感性による知覚を呼び起こす／未知的な外部性が浸透／見るものとの対話／見るという行為は身体を媒介にして対象との相互関係の場の出来事を招く／作品が、出会いが可能な他者性を帯び、見るということが両義性を回復する時、芸術の新しい地平は開かれる

以上を踏まえれば、これからの芸術は、

1　〈意識や理性に重きを置き、自己内部に閉じた同一性〉を追求する近代主義的な発想（X'）から脱し

2　〈感性も重視し身体を媒介にして、他者・外部に開かれた相互関係性〉に立つ新しい地平（Z'）を目指さなく

てはならない

という筆者の主張は明確に読み取れるだろう。そして第⑪段落の末尾のキーセンテンスが、あるべき芸術作品の姿（Ｚ）についてのまとめとなっていることも理解できよう。

＊〔語句の説明〕――――

「近代自我中心の視覚主義」（第⑧段落）

「近代自我中心の視覚主義」という語句に関連して、「視覚」や他の感覚をめぐってよくされる議論についてここで簡単に触れておきたい。一般に近代では五感のうち、「視覚」や「聴覚」（前者とする）に重きが置かれる。そうした見方は、それらが対象と距離を置いて見たり聞いたりする点で、ものごとを対象化し分析する理性の作用と親和的であると考えるところから来るのだろう。一方、「触覚」「嗅覚」「味覚」（後者とする）は、対象に直接触れたり（触覚、味覚）、「におう／におわない」といったように分析的で精緻な記述でなかったり（嗅覚）する点で、前者と比べて「下等な身体感覚」とされる。近代の自我＝理性中心主義は、五感を開いて身体全体で感覚するというあり方に序列と分裂を持ち込んだと言えるかもしれない。こうした近代の視覚優位主義を批判するというようなテーマもよく出てくる。知の扉 ①**有機的全体性**（Ｐ59）、知の扉 ④**身体論をめぐって**（Ｐ144）も合わせて読み直しておいてほしい。

「世界との関係的な存在性」（第⑧段落）

第⑥段落の「見ると同時に見られる」や「見ることは……他者との出会いによる相互作用である」という記述を手がかりにして、少し考えておこう。見ることは、見る主体の一方向的な営みではなく、見られる対象のほうからも見る主体にさまざまな作用が及ぶ（ときには、それまでの見方を変えさせてしまうようなことさえある）双方向的な営みとしてあるということだ。芸術家にとって、世界は、自己の意識や理性が一方的に反映されたものではなく未知の他者としてあり、その世界と「見ると同時に見られ」「見られると同時に見る」という相互作用を伴った関係において、表現が初めて立ち上がってくるのだ。たとえて言えば、芸術家は、世界の外に立って自分と切り離された世界を見ているのではなく、世界のなかに立って世界と共に生き、その関係全体を表現しているわけだろう。作品が「世界との関係的な存在性」を持っているという内容は、以上のようなこととして考えておけばよいだろう。（**知の扉** **⑥自己とは何か**（P188）も参照のこと。）

「私と外界が相互関係によって世界する」（第⑨段落）

この部分では、「世界」という名詞が動詞として用いられている。違和感を持った諸君もいただろう。筆者は、世界を、自己という主体によって一方的に捉えられるだけの静的な対象（もの＝名詞）だとは考えていなかった（意味段落Ⅰ）。むしろ、「世界する」という表現を意図的に用いることによって、筆者は、世界とは「私」と「外界」との相互関係の全体であり、その関係において生じる出会いや出来事であると、動的（動詞的）に捉えていることを伝えたいのであろう。もちろんこの表現は、右で見た「世界との関係的な存在性」と基本的には同じ内容であることは明らかだろう。

Ⅱのまとめ

芸術は、近代主義的な発想から脱し、身体を介して他者・外部に開かれた新しい地平を目指さなくてはならない。

Ⅰの主題は〈視覚〉に絞られていたが、Ⅱからは〈視覚〉との関連で〈芸術作品〉を主題として論じられている。したがって、全体の中心部分はⅡにあると判断し、筆者があるべき視覚のあり方と考える「身体的な視覚」（Z）に立って、近代の作品（X'）から新たな芸術作品（Z'）を目指そうという論旨を示したい。**全体の中心論旨**を絞る際には、**Z**を指摘しておくことを優先し、Ⅰの「近代的な遠近法的視覚」（X）と「逆遠近法」（Y）の対比まで丁寧に盛り込む必要はないが、**全文要約**では、それらについても一定程度触れておいたほうがよい。

全体の中心論旨

芸術作品は、身体的な視覚を重視し、閉じられた近代的な自我主義から出て、他者・外部に開かれた新しい地平を目指すべきだ。

全文要約

人類文化史において普遍的に見られる対象や世界のほうを重視する逆遠近法の視覚の受動性と、見る主体の意識のほうを重視する近代的な遠近法の視覚の能動性を併せ持った身体的な視覚を回復することで、近代的な視覚に立って世界を概念化しただけの閉じられた自我主義的な作品のあり方から、身体を介して未知の世界との相互的な関係性を持った他者・外部に開かれた作品のあり方へと、新しい芸術の地平を開いていかなければならない。

（二〇〇字）

設問解説

問一

解法のヒント ❽空欄補充の問題

（1）空欄のある一文、前後の文脈に根拠を求める（その際、同一内容・対比内容があれば注意）
（2）空欄を含む文と同じようなかたちの文を探す
（3）空欄のある段落の主題（キーワードなど）に留意する
（4）段落間の関係（同一・対比など）を考え、手がかりとする
（5）本文全体の主題（テーマ）との関係で考える

（1）の方法で解くことが多いが、他の方法も知っておくとよい。ただし、答えを選ぶ根拠を本文に論理的に追う練習をいつも意識的にすること。また言うまでもないが、補充する語句の理解ができていることが前提となる。第一部で取り上げた言葉は空欄問題でも頻出するので、これらの語句の理解をしっかりとやっておくことが必要である。

さて、右の解法を意識しながら問題を解いていこう。

空欄（1）の一文は、「それを（1）に図式化した人がデカルトであり……」とあるから、（1）は、デカルトが「それ」（＝「脳中心思想」）を〈どのように〉「図式化した」か、ということを考えて適切な語を選ぶ。「脳中心思想」に「客観性と科学性を標榜した」という修飾句が付されているので、この「客観性と科学性」という語と関連するものを選択するという考え方でいけばよい。選択肢の語の中では、「**オ　合理的**」が「客観」や「科学」という語との関連性を強く持っている。この関連性がわかりにくかった人は、第一部「ことばをイメージする」の「**Ⅲ　近代をめぐる諸概念**」（↓P14）を読み直して再確認してほしい。もし、ここで「ア　意識的」も入るかもしれないと思ったら（「科学」は意識的な営為であるから）、それも答えの候補にしておき、他の空欄を決めていくなかで、（1）の最終的な答えを詰めるとよい。

空欄（2）でも、まずその一文全体を分析的に読み直してみることから取り組んでいこう。「対象物自体とか世界（**Y**）が重要なの**ではなく**、見る主体の意識と知識による規定力（**X**）が（2）である」というかたちの、「ではなく」をはさんで、**Y**と**X**とが対比されている構文となっている（ここで示した**X**、**Y**は、**読みつなぎ方**で用いた**X**、**Y**に対応）。したがって、〈**Y**が重要だ〉という部分と、〈**X**が（2）だ〉という部分とが対応しているわけだから、空欄（2）には、「重要」という語に応ずる語が入るはずだ。選択肢のなかでは、「**ウ　決定的**」が適切である。あるいは、（2）に入れる語の決め方として、次の第⑤段落冒頭が「これに対し」と対比の論理展開となっていることに注目して、それ以下の叙述内容と、「**X**が（2）だ」とが対比関係になる語を選ぶという解き方でもよい。「これに対し……世界の側（**Y**）が圧倒的に大きく扱われる」とあるから、空欄（2）に入る語は、「圧倒的に大きく」に応ずる「決定的」となる。いずれの解き方にせよ、空欄のある一文や関連部分の論理関係を踏まえて、根拠を持って、適切な語の選択を行いたい。

空欄（3）の一文は、「人間は（3）な存在である**と同時に**、身体的な存在でもある」とあるので、（3）は、「身体」という語と並んで（セットで）用いられる語ということになる。ここから先は、諸君の語彙力の有無にかかっている。「身体」という語の対義語は何だろうか。「**ア　意識的**」を選ぶ（↓P16）。第④段落の「見る主体の**意識**と知識による規定力」という部分もヒントになるかも知れない。なお、（3）に「意識的」が入るので、空欄（1）は「オ　合理的」に決まる。

空欄（4）の一文は、「従ってそこでは、作品が（4）であったり曖昧で不透明である時、それは軽蔑の対象であるしかない」となっている。ここから、（4）の語は、「曖昧」「不透明」と等値関係になる語であり、また、（4）は、「そこで」（＝近代自我中心の視覚主義で）は「軽蔑の対象」となるのだから、それは近代自我中心の視覚主義と逆の内容を持つものとなるはずだ。ところで、「近代主義の視覚」は、第⑥段落「対象物や世界は私の**理性**の反映」の部分や、第⑨段落「作品が**理性**と世界の同一性を表す」の部分にある「理性」と関わっているものである。また、空欄のある第⑧段落に、近代主義の作品が「言語学や哲学の説明体に成り下がり」とあるので、「言語学や哲学」という語（いずれも「理性」に関わる学問）との関連で、その作品が「理性」的な傾向を持っていると考えてよい。以上から、(4)は、「理性」の対義語に当たる、「**イ　感性的**」を選ぶ。もちろん、第⑩段落の「**感覚**や体験が重要なのだ」や、第⑪段落の「**感性**による知覚を呼び起こす」を手がかりにすることもできよう。

空欄補充の問題では、〈評論文の重要語〉が選択肢によく出てくる。そういう意味でも最低限、第一部「**ことばをイメージする」で取り上げている重要語はすべて習得しておいてほしい。**

問二

Ⅰの主題の一つである「近代主義の視覚」（X）の説明が求められたまとめ型の設問である。「近代主義の視覚」について論じられている部分は、**読みつなぎ方**で見てきた通り、第①段落・第②段落、第④段落である。設問の条件が「五〇字以内」となっていて説明に当てることのできる字数が少ないので、説明内容に重複がないように（字数が増えないように）、あらかじめ説明ポイントをよく整理しておかねばならない。では、答案に必要な説明ポイントを確認しよう。

・第①段落・第②段落

a　（近代主義の視覚は）自己（主体）が指定した対象物を見る

b　同一性を確認する

c　（aは）客観性と科学性を標榜する脳中心思想からくる

・第④段落

d　見る主体が対象物自体や世界を一方的に規定する

dは、第①段落・第②段落のaと同じ内容である。ただ、この第④段落の説明の方が詳しい（わかりやすい）ので、答案には、aではなくdの説明を利用するほうがよいだろう。

以上が、説明ポイントとなるが、注意したい点を二点、述べておきたい。

一つは、「近代主義的な視覚」に関して、第⑧段落の初めの部分でも、論じられている点についてである。段落冒頭文に注目してみると、「……近代自我中心の視覚主義は、必然的に作品の同一性と概念化を招く」とある。この部分を、「近代主義の視覚」の説明に入れるかどうかで迷った諸君もいたことだろう。しかし、「作品の同一性と概念化」とは、あくまでも、「近代主義の視覚」からもたらされる「作品」（芸術）のあり方についての説明である。したがって、本問では、第⑧段落の内容までまとめる必要はないと判断できよう。

もう一点は、b「同一性の確認」をそのまま抜き出さないことである。その語句も含めて傍線部（A）が引かれており、そのうえで、「近代主義の視覚」の説明が求められているからだ。bは、たとえば、Ⅰの(1)の**読みつなぎ方**で確かめたように、

b　（主体があらかじめ規定したおいたものを）そのまま再確認する／追認する

という程度には、説明をしておきたい。第⑨段落にある「（自己の内面の）再現化」を使って説明することもできる。

以上、答案は、〈cを背景にa＝dをbする〉というように組み立てればよい。

問三

設問文に「この文章全体を通した筆者の考え」とあるので、本問では文章全体の論旨をまとめることが求められていると、すぐ理解できる。

さて、文章全体の論旨構成をここで簡単に再確認しておくと、

前半部Ⅰ　視覚について――近代主義の視覚と逆遠近法を合わせた身体的な視覚が重要

後半部Ⅱ　近代主義的作品から脱し、身体的な感覚に立った新しい芸術（作品）の地平へ

であり、文章全体の中心論旨はⅡにあった。**読みつなぎ方**の終わりに**全体の中心論旨**としてまとめた内容をもう一度、ここに引用する。

芸術作品は、身体的な視覚（Z）を重視し、閉じられた近代的な自我主義（X'）から出て、他者・外部に開かれた新しい地平（Z'）を目指すべきだ。

この中心論旨を要約文（答案）の骨格に置き、必要な説明を加えるという考え方で進めていけばよい。こうした構想を立てることを抜きにして、本文の前のほうから順にキーセンテンスをつないでいくというようなやり方は避けたいものだ。そのことと関連するが、Ⅰでの視覚をめぐる議論（XとY）を要約文でどう扱うか（扱わないか）ということについて迷った諸君もいたのではないか。もちろん、X'（近代主義の作品）を説明する際には近代的な視覚（X）の説明が、またZを説明する際には逆遠近法（Y）の説明が一定程度（簡潔に）求められるが、あくまでも中心論旨を示すことを優先させ、そのうえでⅠの内容をどこまで書き込むかを判断しなければならない。当然、制限字数からもそういう判断が必要になってくる。

答案の骨格を定めたら、次に、説明に必要なポイントをあらかじめ決めておこう。

a　近代主義の視覚にもとづいた作品の問題点（X'）

a1　近代自我中心の視覚主義

……自我／主体／内面／理性など、「近代主義の視覚」（X）に関するキーワードを入れておく。

a2　（a1から）作品は概念化される

……「作品の同一性」として説明してもよい。

b　新しい芸術の地平（Z'）

b1　身体的な視覚を媒介にする

……このポイントは、「身体的な視覚」（Z）の重視と関連付け、「受動性と能動性を兼ね合わせた身体的な視覚を媒介にして」などと説明しておくとよい。この部分で「逆遠近法」（Y）のキーワードを入れておく。

b2　未知の外部（外界）との相互関係性

……Z'のポイントとして「外部」が「未知的」であることは指摘しておきたい。それと同じ内容に相当する

「他者性」や、「対話が開かれた世界」といった表現を用いてもよいが、できるだけ〈説明的な部分〉に目を向けるようにしておこう。

b3　新しい芸術の地平をめざすべきだ
……筆者の主張を端的にまとめた語句として、答案の最後の部分に持ってくるとよい。

なお、**b**の内容は、本文末尾の第⑪段落の末尾の一文「作品が、出会いが可能な他者性を帯び（＝**b2**）、見るということが両義性を回復する時（＝**b1**）、芸術の新しい地平は開かれよう（＝**b3**）」に一致している。ただし、わかりやすく説明するには、関連部に当たって必要な説明を補っておくほうがよい。答案は、〈**b1**によって、**a**から、**b2**・**b3**をめざすべきだ〉という構成になっている。

解答

問一　（1）オ　（2）ウ　（3）ア　（4）イ

問二　客観性と科学性を謳う脳中心思想を背景に、見る主体の意識が一方的に規定した対象物や世界を追認するもの。（五〇字）

問三　対象に対する受動性と能動性を併せ持った身体的な視覚を回復することで、主体中心の近代的な視覚に立って世界を概念化しただけの作品から、身体を介して未知の世界との相互的な関係性を持った開かれた作品へと新しい芸術の地平を開いていかなければならない。（一二〇字）

知の扉　⑥

自己とは何か

近代ヨーロッパにおける「自己」あるいは「自我」とは、デカルトの「思う、故に、われ在《あ》り」から出発したと言われるが、それは他の人間とは区別される独自性をもち、他者によって拘束されない自由をもった存在として想定された（→P15）。

しかし、現在では、このように自己を何か不動の実体として捉え、それだけで絶対的に成立しているとするような考え方（「実体的自己」）は、観念的で主観的で自己中心的（独我論的）であるとして批判されるようになり、人間を関係性において捉えようとする考え方のほうが強くなってきている。

人間を関係性において捉えるというのは、人間は孤立した形で存在するのではなく、他者（あるいは世界）との「関係」において形成され展開されるのであって、自己は他者（あるいは世界）との関わりにおいてその姿を現すという考え方（「関係的自己」）である。たとえば、精神医学者木村敏《びん》の「間《あいだ》としての自己」という考え方などもこれに近い。

そうした考え方からすれば、人間は鏡としての他者を通じて自己を知ることができるのであり、他者の私に対する認識や評価や期待との関わりにおいて、「自らの自我が形づくられるということ」になる。いわば、それぞれの状況に応じて、そのつど自分の演じるべき「役割」を取得するもの（「役割的自己」）なのである。

このような考えから演劇人である山崎正和の「演技する自己」という考え方も出てくるのであり、俳優のみならずすべての人間は、「見せる自己」であると同時に「見られる自己」という二重構造を持つとするのである。

演出家である鈴木忠志もまた、世阿弥の『花鏡』の一節を取り上げながら、演技者は「離見《りけん》の見」によって演技すべきであると言う。演技というものは、自分の眼で見るところの「我見《がけん》」によって、絶対的独自性を主張するような自己意識によって行われるものではなく、観客の眼である「離見」を我がものにした「離見の見」によって演じるべきであり、つまり他者の知覚を前提としつつ、自分に対する想像的な意識に支えられて演じられるものなのである。ということは、俳優と観客が絶えず一つの全体性として働いたときにこそ、演劇が成立するということであり、それは同時に人間は「関係的自己」・「役割的自己」であってこそ、われわれの世界も成立するということなのでもある。

こうした自己は、ただ受動的に他者の期待や周囲の状況をそのまま受け入れるのではなく、その修正や変更を含むものであり、したがって新たなものを創造していくダイナミックな役割形成の運動であるとも考えられるのである。

こうした立場に立てば、集団や社会や国家というものが、そうした変化・修正可能な自己の集合である以上、それがどれほど強大に見えようとも、決して固定した不変のものではなく、変化、変容しうるダイナミックなものとして認識されよう。

これまで見てきた「実体的自己」と「関係的自己」という二つの「自己像（人間像）」をめぐる議論は、「問題４」李禹煥の文章に典型的に見られるように、「近代芸術」のあり方を再検討する際の視点としてよく出てくることにも注意しておこう。作家の個性を絶対化しそこに作品の独創性を見出す〈近代的な芸術観〉について批判的に論じる文章では、それと並行して、自己を他と置き換え不可能な独自の存在（実体的自己）と考える〈近代的な人間観〉に対する再検討が必要だとする議論が多いのである。

いずれにせよ、「自己とは何か」とは哲学における根本的な問題であり、永遠の謎とも言えるのだが、現代文で論じられる場合、最終的には狭い自己の殻に閉じこもるしかないような「実体的自己」という近代的な考え方に対する疑問や批判として展開されることが多いのであり、そのことは頭に入れておいてもよいだろう。

李　禹煥（リ・ウファン）

一九三六年、韓国慶尚南道生まれ。現代美術作家、評論家。多摩美術大学名誉教授。日本や海外で前衛的な芸術作品を次々と発表し、「もの派」と呼ばれる新しい美術運動を主導する。作品集『LEE　UFAN』、『李禹煥全版画　1970〜1998』のほか、著書として『余白の芸術』、『時の震え』などがある。

【参考図書】

鷲田清一『じぶん・この不思議な存在』（講談社現代新書）
竹田青嗣『自分を知るための哲学入門』（ちくま学芸文庫）
岸田　秀『ものぐさ精神分析』（中公文庫）

［問題５］高井有一「少年たちの戦場」

問題文はかなり長いうえ、しかも三部構成という凝った仕掛けもほどこされている。そこで、「読みつなぎ方」の説明に入る前に、なぜこのような構成になっているのかについて考えておこう。

問題文全体は、

Ⅰ　炎上……氷川が学童疎開していたとき（日本の敗戦が近い頃）の、五代先生とのやりとりの場面

Ⅱ　〈五代節雄の日記〉……当時の五代の日記（Ⅰと同じ時期）

Ⅲ　昭和四十二年、冬……五代の通夜の席で、氷川が先生の遺した日記を読み、当時を振り返る場面

の、三つの部分で構成されている。ⅠとⅡは戦争末期（昭和二十年）の同じ時期を、Ⅲは戦争が終わってから二十数年後という時期を、それぞれ時代背景としている。このように計算された構成となっていることについて、作者の高井有一は『少年たちの戦場』文庫版あとがきの「著者から読者へ」のなかで次のように説明している。

集団疎開の対象となった子供は、約四十万人と言われる。一億の国民の中のほんの一握りでしかない。当人にとっては切実な体験も、たくさんの戦死者、戦傷者を出した世代の人たちの眼には、取るに足らぬものと映っても不思議ではない。この小説を書こうと決めたとき、主題が果たして普遍性を

持ち得るだろうか、と私は危惧を抱いた。「昭和四十二年　冬」と題した章を立てたのは、死んだ教師の遺稿を検討する形で、物語を現代に繋《つな》げたかったからである。

このような作者の思いが三部立ての構成をとらせたのである。Ⅰだけでなく Ⅱの「五代の日記」を置き、当時大人であった五代の「目」を介在させることで、上の世代（「たくさんの戦死者、戦傷者を出した世代」）の「目」を小説のなかに持ち込むことができる。またⅢの「昭和四十二年　冬」を置くことで、小説が発表された一九六八年（昭和四十三年）という「現在」にこの戦争体験の意味をつないでみたい、さらには戦争を知らない若い世代にもこの小説を手がかりにして戦争とその時代について考えてもらいたい、と意図したのではないか。『少年たちの戦場』が発表された一九六八年は、日本の敗戦から二十余年を経た時期であったが、それからさらに長い歳月が流れた現在、高井の上の世代の多くはすでにこの世を去り、高井の世代もまたその後を追う年齢となっている。そのような現在であればこそ、戦争体験を持たない後続世代は、日本国内だけでなく、アジアの各地にも記憶されている「戦争」（「植民地」や「占領」）を歴史的経験としてどう記憶し継承していくのかという問いを、自らに向かって問わなくてはならないだろう。

Ⅰ「炎上」（Ⅰは会話文が多いため段落番号は付けないことにする）

Ⅰ　炎上

一箇月《いっかげつ》が過ぎた。起床は一時間早められて五時半となり、顔を洗う水のしぶきを朝の陽が輝かせた。

氷川泰輔が職員室へ呼ばれたのは、五月二十八日である。何の予想もなく入って行くと、五代が寺の備品らしい古い黒ずんだ机に向い頻《しき》りに手帳に字を書込んでいた。

「坐りなさい」

彼は氷川の方にちらと視線を走らせただけで、また机に向き直った。十分余りもそうしていてから、音を立てて手帳を閉じ、溜息《ためいき》をついた。

「さあ、これでよし」

眼に笑いがあった。

「この間の空襲では、畏《おそ》*れ多い事に、宮城《きゅうじょう》まで焼けてしまった。われわれ臣下の者が苦労をするのは、当然の事だね」

この時、氷川は不意に、机の上にある封書の上書きが、父の筆跡であるのに気が附いた。「尋常な事では、父が手紙を寄越す筈《はず》はなかった。

「先生」

「うん」

五代は頷《うなず》いた。彼も、氷川が感じた事を察したのであろう。

「お父さんからの手紙だ。読むか」

「いいです」

「そうか。二十四日の空襲でね、君の家、やられてしまったんだ。だが、お父さんは、家の焼けるのは、前から覚悟の上だったと書いて居《お》られるよ。空襲の晩、お父さんは、坂の下の空地《あきち》まで避難して、其処《そこ》から家の方を凝《じっ》と見ていたんだそうだ」

宮城＝天皇の住むところ。皇居。
尋常＝ふつう。

ああ、あの土管《どかん》が一杯積んであった空地だな、と氷川は思った。学校からの帰り、其処まで来ると高台の頂上にある家が、硝子《ガラス》窓を光らせて見えたものであった。

「＊焼夷弾《しょういだん》が続けざまに落ちて、家が、太い火柱になって燃え上ったのを見たら、もうこれ以上、何も悩まされるものはないという気がしたそうだよ。先生には解らないが、そういうものかな。今は、三鷹の伯父《おじ》さんの所にいるが、やがては、焼跡にバラックでも建てて、また以前と変らない生活を始めるつもりだと書いてあったな。意志の強い、立派なお父さんだな」

「ええ」

A彼は無意味に答えた。心は冷えていた。巧みに作られた物語を聞かされているような気さえしたのは、余りに唐突に、眼の前の現実が変ったせいであったろうか。

東京の夜間空襲は、四月十五日以来、四十日間も跡絶《とだ》えて、昼間の、＊艦載機による攻撃が断続していた。関西や中京、九州への爆撃が始り、沖縄の失陥《しっかん》も間近いと思われる時期にあったが、東京に残して来た家にしか関心を持たない少年たちにとって、それは所詮《しょせん》遠い場所の戦《いくさ》であったに過ぎない。

「心配しなくてもいいよ」

黙ってしまった彼を気遣《きづか》って、五代は言った。

「お父さんお母さんが健在なんだから、東京の事はその方へお任せしておけばいい。この戦争さえ終れば、直《す》ぐに元通りになるよ」

戦争は終るだろうか、と氷川は遠い心で思った。彼の生れた頃から、休みなく戦われている戦争が、何時《いつ》か終る日があろうとは、考え難かった。彼を初め、寺にいる生徒の総《すべ》てが、再び東京へ帰る日のある事を漠然と信じてはいたが、その日が果してどういう形でやって来るのか、誰にも解ってはいな

土管＝粘土を焼いてつくった管。排水管などに用いる。

三鷹＝現在の東京都西部の三鷹市。

バラック＝仮の、にわかづくりの粗末な家。

唐突に＝急に。

失陥＝陥落。攻め落とされること。

所詮＝結局。

遠い心＝現実性がない心。ぼんやりと思う心。

かった筈である。

「高津なんか、先月の空襲で両親とも行方不明になってしまったんだからね。それに較《くら》べれば、君の場合はどんなに恵まれているか判りゃしない」

高津というのは、信州に疎開している生徒の名である。それでは、高津はみなし児《ご》になってしまったんだな、と氷川は思ったが、その時、彼が肉親を喪《うしな》った者の哀しみを理解したわけではない。沈んだ感情は容易に動きはしなかった。

「さ、もうよろしい。皆には、先生から話すからね」

「先生」

氷川は思わず言った。今少し五代と話していたかった。

「空襲で焼けた跡は、どんな風になるんですか。死骸がごろごろしてるって話も聞いたけど」

「先生も見たわけじゃないが、君の家のような住宅地ではそんな事はないだろう。死人の多かったのは、下町《したまち》の、家が建て込んだ所だよ」

「先生、ぼく、一度家の焼跡に行ってみてはいけませんか」

「焼跡へ」

五代は、訝《いぶ》かしそうに眉を寄せた。

「行ってどうするんだ」

「ええ、あの、見たいんです」

氷川は言い淀《よど》んだ。彼は焼けた家の庭へ行って見たいと思ったのである。庭の片隅、柘榴《ざくろ》の木の下に、彼の花壇があった。二坪の土地に、自分で低い竹の柵《さく》を作り、好きな花を植え、育てていた。庭

みなし児＝孤児。

訝かしそうに＝疑わしく、不審だ。

二坪＝一坪は約三・三平方メートル。

の芝を剥《は》がし、野菜を作るようになっても、その花壇だけは変らずに残された。ダリアの球根を埋めたままにして来たが、焼けた土の中でも、それが生きているかどうかを知りたかった。彼のいない間は、母が面倒を見て呉《く》れている筈であったが、焼けた後にも咲いている花があるかどうかを知りたかった。しかし、その気持を、五代に納得させる言葉は見附《みつ》からないようであった。

「行ってみたくなるのは、当然かも知れない、長い間暮して来た家だからね。でも、それをしてはいけないな」

部屋はやや暗くなって、五代の、肌を撫《な》でるような柔かい声が流れた。本堂では、夕食の食器の触れ合う音がしていた。

「皆が自分のしたい事を怺《こら》えて生活しているんだよ。君にだけ例外を作るわけには行かない。それに君だって、家が失くなっているのを見たら、今後此処《ここ》にいるのが辛《つら》くなるばかりじゃないか」

「はい」

引込まれるように氷川は答えた。五代の優しさに抗《あらが》えなかった。

「いいね」

「はい」

「もう行きなさい」

素直に、彼は立って部屋を出た。間もなく夕食であった。

芝を剥がし、野菜を作る＝当時食料難であったため、庭や校庭なども畑にされた。

抗う＝抵抗する。

読みつなぎ方

まず、戦争末期に行われた「集団疎開」ということについて簡単に説明しておこう。**「小説文を読む方法⑴　時代、場所、人物関係など、小説の背景を正確につかむ」**（→P63）を思い起こしてもらいたい。この問題でも、前書き（リード文）がある。そのなかに「氷川をはじめ……集団疎開していた」とある。では、その「集団疎開」とは何か。

「集団疎開」（「学童疎開」とも言われる）とは、米軍爆撃機による日本の諸都市への空襲が本格化することを見越して、日本政府が一九四四年（昭和十九年）六月に、大都市の国民学校（現在の小学校）の三年生から六年生の学童を集団疎開させることを決定し、それに基づいて学校ごとに児童たちが親元を離れて集団で地方に疎開（避難）したことを言う。疎開先では多くの都市がこうむったような度重なる空襲こそなかったが、「二六時中教師と生徒が顔を突き合せて暮し、私生活というもののない疎開地」（前掲書）は、人間のもつ醜さが隠しようもなくあらわになり、そして冷徹な人間認識をいやおうなく幼い者たちにも迫ってくる、まさにタイトル通りの、「少年たちの戦場」であったのである。親元を離れ見知らぬ土地で集団生活を送っているという、主人公の置かれている状況をまず理解しておこう。ちなみに、第二次大戦中、ドイツ・イギリス・フランス・旧ソ連などでも「学童疎開」が行われた。

では、Ⅰの解説を始めよう。

氷川は教師の五代から職員室に呼ばれた。五代は開口一番、「この間の空襲では、畏れ多い事に、宮城まで焼けてしまった。われわれ臣下の者が苦労をするのは、当然の事だね」と言う。「宮城」は天皇の住まう皇居のこと。つまり、「宮城」まで空襲に遭うようになったのだから、まして「臣下の者」（当時、国民すべては「神聖」化された天皇の「臣下」と考えられていた）が空襲で家を焼け出されたりする「苦労」は我慢して当然のことだと、五代は氷川に家が焼かれたことを伝えるに当たって、それをどういう態度で受け止めるべきかを前もって言い渡しておいたのである。

五月二十四日の東京の空襲で、氷川の家が焼失した。これは、氷川の心情に決定的な影響を与える重要な**出来事**である。問題文にチェックを入れておこう。

　それを知らせる父親からの手紙を受け取った五代は、その事実を伝えるとともに、手紙にある、家が焼けるのは前から覚悟しており、焼け跡で以前と変わらない生活を始めるつもりであるという父親の言葉を伝えて、「意志の強い、立派なお父さんだな」と氷川を励まそうとする。もちろん、そのような強がりとも思える気丈《きじょう》な（＝気持ちがしっかりしている）内容の手紙を父親が書いてよこしたのも、家が焼けたことについて息子が疎開先で心配したり悲しんだりすることがないように、という配慮があったからでもあろう。しかし、氷川には、その父親の「立派な」言葉も五代の励ましの言葉も、家が焼失したことを知って沈んだ気持ちになっている自分の今の実感とは無縁の、「巧みに作られた物語を聞かされているような気さえし」て、「心は冷えていた」のである。**「小説文を読む方法(2)」**（→P64）を踏まえ、出来事だけでなく、中心的人物の**心情・想念の表れ**も確実にチェックしておこう。その後も、五代の気遣った発言が続くが、氷川の「沈んだ感情は容易に動きはしなかった」。

　このときの氷川にとって、「以前と変らない生活を始めるつもりだ」と言う父の言葉も、「意志の強い、立派なお父さんだな」と氷川を励ます五代の言葉も、平静さを装っているだけで、その言葉とは裏腹に、かえって家が焼失したという事態の深刻さを語っているとしか受け止められなかったのではないか。大人たちが〈安心しろ、心配するな〉と言うのは、実は安心できない事態が起きているからなのだ、と。

　だから、五代との話も終わりかけたところで、氷川は「先生、ぼく、一度家の焼跡に行ってみてはいけませんか」と、自分の本当の気持ちを思わず口に出してしまう。自分の家がどうなったのか、そして自分が世話をしていた花壇のことが気がかりでならない。いや、花壇のこと以上に気になるのはもちろん家のことであり、本当は家に早く帰りたいのである（この氷川の心情については、Ⅱの〈五代節雄の日記〉の叙述も手がかりとなるだろう）。しかし、氷川には自分の「その気持を、五代に納得させる言葉は見附からないようであった」し、「皆が自分のしたい事を怺えて生活しているんだよ……家が失くなっているのを見たら、今後此処にいるのが辛くなるばかりじゃないか」と

「柔かい声」でなだめる「五代の優しさに抗えなかった」。氷川を「怺え」させたのは直接的には担任の五代だが、しかし、その五代の背後には戦争という厳しい現実があり、その動かしがたい時代状況のなかで、氷川も五代も、自分の思いを素直に表明できないまま息苦しい日々を送っていたと考えることもできるだろう。

以上、Ⅰの部分では、中心人物の氷川の心情・想念の推移を読みつなぎたい。

＊〈語句の説明〉――

「畏れ多い事に」（193頁の8行目）

「畏れ」は、「恐れ」と書く場合とは意味が少し異なることに注意したい。「神に対する畏れ」「自然の力に対する畏れ」というように、「かしこまる。おそれ入ってつつしむ」の意味である。ただ「こわい」という意味とは違う。ここでは、当時、天皇は神格化されていたので、「神に対する畏れ」という表現と同じく、「宮城」のこと（つまり、天皇のこと）を話題にするため、五代は「畏れ多い」と言ったのである。

「焼夷弾」（194頁の3行目）

家屋を焼失させたり、火災を起こし人間を殺傷したりするため（都市を焼き尽くすため）使用される砲弾・爆弾のこと。ドイツや日本に対する空襲で大量に使用された。また、そのため絨毯《じゅうたん》爆撃（＝絨毯を敷きつめるようにくまなく爆撃すること）など特殊な方法が開発された。その後、米軍は焼夷弾に改良を加えて「ナパーム弾」（油脂焼夷弾）を開発し、朝鮮戦争やベトナム戦争に投入した。

「艦載機」（194頁の10行目）

戦艦や航空母艦に搭載されている偵察用飛行機や戦闘機のこと。空襲は、サイパン島（激戦の後、米軍が支配）の空軍基地などから飛び立ち日本本土を攻撃する長距離大型爆撃機の編隊によって行われた。しかしそれとは別に、日本近海に迫る航空母艦から発進した戦闘機による攻撃も断続的にあった。小回りのきく戦闘機は、時として、道を歩いている子供たちの頭上近くに飛来し機銃掃射を加えることもあったと言う。

Ⅰの場面のまとめ

出来事＝氷川は、〈父親からの手紙を受け取った五代から、空襲で自宅が焼失したことを知らされる。

心情・想念の推移＝

・〈先生から自宅の焼失を知らされたとき〉
……冷え沈んだ心（実際に起こったことへのとまどい・大人の言葉の空々《そらぞら》しさ）
←
・〈少し時間が経って〉
……家（の庭）を一度見ておきたくなる気持ち（自分の素直な気持ちの表出）
←
・〈職員室から去るとき〉
……自分の気持ちを抑制する（五代の意見に従う）。

Ⅱ　五代節雄の日記（第①段落・第②段落）

Ⅱ〈五代節雄の日記〉

五月二十八日　晴

① 氷川の父親から、罹災《りさい》を知らせる手紙が来たのは、朝だった。私は、夕方までそれを当の子供に伝えられなかった。先月、湯浅の罹災を聞いた時には、こんな事はなかった。私は直ぐに彼を呼び、出

罹災＝被災。災害を受けること。

来るだけ快活を装って励ましたのだった。だが、その虚しい励ましが、一体何になっただろう。湯浅にも同じように快活を装えと強いる結果になったのではなかったか。私は絶えず彼の行動を見守っていた。彼は私が話しかけ、命令する度に、私の眼を正面から見て、はきはきと応答した。父母への手紙にも、特に変わった所はなかった。そのうちの一通の末尾に、私は、「孝夫君はこの通り元気にやっています。御安心下さい」と書き添えてやった。これは嘘ではない。私は本当にそう信じていた。その湯浅が、私のいない所で級長に乱暴をし、土筆《つくし》を川に流したと聞いた時、私は自分の浅はかさを彼に嗤《わら》われているような気がした。家の事なんか忘れて快活にしろというんなら、幾らでも明るく振舞ってやるが、本当はそうじゃない、俺の本当の気持はお前になんか解るものか、と彼が言っているような気がした。茂木は、彼の訴えを私が取合わなかったのが不満らしく、その後も時々湯浅の行動を告げに来る。その一つ一つは大した事ではない。しかし、湯浅が私の前では、決して、明るい健康な子供の姿勢を崩さないのが気にかかる。人間同士はそう簡単に互いの内心にまで踏み込んで理解するわけには行かないのは、確かな事だろう。相手が子供でも、たとい六年近く育てて来た教え子でも、それは同じに違いない。だが、今の私には、そんな一般論は、気休めにすらなりはしない。

②　こうした経験が、私を臆病にしていた。半日の間、私は氷川にどう伝えたらよいかと考えるつもりでいながら、実際には何にも考えずに無駄な時間を消した。私は怖かった。氷川は私の躊《ため》らいを見抜いただろうか。彼は父親の手紙があるのを見て、敏感に事実を悟《さと》ったらしい。そして私が話しかけるのにも、殆《ほとん》ど何も言わなかった。彼は気難しい父親の躾《しつけ》のせいか、普段から思った事を口にする方ではないが、反面には、細かい事に意外に気を悩ませる弱さがあるのを私は知っている。それだけに、彼が焼跡へ行ってみたいなどと、何時《いつ》もの彼に似合《にあ》わしくない奇妙な事を言い出した時には、涙ぐみそ

土筆＝春に生え、食用になる。ここでは、不足する食糧を補うために皆で集めた土筆のこと。

たとい＝たとえ。

一般論＝ここでは、個々のケースに触れていない抽象的な議論のこと。

時間を消した＝時間を浪費した。

うになるのを抑《おさ》えるのに苦しんだ。そうした言葉でしか自分の感情を表現出来ない彼が哀れだった。彼と向き合っていたのは、僅《わず》か二十分足らずに過ぎなかったろう。それでも、彼が消えるように去った後の疲労は重かった。これから先、彼はどうなって行くのだろう。どうなるにしても、私は、硝子戸の内側から表を見るように、離れた場所から見護《みまも》って行く以外の事は出来ないだろう。私は彼の親ではなく、教師にしか過ぎないからだ。

読みつなぎ方

Ⅱは、五代が氷川に父親からの罹災の手紙を伝えた日（Ⅰの当日）の五代自身の日記である。Ⅰでは、五代は氷川の視点から（つまり五代の外側から）捉えられているが、Ⅱでは、五代自身によってその内面が見つめられている。Ⅰでの、氷川を優しく励ましている五代の内面は、実はもっと複雑で揺れ動いていたということがこの部分で示される。いわば、Ⅰで描かれた五代像を立体化する部分だと言ってよい。

第①段落では、五代の苦悩が述べられる。これから氷川に家のことを伝えなければならないのだが、以前、家が罹災した湯浅のことを思うと、五代は自分のした「快活を装っ」た「虚しい励ましが、一体何になっただろう」と思われ、氷川にどう言えばいいか思い悩むのである。湯浅がいま見かけは明るくとも、自分の目の届かないところで乱暴を働いている。自分のした励ましは何だったのか、本当に生徒たちの苦しい胸の内を理解できているのだろうか、と自分を省《かえり》みることが迫られる。「人間同士はそう簡単に互いの内心にまで踏み込んで理解するわけには行かないのは、確かな事」としても、「今の私には、そんな一般論は、気休めにすらなりはしない」と五代は深く苦悩する。

第②段落では、氷川と話をしたあとの五代の思い屈した内面が叙述される。氷川が家の罹災を悟ったあと、氷川が「焼跡へ行ってみたいなどと、何時もの彼に似合わしくない奇妙な事を言い出した時には、涙ぐみそうになるのを抑えるのに苦しんだ」。五代は、氷川の感じている言葉にならないつらさは痛いほどわかっているのである。しかし、自分は何もしてやることができない。そして、氷川が自分の諭《さと》したこと（Ｉの「皆が自分のしたい事を怺《こら》えて生活しているんだよ。君にだけ例外を作るわけには行かない。」に対応する）を聞き分けて、家に帰りたい気持ちを怺え、部屋を出て行った姿は思い出してもつらい。疲労感が重く残る。

「これから先、彼（氷川）はどうなって行くのだろう。どうなるにしても……離れた場所から見護って行く以外の事は出来ないだろう。私は彼の親ではなく、教師にしか過ぎないからだ。」

虚しい励ましだとは知りながらも快活さを装って生徒を励ますことしかできない自分、そして教師として生徒の内面に関わることの限界。このように五代は厳しく内省的に自分を見つめていた。そして、何か生徒にしてやりたくともそれができない五代もまた、一人の力ではどうにも動かすことのできない戦争という重い現実のなかで、独り思い悩んでいたのだ。

Ⅱの場面のまとめ

出来事＝五代は氷川に家の罹災を伝える。

心情・想念の推移＝

・伝えることをためらい、苦悩する。

↓

……自分の励ましは何なのか、生徒たちの気持ちを理解できるのか。

・家の罹災を知った氷川を見て、涙ぐみそうになり哀れに思う。

↓

・自分ができることはただ見護ることだけ

……親ではなく教師にすぎないという限界に思い屈する。

Ⅲ 「昭和四十二年　冬」（第①段落〜第④段落）

Ⅲ　昭和四十二年　冬

① 氷川泰輔は、五代の遺《のこ》した日記が、二冊目に入る辺《あた》りから、次第に色合いを変えているのに気が附いた。初めは、日々の生活記録であったものが、感想を述べ、心の動きを語る方へ重点が移って行くように思われた。それは日ましに息苦しさを加えていた疎開生活に五代が思い屈していた事の反映の一つであったろう。

② 日記に誌《しる》された自分の名を、氷川は傷《いた》ましい思いで眺めた。古い日記は、インクの色も殆《ほとん》ど灰色に褪《あ》せていた。消灯の後、職員室の襖《ふすま》から洩《も》れていた灯を、彼は憶《おぼ》えている。その暗い光の下で、五代はこの陰鬱な日記を書き綴《つづ》っていたのであろう。その時期の五代は、まだ四十歳にはなっていなかった筈である。

③ 月舟寺へ行ってからの五代は、確かに変ったと氷川は思う。厳しく自分の理想に当て嵌《は》めて躾けようとする硬さが失《な》くなり、やや離れた場所に立って、生徒の感情を汲《く》取ろうと努めたのではないかと思う。それは、当時幼かった彼にも感じられた事だが、何がその変化を齎《もたら》したかについては、古い日記に刻まれた[B]五代の心の揺れ動きを知るまで、何一つ解ってはいなかったのである。細かい文字を辿《たど》るのに疲れた眼の裏に、穏やかに笑っていた五代の顔が繰返して浮かんで来た。氷川は、自分の気持が何時になく和《なご》んでいるのを知った。

三ツ池＝氷川と一緒に疎開した同級生。

④　通夜は九時過ぎに終り、人の引揚げて行く気配が書斎にまで伝わって来た。氷川は読みさしの日記帳を持って、表へ出た。三ツ池は未亡人とともに門に立ち、客を送り出していた。

未亡人＝夫に先立たれた（死別した）女性。

読みつなぎ方

Ⅲはタイトルにあるように、戦争末期のⅠ・Ⅱの時代から二十余年を経た「昭和四十二年　冬」の、五代の通夜の日の場面である（第④段落に「通夜は九時過ぎに終り」とある）。すでに、氷川は三十代半ばにさしかかった一人前の大人となっている。Ⅰの幼い氷川ではない。当時は見えにくかった五代の気持ちもいくらかは想像できるようになっているはずである。

　第①段落では、氷川が、疎開生活に「思い屈していた」五代の苦境をその日記に読み取ったことが述べられる。そして、集団疎開で「月舟寺」へ行った頃から、五代が変わったと子供心に感じたそのことが何であったのかを、日記を読みその当時の「五代の心の揺れ動き」を知ることで、氷川は理解したのである。五代は「自分の理想」で躾けようとする「硬さが失くなり、やや離れた場所に立って、生徒の感情を汲取ろうと努めたのではないか」と、氷川は思った。そのとき、「……眼の裏に、穏やかに笑っていた五代の顔が繰返して浮かんで来た。氷川は、自分の気持が何時になく和んでいるのを知った」（以上、第③段落）。

　Ⅰの終わりの部分には、自分の気持ちを「五代に納得させる言葉は見附からないようであった」と述べられていた（196頁4行目）。五代に対する不信ではないにしろ、屈折した思いがあったのは事実である。しかし、当時の五代の年齢に近づき、そして五代の当時の苦悩を知ったいま、氷川は、同じ悩める人間として、亡き五代をあらためて親しく感じ、人知れず心の和解をしたのだとも言える。だから、「自分の気持が何時になく和んで」きたのではないだろうか。

　また、第②段落冒頭の「日記に誌された自分の名を、氷川は傷ましい思いで眺めた」とあるのは、五代の日記を読み、氷川が忘れていた当時のつらかった自分の状況を思い起したというようなこととして理解しておいてよいだろう。

問題文Ⅲの後に続く部分には、葬儀の後、かつて共に集団疎開を経験した同窓生たちの間で、五代先生を今から振り返ってどう思うかについて話が交わされる場面がある。「……たままた一緒の電車に乗り合せたようなものじゃないか。電車が駅に着いちまえば、それっきりお別れだよ」と、五代について冷ややかに語るある同窓生に向かって、氷川は次のように言い返した。

「ぼく等を受け持っていた頃、先生は、今のぼく等よりも、三つ四つ上の年配だったと思うんだ。まだ若かったんだ。それに加えて、あんな酷《むご》い時代だったから、先生は、ぼく等の担任をしていた間に、忘れられない経験をしたのじゃないかな。先生が死ぬ前に会いたがった教え子というのは、きっとぼく等の内の誰かだと思う。ぼく等と先生とは、そういう風に関係づけられているんだよ。」

Ⅲの部分のより深い理解のために引用した。参考にしてもらいたい。

Ⅲの場面のまとめ

出来事＝氷川は五代の通夜に若き日の五代の日記を読む。

心情・想念の推移＝

・当時の五代の心の揺れ動き（苦悩）を知る。

　←

・氷川は五代を理解し親近感をもち、自分の気持ちが和んでくるのを感じる。

小説文は論理的に構成された評論文とは文体が異なるため、小説問題では、評論文の「**全文要約**」に代えて、小説文全体の流れ（出来事と心情・想念）を整理した「**全体のまとめ**」を示すことにする。参考にしてほしい。

全体のまとめ

戦争末期、氷川は空襲で東京の自宅が焼けたことを集団疎開先で担任の五代から告げられる。父親の気丈な手紙も五代の励ましも、氷川にとっては空々しく心は冷えていた。家の焼跡を見たいと言う氷川を制した五代も自分は生徒たちに一体何をしてやれているのかと苦悩していた。そして二十数年後――五代の通夜の日、氷川は若き日の五代の日記に当時の自分には知り得なかった彼の苦悩を知り、五代を親しく感じ心が和んでくるのだった。（二〇〇字）

設問解説

問一

傍線部Ａが引かれ、「この時の『氷川』の心情」について」の説明が求められているが、**傍線部だけを見てその心情をあれこれと「想像」することが求められているわけではない。**

解法のヒント❻　論述問題の取り組み方（→Ｐ162）のステップ（2）にあるように、答案作りは、あくまでも**傍線部の「関連部分」を踏まえながら「傍線部」を説明する**という考え方で取り組むとよい。

傍線部Ａの「彼は無意味に答えた。心は冷えていた」は、直前の「ええ」と氷川が返事をしたときの心的状況について説明したものであるから、

ａ　五代が氷川に言ったこととの関わりで（関連部）、

ｂ　氷川の気持ちについて（傍線部）、

説明しなくてはならない。このように設問をよく理解し、何について説明すればよいかを、あらかじめしっかりと考えておこう。

まず、**ａ**から。五代は氷川の父からの手紙を伝えているから、父の手紙の趣旨とそれを五代がどう伝えたかについて説明しておく必要がある。

ａ１　氷川の父の手紙の趣旨について

「家の焼けるのは、前から覚悟の上」「家が……燃え上がったのを見たら、もうこれ以上、何も悩まされるものはないという気がした」「以前と変らない生活を始めるつもりだ」などから、父親が（氷川に心配させまいとして）罹災にも動じない毅然とした態度をとっていることを伝えたものであることがわかる。

a2　五代が氷川に伝えようとしたこと

「意志の強い、立派なお父さんだな」（このほか「お父さんお母さんが健在なんだから……直ぐに元通りになるよ」なども手がかりとしてもよいだろう）から、五代は氷川を元気づけ励まそうとして話をしていることがわかる。

次に、この時の氷川の気持ち（**b**）について考えよう。

b1　氷川の気持ちについて

傍線部Aの直後の文に「巧みに作られた物語を聞かされているような気さえした」とあるから、これが「この時の『氷川』の心情」の核心である。つまり、**a**に対して、氷川は少しもリアリティを感じておらず（きれいごと〈こしらえた話〉を言っているだけだと感じ）、空々しい気持ちになっている。**「心情」の説明**が求められているのだから、傍線部自体の「彼は無意味に答えた。心は冷えていた」も手がかりとしながら、「空々しい」「虚しい」「さめた」などといった方向で、その時の**気持ちを示す語を答案のなかに明確に示しておくこと。**

b2　氷川はなぜ**b1**のような気持ちになるのか

この点についても答案で触れておくと、ていねいな説明となる。直後の一文に「……余りに唐突に、眼の前の現実が変ったせいであったろうか」とある部分が手がかりとなる。「唐突に、眼の前の現実が変った」とは、自分の家が空襲で焼けてしまったという現実を言っている。氷川は、その現実の前でどうすればいいのかわからない。呆然《ぼうぜん》としてもいるだろうし、また「沈んだ感情」（195頁5行目）を抱えてもいるだろう。そのような氷川からすれば、父や五代の言葉は空々しく聞こえるのである。

答案は、〈**b2**である氷川にとって、父の**a1**のような手紙にも、五代の**a2**のような言葉にも、**b1**のような気持ちを感じている〉という順序で組み立てるとよいだろう。

問二

設問に「不適当なものを……選べ」とある。そこでまずこの種の設問への取り組みについて、考えておくことにしよう。

解法のヒント ⑨「不適当なものを選べ」という設問

このところ、センター試験でも、「……説明として不適当なものを選べ」という形式の設問が増えてきている。なぜ、このような設問が出されるのか、「……最も適当なものを選べ」という形式の設問とどう異なるのかを明らかにしながら、この形式の問題とどう取り組むかについて少し考えておくことにしよう。

一般的に、入試現代文の選択肢問題では、**本文に叙述されている内容に合致しているかどうか**が問われることになっている。これは出題者と受験生との「暗黙の約束」であると言ってよい。しかし、出題者がこのように本文の叙述内容に沿って無理のない正解の選択肢（説明）を作れば作るほど、本文に書かれていることをただ「なぞる」傾向を生み、結果として、本文の叙述が選択肢のなかに「ある」から正解だというようにもなって、その叙述部分をどう読むか、どう理解するかといった**「読解」（解釈）の複数性**をいっさい排除してしまうことにもなりかねない。

そこで、**一定の「解釈」の余地を残した設問**を作ることが求められるようになり、「不適当なものを選べ」という設問形式が注目されてきていると思われる。つまり、不適当なものを選ぶ問題では、必ずしも本文に明確に叙述されていない内容の、そういうようにも読解できる（読み取れる）という選択肢がいくつか用意される。そして、そうした「解釈」の揺れのある選択肢がそれでも許容されるのは（間違いと言い切れないのは）、逆に、**本文の叙述とは明らかに反する説明をしている選択肢が**一つ、もしくはいくつか**用意されている**からである。その間違った選択肢を選ばせる作業を課すことで、出題者は受験生に、読解というものは必ずしも一意的に決まるものではないというメッセージを伝えているのだ。

さて、具体的に見ていくことにしよう。

解法のヒントにあるように、その説明に多少疑問の余地が残る選択肢を直ちに「誤り」だと決めつけないで、**本文の叙述とは明らかに反する説明をしている選択肢**のほうに注意を向けることだ。

傍線部Bは、Ⅲの部分にある。傍線部を含む一文を確認すると「……古い日記に刻まれた五代の心の揺れ動き」とあるので、傍線部Bを理解する手がかりは、「古い日記」の一部が書かれているⅡ（五代節雄の日記）の部分にあると理解できるだろう。したがって、おもにⅡの部分の叙述を確かめながら、各選択肢を順次検討していくことにする。

ア　Ⅱの第②段落の冒頭に、「こうした経験が、私を臆病にしていた。半日の間、私は氷川にどう伝えたらよいかと考えるつもりでいながら、実際には何にも考えずに無駄な時間を消した。私は怖かった。氷川は私の躊いを見抜いただろうか」とある。氷川と面談する五代の内面は実際には「揺れ動」いていたのだから、その本心にあるものは、Ⅰの、家を見に帰りたいと言う氷川に「皆が自分のしたい事を怺えて生活しているんだよ。君にだけ例外を作るわけには行かない」という表向きの発言（196頁9行目）とは異なるものであったはずだ。したがって、この選択肢の「……わがままな要求だと……否定することにはためらいを感じている」という部分は、五代の本心の説明として許容できる。ちなみに、選択肢の中の「頭ごなしに」とは、「一方的に決めつけた態度で」の意味。

イ　この選択肢が、Ⅱの第①段落にある「湯浅」の言動について述べられている部分を踏まえたものであることをまず理解する。その部分には「私のいない所で級長に乱暴をし……」「俺の本当の気持はお前になんか解るものか、と彼が言っているような気がした」や、「その虚しい励ましが、一体何になっただろう」などの叙述がある。選択肢イの説明は、これらの部分を踏まえてまとめていると言える。選択肢中の「上滑りに」は、「表面的でいいかげんに」の意味。

ウ　選択肢の「人間同士だからといってお互いに分かり合うことができるというのは安易な考え方」という部分は、Ⅱの第①段落終わりから3行目の「人間同士……内心にまで踏み込んで理解するわけには行かない」（この部分をａとする）を踏まえている。次に選択肢の後半「分かり合えないからこそ……理解しようとする動機が生まれてくる」の部分を吟味する。先に引用したａの続きには、ａを受けて「だが、今の私には、そんな一般論は、気休めにすらなりはしない」と述べられている。他者の内面を理解することができるかどうかなどといった「一般論」で事をすませることができないくらい、目の前にはさし迫った現実的な問題が厳としてある、と五代は考えているのである。したがって、一般論ａを逆の言い方にしただけの選択肢の後半も、同じく一般論を脱したものではない点で、**本文の叙述に明らかに反する**。よって、**ウ**が答えとなる。

エ　選択肢の「罹災した生徒たちに」「励ましてきた」「本当によかったことだろうか」の各部分は、Ⅱの第①段落「……出来るだけ快活を装って励ました」、「その虚しい励ましが、一体何になっただろう」などの叙述を踏まえたものとなっている。選択肢の末尾の「自分の無力なあり方」という表現そのものはⅡにはないが、第①段落の終わりのほうの「人間同士……内心にまで踏み込んで理解するわけには行かない」、第②段落の終わりのほうの「どうなるにしても……離れた場所から見護って行く以外の事は出来ないだろう……教師にしか過ぎない」などを踏まえていると見てよい。

オ　選択肢の冒頭はⅡの第①段落終わりから3行目の「人間同士……内心にまで踏み込んで理解するわけには行かない」を踏まえており、また「……その一端に触れると、自分の気持ちも大きく動揺することがある」の部分は、Ⅱの第②段落の心情・想念の一つ、「何時もの彼に似合わしくない奇妙な事を言い出した時には、涙ぐみそうになるのを抑えるのに苦しんだ」を踏まえている。そして、最後の「……何とか冷静さを保って……」は、第②段落末尾の「離れた場所から見護って行く」の言い換えとして理解できよう。

問三

設問が「『五代』の描き方」となっているので、この問題は、小説の内容（ストーリー）よりも、小説の表現の仕方の説明に重点が置かれたものだと理解できる。ⅠとⅢとは、どちらも氷川の視点に沿って五代が捉えられている（だからたとえば、Ⅰでは、そのとき五代が内心思っていたⅡのような「心の揺れ動き」についてはまったく描かれていないのである）。では、ⅠとⅢとでの描き方の違いは何だろう。

ここでも、あまり難しく考えすぎないで、まずは**ａ**　ⅠとⅢでの氷川の年齢の違い（明らかに違う！）に着目し、次に**ｂ**　それに伴って氷川の視点からの五代の「描き方」がどう違っているかについて説明すればよいだろう。

ａ　Ⅰでの氷川は「初等部」（小学校）の生徒であり、まだ子供であるのに対し、Ⅲでの氷川はすでに大人になっている。このように、子供の氷川の視点に沿って五代を描くのか、それとも大人の氷川の視点に沿って描くのかという違いが明らかにある。

b

次に、aの年齢に対応した視点の違いは、それぞれの視点から、五代の〝何を見るのか〟にも関係しているだろう。Ⅰで捉えられているのは、十歳過ぎの子供に理解できる、いわば〝外面的な言動〟が中心である。たとえば「五代の優しさに抗えなかった」という部分にも（196頁12行目）、五代の内面に対する深い洞察があるのではない。それに対して、Ⅲでは、時代状況は違うものの、当時の五代とほぼ同年齢になった氷川は、その頃の五代の気持ちを想像できるようになっているし、また、五代の遺した日記を読んでその気持ちをより一層明確につかんだとも言える。「古い日記に刻まれた五代の心の揺れ動き」という言葉が文中にあるように、氷川の目はもっぱら〝当時の五代の内面〟へと注がれている。

以上の考察から、〈Ⅰでは、子供の視点に沿って、五代の言動がおもに描かれているが、Ⅲでは大人の氷川の視点に沿って、五代の内面が描かれている〉というような組み立て方で、その違いについてまとめるとよいだろう。

なお、描かれる対象である五代も、ⅠとⅢとでは明らかに変化している。この点も「描き方の相違」として指摘しておくと、なおよいだろう。解答ではその点を「今は亡き五代」と示しておいた。

解答

問一　自分の家が空襲で焼けたことを突然知らされて沈んでいる氷川は、その焼失にも動じないでいるという父の手紙にも、それを立派な態度だとほめる五代の励ましの言葉にも、実感のない空々しさだけを感じている。（九六字）

問二　ウ

問三　Ⅰでは、疎開していた学童の頃の氷川の視点から当時の五代の表面的な言動をおもに描いているが、Ⅲでは、二十数年後、氷川が当時の五代とほぼ同年齢になった大人の視点から今は亡き五代の内面を推測して描いている。（一〇〇字）

高井有一（たかい・ゆういち）

一九三二〜二〇一六年。小説家。新聞社勤務を経て、一九六五年、短編「北の河」で第54回芥川賞を受賞し、小説家としてデビューした。感情に流されない透徹したまなざしで世界を見つめる文体で、『この国の空』、『夜の蟻』、『高らかな挽歌』、『時の潮』などを発表。

【参考図書】

大岡昇平『野火』（新潮文庫）、『レイテ戦記』（中公文庫）
吉田　満『戦艦大和ノ最期』（講談社文芸文庫）
赤坂真理『愛と暴力の戦後とその後』（講談社現代新書）

［問題6］夏目漱石「それから」

本文全体をストーリー展開に沿って、「Ⅰ　老父から政略結婚を迫られた代助」、「Ⅱ　三千代との関係から得た代助の自己発見」、「Ⅲ　父ではなく三千代を選ぼうとする代助の決心」の三つの場面に分け、以下、それぞれの部分の読みつなぎ方を見ていくことにしよう。

Ⅰ　老父から政略的結婚を迫られた代助（第①段落～第⑦段落）

① 父は煙草盆《たばこぼん》を前に控えて、うつむいていた。代助《だいすけ》の足音を聞いても顔を上げなかった。代助は父の前へ出て、丁寧にお辞儀をした。さだめてむずかしい目つきをされると思いのほか、父は存外穏やかなもので、「降るのに御苦労だった」といたわってくれた。

② その時はじめて気がついてみると、父の頬《ほお》がいつのまにかぐっとこけていた。元来が肉の多いほうだったので、この変化が代助にはよけい目立って見えた。代助は覚えず、「どうかなさいましたか」と聞いた。

③ 父は親らしい色をちょっと顔に動かしただけで、別に代助の心配をものにする様子もなかったが、しばらく話しているうちに、

「おれもだいぶ年を取ってな」と言い出した。その調子がいつもの父とは全く違っていたので、代助はさいぜん兄嫁の言ったことをいよいよ重く見なければならなくなった。

④ 父は年のせいで健康の衰えたのを理由として、近々実業界を退く意志のあることを代助にもらした。

さだめて＝きっと。

覚えず＝思わず、無意識に。

ものにする様子＝気にかける様子。

さいぜん＝「最前」。さきほど。

けれども今は日露戦争後の商工業膨張の反動を受けて、自分の経営にかかる事業が不景気の極端に達している最中だから、この難関をこぎ抜けた上でなくては、無責任の非難を免れることが出来ないので、当分やむを得ずに辛抱しているよりほかに仕方がないのだという事情をくわしく話した。代助は父の言葉を至極《しごく》もっともだと思った。

⑤　父は普通の実業なるものの困難と危険と繁劇と、それらから生ずる当事者の心の苦痛および緊張の恐るべきを説いた。最後に地方の大地主の、一見地味《じみ》であって、その実自分らよりはずっと強固の基礎を有していることを述べた。そうして、この比較を論拠として、新たに今度の結婚を成立させようと努めた。

⑥「そういう親類が一軒ぐらいあるのに、たいへんな便利で、かつこの際はなはだ必要じゃないか」と言った。代助は、父としてはむしろ露骨すぎるこの政略的結婚の申しいでに対して、いまさら驚くほど、はじめから父を買いかぶってはいなかった。最後の会見に、父が従来の仮面を脱いでかかったのを、むしろ快く感じた。彼自身も、こんな意味の結婚をあえてし得る程度の人間だと自ら見積もっていた。

⑦　その上父に対していつにない同情があった。その顔、その声、その代助を動かそうとする努力、すべてに老後のあわれを認めることが出来た。代助はこれをも、父の策略とは受け取り得なかった。私はどうでもようございますから、あなたの御都合のいいようにお決めなさいと言いたかった。

こぎ抜ける＝なんとか道を開き、抜け出す。
至極＝この上なく。
繁劇＝非常に忙しいこと。繁忙。
地味＝目立たないこと。
強固の＝強固な
政略的結婚＝ここでは、利害を考えた結婚。
買いかぶる＝実質以上に重く見る。

読みつなぎ方

第①段落から第③段落までは、やや冷たい関係にある父―子が、しばらくぶりに会う場面であり、代助が父の急な老いに心を突かれつつ、父の言葉を緊張しながら待っているという心情を読み取る。

それを受けて第④段落で、父が実業界を引退したいが、経済的に困難な状況のなかで辞めるに辞められない事情を語り、第⑤段落で、経済的基盤の強固な地方の大地主の娘との結婚を勧めるのである。

これは第⑥段落にあるように、露骨すぎる「政略的結婚」であって、代助の幸福を願ってのものではなく、もっぱら自家の経済の安定のために、「家」と「家」との結び付きを求めてのものであった。

しかし、「仮面」の奥に隠された父の本質を知っている代助はそんな父に「いまさら驚く」こともないし、「最後の会見」とあるように父との訣別を覚悟していた代助にとって、仮面を脱いだ父と真摯《しんし》（＝まじめ）に話せることは「快」いことでもあった。

しかも、従来の代助（Ⅱで描かれている）であれば、政略的結婚をしても何の不思議もないし、第⑦段落にあるように「その上」老いた父に対する同情がある以上、「最後の会見」を覚悟して来たものの、「家」を背負って生きる父に承諾の返事をしたいという心情もあったのである。

やや複雑に揺れ動く代助の心情・想念であるが、しっかりと読みつないでもらいたい。

＊〔語句の説明〕――――

「最後の会見」（第⑥段落）

本文では何の説明もないが、今日父と会ったとき、父から何か重大な申しいでがあり、それを代助は断らなくてはならず、その結果、父と断絶することになるだろうことを、代助が予測していた上での「会見」だったのである。

「従来の仮面」（第⑥段落）

これも本文にはどんな「仮面」であるか書かれていないが、父の申しいでの内容からして、日頃から父は打算的な態度をとっていたらしいことは読み取れる。なお、『それから』では、父が心の底では自分の利害を中心に考えていながらも表面では「誠実」と「熱心」をもって国家・社会のために尽くすべきことを説く人物として描かれている。

Ⅰの場面のまとめ

出来事＝父が代助に、地方の大地主の娘との政略的結婚を迫る。
心情・想念＝１　父の素直な態度を快く感じる。
２　父の老いへの同情から、父の言いなりになろうかとも思う。

Ⅱ　三千代との関係から得た代助の自己発見（第⑧段落・第⑨段落）

⑧　けれども*三千代《みちよ》*と最後の会見を遂げたいまさら、父の意にかなうような当座の孝行は代助には出来かねた。B彼は元来どっちつかずの男であった。だれの命令も文字通りに拝承したことのないかわりには、だれの意見にもむきに抵抗したためしがなかった。解釈のしようでは、策士の態度とも取れ、優柔の生まれつきとも思われるやり口であった。彼自身さえ、この二つの非難のいずれかを聞いたときに、そうかもしれないと、腹の中で首をひねらぬわけにはいかなかった。しかしその原因の大部分は策略でもなく、優柔でもなく、むしろ彼に融通のきく二つの目がついていて、双方を一時に見る便宜を有していたからであった。彼はこの能力のために、今日《こんにち》までいちずにものに向かって突進する勇気をくじかれた。つかず離れず現状に立ちすくんでいることがしばしばあった。この現状維持の外観が、思慮の欠乏から生ずるのでなくて、かえって明白な判断にもとづいて起こるという事実は、彼が侵すべからざる*敢為《かんい》の気象をもって、彼の信ずるところを断行したときに、彼自身にもはじめてわかったのである。三千代の場合は、すなわちその適例であった。

当座＝その場。一時。
拝承＝うけたまわること。
策士＝はかりごとに巧みな人間。
首をひねる＝考え込むさま。
優柔＝煮え切らないこと、態度がはっきりしないこと。
便宜＝好都合。
敢為＝物事を反対や障害に屈しないでやり通すこと。
気象＝「気性」と同じ。

⑨　彼は三千代の前に告白したおのれを、父の前で白紙にしようとは思い至らなかった。同時に父に対しては、心《しん》から気の毒であった。平生《へいぜい》の代助がこの際に執《と》るべき方針は言わずして明らかであった。三千代との関係を撤回する不便なしに、父に満足を与えるための結婚を承諾するにほかならなかった。代助はかくして双方を調和することが出来た。どっちつかずに真中《まんなか》へ立って、煮え切らずに前進することは容易であった。けれども、今の彼は、ふだんの彼とは趣を異にしていた。再び半身を*埒外《らちがい》にぬきんでて、*余人と握手するのは既に遅かった。彼は三千代に対する自己の責任をそれほど深く重いものと信じていた。彼の信念はなかば頭の判断から来た。なかば心の憧憬《しょうけい》から来た。二つのものが大きな波のごとくに彼を支配した。彼は平生の自分から生まれ変わったように父の前に立った。

不便なしに＝不都合をとらないまま。

余人＝他の人。

憧憬＝あこがれ。「どうけい」と読むこともある。

読みつなぎ方

まず第⑧段落の冒頭で、三千代との「最後の会見」があった今、父の意にかなうことはできないという叙述があるが、その直後では、代助は「元来どっちつかずの男であった」と述べられている。すなわち、この場面では元来の代助と、三千代との会見があった今の代助とが対比的に描かれているのである。

元来の代助は、他者に従属もしないが、かといって強く自己を主張することもしない人間であった。それは、人びとから見れば、無難に生きていくための策略からくるものともとれ、優柔不断な性格によるものともとれた。そして代助自身も「そうかもしれない」と思っていたのである。

だがしかし、「三千代と最後の会見を遂げ」、「敢為の気象をもって、彼の信ずるところを断行した」今、すなわち「三千代の場合」を経験した今（父の意に反してまで三千代と共に生きることを決意した今）、それは策士の態度と優柔不断の性格のためではないことを知ったのであった。

代助が「融通のきく二つの目」――どちらか一方に偏《へん》するのではなく、どちらの立場をも理解する――「明白な判断」を持っていたために、「つかず離れず現状に立ちすくんでいることがしばしばあった」のであり、「現状維持の外観」を呈していたのである。つまり、彼が一見優柔不断に見えていたのは、ものごとを多角的に検討する思慮深さであったことを、代助自身が今になって「はじめて」発見したのである。

それを受けて第⑨段落で、代助は新しい自己を発見する。三千代とのことがあった今、代助は父の意にかなうことはできない。が「同時に」父を「心から気の毒」に思うからには、「平生の代助」であるならば、曖昧な形で「三千代との関係」も続けながら、「父に満足を与えるための結婚を承諾」し、「どっちつかずに真中へ立って、煮え切らずに前進」しただろう。

「けれども」、「三千代に対する自己の責任を……深く重いものと信じていた」「今の彼は、ふだんの彼とは趣を異にして」おり、「生まれ変わったように」――自身によって発見された新しい代助として――「父の前に立った」のである。

＊**〈語句の説明〉**――――

「三千代」（第⑧段落）

本文には「三千代」のことは何も書かれていない。しかし、三千代のことがあったがために、父の勧める結婚を断るのだから、代助の愛する女性であることまでは推測することができる。**本文に書かれていない内容を自分勝手に推測することは厳に慎むべきであるが、いっぽう本文から推測可能な内容は正しく読み取らねばならないのである。**

「最後の会見」（第⑧段落）

「最後」という強調語から、二人の間に何か重大な話し合いがあったと推測できる。『それから』では、数日前に二人は会って愛を確認し、共に生きる決意をしたことが描かれている（↓P214）。

「敢為の気象」（第⑧段落）

〈敢《あえ》て為さんとするの気象〉、つまり大きな反対や障害が予想されるのに、あえて踏み切っていこうとする気構えのこと。実は三千代は友人の妻であり、そうした二人が一緒に生きることは、当時、社会的・道義的な罪（「姦通《かんつう》罪」――既婚者が配偶者以外と性的な関係を持つことをかつては「姦通」と言い、旧刑法では特に夫のある女性と相手の男性を「姦通罪」で罰した〈同法は昭和二十二年に削除〉）を犯すことであり、人びとから祝福されるというよりも、非難、指弾されるようなことだったのである。

「埒外」（第⑨段落）

「埒《らち》」は、馬場の周囲の柵のことであり、「埒外」はある範囲の外の意味。「半身を埒外にぬきんでて、余人と握手する」とは、三千代との関係も保ちながら、父の申しいでをも承諾するという意味。

「彼の信念はなかば頭の判断から来た。なかば心の憧憬から来た」（第⑨段落）

「憧憬」は「あこがれること」であって、ここは代助の三千代と生きるべきであるという信念は、明白な判断に基づくものであると同時に、三千代と共に生きたいという感情に基づくものでもあるという意味。

Ⅱの場面のまとめ

出来事＝すでに三千代との最後の会見を遂げてしまっていた。
心情・想念＝自己の責任を深く重いものと信じている今、父の申しいでを断ろうと考える。

Ⅲ　父ではなく三千代を選ぼうとする代助の決心（第⑩段落・第⑪段落）

⑩　彼は平生の代助のごとく、なるべく口数をきかずに控えていた。父から見ればいつもの代助と異なるところはなかった。代助のほうではかえって父の変わっているのに驚いた。実はこの間からいくたびも会見を謝絶されたのも、自分が父の意志に背《そむ》く恐れがあるから父のほうでわざと、延ばしたものと推《すい》していた。今日会ったら、さだめて苦い顔をされることと覚悟をきめていた。ことによれば、頭からしかり飛ばされるかもしれないと思った。代助にはむしろそのほうが都合がよかった。三分の一は、父の暴怒に対する自己の反動を、心理的に利用して、きっぱり断わろうという下心さえあった。

推する＝推測する。
暴怒＝ひどい怒り。
下心（したごころ）＝表向きとは別の心の裏に隠されているたくらみ。

代助は父の様子、父の言葉遣い、父の主意、すべてが予期に反して、自分の決心を鈍らせる傾向に出たのを心苦しく思った。けれども彼はこの心苦しさにさえ打ち勝つべき決心をたくわえた。

⑪「あなたのおっしゃるところは一々御もっともだと思いますが、私には結婚を承諾するほどの勇気がありませんから、断わるよりほかに仕方がなかろうと思います」ととうとう言ってしまった。D そのとき父はただ代助の顔を見ていた。ややあって、「勇気がいるのかい」と手に持っていた煙管《きせる》を畳の上にほうり出した。代助は膝頭《ひざがしら》を見つめて黙っていた。

主意＝中心にある考え。

ややあって＝しばらくして。

読みつなぎ方

第⑩段落――三千代とのことを知らない父から見れば、今日の代助も、「いつもの代助と異なるところはなかった」。しかし、父は平生の父とは違っていた。平生の父ならば、「苦い顔」をし、「しかり飛ば」し、「暴怒」しただろうし、それに対する「反動」によって、代助は父の申しいでを断ろうと考えていた。

　しかし、今日の父は自分の弱みや苦しみをさらけ出し、父なりの条理を尽くして代助に政略的結婚を承諾させようとした。そこには、どうしてでも「家」の安泰を背負って生きねばならない「家父長」としての苦渋が滲《にじ》み出ている。それが代助の「決心を鈍らせ」、「心苦しく思」わせた。いわば、代助には、自己のエゴを抑え、「家」のため、父を選び、父と妥協すべきであると考える一面もあった。

　ここで述べた「エゴ」とは、否定的な文脈で用いられる場合のエゴイズム（利己主義、自己中心主義）のエゴのようなものではなく、自己の自立性・自律性を守ろうとするところのものであり、漱石が生涯こだわり続けた「個人主義」の「個人」である。「けれども」、今日の代助は平生の代助とは違い、新たな自己として生きる「決心」を、父の話を聞きながら「たくわえた」のである。

　第⑪段落――代助は「とうとう」父の申しいでに対して「断わるよりほかに仕方がなかろうと思います」という

「決心」を表明する。それは、「家」のために父と共に生きることを止め、「三千代」を選び、自己のエゴのままに生きるという「決心」の表明であった。

　それに対して、「平生の代助」だとばかり思っていた父は、代助の言葉が了解できず、「ただ代助の顔を見」るばかりであった。だが「ややあって」、父は代助が自分と決定的に対立する「新しい代助」になったことを確認し、「煙管を畳の上にほうり出した」のである。それは同時に、父は代助を「ほうり出した」ことを意味しているだろう。代助はそれ以上何も言うことはなく、ただ「膝頭を見つめて黙ってい」るばかりであった。

　この最後の部分での代助の心情は、何も説明されていないだけに、よくわからない。しかし、**よくわからないところも大切なのであり、大学入試の論述問題ではそういう部分が問われることもあるので、考えてもらいたい。**それが小説を読む楽しみでもあるのだ。

　まず、代助に父の老いに対する同情がある以上、父の申しいでを断って申し訳ない、済まないという心理もあっただろうとも考えられる。それと同時に、今後父の経済的な庇護《ひご》（＝かばい守ること）を失い、しかも、世間の人びとから冷たい非難の視線を浴びながら、三千代と共に生きていくことの困難をひしひしと実感し、その不安にじっと耐えているとも考えられる。この二つの心情が重なり合っていると考えるのが、妥当なところであろうか。

Ⅲの場面のまとめ

出来事＝新たな代助として父の前に立つ。
心情・想念＝父の勧める結婚を承諾できないという決意を述べる。

ともあれ、本文全体を通して、
これまでの代助＝「家」と断絶するのでもなく、「父」と妥協しつつ生きる代助
新しい代助＝「三千代」を選び、「家」と断絶して、自己のエゴ（自我）に生きる代助
という変化を的確に読みつないでいくことが、この小説文を読むうえでのポイントである。

全体のまとめ

父は、経済的に極めて困難な状況にあるなかで、地方の大地主との政略的結婚を代助に迫る。父の老後のあわれを認めるとともに、平生の代助なら、優柔不断と見られるような態度をとる人間であったため、父の申しいでを受け入れたかも知れない。しかし、三千代とのことがあった今、父の意にかなうことはできず、父の勧める結婚を承諾することはできない、断るほかはないと言ってしまう。それに対して父は驚きと不快感を表すのだった。（二〇〇字）

〔参考〕

『それから』の代助――「高等遊民」――について

代助は大学を卒業しながらも、何の職業にも就《つ》こうともせず、月々親から金をもらって、自分の好みに従って生きている人間であった。それは気楽ではあろうが、世間から見れば、現実に対して何の働きかけもせず、無責任でいい加減な生き方であって、理解できるものではなかった。

しかし、代助には代助なりの言い分がある。

「何故働かないって、そりゃ僕が悪いんじゃない。つまり世の中が悪いのだ」と言い、激しい近代化のあおりをくって、日本人はすべて「自分の事と、自分の今日の、只今《ただいま》の事より外に、何も考えてやしない」のであり、社会全体が精神的、道義的、具体的に疲労困憊《こんぱい》し、「日本国中何所《どこ》を見渡したって、悉《ことごと》き暗黒」の状況のなか、「僕一人が何と云ったって、何を為《し》たって、仕様がない」のであり、だから、自分の好みに適《かな》ったものとだけ接触して生きるほかはない、と言うのである。

いわば大学を出た知識人として日本の国家・社会のありようを容認することはできず、それを批判し、それと対立しながらも、現実に対しての具体的な行動に出ることのない人間なのである。
　こうした「高等遊民」の立場も、いわば日本の近代化の中における知識人の苦悩の一つであると見ることができるのであり、『こゝろ』の「先生」や志賀直哉『暗夜行路』の主人公時任謙作《ときとうけんさく》などもそうであり、より広い観点からすれば、森鷗外『舞姫』の太田豊太郎、二葉亭四迷『浮雲』の内海文三をはじめとし、現実の中にあって、いかに自己を保持するかという日本近代文学の最大のテーマと通底しているのである。

設問解説

問一

　小説文の論述問題においても評論文のそれと同じように取り組むのが基本である。傍線部が引かれた問題だから、まずは**傍線部問題の基本**の手順を踏むことから始めればよい。その手順について触れている（解法のヒント）❹（P140）を見直す前に、その手順が頭に入っているかどうかを確認してほしい。

　手順（1）傍線部中の語句に留意する→傍線部A「代助を動かそうとする努力」とあるから、その「努力」は父の代助に対する働きかけを意味することがわかる。また、傍線部中の「**努力**」という語と対応する「**努める**」という語が、第⑤段落の末尾の文に出ているから、ここに注目して、その文の「この比較を論拠として」（**a**とする）という部分と、「今度の結婚を成立させようと**努めた**」（**b**とする）という部分の二点について説明すればよいとわかるだろう。

　手順（2）傍線の引かれた一文全体を確認する→一文は「その顔、その声、その代助を～」とあるから、傍線部にある「努力」が間違いなく「父」のそれであることが確認でき、また「すべてに老後のあわれを認めることが出来た」とあるところから、傍線部Aを父の「老後のあわれ」と関わるかたちで説明すること（**c**とする）も考えておく。

　手順（3）関連部の主題、キーセンテンスを踏まえる→関連部（場面）Ⅰの主題は「父が政略的結婚を代助に迫る」である。父の「努力」とは、**手順（1）**でも確認した通り、この「政略的結婚」を代助に認めさせる働きかけ（**b**のこと）にほかならない。

　以上の基本的な手順を踏み、答案の説明ポイントは、**a**・**b**・**c**の三点であることが決まるだろう。

　a〈この比較を論拠として〉の説明内容としては、「この比較」が指示している内容、つまり第⑤段落の冒頭の「普通の実業」のあり方と「地方の大地主」のあり方の比較をまとめればよい。

a1　実業には（景気など経済環境の変化で）困難と危険が伴い、そのため事業家の精神的な苦痛は避けられない

a2　地方の大地主は、実業家よりも堅実な基盤を持っている（安定している）

次に、b1〈今度の結婚を成立させようと努めた〉、b2〈政略的結婚〉の説明内容としては、

b1　代助を大地主の娘と結婚させるように努める（…a1とa2の比較を踏まえる）

b2（a2は）自分（父）の事業や生活の安定のためになる（…「政略的」という語にある〈利害関係における駆け引き、有利に図ること〉という意味を踏まえる）

最後に、c〈父の老後のあわれ〉と関わらせた説明を考えるが、それが関連する部分は第③段落の『おれもだいぶ年を取ってな』以下、第④段落までである。ポイントは、第④段落冒頭文「父は年のせいで健康の衰えたのを理由として、近々実業界を退く意志のあることを代助にもらした」である。「年のせい」と「実業界を退く意志」の二点に絞って指摘しておけばよいだろう。

c　高齢のために実業界から引退する意志がある

答案は、〈(父は) cだが、a1をb2とするには、a2に立ちb1の努力をする〉というように組み立てる。解答例を参考にしてほしい。

問二

傍線部B「彼は元来どっちつかずの男であった」は、Ⅱの場面での中心テーマ〈元来の代助から新しい代助へ〉のうち、〈元来の代助〉のほうの性格を言ったものだ。その性格については第⑧段落で詳しく説明されている。Ⅱの**読みつなぎ方**でも確認したが、それは、「策士の態度」（「策略」）でも「優柔」でもなく、代助には「融通のきく二つの目がついていて、双方を一時に見る便宜を有していたからであった」（aとする）と述べられている。

また、本問の設問が「代助はその**自分自身の性格をどのように認識したか**」となっていることにも留意しただろうか。第⑧段落の終わりから2行目の文に「……**彼自身にもはじめてわかった**のである」とあるから、「この現状維持の外観が、思慮の欠乏から生ずるのではなくて、かえって明白な判断にもとづいて起こるという事実……」（bとする）の一文に注目する必要もある。

このaとbを**各選択肢を吟味する際の視点**に置くと、選択肢ア「本来融通のきく男」はaに触れており、またオ「あまりに物事の先を見抜く目がありすぎた」はbに触れていることがわかる。設問に「二つ選べ」とあるので、この二つが答え。他の選択肢はaとb、いずれにも触れていない。なお、イの「自分の信念に自信のある男……あとへ引かないところがあった」、エの「他人の命令に従わぬ……誇り高い一面があった」は、〈新しい代助〉の説明であれば許容できるが、ここで問われているのは〈元来の代助〉のほうだから不適。ウは「人情のあつい……父に対してはいたわる心が深かった」の部分が、カは「損得の判断に優れた男……驚くべき行動力を示した」の部分が、それぞれ第⑧段落の叙述内容からは導けない内容となっている。

問三

代助の「告白」がどのような「決意」に基づくものかを、本文に沿って考えていくことにしよう。

まず、三千代に対する「告白」がどういうものであったのかを考える。その内容は本文で明示されていないが、傍線のある一文全体を確認すれば（**傍線部問題の基本！**）、「父の前で**白紙にしよう**とは思い至らなかった」という叙述がその後に続いている。それを手がかりに考えれば、父が大地主の娘との政略的結婚を代助に迫ってくるなかで「白紙にしよう」とは思わないような何かとは、三千代への〈愛の告白〉、あるいは三千代と〈結婚する意思〉にほかならないだろう。

a　三千代との愛に生きたい／三千代と結婚したい

この「告白」自体が一つの「決意」であるが、一文全体をもう一度見ると、「おのれを、**父の前で**白紙にしようとは思い至らなかった」とあるから、その「決意」は父を意識してなされたものである。傍線部CのあるⅡはもとよりⅢにおいても、三千代との関係について決断することは直ちに父との関係に影響を与えるという、〈のっぴきならない三者関係〉がテーマとなっていた。**a**ポイントが三千代との関係における「決意」だとすれば、父との関係における「決意」を**b**ポイントとして指摘しておくべきだろう。

b　〈父との関係に悪影響が出ようとも／父との関係が断絶しても

次頁の解答例は〈b→a〉の順で組み立てたが、その逆の組み立て方でもよい。人物の心情・想念自体をいろいろ想像して答案を導こうとする前に、**人物の置かれている関係（構造）**を確認し、その**構造のほうから人物の心情・想念を考えてみるという発想**も大切にしてほしい。

問四

設問をよく読んでもらいたい。問われていることは、「ややあって」の前後における父の気持ちの「変化」なのである。

まず、「ややあって」の前における父の気持ちを考えてみよう。Ⅱ・Ⅲの解説で述べたように、父にとっての代助は「従来の代助」であったのに、代助は三千代のことですでに「新しい自分」を発見していたのであり、その「新しい代助」が突如として父の前に姿を現したのである。その食い違いからくる〈オヤッ、今日の代助は一体どうなっているのだ〉という戸惑いや怪訝《けげん》な（＝いぶかしい）気持ちが、「ただ代助の顔を見ていた」という態度・動作となったのである。

次に、「ややあって」の後における父の気持ちを考えてみた場合、重要なのは「煙管を畳の上にほうり出した」という動作・態度であり、これは同時に「代助をもほうり出した」父の気持ちの表れでもある。父のたっての願いを聞き入れない代助に対する不快感や腹立たしい気持ちは言うまでもなく、こうなった以上は〈もはやお前はお前の勝手に生きろ。自分のほうでもお前の世話はもうしない〉という諦めの気持ちをも表しているのである。

こうした読みつなぎ方に基づき、解答欄に合致するように、父の気持ちを端的に答えればよい。

解答

問一　高齢となり実業界からの引退を考えつつも、当分担うべき事業を取り巻く環境の厳しさやそれに伴う精神的苦痛を和らげるために、経済的に強固な基盤をもった大地主の娘との結婚を代助に承諾させようとする努力のこと。（一〇〇字）

問二　ア・オ

問三　父と不和になろうとも、三千代と共に生きていこうという決意。（二九字）

問四　X――戸惑い（三字）
Y――不快の情の入り交じった諦め（一三字）

知の扉 ⑦

「家」と、その変容――家族のゆくえ

明治維新によって成立した天皇制国家は、近代的な官僚制機構を導入すると同時に、地縁・血縁的な共同体秩序（ムラ・イエ）をより強化することで、国家的秩序を維持しようとする特異な体制であったと言える。

この共同体的秩序の核になるものが家父長的な「家」（こうした「家」は「イエ」と片仮名で表記される場合がある）であって、日本の「家」は、子どものエゴ（個的存在、個人としての生）を育て、社会的な抑圧から家族を守るヨーロッパ的な「家族」とは違い、逆に社会的な要請を家族に要求し、その子どもの個性を引き出すより、社会に順応した生き方を勧め、子は親に服従するとともに、天皇の「赤子《せきし》」とされる国民は天皇に対して絶対的に服従することが求められたのである。

しかし、一方ヨーロッパ文明・諸制度の移入は、同時に近代的な思想の移入につながるのであり、若い人びとの間に自由主義・個人主義思想が必然的に浸透するにつれて、共同体的秩序の中にいる親と、エゴを持とうとする子との間に矛盾葛藤が生じ、親子の相剋《そうこく》（いさかい）や、「家」の重圧に苦悩する若者の姿が、近代日本文学の大きなテーマになった。たとえば、島崎藤村の『家』や志賀直哉の『和解』などはその典型であり、樋口一葉の『たけくらべ』や『十三夜』、森鷗外の『舞姫』などもそのことを抜きにしては読み取れない。問題文の「代助」と「父」の対立もまたその一つである。

もちろん、一九四五年の敗戦を機にして、日本のイエ制度も大きく変化した。だがしかし、日本の「タテ社会」（身分や年齢の上下関係を重視する社会）においては、まだまだ「家」の抑圧は強く、「家」に縛られた結果としての事件も後を絶たないし、社会全体の中に疑似的な「家」が残存していることも事実である。

ヤクザ社会における親分・子分・兄弟分の関係はともかく、相撲界や職人の世界などが疑似親子・兄弟関係の上に成立している（たとえば、指導者は「親方」と呼ばれる）。また、企業、その他の組織において日本では「二世」や「三世」が幅をきかしている現状があり（たとえば、国会議員の出自を見よ！）、中学・高校のクラブ活動で無意識に、実に頻繁に使われている「センパイ、センパイ」という言葉にも、「タテ社会」の一面が示されていると言えないだろうか。

だが一方で、世界で最も現代的な都市・工業型の社会を実現しつつある日本では、その他もろもろの要因も考えなければならないが、自我（エゴ）の肥大化によって、家族の凝集力が弱体化し、その結果としての「家族の崩壊」も大きな問題となりつつある。

核家族化のみならず、家族関係が希薄になり、家族の一人ひとりが自分勝手に生きるようになると同時に、家庭内離婚を含めた離婚や単親家族が増加し、さらにはシングル・非婚といった生き方が肯定的に語られ、いったい家族とは何か、家族はこれからどうなるのかがわからないという「家族の浮遊」が顕在化してきてもいるのである。

現在の日本における家族（観念）のありようは、近代になって欧米でつくられた家族愛を核に置く「近代家族」と、やはり近代になってあたかも「伝統的にそうであった」かのように創作された「イエ」との混成物であるように思われる（その比率は家族ごとに違うだろう）。言い換えれば、日本の家族は「個室」に象徴されるような個人主義的な「近代家族」の様相を呈しつつ、他方ではイエ制度が確立した明治期から始まったという「〇〇家先祖代々之墓」に象徴される「イエ」になお浸透されてもいる。そして、この「近代家族」と「イエ」のイメージのどちらもが現在揺らぎつつあるなか、家族ごとに「家族」を再定義する試みが静かに続けられているというのが現状なのかもしれない。いずれにせよ、「家族」をどのように捉え、どのように再構築していくかは、今度も重要な課題であり続けるだろう。

夏目漱石（なつめ・そうせき）

一八六七〜一九一六年。東京帝国大学で英文学を講じていたが、一九〇五年『吾輩は猫である』を書くことで、作家へと転身した。作家として活躍したのはわずか十一年であったが、とにもかくにも近代日本文学を代表する作家と言えるだろう。『三四郎』、『それから』、『門』、『こころ』、『道草』、『明暗』といった小説だけではなく、講演『私の個人主義』、『現代日本の開化』、随筆『思ひ出す事など』、『夢十夜』も、ぜひ読んでもらいたい。

[問題7] 上田三四二「廃墟について」

文章全体の構成をあらかじめ確認しておこう。

本文は、「私」が初盆を迎えて、母の精霊を流すなか、死んだ母と「私」との関係のありようが、それまでとは異なって大きく反転していくという心的なドラマを、母の死から初盆に至るまでの時の経過のなかに見つめ直した随想風の作品である。それはまた、その一年を通して、母を喪《うしな》った「私」がその死を自分の中に位置づけ直していくという精神の回復のドラマでもあった。

文章構成は、実際の時間の経過とは異なり、現在と過去とが入り組んでいる、十分に計算されたものになっている。そのため、問一のような「時間の経過」をたずねる問題が出されるわけである。この問いに答えるためにも、その場面がどういう時間帯にあるのかが示されている語句に着目して、「**小説文を読む方法(3) 場面の変化・転換と全体の構成をつかむ**」(↓P65)を生かし、ぜひとも場面分け(時間構成の区分)の練習をいま一度試みたうえで、以下の説明を読んでほしい。

時間の流れ(時間帯)に注目すれば、**全体の構成**は次のようになるだろう。

Ⅰ　初盆での母の精霊流し(**現在**)……第①段落から第③段落の第四文まで
Ⅱ　母の臨終から葬儀の期間(**過去**)……第③段落の第五文から第⑥段落まで
Ⅲ　初盆を迎えての墓参(**現在**)……第⑦段落から第⑩段落まで
Ⅳ　母の臨終直後(**過去**)……第⑪・⑫段落
Ⅴ　精霊を流す「私」の想念(**現在**)……第⑬段落

母の死をめぐる「私」の現在の想念と過去の想念とを交互に置くことで、初盆で母の精霊を心安らかに流すことができるようになるまでの「私」の心理的な葛藤の深さや想念の屈曲がよく暗示される構成となっている。この時間構成がよくわかるように、時間・場面（の転換）を示す語句には、この例題に限って、Ｉの冒頭の「初盆に」の部分のように▒印のチェックを入れた。

Ｉ　初盆での母の精霊流し（現在）（第①段落〜第③'段落）

①　初盆に母の＊精霊《しょうりょう》を河に流した。星のない夜で、ながれにのって舟のゆくとき、舟のなかで提灯《ちょうちん》の火がまたたいた。水面にうつる灯はそのまたたきを忠実になぞりながら、いっそうやわらかく、にじむように河を明かるませていた。

②　暗黒の河をおもむろにくだってゆく灯は、河面を吹く風に肝を冷やし、速さをましてくる流れを警戒し、繊細に、微妙に、そして人恋いしげに、揺れ、消えようとし、ふたたび明かるく燃えあがり、瞬《また》きをおくり、呼びかえし、打ちたたく鐘の音のなかを、せんかたなく流れていった。

③'　その時私は知ったのだった。供養とは別離を新たにすることだと。流れのかなた、眼《まな》ざしのようやくとどくところで灯は消え、鐘の音のやんだ夜の岸を私は離れた。＊時を具象して流れる水と、心さながらの焔《ほのお》と、この簡素で抽象的な別離の形式の生々しさは、ベッドの横で私のもったまことの別離をしのいでいた。……（この続きはⅡへ）……

初盆（はつぼん・にいぼん）＝人が亡くなって初めて迎える「お盆」。

せんかたなく＝しかたなく。

供養（くよう）＝死者の霊を弔《とむら》うこと。

読みつなぎ方

場面Ⅰは、第①段落・第②段落の夏の夜の精霊流しの美しい光景の描写で始まる。「人恋いしげに、揺れ、消えようとし、ふたたび明かるく燃えあが」る灯は、彼岸《ひがん》（あの世のこと。→P23）へと向かう死者たちの魂の揺らぎなのかもしれない。これは第③'段落で「心さながらの焔」とも表現されている。

第③'段落冒頭で「私」の想念は啓示にうたれたかのごとく凝縮する。「その時私は知ったのだった」とあるから、それは重要な事柄の発見であったに違いない。そしてそれは、引き続いて「この簡素で抽象的な別離の形式（精霊流しのこと）の生々しさは、ベッドの横で私のもったまことの別離をしのいでいた」と示される。母との別離が、その死亡時よりも、むしろ初盆の精霊流しにおいて「生々し」く感じられたことの発見なのである。この発見が、どのような意味を持ち、どのような経緯でもたらされたものなのか、これ以降の文章で読み取っていかなくてはならない。

＊〔語句の説明〕

「精霊を河に流した」（第①段落）

「お盆」に迎えた祖先の霊（精霊）を、再びあの世に送り出すための儀式。精霊船にお供え物を乗せ、川や海に流すということが以前はよく行われていた。

「時を具象して流れる水」（第③'段落）

時間の流れを具体的に目に見えるかたちにして、流れている（川の）水。なお、「具象」の反対語は「抽象」。

Ⅰの場面のまとめ

出来事＝初盆に母の精霊を流した。
心情・想念＝供養とは別離を新たにすることだと私は知った。

Ⅱ　母の臨終から葬儀の期間（過去）（第③"段落〜第⑥段落）

③”（この部分はⅠ）水の上の焔ほど、心置きなく語ったことが母にあったであろうか。握ってやった手に応えるだけの力が母にはなかった。苦痛が、衰えた体力とともに言葉をうばって、覗《のぞ》きこんだ私の顔に、わずかに瞳の動くと見えたばかりである。ながくつづいた喘鳴《ぜんめい》と呼吸困難は、枕頭《ちんとう》の私たちをおびやかしつづけ、静けさのやってきたとき、私をおそったのは悲哀より安堵《あんど》だった。

④ 埋葬の儀式の煩雑は、そして弔問《ちょうもん》の人々による混雑は、あれは悲しみに暇《いとま》をあたえないための慈悲なのであろう。緊張がそのとき私を救った。母の生涯に私の流させた涙の夥《おびただ》しさを知るほどの者は、不本意のなかに死んだ母のために、私の流すべき涙の欠如をいぶかったであろう。このときほど、私が多忙に生き甲斐を見出したことはない。

⑤ 読経《どきょう》がはじまって、導師が母の戒名《かいみょう》を口にしたとき、私の涙は不意にところを得た。その戒名は、父の墓石をたてるためにあらかじめ得ていたもので、母は「麗光院千空妙里大姉」という死後の自分をしばしば異様な気持ちでながめたものであった。この変わり果てた名が、変わり果てた姿に動揺しなかった私の涙をさそった。恐らく、私は不意をつかれたのであって、導師の引導《いんどう》が口をつくまで、私は母が戒名どおりの存在になったことを忘れていたのである。すでに昵懇《じっこん》であった名が不意に鼓膜に鳴りひびき、このときはじめて、私は母が彼岸の人になったことを思い知ったのであった。

⑥ 不思議なことに、花々のなかに粉黛《ふんたい》をほどこされ、恐ろしい静けさの宰領する母の寝姿は、私には、死よりは生のたんなる休息にすぎないと思われた。*火葬の習慣をもたぬ田舎の寛大さは、この静かな寝姿のまま死者を冥府《めいふ》に送るのであって、生者のおろかな錯覚は、あるいはその*甲斐《かい》ない愛の幻術は、花々にかこまれて眠る死者を、生のかりそめの眠りのごとき姿として記憶のなかに保存する。そうして、時が、この記憶の保存するものを刻々に破壊にみちびいていく現実に思いおよばない。

喘鳴＝苦しみあえぐ声。
枕頭＝枕もと。
弔問＝死んだ人を弔《とむら》うためにたずね、遺族にお悔《く》やみをいうこと。
いぶかる＝不審に思う。
導師＝法事で中心となる僧。
戒名＝死者に付ける法名。
引導＝葬式のとき、死者が浄土へ行けるよう唱える言葉。
昵懇＝大変親しくしていること。「入魂」とも書く。
彼岸＝あの世（→P.23）。
粉黛＝白粉《おしろい》とまゆ墨。化粧すること。
宰領＝とりしきる。
冥府＝あの世のこと。「冥土」とも言う。
かりそめの＝「仮り初めの」。一時的な。

事実的な時間の経過はⅡを起点とする。このⅡの部分は、細かく見れば、三つの場面で構成されている。

（1）母の臨終（第③段落）**と葬儀のあわただしさ**（第④段落）

まず、第③段落・第④段落では、母の死が「私」にとってすぐさま悲しみとしては現れてこなかったことが述べられている。それは、母が死の苦痛から解放されたことへの「安堵」感（ほっとする気持ち）であったり、あるいは葬式の手続き的な「煩雑」さ（わずらわしさ）の中で気を紛《まぎ》らわすことであったりするわけだが、もちろん母の死が悲しくなかったのではない。おそらく母の死があまりにも身近なものとしてあり過ぎたため、「私」は、それを客観的に見る精神の距離を持ちえなかったのであろう。あるいは、母の死を直視すること（母の死を事実として認めること）から無意識のうちに逃れようとしていたのかもしれない。

（2）葬儀での読経の場面（第⑤段落）

「私」が母の死を「死」として初めて実感するくだりが、第⑤段落に描かれている。「この変わり果てた名（戒名のこと）が、変わり果てた姿に動揺しなかった私の涙をさそった。……このときはじめて、私は母が彼岸の人になったことを思い知った」。人の死が「死」として本当に了解されるには、目の前に「変わり果てた姿」（事実）があることだけではたぶん十分ではないのである。その姿をどのようなものとして捉えればよいかという考え方・受け止め方（抽象化された理解の仕方）が同時に示されねばならない。この時、母が呼ばれた「戒名」（抽象的な形式）は、「私」にとって母の死の受け止め方（母はこの世の人ではなく、あの世の人になったこと）を示す装置として働いたのだろう。これは、第③段落の「抽象的な別離の形式（精霊流しという形式）の生々しさは……まことの別離（母が死んだという事態そのもの）をしのいでいた」にも同様に見られるものだ。

（3）埋葬の場面（第⑥段落）

母がこの世の人ではなくなったことを思い知るが、一方「私」は母の死を死としてそのまま承認してしまいたくはない。第⑥段落には、「母の寝姿」を「生のたんなる休息」・「生のかりそめの眠りのごとき姿」として見る、「生者のおろかな錯覚」が、母をどうにかして生者の世界にとどめておきたいという「私」の執心として繰り返し述べられている。

＊〔語句の説明〕――

「火葬の習慣をもたぬ田舎の寛大さ」（第⑥段落）

「私」の田舎では、死者は火葬に付さねばならないというような法律的な干渉を受けることもなく、遺族たちの希望通り、そのままの姿で埋葬（土葬）ができるということ。

「甲斐ない愛の幻術」（第⑥段落）

愛する者の死は、それが甲斐のないものとわかっていても、観念（幻想）のなかでは、それを「生のかりそめの眠り」の状態にすぎないとでも思い込みたいということ。直前にある「生者のおろかな錯覚」と同じ意味である。

Ⅱの場面のまとめ

出来事（1）＝母が逝去した（臨終）。

心情・想念（1）＝悲哀より安堵を感じた。

出来事（2）＝葬儀で母が戒名で呼ばれた。

心情・想念（2）＝私は母が彼岸の人となったことをはじめて実感し涙が流れた。

出来事（3）＝埋葬時に、母の寝姿を見た。

心情・想念（3）＝母を生者の世界にとどめておきたいという執着（未練）を持った。

Ⅲ　初盆を迎えての墓参（現在）（第⑦段落〜第⑩段落）

⑦　現身《うつしみ》の姿のまま母を葬った私は幸いであった。あれから十ヵ月、もういくらか竹垣も黒ずんだ新塚《にいづか》

現身の姿＝生きている者の姿。
新塚＝新しい墓。

に水を手向《たむ》けながら私は信じた。この下に眠る母は、私の記憶に寸分たがうことなく、とりどりの色の菊の香りにつつまれ、かならず時くれば覚める人のように、かりそめの眠りをねむっている。……

⑧　それにしても、なんたる非情の墓石であろう。墓石は塚のかたわらにあって、父母の戒名が刻まれている。生者のしるしに、*朱に彩《いろど》られていた母の碑銘も、いまは朱の輝きを剥脱《はくだつ》されている。母を葬った日の終わり、私は刃《やいば》のような竹をそいで、たんねんに刻面の朱をいためつけたのであった。彫《ほり》の深い隅は、厚く塗料を埋没せしめてそれをかばっていた。そしてこの剥離の困難さが、私にひそかな企《たくら》みを教えた。人目につきにくいのを幸い、私は字画のすみずみにこのはなやかな色彩を隠匿《いんとく》し、こうして「妙里」の二字はなお隠微に執拗《しつよう》に死者たることを否定しつづけていたのである。私の記憶に母は単なる仮眠のなかにいるのであってみれば、戒名は私の敵であり、戒名からその運命の力を奪うために、私はA巫女《ふじょ》の唇のような色彩と密約をかわすことが必要であったのだ。

⑨　けれども、わずかな朱はいつか剥脱しなければならぬ。恐らく、ときはすでに到来したのではあるまいか。なぜなら、私に追憶に生きることの徒労が目覚め、B廃墟の静寂に私の憎悪が育っているから。

⑩　よみがえってくる決意のなかで、私は今日まで自分のうちに大切に持ちつづけてきたイメージを、思いきって反転しなければならぬ。

寸分たがうことなく＝少しも違うことなく。

剥脱＝はがれ落ちること。

隠匿＝人目に触れないように隠すこと。

執拗に＝頑固に。しつこい。

巫女＝みこ。

読みつなぎ方

母を埋葬してから「十カ月」経ったある日（お盆の一日であろうか）、母の墓前で「私」の抱いていたそれまで（Ⅱ）の想念が大きく展開する契機のあったことが示される。

第⑦段落の、「新塚（母が新たに入った墓のこと）」に参り水を手向けている時点での「私」の想念は、母を埋葬した時点でのそれとほとんど地続きである。それは、「かりそめの眠りをねむっている」というように、Ⅱ（第⑥段落）にある「生のかりそめの眠り」（**キーワード**）がほぼそのまま用いられていることにも明らかであろう。

しかし、この想念は、第⑧段落で変容し始める。死んだ母を生者の世界になおつなぎ止めておくために残しておいた碑銘の朱の塗料が、時間の経過の中で、その輝きを失っていることに「私」は気付いたからだ。抗しがたい時の流れの中で、死者を生者の世界にいつまでも引き止めておくことは結局無理なことではないかと思い始める。

そして、第⑨段落でその思いが明確に方向付けられる。「わずかな朱はいつか剥脱しなければならぬ。恐らく、ときはすでに到来したのではあるまいか」。残しておいた朱の塗料を剥《は》いで、それまでのように母の「追憶に生きること」でも「廃墟の静寂（その内容についてはⅣで説明される）」に感動することでもなく、母の死を死としてきっぱりと受け止めようと、この時「私」は心に決めたのだ。

この心情の転換は、第⑩段落の「私は今日まで自分のうちに大切に持ち続けてきたイメージ（母は本当は死んではいない。仮眠の中にいるだけだ）を、思いきって反転しなければならぬ」と示されるほどの、まさにコペルニクス的転回（ものの見方の一八〇度の転換《→Ｐ157》）であった。

ところで、Ⅲの時間帯は、お盆の墓参の場面であり、基本的には「現在」としておいたが、正確に言うと、その中に「過去」の場面がはさみ込まれている。第⑧段落の第四文が「母を葬った日の終わり」で始まっていることに注意したい。ここから、第⑧段落の末尾までは、「十カ月」前の埋葬の日の回想シーンなのである。

＊〔**語句の説明**〕

「朱に彩られていた母の碑銘」（第⑧段落）

生前に戒名を決め、それをあらかじめ墓石に刻み込んでおくことがある。その時、その戒名の主は生者なので、それを示すために、朱の塗料で戒名を埋めておくということがなされる。ここでは、「墓石は……父母の戒名が刻まれている」と本文にあるところからすると、父が先に死んだので、健在だった母の戒名もそのとき墓石に一緒に彫っておいたのではないかと思われる。

Ⅲの場面のまとめ

出来事＝母の碑銘から朱の輝きが失われていることに気付いた。

心情・想念＝私は母をもうこれ以上生者の世界につなぎ止めていてはならないと決意した。

Ⅳ　母の臨終直後（過去）（第⑪段落・第⑫段落）

⑪　病院から郷里へ、母の遺骸《なきがら》を自動車でうつすとき、動揺が白衣の下の母をおりおり微妙に動かせ、そのつど私は信じられない蘇生《そせい》を信じて裏切られた。そしてこのときの私に、車窓からみる街の雑踏ほど異様で親しみがたい風景はなかった。私に親しかったのは、ひととき視野の遠くにみえた廃墟である。たけた秋草の黄ばむ一画に、さらされて頑丈なコンクリートの壁が立っていた。汚れ、天井は落ち、何の建物とも定めがたい荒れようながら、壁は堂々と空につっ立ち、年経たいまの姿のまま、何年も、何百年も、何千年も存在しつづけそうに思われた。

⑫　廃墟とは放棄した意志である。しかしそれは無であってはならず、意志なくして持続し、理由なくして現存するものである。見事な自己放棄、そして図々しい非存在の存在。この時間の外にあって時間を呼吸し、死者の静寂をそのまま、平然と生者のあいだに伍《ご》している無機質。かつて生者の意志がそれを築き、いま意志に見捨てられながら瓦解《がかい》を拒《こば》みとおしているこの由《よし》ありげな人工の産物は、死によりそう私をほとんど感動せしめた。

動かせ＝動かし。

蘇生＝生き返ること。

たけた＝盛り、あるいは盛りを過ぎた状態。

伍して＝肩を並べて。

瓦解＝総くずれになること。

由ありげ＝理由・訳のありそうな。

読みつなぎ方

Ⅲで大きな心情・想念の展開があったので、読者としてはいよいよその最終局面を知りたくなるが、再びⅣでは、母の臨終直後の過去へと話が戻ってしまう。いささかじれったい思いがするが、これも作者の計算であろう。

さてⅣ（第⑪・第⑫段落）では、Ⅲの第⑨段落で示されていた「廃墟の静寂」が、母の臨終直後に抱いた「私」の想念であったことが語られる。

それでは、「病院から郷里へ、母の遺骸を自動車でうつすとき」の「私」に、なぜ廃墟は親しいものとして映ったのだろうか。

この時の「私」は、「信じられない蘇生を信じて裏切られた」わけだから、当然にも、母を生者の世界に何とかつなぎ止めておくこと（そしてそれを正当化する理屈）を強く求めていたのである。そのとき目にした、生者の意志に見放されながらも何百年、何千年も堂々と存在し続けそうな「廃墟」が、「死によりそう私をほとんど感動せしめた」のは、まさに、その「廃墟」と同じく、「死者の静寂をそのまま、平然と生者のあいだに伍して（＝対等に並び立って）いる」ような永遠の存在となってほしいと「私」が「母」に対して思ったからにほかならない。こうして「私」は、意志をなくし死んでもなお、生者のあいだに存在し続ける母という理屈を、その「廃墟」の存在から感動をもって手に入れたのだ。

ところで、第⑫段落の表現はどれもなかなか難しい。「放棄した意志」「見事な自己放棄」「平然と生者のあいだに伍している無機質」「意志に見捨てられながら瓦解を拒みとおしている」。どの表現も言葉が少しずつずらされながら、「私」を感動させた「廃墟」についての記述となっている。たとえば「見事な自己放棄、そして図々しい非存在の存在」という表現は、「廃墟」はその意志が放棄された「非存在」のもの（生命のない無機質）でありながら堂々と生者とわたり合っている点で、「見事」で「図々し」い「存在」である、というような意味になろう。いずれにしても、「廃墟」が、亡き「母」に対する、死んでも生者の間に存在し続けていてほしいと願う「私」の想念の象徴であるということが、間違いなく読めていればよい。

Ⅳの場面のまとめ

出来事＝母の遺骸を運ぶ途中で、頑丈そうな廃墟に目がとまった。
心情・想念＝生者に伍して堂々と存在しつづける廃墟は、死によりそう私をいたく感動させた。

Ⅴ　精霊を流す「私」の想念（現在）（第⑬段落）

⑬ いま私は、廃墟よりも、廃墟にすがれていた秋草に思いをやっている。枯れてゆく草たち。けれどもそれらは悔いのない夏の日の営みののち、来《こ》ん年のために存分の種子を散布し終えていたのである。等質の・凝固した・死の時間の支配する廃墟のなかに、*生成の・輪廻《りんね》の・継代の生の事実をこそ私は見るべきであった。この平凡な事実の不思議は、私のながいあいだ見つめてきた母の死を、私のながいあいだ忘れていた自身の生に無理なくつれもどす。C別離を新たにする辛《つら》さは身にしみている。身にしみていればこそと言おうか、母よ、あなたの空しくなった丁度《ちょうど》一年目のいま、私は未練なくあなたを彼岸の夜にかえし、私一人、この世の光のなかに歩みでようとしている。

すがれていた＝枯れ始めた。枯れていった。
輪廻＝何度も生まれ変わること。
空しくなった＝亡くなった。

読みつなぎ方

冒頭に「いま私は、廃墟よりも、廃墟にすがれていた秋草に思いをやっている」とある。**Ⅳ**では、「私」は、秋草よりも廃墟のほうに思いを寄せていた。その思いが、ここに至り反転したのである。
確かに枯れていく秋草は、頑丈なコンクリートの廃墟に比べればいかにも頼りない。「けれどもそれらは悔いのない夏の日の営みののち、来ん年のために存分の種子を散布し終えていたのである」。このような秋草の営む「生の事実をこそ私は見るべきであった」。つまり、一つの死は、それ自体として完結しているものではなく、生成・輪廻の「生の事実」の無限連鎖の一つとして、死者は自らの生を新たに生き始める生者のために引き渡し、その生をまっとうしていくものなのであるという認識に、「私」はいまようやく到達したのである。このとき「私」は母の死を、永遠不滅の存在として「廃墟」に重ねて意味付けることはやめ、死んではいくものの、「私」に生の「種子」を渡してくれた存在として、「種子を散布し終えていた」「秋草」に重ねて受け止めたのである。

そして、この段落の終わりの「別離を新たにする辛さは身にしみている」は、「別離を新たにする」という共通のキーワードで明らかなように、Ⅰの第③段落「その時私は知ったのだった。供養とは別離を新たにすることだ」につながっており、Ⅰで提示された「供養とは別離を新たにすることだ」という言明のなぞが、ようやくここで明らかにされたのである。

つまり、最後の一文に「私は未練なくあなたを彼岸の夜にかえし、私一人、この世の光のなかに歩みでようとしている」とあるように、死者は死者として、生者は生者として、「生の事実」にのっとって、それぞれが自らをまっとうするために「別離を新たに」し、それを供養を通じて再確認して、生者は死の深い悲しみからもう一度生の世界へと踏み出していくのである。まさに、初盆の精霊流しの「抽象的な別離の形式」（第③段落）は、「未練なくあなたを彼岸の夜（死）にかえ」し、同時に「私」が「この世の光（生）のなかに歩み」出るための、「ベッドの横で私のもったまことの別離」をしのぐ、死と再生の儀式としてあったのだ。

＊〔語句の説明〕

「生成の・輪廻の・継代の生の事実」（第⑬段落）

生と死を対立するものとして見るのではなく、一つの死は代を継いでまた別の新たな生につながっていく（次々と生まれ変わっていく）というように、生と死をより大きな連関で捉える、仏教的な見方。

Ⅴの場面のまとめ

出来事＝一年前とは異なり、私はいま、廃墟より、廃墟にすがれていた秋草に思いを寄せるようになった。

心情・想念＝死を生成・輪廻の中に位置づけることで、母と私は死者と生者として別離を新たにし、私は「生」の世界に再び歩み出ていこう。

文章の構成がかなり複雑だったので、最後にもう一度、実際の時間の流れに沿って形式段落を並べ換えて、まとめとしておこう。

(1) 母の臨終……Ⅱの③''
(2) 病院から家へ（「廃墟」の想念）……Ⅳの⑪・⑫
(3) 葬儀・埋葬……Ⅱの④・⑤・⑥、Ⅲの⑧
(4) 初盆の墓参……Ⅲの⑦・⑧・⑨・⑩
(5) 精霊流しでの新たな想念の展開……Ⅰの①・②・③'、Ⅴの⑬

最後に付言すれば、「出来事」と言っても、「母が逝去した」というような客観的な出来事もあれば、「廃墟より秋草のほうに思いを寄せるようになった」というような登場人物の内面に生じる、主観的な出来事もある（→P75）。いずれにしても、心情・想念がどういう出来事との関わりで生じているかをつかもうとする姿勢が大切である。

全体のまとめ

母を亡くしてから、私は母を生者の世界に留めておきたい未練がましい気持ちにひかれて、生者のあいだに伍して立つ廃墟に感動したり、墓標の戒名に生者のしるしの朱を密かに残してみたり、その死を受容しえない日々を送ってきた。しかし、初盆に母の精霊を流すなか、この供養を通じ別離を新たにし、生をまっとうして死んだ母を未練なく彼岸にかえし、その母から生を手渡されたものとして私は自己の生を引き受けようと思った。

（一九八字）

設問解説

問一

小説文の時間構成を問う問題。**読みつなぎ方**でも見た通り、この文章は時間構成が入り組んでいる。この時間構成を理解できなければ、読解はできないはずだから、このような「時間の経過」を問う問題がまず最初に出されて当然であろう。

Xは、「Ⅰ　初盆での母の精霊流し（現在）」の体験。Yは、「Ⅲ　初盆を迎えての墓参（現在）」の第⑧段落に説明があるが、「母を葬った日の終わり、私は刃のような竹をそいで、たんねんに刻面の朱をいためつけたのであった」とある通り、埋葬の日の回想として語られている体験である。Zは、「Ⅳ　母の臨終直後（過去）」の体験。

時間の経過に従って、これらの体験を順に並べると、Z（母の臨終直後）→Y（母を埋葬した日）→X（初盆の日）となる。よって、答えは**エ**。

問二

設問では、「具体的にどのようなことを指して言ったものか」と指示語の問題のようになっているが、傍線部全体が比喩表現になっている以上、それが意味していることをたどっていかねばならない。傍線部Aを、**a**「巫女の唇のような色彩」の部分と、**b**「密約をかわす」の部分に分けて考えていこう。

解法のヒント　⑩比喩表現の説明問題

一般的に比喩とは、あることがら（たとえば「雲」）をそれとは直接結び付かない別のことがら（たとえば「綿菓子」）をイメージとして連想し、表現した修辞法（「綿菓子のような雲」）である。その説明に当たっては、

（１）比喩表現のうち、説明すべき要素・部分を決める
（説明するポイントは、何と何か）。

（２）比喩が置かれている文脈の主題・論旨に沿って説明する（何をたとえて言っているのか）。

では、この問題に即して、答案をまとめる道筋をたどっていこう。

aは、同じ段落の「生者のしるしに、朱に彩られていた母の碑銘」「刻面の朱」「彫の深い隅は、厚く塗料を埋没せしめ」などから、母の碑銘にある生者のしるしとしての朱の塗料のことを指しているとわかるだろう。特にここでは、朱の塗料が意味する

こと（生者のしるし）を明確に言っておかなくてはならない。

次に**b**だが、「密約」という語に注意すると、この段落の4行目の「この剥離の困難さが、私にひそかな企みを教えた」の「ひそかな（密かな）企み」がほぼ同じことを言っていると気付くはずだ。そしてこの「ひそかな企み」の内容が、次の文に説明されている。この一文を要約すれば、〈母の碑銘の隅々に密かに朱の塗料を隠し、母が死者となったことを否定し続ける〉というようなことになろう。

以上、**a**と**b**の二つポイントをまとめればよい。

問三

設問に「このときの『私』の気持ち」とあるが、「このとき」とはどのようなときなのだろうか。Ⅲの**読みつなぎ方**でも見た通り、第⑨段落の冒頭の「けれども」以降、傍線部Bの文脈は、初盆の墓参で「私」のそれまでの想念が大きく反転する場面に関わっている。つまり、このとき「私」は、これまでのように母を未練がましく生者の世界につなぎ止めておくことはもうできないと知ったのである。

それはまた同時に、傍線部Bの直前に「私に追憶に生きることの徒労が目覚め」とあるように、母を失ってからの「私」自身の後ろ向きな生き方への反省も呼び起こすものであった。

こうした内容に合致するものは、**オ**しかない。

アは、「いまだに母の死を信じたくない」が、ここでの想念に反する。

イは、「母の思い出が徐々に色あせてきつつある今」が、この文脈にない。

ウは、「（廃墟も）やがて滅びねばならないことに気づいた」が、この文脈にない。「気づいた」のは、「朱はいつか剥脱しなければならぬ」ことの方である。

エは、「理不尽な人間世界への憎しみ」が、文脈にない。

問四

これも**問一**と同じく、文章全体の時間構成が理解できていればたやすく解ける。傍線部CのあるⅤは、Ⅰと同じ時間にあり、どちらも初盆の精霊流しで抱いた想念の記述なのだから、答えは初盆の場面を記述した**ア**である。ほかの選択肢はどれも、初盆の時間帯に直接関わるものではない。ここでも、「**小説文を読む方法(3)**」を生かせたかを確かめてもらいたい。

解答

問一　エ

問二　母が死者となったことをいまも否定し続けるものとして、母の碑銘に生者のしるしとしての朱の塗料を密かに残しておいたこと。（五八字）

問三　オ

問四　ア

知の扉⑧

「生と死」をめぐって

近代社会では死は生の終わり、その否定として一般的に忌《い》み嫌われ、死者は私たち生者の目から隠蔽《いんぺい》される。しかし、このように、死は生の意味を暴力的に否定するものでしかないのだろうか。

いずれにしても、一人の人間にとって死は避けられないものとしてある以上、古代から、人はこの死をめぐってさまざまに思索を重ねてきたといってよい。その結果が、宗教となり、また哲学となったのだろう。

古代からの宗教や哲学は、死の意味を論じている。一般的に言えば、人間の生の意味はむしろ死の意味の方から与えられているという考え方である。たとえば天国・浄土という観念を設け、死の意味付けをするとともに、死んだらそこに行けるようによく生きよ、と言うのである。言い換えれば、自分が死すべき存在であることを自覚することによって、生きていることの意味を見出すという発想である。生が横溢《おういつ》する青年期を生きる受験生諸君にはわかりにくい話かもしれないが、たとえば親友の葬儀に参列して、自分もいずれは死ぬのだと深く知ったとき、身の引き締まるような思いをしたとしてもおかしくはないだろう。さらには、その親友の分もしっかりと生きようと自分に誓うことさえあるかもしれない。死の自覚とは、「いずれは死ぬのさ」と投げやりになることではないはずだ。

上田三四二の「廃墟について」でも、母の生を否定するものとして現れた暴力としての死に、「私」は初めは理不尽さを感じ、何とか母の死を認めまいとする。しかし、一年の時間の経過の中で、「私」はやがて母の死の意味を知るようになり、そのことによって同時に「私」が生きていることの意味をも深く知るようになるのである。これは**「死と再生」**というテーマともつながる。この文章を読んだ諸君はもうよくおわかりのことだろう。「私」は、母の死を経験することによって、それ以前の「私」にはなかった新たな死生観を持った「私」として生まれ変わったと言える。一つの死が別の新たな生の始まりにつながっているというのは、親から子へ、そして孫へという生の流れのことでもあり、また、一人の個人が新たな自分を発見する精神の出来事にも見られるものだ。あるいは、社会体制が大きく転換するとき、そこにも社会レベルでの「死と再生」のドラマを見ることができるだろう。

近代社会のありようを反省的にとらえ始めた現代では、「死と生」をめぐる問題を従来とは違った視点から見ようという試みもなされている。たとえば、医療の現場では、末期の患者をただ延命させる治療をするのではなく、患者の人生のよりよき締めくくりの「時間と空間」を、患者を中心として医療チーム・家族・ボランティアたちが一体となって創造する「ホスピスケア」（緩和ケアとも呼ばれる）の取り組みが始まっている。そこでは、死は決して否定されるべきものではなく、その人の人生の完成として、そして、残された日々の生を深く意味付けるものとして捉えられる。患者も、そして介護する家族も、死を意識しながら、より充実した生きる日々を共有し、いずれはやってくる死をゆるやかなかたちで受容する準備をそれぞれがしていくのである。「ホスピスケア」という言葉と関連して、「ＱＯＬ（＝Quality of Life）という言葉もよく使われる。「生活（生命）の質」と訳されるものである。患者を「治療漬け・薬漬け」にしないで、いかに患者の「ＱＯＬ」を維持し高めるか、というように用いられる。

ところで、医療技術の高度化を背景に臓器移植に伴う脳死概念や人工受精など、従来の死生観の変更を迫るような事態に私たちは直面してもいる。たとえば、脳死（脳機能が停止状態になっている一方で人工呼吸器などによって心肺機能が維持されている状態）を「人間の死」と認めるかどうか、あるいは臓器移植治療を是とするか非とするかなど、さまざまな議論が現在進行中である。また iＰＳ細胞の研究によってもたらされる再生医療や不妊治療などに期待が寄せられると同時に、一方ではその研究や医療過程において生じるさまざまな倫理的問題が浮上してもいる。今後とも、科学技術の進展は新たな問題を呼び込み、そのなかで「生と死」の再定義の試みが繰り返されていくことだろう。

上田三四二（うえだ・みよじ）
一九二三〜一九八九年。歌人、評論家。医業のかたわら上梓《じょうし》した歌集のほか、『西行・実朝・良寛』などの古典文学評論、また生と死を見つめる文体に貫かれた『うつしみ』などの随筆がある。

【参考図書】
上田三四二『無常について』（講談社学術文庫）
山折哲雄『わたしが死について語るなら』（ポプラ新書）
森岡正博＋寺田にゃんこふ『まんが哲学入門―生きるって何だろう？』（講談社現代新書）

［問題８］高橋和巳「事実と創作」

文章全体は、「事実と創作」というタイトルの通り、「創作」（芸術）が「事実」とどのように関連するのかについて論じたものである。そのテーマを「仮構」（フィクション）と「事実」の関係と言い換えてもいいだろう。文章の構成は、「Ⅰ　芸術の性質――対社会的伝達」（第①段落・第②段落）、「Ⅱ　表現における事実と仮構の関係」（第③段落・第④段落）、そしてⅠ・Ⅱを踏まえたうえで、「Ⅲ　古典における『事実と仮構』」（第⑤段落）、「Ⅳ　文学作品における『事実と仮構』」（第⑥段落）のあり方について、それぞれ論じる流れとなっている。

Ⅰ　芸術の性質――対社会的伝達（第①段落・第②段落）

①　芸術というものは、想像作用を大きな要素とする点で、夢とその性質に重なる部分をもつけれども、しかし芸術は対社会的伝達を大前提とする作業であり、内面的にも悟性・理性・判断力といったあらゆる能力が動員されるものであるから、前芸術的な段階での空想や夢のもつ特質がそのままあてはまるものではない。

②　夢や白昼夢のもつ決定的な性格は、徹底した自己中心性ということであり、無反省ということであって、それゆえに、人はいかに夢のなかで楽しく、あるいは苦しかろうと、その夢が他者と共有されることはないのである。*表現という行為は、それ自体、伝統がそだててきた言語、社会の基本的な約定に自分を一たん従わせることであって、それゆえ、常に「言は意を尽くさ」ないけれども、尽くしえ

悟性＝広く知的な思考能力を言う。英語では“understanging”。

白昼夢＝昼間、目を覚ましたまま見る夢。転じて、非現実的な空想にふけること。

約定（やくじょう）＝取り決め。

ないものよりは尽くしうる部分を、ともあれ大事にすることでなければならない。我ひとともに人間であることの了解のうえに、言語は成立し、伝達は可能となる。

読みつなぎ方

まず第一文では、「芸術」と「夢」（空想、白昼夢）とを比較しながら、「芸術」の特質を述べていることが読み取れるだろう。そのことを念頭に置きながら、以下を読みつなぎ、整理しよう。

●夢（空想・白昼夢）＝前芸術的段階
1＝想像作用を大きな要素とする
2＝自己中心性（「対社会的伝達」がない、他者と共有されることはない）
3＝無反省（悟性・理性・判断力などを動員する必要がない）

●芸術
1＝想像作用を大きな要素とする
2＝対社会的伝達を大前提とする
3＝悟性・理性・判断力などを動員し、言語に自分を従わせる

この内容を吟味してみると、「芸術」にとっての「大前提」は2の「対社会的伝達」であり、3はそのための手段・方法だ。まず、「悟性・理性・判断力」を働かせることで、想像力によって生み出された事柄を整理し、次いで「言語」を用いて表現する。しかし、「言語」とは「伝統」が育ててきたものであり、かつ、「社会」の基本的な約定（取決め）である。とすれば、「他者」に「伝達」するためには、社会全体の共有財産である「言語」に、「自分」を従属させるほかはない。しかも、「言は意を尽くさ」ない（私たちがそれを的確に表現できず、ただ「うーむ」と唸《うな》ったり、「何とも言えないのだが」と呟《つぶや》いたりする場面を考えよ）。しかし、そうであっても人間である以上、言語を用いて「表現」することで他者に「伝達」するしか道はないのである。ここまでで、筆者の言う「芸術」とはどんなものか、理解できただろうか。

なお、「言語」によって表現される「芸術」とは「文学」であり、ここでの「芸術」とは主として「文学」であるということも押さえておこう。

＊〔語句の説明〕

「表現」（第②段落）
芸術論や文学論で用いられる「表現」という語は、「芸術的表現」の意味で用いられることが多い。

Ⅰのまとめ

芸術は想像作用を大きな要素とする点で夢と共通するが、しかし芸術は対社会的伝達を大前提としているのであり、悟性・理性・判断力などを働かせつつ、伝統的かつ社会的な言語によって表現しなければならないのである。

Ⅱ　表現における事実と仮構の関係（第③段落・第④段落）

③　ところで、その表現という次元で、〈事実〉と〈仮構〉ということが新たな問題として浮かびあがってくる。つまり芸術家には、人に伝えたい強烈なイメージがまず存在するわけだが、そのイメージは現実的対応物をもっているとはかぎらない。たとえば、一人の男性が、いささかの女性遍歴のすえに、ついに満たされなかったものを、一種の極端化の思念によって〈聖母〉というイメージに結晶させたとする。彼個人には、それはありありと存在する。だが現実的な対応物は存しない。私は聖母の観念をもってるんだ、これが何よりも大切なのだ、信じてくれよ、と叫んでみたところで、それは無意味である。彼はそれを人にも了承しうる像に、現実化し、具体化し、客観化しなければならないわけだが、なに

仮構＝想像力によって組み立てられたもの。「虚構」（＝フィクション）とも言う。

観念（→P18）

を構築するにせよ、結局は現実に存在する材料しか、つかえない。
④そこで、歴史上の事実や自然的世界の構図などを、彼は可能なかぎり利用しようとする。現実的に対応物をもたないイメージや思念を表現し伝達するのに、〈事実〉に力を借り、借りるばかりか、出来るだけ事実らしくみせ、事実はそれが事実として存在するならば、どんなことでも人は究極において容認するというくやしい法則を利用するより手はないというのが、〈想像的表現〉がおちいらねばならぬ背理なのである。

背理＝道理・論理に反すること。

読みつなぎ方

Ⅰでは、「文学」は「言語」によって「表現」することで他者に「伝達」する「芸術」であると、言語芸術の性質について述べていたが、第③段落の冒頭で、「事実と仮構」という新たなテーマを提示する。第③段落と第④段落を読みつなぎながら「事実と仮構の関係」について整理してみよう。

1　芸術家には人に伝えたい強烈なイメージがある。
2　そのイメージを人に了承してもらうには、イメージを「現実化し、具体化し、客観化」しなければならない。
3　そのためには「現実に存在する材料」（＝事実）しか、つかえない。
4　イメージや思念を表現し伝達するには、事実に力を借り、出来るだけ事実らしくみせるよりほかはない。
5　なぜなら、人はそれが事実であるならば、どんなことでも容認するという法則があるからだ。

つまり、1のためには、5に従って、2、3、4するほかないのである。

ということは、「伝達」は人に「了承」され「容認」してもらって初めて完成するのだから、芸術家が自分だけのつかんだ独特のイメージを十分に伝達するためには、「くやしい」ことだが人びとの共有している一般的な事実の力を借りねばならないのである。これが「想像的表現がおちいらねばならぬ背理」であり、このようにして「表現」されたものが「仮構」、つまり「文学」なのである。

Ⅱのまとめ

人は事実を究極において容認する以上、芸術家のもつイメージは事実に力を借り、出来るだけ事実らしく見せて表現するほかはなく、そこに想像的表現、つまり仮構のおちいらねばならない背理がある。

Ⅲ　古典における「事実と仮構」（第⑤段落）

⑤　いろんな苦肉の策が試みられてきた。たとえば理想、つまりは道徳の想像的イメージを歴史として記述し、それを人類の文化史のもっとも古い時代のことと想定し、はるかな時間の高みに投げあげてしまうことである。誰がそうしたのかは知らないけれども、洋の東西を問わず、理想世界を太古《たいこ》に想定する歴史観が長期間にわたって存続したことは、単に戯曲や小説という架空的表現の登場発達といった問題をこえて、想像的イメージが、社会的に、効用をもつためにはどういう手続きが必要だったかを物語る。たとえ科学が未発達であっても、どの共同体、どの村落、どの時代、どの民族にも必ずいる知恵者というものが、事物の即物的記述と、非事実の事実的表現とを区別する能力をもたなかったとは思えない。ホメロスを語る詩人も、堯舜《ぎょうしゅん》伝説を読む読書人にも、おそらくはその二つのことの区別はついていたと思われる。いや、区別がついていただけではなく、そうした非実在の事柄や人物のイメージを思い浮かべることの、人間精神に対して果たす役割というものを、むしろ明確に自覚していたのではないかと、近ごろ私は考えはじめている。ということは、Bそういうものとして、古典を読み研究し評価すべきだということを意味する。

苦肉の策＝苦しまぎれに考えた方策。
太古＝大昔。有史以前。
共同体＝家族、村落のような集団。
即物的記述＝事実そのものを、想像を交えずに書き記すこと。
ホメロス＝古代ギリシャの詩人。「イリアス」と「オデュッセイア」の作者とされる。
堯舜＝共に中国古代の伝説上の理想的帝王。

読みつなぎ方

第⑤段落では、「古典」を取り上げて、Ⅱで提示した「表現における事実と仮構の関係」についての議論を深めていく。ここでの「古典」とは「理想、つまりは道徳の想像的イメージ」を「歴史」（事実）として記述したものである。ただし、その「歴史」とは「想定」された「古い時代」のことであり、「太古」であって、「社会的に、効用をもつために」（対社会的伝達）、「出来るだけ事実らしくみせ」かけた「歴史」（非事実）なのである。つまり、「理想」というイメージを人びとに伝達するためには、「事実」らしく見せるという「手続き」が必要であったのだ。

そして、「古典」の生まれた時代が、科学の未発達な時代であっても、「事実の即物的記述」（事実をありのままに書いたもの）と、「非事実の事実的表現」（イメージや思念を事実に力を借り、出来るだけ事実らしく書いたもの）、すなわち「古典」との区別はされていたはずである。

いや、区別されていただけではなく、「イメージを思い浮かべること」（想像力）が「人間精神」にとってどれほど重要であったか、つまり、そこには事実そのものではないが、その時代の人間精神の真実が表現されていることを明確に自覚しつつ、「古典」は作られたのであり、「古典」とは「そういうものとして」捉えるべきなのである。

この筆者の論点に立てば、戦前の日本では皇国史観のもとで「神話」は「事実」そのものであるとして教えられ、戦後は科学的歴史観のもとで「神話」は「仮構」でしかないと抹殺されてきたが、どちらも「事実と仮構」のダイナミズムを理解しない誤った態度であり、それが生み出された時代の人びとの想像的イメージの表現として「神話」を「読み研究し評価すべき」だ、ということになるのだろう。

Ⅲのまとめ

古典も、理想という想像的イメージを歴史的事実であるかのように表現したものだが、それは想像力の人間精神に対して果たす役割を自覚したうえに成立したものである。

Ⅳ　文学作品における「事実と仮構」（第⑥段落）

⑥こうした大問題だけではなく、多くの詩文にえがかれる、人物像や風景すら、それは芸術であるかぎり、事実の模写というよりは心的イメージの表出であるのだが、文学の専門的な研究者すらがしばしばそのことを忘れがちである。

見わたせば　花も紅葉も　なかりけり　浦のとまやの　秋の夕ぐれ

と歌われていても、それはなにも浦のほとりに詩人が立って歌ったのではなく、書斎で心中のイメージをまさぐりつつ歌われたのである。想像的イメージとその相関者としての感情は、その伝達のために事実の衣を借りるが、次に伝達された時、そのイメージを浮かべるための、あたかも*虚無への無償の奉仕に近い労苦は捨象され、歌われた情景がそのまま存在するかのように思いこまれる。時に世に行われる「文学散歩」などというものは、そういう錯覚の上になり立っているのだが、しかし読者の側に立てば文学的イメージも読者の心中に一つの像をむすべば、*一つの〈事実〉なのだから、それもいたしかたないのかもしれない。いや、誰しもが、何かの作品に刺戟《しげき》されて*胡蝶《こちょう》の舞をひととき舞う権利はあるわけであって、歌枕なる名勝で、C現実と架空の間隙《かんげき》を飛ぶこころみとしては、「文学散歩」なども意味はあるわけだろう。

表出＝思想・感情を文章・絵画などで表すこと。ここでは「文学的表現」のこと。

見わたせば…＝藤原定家の歌。「とまや（苫屋）」は、粗末な小屋のこと。

相関者としての感情＝人間の心的イメージには、必ずそれに相当する感情がついてまわるが、その感情のこと。

捨象（→P18）

文学散歩＝文学作品に描かれた現地を訪れてみること。

歌枕＝和歌によく詠み込まれてきた名所のこと。

読みつなぎ方

古典もまた想像的イメージを、事実に力を借り、出来る――だけ事実らしく見せた表現であるというⅢの内容を受けて、第⑥段落では、文学作品と読者との関係という問題に論を進めていく。

文学作品は「事実の模写」ではなく、「心的イメージの表出」であるが、「その伝達のために事実の衣を借り」ているので、一般の読者はもちろんのこと、「文学の専門的な研究者」でさえも、それが「イメージ」であることを忘れ、「事実」であるかのように思い込んでしまうのである。

しかし、読者が作品を通して「文学的イメージ」を描くということも、「一つの〈事実〉」であり、読者が文学作品、すなわち作者の想像力に刺激されて、読者自身の想像力を働かせ、心的イメージを描くこと（たとえば現実にはない美しい世界を思い描くこと）は想像力が人間精神に対して重要な役割を果たす（第⑤段落）以上、きわめて意味のあることなのである。

＊〔語句の説明〕――

「虚無への無償の奉仕」（第⑥段落）

文学作品の作者はその創作過程で、自分の抱いた事実としては存在しない「想像的イメージ」（＝「虚無」）をなんとか表そうと、現実的な見返りがあるわけではないのに、自分の納得できるまでその表現を追い求める（＝「無償の奉仕」）ということ。

「一つの〈事実〉」（第⑥段落）

現実的な事実とは違い、心的な事実（真実のこと）であることを明らかにするために〈　〉が付けられている。

「胡蝶の舞」（第⑥段落）

中国の荘子が胡（蝴）蝶になった夢を見、覚めて後、自分が夢で胡蝶となったのか、胡蝶がいま夢の中で自分になったのかを疑ったという逸話を「胡蝶の夢」といい、夢と現実がさだかに分別されていないこと、さらに、人生のはかないことのたとえにされるが、ここでは想像力によって現実を超えたイメージの世界に遊ぶことを言う。

Ⅳのまとめ

読者は文学作品に描かれた心的イメージを事実であるかのように錯覚しがちであるけれど、しかし、読者が作品に刺激されて、現実を超えた一つのイメージを結ぶことも意味があるだろう。

全体の論旨

文学とは想像的イメージを事実の力を借りて表現したものである。

本文全体を通して「事実と仮構」の背理的関係について論じていることをつかむ。その中心テーマを正面から論じたⅡの部分だけでなく、Ⅲにも「非事実の事実的表現」（第⑤段落７行目）、またⅣにも「想像的イメージとその相関者としての感情は、その伝達のために事実の衣を借りる」（第⑥段落６行目）という背理的方法が繰り返し出てきていることからも、その把握は難しくはないだろう。全文要約では、Ⅰを前提としてⅡを核心部に置き、中心テーマと関連するⅢ・Ⅳのキーセンテンスも加えておくとよいだろう。

全文要約

言語芸術は対社会的伝達を大前提とするため、現実的対応物をもたない芸術家の想像的イメージは、それが人々に受け入れられるように事実に力を借り事実らしく見せて表現するという、想像的表現が避け得ない背理を要請する。この背理的方法に立ち、非実在のイメージを思い浮かべることが人間精神に果たす役割に自覚的であったものとして古典があり、また心的イメージが実在するかのように読者に思われさえする文学があるのである。

（一九九字）

設問解説

問一　**傍線部問題の基本**（↓Ｐ140）を踏まえ答案を作っていこう。

手順（１）傍線部中の語句に留意する↓傍線部Ａが引かれたうえ、設問で「なぜ『くやしい』と言うのか」と、「くやしい」に説明の焦点が当てられていることに留意する。「くやしい」とは、たとえば「試合に負けて悔しかった」というように、

〈思い通りにならなかったことへの腹立たしさや残念さ〉のことであるから、理由説明に際しては、〈当初の思い〉と〈それに反する事態〉のズレを答案に示すことを考えておく。

手順（2）傍線の引かれた一文全体を確認する→傍線部Aの直前に「**という**」とあるから、傍線部Aの内容は「という」の前に述べられていることに等しい。直前部分を整理すると、

a1　現実的に対応物をもたないイメージや思念を表現する
a2　（その際）事実に力を借り、事実らしくみせる
a3　（その理由として）事実として存在すれば人はそれを容認する

の三点になる。これらがAの内容である。

手順（3）関連部の主題、キーセンテンスを踏まえる→傍線部Aのある一文全体は、Ⅱのキーセンテンスであり、また**全体の中心論旨**を示した重要な文である。したがって、**手順（3）**はすでに見た**手順（1）（2）**の作業に含まれていたことになる。

以上の基本的な作業を踏まえ、『くやしい』と言う」理由説明の答案を組み立てていくことにしよう。まず「くやしい法則」に相当する内容はa1からa3であるが、それらをそのまま書き出すだけでは理由説明とはならない。**手順（1）**で確認した通り〈当初の思い〉（b1とする）と〈それに反する事態〉（b2とする）のズレを指摘しておかねばならない。b1の手がかりは第③段落にある。「芸術家には、人に伝えたい強烈なイメージが**まず存在**」し（2行目）、「彼（＝芸術家）個人には、それ（＝イメージ）は**ありありと存在する**」（5行目）。芸術家は〈できればそのイメージをそのまま表現したい〉（b1）のである。しかし「現実的な対応物は存しない」ので、「人にも了承しうる像に、現実化し、具体化し、客観化しなければならない」（7行目）。かくして芸術家は〈不本意ながらも〉（b2）「くやしい法則を利用」するほかないのである。以上を整理すると、

b1　（a1と関連付けて）芸術家は**本心では**自分のもったイメージを**そのまま**伝えたい（…〈本当はこうしたい〉というニュアンスを出す）
b2　（a2と関連付けて）事実に依存し事実らしく表現する**しかない**（…〈やむなくそうしている〉というニュアンスを出す）

となる。解答例（次頁）の「できればそのまま伝えたい」がb1、「不本意ではあれ……するほかはない」がb2に当たる。答案の構成は、〈a1（b1を付加）→a2（b2を付加）→a3**だから**〉の順、もしくは〈a1（b1を付加）→a3→a2（b2を付加）**だから**〉の順でよいだろう。

問二

まず、傍線部Bの「**そういうもの**として」の指示内容を確かめる。傍線部のある一文の冒頭に「ということは」とあるから（**一文全体の確認！**）、直前文に目を向け、「そういうもの」が「そうした非実在の事柄や人物のイメージを思い浮かべることの、人間精神に対して果たす役割というものを、むしろ明確に

自覚していた」（aとする）を指していることをつかむ。このaの内容を含む選択肢は**ウ**しかない。また、**Ⅲのまとめ**で示した通り、「古典」は「理想という想像的イメージを歴史的事実であるかのように表現したもの」（bとする）である。**ウ**の前半「非事実を歴史的事実であるかのように表現したもの」は、このbについて述べている。

選択肢**イ**の「人間精神における想像力の偉大な役割」の部分がaを意味するかどうか迷ったとしても、その前半の「……空想的記述」の部分がbの「歴史的事実であるかのように表現したもの」に反し、間違いだと判断できる。**ア**は「太古という歴史的事実」（bがない）、「文学という想像的表現はいかにあるべきか」（aがない）の部分が、また、**エ**は「知恵者が語ったイメージの表現」（bがない）、「読者の想像力をかきたてる」（aがない）の部分が、それぞれ誤った説明である。

問三

傍線部Cの「現実と架空の間隙を飛ぶ」がどういうことを言っているのか、**傍線部のある一文全体を確認する**ことから始めよう。一文は「誰しもが、何かの作品に刺戟されて……歌枕なる名勝で、現実と架空の間隙を飛ぶ」とあるから、傍線部Cは、作品（詩文）を読んだ読者が「歌枕」とされている有名な景勝地で行う行動であることがわかる。また、**関連部の主題**、**キーセンテンスを踏まえる**と、傍線部のすぐ前の部分で「文学散歩」の話題が出ている（第⑥段落）。以上から、傍線部Cは、ある作品に触発された読者が〈作品に歌われた場所を実際に訪れ〉（aとする）、そこで〈作品世界に思いを馳《は》せる〉（bとする）というようなことを意味していると理解できる。このa・bを**選択肢を吟味していく視点**に置くと、選択肢**ア**の「作品の素材となった現実を前にし」の部分がaを、「読者の想像力によって……読者なりのイメージを抱く」の部分がbを言っていると理解される。

選択肢**イ**は「現実を超えた空想の世界に遊ぶ」はaを説明したことにならないし、「文学者になったかのような幻想」もbの説明ではない。**ウ**は「現地を訪れることなく」、「現実とは無関係に」がaに反する。**エ**はaについてまったく触れていない。また「作者の心的イメージを自分のものにする」という部分は〈作者のイメージと読者のイメージが一致する〉ということを意味することになりおかしい。本文では「読者の心中に一つの像を結べば」（傍線部の2行前）とあるように〈読者なりのイメージをつくる〉と述べているからである。

解答

問一 芸術家は現実的な対応物がない強烈なイメージや思念をできればそのまま伝えたいが、それを人に伝えるには不本意ではあれ事実のように見せかけ、人がそれを事実として容認するように表現するほかはないから。（九六字）

問二 ウ

問三 ア

知の扉⑨

芸術論・文学論をめぐって ――「虚構と真実」「創造と伝統」

入試現代文において、よく取り上げられるテーマの一つに「芸術論」「文学論」がある。そこで、「虚構と真実」、そして「創造と伝統」という問題を取り上げ、文学や芸術をめぐるテーマについて考えておくことにしよう。

「虚構と真実」

「虚構・仮構＝フィクション」としての文学作品も「事実」に依拠して語られるので、しばしば「事実」の再現、あるいは「事実」の伝達であるかのように受け取られる。たしかにそうした面があることは否《いな》めない。たとえば、歴史的な「事実」に基づいた歴史小説を読むことで、今まで知らなかった歴史的「事実」を知るということはある。だがしかし、「虚構・仮構」としての文学作品は、歴史的「事実」を伝達しようとする「歴史」とは明らかに違うのである。

「虚構・仮構」としての文学作品は、どのように「事実」に力を借り、できるだけ「事実」らしく見せようとしてはいても、それが読む者の心に感動を与えるとすれば、それは作者の想像力によって創り出されたイメージの力によるものであり、そのイメージの持つ迫真力、リアリティ、存在感が読者の心を打つのであり、そうした美的感動を引き起こすものを「真実」と言うのである。いわば、「虚構・仮構」においてより鋭く「真実」が立ち現れてくるのである。

このことは日本近代文学の大きな特色である「私小説」についても言える。「私小説」とは、「作者が主人公であり、作者自身の体験をありのままに告白した小説」と定義できるだろうが、「私小説」イコール「作者の体験的事実」ではない。どれほど「体験的事実」に基づいて書かれていようとも、「私小説」は、作者にとっての「人間的真実」を語るために、作者の想像力によって構成され、言語によって創り出された虚構の世界なのである。

以上のように考えた場合、「真実」とは作家の数だけ、いや作品の数だけある、きわめて主観的で恣意《しい》的な（思いつきの）ものではないかという疑問が生まれてくるかもしれない。だがここで、「文学」とは「対社会的伝達を大前提とする作業」であるということを思い起こしてもらいたい。つまり、読者があって初めて文学たりうるのであり、読者がその作品に感動し、そこに描かれた「真実」に共鳴しなければ、それは「文学」と呼ぶに値しないのである。逆に言えば、その作品に多くの人が感動し、共鳴すればするほど、それを古典的な傑作と呼ぶことができるのである。

「創造と伝統」

「創造」とは、これまでにない新しいものを創り出すことである。だからと言って、芸術における「創造」とは、無から有を生じることであり、だから古くさい「伝統」など無視することであるなどと誤解してはならない。

ここでまず、「創造」とは、想像力によってこれまでにない新しいものがイメージされて初めて可能になるということを確認しておこう。そうして「芸術」とは、想像力によって創り出された想像的イメージが、言葉や音や色彩などによって形態化され、現実化されたものである。

一方、**「伝統」**とは、新しい作品を生み出す原動力であるとともに、その新しい作品がやがて「古典」とされるに値する作品であるならば、それもまた「伝統」の中に組み込まれ、次代の人びとの想像力をかき立て、新しい作品を生んでいくという運動体なのであり、この運動体である「伝統」と無関係な「創造」はあり得ないのである。

このことを大岡信は『肉眼の思想』のなかで次のように言っている。

「専門家とアマチュアの区別は、作品の質の良し悪しとは別個である。専門家であるということは、先人たちの仕事の累積（伝統）の中に自己自身を自覚的に位置づける意思と実行力をもつ者のことをい」い、たとえば専門家としての詩人は、「自分の詩に固有な何ものかを生み出す（創造）ために、必然的に先人たちの作品（伝統）を踏まえつつ、それに変更を加えてゆかざるをえない」のであり、このようにして「芸術的伝統の先端の担い手となる」のであると。

　ここで述べられている〈伝統を踏まえて創造がおこなわれる〉ということはどういうことか、次のような例で考えてみよう。ここに、クラスの仲間で初めて組んだバンドがあるとする。まだ自分たちのオリジナル曲はない。まずは、スタンダード曲（＝伝統）を選んで練習を始める。来る日も来る日もそのコピー（＝模倣）をするのである。しかし、そうした練習を繰り返すなか、ある時、メンバーの誰かが原曲にはないフレーズをふと弾いたとしよう。そしてその「逸脱」が皆にとって気持ちよく聞こえたとしたら、その時〈伝統から創造が生まれる〉きっかけをそのバンドはつかんだと言っていいだろう。オリジナル曲（＝創造）がこうして生まれてくるのである。

　このように**創造**には、**伝統**とともに**模倣**も深く関与している。「創造と模倣」の関係についても、少し触れておこう。小林秀雄は『金閣焼亡』（角川文庫『常識について』所収）の中で、「美術史は模倣の歴史である」とまで断定し「信頼し尊重する人の思想を、よく理解したいと思うと、画家はおのずから模写という行動に誘われる」と言い、続けて「画家は自然から直《じか》に学びはしない。むしろ自然を信ずることを、愛することを（模写することで先人から）学ぶのである」と述べている。ここでの「自然を信じ、愛すること」とは、対象を表面的に見るのではなく、想像力を持ってその真実の姿を見抜くことであると読み換えてもよいだろう。つまり、小林秀雄もまた、「模写」（模倣）ということを通して「伝統」が新しい画家を育てるのであり、「伝統」こそが「創造」の母体であると言っているのである。

　なお、知の扉 ⑥ **自己とは何か**（→P188）でも指摘したところだが、現代文で取り上げられる「芸術論」では、**芸術作品を芸術家の「個性の表現」と見なすような近代的な芸術観**を再検討する必要があるとする文章が多い。もう一度、知の扉 ⑥と［問題4］李禹煥の文章に目を通しておいてほしい。

高橋和巳（たかはし・かずみ）

一九三一年、大阪市生まれ。京都大学で中国文学を専攻。知識人の運命と責任を主題とした『悲の器《うつわ》』、一九五〇年代の学生運動を描いた『憂鬱なる党派』などの小説を次々に発表。六七年、京大助教授となり、新たな展開を目指したが、七一年、志半ばにして病没した。

【参考図書】

小林秀雄『常識について』（角川文庫）
坂口安吾『堕落論』（角川文庫）
柳　宗悦『民藝四十年』（岩波文庫）

［問題9］日野啓三「東京の謎」

文章のタイトルに「東京の謎」とある通り、その「謎」を解き明かしていく文章展開となっている。「Ⅰ　東京の空気の特異性」（第①段落〜第④段落）で問題提起（テーマの提示）がなされ、そのテーマが、「Ⅱ　現代都市としての東京の情報密度」（第⑤段落〜第⑨段落）、「Ⅲ　現代都市がもたらす現実感の変容」（第⑩段落〜第⑬段落）、そして「Ⅳ　原始の自然としての東京」（第⑭段落・第⑮段落）と、次第に深められていく。

Ⅰ　東京の空気の特異性（第①段落〜第④段落）

① 老父の容態が悪くて、広島県福山市に行ってきた。父の入院している日本鋼管病院は市のはずれの山の上にあって、私は病院に近い山の中腹の宿屋に泊まって病院に通った。その宿屋のガラス戸越しに、市の一部の夜景がよく見えた。山や丘陵を浸食してひろがった新開区域らしいが、ネオンも見え、新幹線が走り過ぎ、店や家の電灯の光が夜更《よふ》けまで明るかった。

② 市の中心部は通り過ぎただけだったが、新しい十何階建てのホテルがそびえ、十階ほどのデパートも豪華に改装されていた。つまりいまや中都市程度の地方都市も、目に見える部分については急速に現代都市化されている。街を歩く若者や女性たちの服装も私がいま住んでいる下北沢とそう変わらない。

③ ところが一週間近い滞在を終えて新幹線で戻ったとき、列車が多摩川の鉄橋を渡って東京に入ってから、とくに新橋、有楽町のあたりを徐行し始めてから、やはり〈東京はちがう〉、ということを鋭く感じた。ビルの高さやネオンの華やかさではない。〈空気がちがう〉。

新開区域＝旧市街地に隣接する、新たに開発された区域。

④　空気といっても物理的な空気の組成ではなく、意識の皮膚に感じられる神経心理的な空気の密度と緊張度である。これは何だろう、と新幹線の窓から、東京を熱心に感じとりながら考えた――多分それは［ A ］だろう、と。

読みつなぎ方

Ⅰは、問題提起（提示）の部分と言ってよい。第①段落から第③段落まで具体的なエピソードを紹介しながら、東京の空気の特異性（「東京はちがう」）について、ひとまず第④段落で「意識の皮膚に感じられる神経心理的な空気の密度と緊張度である」とまとめる。

そして「これは何だろう」とさらに問うが、残念ながらその答えは空欄になっている（本来なら、この空欄の部分はチェックすべきところだ）。その語句を見つけることも意識しながら先を読んでいこう。

Ⅰのまとめ

東京には他の都市では感じられない神経心理的な空気の緊張度がある。

Ⅱ　現代都市としての東京の情報密度（第⑤段落～第⑨段落）

⑤　このところ都市論や都市写真がやたらと多い。東京の先端的な風景をたいへん美しくとった写真を幾つも並べて、それに文章をつける雑誌の企画が、今月だけでも幾つも目につく。実は私もそのひとつを旅行に出る前に書いていたが、福山市から戻りの車中で、卒然と気づいたのである――目に見え、

卒然＝はた、と。突然。

写真にうつせる部分に関する限り、いまや東京は地方都市とほとんど変わらない。東京の東京性は写真にうつらないところにある。

⑥　かねて私は、東京が最も東京らしくなるのは、一年に二度、正月とお盆の数日間ずつ、車も人もウソのように減って、東京中心部ががらんとからっぽになるときだと思ってきた。空気が信じ難いほど澄み、ビルの輪郭が鋭く浮き出し、正月なら葉が落ちた街路樹*の裸の小枝の黒い交線が、高層ビルの壁面ととても美しく調和する……。

⑦　からっぽだから美しい（多分私の内面とも見合って）、と私は感じてきたのだが、少し間違っていたのではあるまいか。確かに目に見える車や人の動きはなくなるが、そのためかえって目に見えぬものの緊迫度を、私は感じとっていたのだ。情報が集まり加工され、あるいはかきまぜられて新たな形をとって、世界へ地方へ、あるいは空中へと放出されてゆく。

⑧　情報という言葉はあいまいで、秘密情報、科学情報などから、視覚、聴覚、超感覚にまで時時刻刻にとびこんでくる感覚的情報、さらには全く無意味な雑音、思念の断片までを含むが、そのすべてを含めて、東京という都市の情報密度は空気の肌ざわりまでを変えている。（イ）

⑨　それをいつも追い立てられるようで、刺激過剰で落ち着かない、もっと静かに（つまり少ない情報環境で）暮らしたいと感ずる人もいるだろう。だが、私自身は、この交錯する情報の密度の感触こそ現代であり、その凝集点が本当の現代都市だと思う。たとえばニューヨーク、ベルリン。

東京の東京性＝東京の最も東京らしい本質。

読みつなぎ方

第⑦段落で、筆者はかつて自ら持っていた東京観を修正――して、「東京性」の核心を「目に見えぬものの緊迫度」と指摘する。これはⅠのキーワード「〈意識の皮膚に感じられる〉神経心理的な空気の密度と緊張度（である）」の言い換えである（表現も似通っていることに気付いただろうか）。

そして、そのような東京の空気を作っているものが、「情報（の）密度」であると、ようやく第⑧段落・第⑨段落で解明される。

この繰り返し出てくるキーワード「都市の情報密度」「交錯する情報の密度（の感触）」をチェックするとともに、**「こそ」「本当の」**といった強調語が出ている第⑨段落のキーセンテンスは外せない。情報が高度に集積されている都市こそが現代都市であるという、筆者の都市論が明確に示されている文として押さえておきたい。

このように読みつなぐことができれば、Ⅰの空欄Ａの部分（第④段落）と、Ⅱの第⑧段落・第⑨段落のキーセンテンスとが対応している（同一内容）点に着眼し、空欄Ａに入る語句は決まる。詳しくは後の「設問解説」で見るが、**空欄問題や抜き出し問題では、キーワード、キーセンテンスが答えとなる場合が多い。**

Ⅰを問題提起の部分とするなら、Ⅱは問題の解明（掘り下げ）を始めた部分と言ってよい。

＊〈語句の説明〉

「街路樹の裸の小枝の黒い交線」（第⑥段落）

「裸の小枝」が重なって見えるさまを「黒い交線」と比喩的に表現したものだが、「黒い交線」のイメージは、高密度の情報網が張り巡らされた現代都市の象徴的イメージとして用いられているようにも思える。

Ⅱのまとめ

東京の目に見えぬ緊迫度を作っているのは情報の密度であるが、この交錯する情報密度の感触こそが現代であり、その凝集点が現代都市なのだ。

Ⅲ　現代都市がもたらす現実感の変容（第⑩段落〜第⑬段落）

⑩　多分それはわれわれの意識の、大脳皮質の網の目の高密度化、高速化、微細化に対応しているのだろう。その意識の微細化と拡大は、肉体的な感覚器官を超えつつあるにちがいない。われわれは高感度オーディオ装置のように音を聞き、電子顕微鏡のように物を見始めている。（ロ）

⑪　かつてこの目で見たから本当だと言い、まるで目に見えるようだというのが良い文章、良い小説のほめ言葉だったが、その段階をいま東京とともにわれわれは超えつつある。たとえばテーブルの表面をわれわれは滑らかに平らだと感じない。コンクリートの壁面も実は小さな穴だらけだと感ずる。（ハ）鉄筋さえ、それを構成している原子の内部はスカスカだと知っている。ビニールが高分子ならわれわれの遺伝子も高分子だと、そのねじれくねった電子顕微鏡写真やイラストを、毎日のように目にしている。（ニ）

⑫　つまりもろもろの情報がわれわれの感覚と意識下を刻々に直撃し、ひそかに通じ合い、常識的理性を素通りして、われわれの現実感の根本を変えつつある。（ホ）

⑬　都市は硬くない。高層ビル群も森と同じように生まれ古び腐る。物質も生滅変幻する。地下鉄のホームに立って、レールの横の壁のしみをじっと見つめてみるといい。じわじわとうごめいているよ。

大脳皮質＝言語活動を中心とする知的活動をつかさどる大脳の部位。

意識下＝意識にはのぼってこない部分。無意識、深層意識なども言われる（→P10）。

読みつなぎ方

ここでは、第⑩段落・第⑪段落・第⑫段落のキーセンテ——ンスがつかめていればよい。いずれも「〜超えつつある」

「〜変えつつある」とあるように、Ⅱで見てきたような現代都市では、いま何かこれまでにはなかったことが起こり始めていることを言っている。

　このⅢの主題である、現代都市で起きている新しい事態、つまり「何から何へと変わりつつあるか」をまとめれば次のようになる。

> 第⑩段落　「肉体的な感覚器官」から「意識の微細化と拡大」へ
>
> 第⑫段落　「常識的理性」から「現実感の根本を変えつつある」ことへ

つまり、かつての現実感は肉体的器官を通じて直接得られたもの（テーブルの表面は確かに滑らかに見える）であったが、現代では「意識の微細化と拡大」によって肉体が直接捉えられないものまで捉えるような現実感覚（テーブルの表面は滑らかでない）が生じ始めているということだ。

　大げさな考え方のように思うかもしれないが、旅客機が一万メートルの高度を飛び交う現代では、城の天守閣に登って「天まで届く高さだ」と感じる人はいないだろう。確かに、私たちの現実感（リアリティ）は変わりつつある。

　第⑬段落冒頭の「都市は硬くない」「じわじわとうごめいているよ」も、たとえば、高層ビル群を硬いコンクリートの固まりと捉えるようなかつての現実感についてではなく、それを「生滅変幻する」軟らかい生き物のように捉え、その背後にうごめくものの気配を感じ取る、現代の都市で生じ始めている現実感について言っている。傍線が引かれ説明が求められてもおかしくない箇所だ。しっかり考えてみてほしい。

Ⅲのまとめ

現代の情報密度に対応して、われわれの意識の微細化と拡大が進み、かつての肉体的感覚器官に支えられていた常識的理性では捉えられなかったものを捉えるようになり、われわれの現実感の根本は変わりつつある。

Ⅳ　原始の自然としての東京（第⑭段落・第⑮段落）

⑭ そんなことを考えていると、高度情報の集中点東京はいま、私の中の原始的なアニミズム的心性を徐々によみがえらせ始めているように思えてならない。東京という巨大な森。林立する石の塔。そのひとつひとつが妙に物的な気配をにじみ出し、私の想像力はコンクリートにしみこんでゆく。

⑮ その意味で、東京は私にとって自然だ。田園風景より本ものの自然、謎と畏怖を秘めた魅惑的な自然、そしてそれはわれわれのこのうごめく脳髄でもある。

畏怖＝自分を超える大きな価値を持ったものに対して抱く、恐れ慎む感情。

読みつなぎ方

第⑭段落冒頭に「そんなことを考えていると」とあるように、**Ⅳ**は**Ⅲ**の展開である。

筆者は、**Ⅲ**で論じたような新たな現実感覚に基づき、東京が「原始的なアニミズム的心性」（第⑭段落）をよみがえらせる「謎と畏怖を秘めた魅惑的な自然」（第⑮段落）であると言う。

Ⅳの趣旨をこのように押さえても、その内容は少し理解しにくいかもしれない。筆者は、現代都市の東京をなぜ「自然」だと言うのか。それは、現実感が変容しつつある東京では、あたかも原始に生きた人びとが物質に宿る精霊を感じ取っていたように、高層ビルの裂目から目には見えないけれど生滅変幻するうごめき、「物的な気配」が感じ取れるからだ。そのような「アニミズム的心性」を誘発するような「場」は、現代都市であるにもかかわらず、むしろ「自然」と呼ぶのがふさわしいだろう。しかも、その「自然」は、人間によって飼い慣らされてしまい、ものの気配を感じることさえできない「田園風景」よりも、「本ものの自然」なのであり、「謎と畏怖を秘めた魅惑的な自然」と呼ぶべきものなのだ。

最も現代的な都市で、それとは正反対に思える原始的な心性がかえって魅惑的に誘発される。この発想がこの文章のおもしろさだろう。

＊〔語句の説明〕

「**アニミズム**」（第⑭段落）

問題文末尾の「注」にあるように、すべてのものに霊魂や精神が存在すると信ずる考え方のことだが、それは、原始時代だけでなく現在でも、たとえば木や岩や滝や山が「ご神体」とされていることにも見られるものだ。

「**われわれのこのうごめく脳髄でもある**」（第⑮段落）

人間の内部にあった大脳の機能が、さまざまな情報システム（コンピューター装置、通信網）によって、都市の情報ネットワークとなって、都市の全体にはりめぐらされていることをイメージとして言ったものであろう。まさに、現代都市は電「脳」ネットワークとしてあるのだ。

Ⅳのまとめ

物質の背後にうごめくものを感じとる原始的なアニミズム的心性をよみがえらせる東京は、謎と畏怖を秘めた魅惑的な自然だ。

全体の中心論旨

現代都市（東京）では、新しいアニミズム的な現実感が生まれつつある。

本文が、現代都市論（東京論）であることを押さえたうえで、その内容を端的に示せば、**全体の中心論旨**となる。Ⅲの「現実感の変容」に着目するのはよいが、「何から何へ」と変容するのかという中身を表しておかねばならない。短くまとめるなら右のように、結論に当たる「何へ」の内容、つまり、Ⅳの「原始の自然」につながる内容を**キーワード**を用いて示しておけば十分だろう。**全文要約**は、Ⅰ→Ⅱ→Ⅲ→Ⅳと順に論旨をまとめていけばよい。

全文要約

東京には他の都市にはない神経心理的な空気の緊張度があるが、この情報の交錯する密度の感触こそが現代であり、その凝集点が現代都市・東京なのだ。そして、その密度に対応して微細化と拡大の進むわれわれの意識は、肉体的な感覚器官に支えられた常識的理性を超えて、見えないものを感じ取り、かつての現実感を根本的に変えつつある。このようにアニミズム的心性をよみがえらせる東京は、謎と畏怖を秘めた魅惑的な自然と言える。（一九九字）

設問解説

問一

脱落文の補充問題である。もう一度、**解法のヒント** **❻脱落文の問題**（P141）で説明した二つのヒントを読み直してもらいたい。

この問題でも、二つのヒントを用いて練習してみよう。

ヒント（**1**）を用いる。脱落文のテーマはその主語に示されている「われわれの意識」である。このテーマは、「読みつなぎ方」でⅢとした部分で論じられていたものだということは読解がしっかりできていればすぐわかるだろうし、脱落文の中心語句「われわれの意識」という語句が出てくる部分を探すと、Ⅲの第⑩段落冒頭に「多分それはわれわれの意識の……」とあることがわかる。

ヒント（**2**）を用いる。脱落文中に「この視聴覚」と指示語があるから、直前に「視聴覚」に関わる記述があるはずである。私たちはすでにヒント（**1**）で第⑩段落に着目しているが、（**ロ**）の直前に「われわれは高感度オーディオ装置のように音を聞き、電子顕微鏡のように物を見始めている」という「視聴覚」に関わる記述が確かにある。また、「……見始めている」という結びは、脱落文の「……夢み始めている」という結びの表現とも照応する。こうして、脱落文は第⑩段落の（**ロ**）の箇所に入ることがわかる。そして、あらためて確認すると、脱落文は、その直前の二つの文をまとめたものであるということがわかる。

問二

この問題は、すでに「読みつなぎ方」のⅡで少し説明した。

本文中の語句を抜き出させる問題では、キーワード、キーセンテンスが答えとなることが多いこと、つまり、あくまでも、本文の精確な読み取りが解法の前提であることを再確認しておこう。

　さて、問題に戻ると、空欄のある一文は「それはAだろう」であるから、まず「それ」の内容を確かめる。すぐ前に「これは何だろう」とあり、「それ＝これ」だから、「それ」が「（東京の）神経心理的な空気の密度と緊張度」を指しているとわかる。すると、「東京の空気の密度と緊張度はAだろう」と説明しているわけだから、Aは東京の空気をつくるもとになる何かである。つまり、Aは、「Ⅰ東京の空気の特異性」の内容が説明されるⅡの部分にある語句であるはずだ。

　ここから先は、Ⅱの「読みつなぎ方」を読み直してもらえばよいが、Ⅱ（第⑤段落〜第⑨段落）で繰り返されている三つのキーワードに注目する。第⑦段落の「目に見えぬものの緊迫度」、第⑧段落の「都市の情報密度」、第⑨段落の「（この）交錯する情報の密度（の感触）」――このうち、「一〇字以内」の条件を満たし、内容上も詳しいものを選べばよい。「都市」という主題語を含んでいる「都市の情報密度」が最も適当である。

問三

　設問文の「『原始的なアニミズム的心性』によって超えられていく心性」とある問いかけについてよく理解することから始めよう。そのため、まず、傍線部Bのある一文をしっかりと読む。「私の中の原始的なアニミズム的心性を徐々によみがえらせ始めている」とあるから、「原始的なアニミズム的心性」はⅢで論じられている「現代都市で起きている新しい事態」に関わるものである。とすれば、「『原始的なアニミズム的心性』によって超えられていく心性」とは、その事態が起こる前、つまり「超えられる」以前の事態に関わるものだと考えてよい。

　本文解説Ⅲの図（P265）を見直してほしい。「（以前の事態）から（新しい事態）へ」変化しているのだから、答えに当たる以前の事態は「から」の上の部分である。字数条件も満たし、「原始的なアニミズム的心性」の表現と対応する表現をともなっている（たとえば、「原始的なアニミズム的心性」の「心性」と、第⑫段落の「理性」が対比されていることを確認し）、「常識的理性」を答えとする。

　そしてよく見ると、この答えもキーセンテンスのなかにある。キーセンテンスをチェックしながら文章を読んでいくことの大切さが、よくわかるだろう。それは本文の読解のためだけでなく、答えとなるような部分の事前チェックでもあるのだ。

　なお、「常識的理性」について少し説明を加えておくと、Ⅲの対比図から明らかなように、それは、テーブルの表面は滑らかだと捉え、目で見たから本当だとするようなかつての現実感を支えていたもののことである。

問四

　「本文の要旨に**合わない**」という部分さえ読み落とさなければ、難しい問題ではない。本文の叙述内容と比べながら、各選択肢を調べていこう。

　アは、Ⅰの内容に合う。
　イは、Ⅱの第⑦段落の内容に合う。
　ウは、Ⅱ・Ⅲの内容に合う。

エは、Ⅱ・Ⅲの内容に合う。
オは、その説明の「……病的とも言える」の部分が間違い。筆者は東京を決して否定的に見ていないからである。また、「皮肉な見方」とある説明も間違いである。

解答
問一　ロ
問二　都市の情報密度（七字）
問三　常識的理性（五字）
問四　オ

知の扉⑩

都市論の現在

過密、犯罪、孤独……。現代都市の評判はあまりかんばしくない。しかしそれでも、人びとは都市を熱く語り続ける。ここに、「都市論」の現在があるように思われる。

都市の「悪」を列挙して、その悪を告発するといった議論が一方にある。このような議論は、多くの場合「豊かな自然に恵まれた」田園や伝統的共同体（ムラ）の存在を前提とし、田園にあるような、緑も、共同体社会の人情も都市にはないと告発するわけである。しかし、そのような理想的な田園はいったいどこにある（あった）のだろうか。私たちも知っているように、田園もまた、都市経済の浸透や過疎にあえいでいるのではないか。

他方には、都市の「悪」こそが都市のゆえんであるといった議論がある。確かに、詩人ボードレールの『悪の華』は、十九世紀後半の世界都市・パリの退廃的文化なくしては語れない。しかし、その議論をどこまでも押し通していくなら、その魅惑的な美のなかに溺れ、私たちは未来への出口を失ってしまうかもしれない。

このような二つの都市論を抜け出ようとする論の一つが、日野啓三の「東京の謎」である。

東京が「田園風景より本ものの自然」（第⑮段落）であると筆者が言うとき、都市の「悪」を告発するものたちによって理想化された田園とは、人間の生命の根源にある原始的な心性とは無縁な、単なる都市の「悪」を裏返しただけの当たりさわりのない、「人間によって飼い馴らされた自然」でしかない、と言っているだろう。また、都市において、われわれの「意識の微細化と拡大」（第⑩段落）が進み、それが「われわれの現実感の根本を変えつつある」（第⑫段落）と筆者が言うとき、ふつう都市の「悪」と論じられていること（たとえば問題文の例でいえば、テーブルを滑らかだと感じられないような現代都市の感性は不「自然」だ、というようなこと）が決して「悪」ではなく、むしろそこに新しい現実感覚の芽生えが見られるのだと、未来に向かってポジティブに現代都市論は立てられるべきだと提案しているのだと思う。氏の代表作『夢の島』でも同様の問題意識が示されている。

ここには、自然から遊離し高度に情報が組織された都市はまさに「人間にとっての自然だ」というような考え方が見られるが、ことはそう単純ではないだろう。コンピューター・ネットワークで連動する電脳空間は、この文章が書かれた後、各種の端末を通じてさらにパーソナルな領域へと浸透し、「ネット社会」とも呼ばれる社会がつくり出された。ひとはそこに簡単にアクセスできる自由をもったが、同時にそれに巻き込まれ監視されるようにもなった。そして、その仮想空間と現実世界の境界で、あるいは「現実」に反転した仮想空間で、ネット依存、ネットいじめといった社会問題も生じている。「つながっていること」がときに息苦しく感じられる。日野啓三の「都市論」の議論さえもがすでに「牧歌的」に響いてくるような「現在」を私たちは生きているのかもしれない。君はどのように考えるだろうか。

日野啓三（ひの・けいぞう）
一九二九〜二〇〇二年。小説家。読売新聞特派員として、六〇年ソウル、六四年サイゴン（現ホーチミン市）勤務後、小説を書き始める。一九七五年、『あの夕陽』で第72回芥川賞受賞。その後、『夢の島』、『砂丘が動くように』などで、宇宙的意識との関わりにおける人間の再生というテーマを追求した。

【参考図書】

日野啓三『夢の島』（講談社文芸文庫）
前田　愛『都市空間のなかの文学』（ちくま学芸文庫）
中山　元『フーコー入門』（ちくま新書）

［問題10］丸山圭三郎「言葉と無意識」

問題文全体の構成、議論の進め方（論理展開）は少し入り組んでいる。そうした文章構造を精確に読み取れたかどうか、特にⅡ・Ⅲ・Ⅳの「読みつなぎ方」で詳しく解説するので、しっかりと点検してほしい。

Ⅰ　貨幣と言葉の相同性と文化の本質（第①段落）

① 貨幣と言葉のあいだには、いくつかの比喩《ひゆ》的アナロジーを挙げることができるだけでなく、その相同性の底にこそ文化の本質を明るみに出す鍵《かぎ》が潜んでいるように思われて興味深い。

アナロジー＝類似。
相同性＝相似性。

読みつなぎ方

第①段落だけでⅠとしたが、諸君は意味段落をどう区切っただろうか。もちろん、この区切り方を絶対のものとする必要はなく、第②段落以降の展開と一まとめにしてもよいが、次の点が読み取れていたかどうかはぜひ確認してもらいたい。

- 第①段落の文は、強調表現がいくつも使われていて、大事そうなキーセンテンスだ。
- 「貨幣」と「言葉」の相同性を論じることで、「文化の本質」を考えようとしている。
- それは、この文章全体のテーマ（らしきもの）と、その論じ方の提示のようだ。
- ただし、「文化の本質」というテーマ（らしきもの）には、第②段落からすぐ入っていない（「文化」あるいは「文化の本質」という言葉は第②段落に出てこない）。特に最後の点が重要だと思うが、それでは、どこからこのテーマに入っていくのだろうか。それは後で考えるとして、このような点に気付かなかった諸君は、第二部「文章を読みつなぐ」を読み直し、特に**段落どうしの関係**、**文章の全体構成**を見通す練習とさらに意識的に取り組んでもらいたい。

Ⅰのまとめ
貨幣と言葉の相同性に、文化の本質がうかがえそうだ。

Ⅱ　言葉も価値の基盤である（第②段落〜第⑤段落）

②　まず第一に、両者とも〈価値〉の基盤であることに注目しよう。貨幣が価値をもつ、もしくは諸価値の尺度となっているということは、ほぼ自明のように思われる。〈価値〉とは〈ねうち〉であり物の〈効用〉のことであるのだから、お金が無価値なものと思う人はまずいないだろう。

③　少なくとも現今の貨幣経済の下においては、一日たりともお金なしに生きていくことはできない。現代人が、衣・食・住に代表される生活の要求を満たす直接的な物の効用（＝使用価値*）に加えて、そうした財と財の交換を可能にする効用（＝交換価値*）という二種類の価値の世界に生きているとすれば、貨幣は〈価値〉の基盤であるばかりか、〈価値〉そのもののように思われてくることも納得できる。

④　ところが、言葉が〈価値〉の基盤であると言われても、必ずしもピンとこない人のほうが多いのではあるまいか。「モチ」という言葉は何の腹の足しにもならないからである。しかし、〈価値〉とは人間の好悪《こうお》の対象となる性質のことである限り、生理的欲求に直接関わる次元にとどまらないことは言うまでもないだろう。「その本は読む価値がある」とか「この仕事は一生続ける価値がない」などと

自明＝証明するまでもなく明らかなこと。

いう意味での〈価値〉は、そのように思考させ判断させる言葉と無関係ではあり得ない。

⑤　そればかりか、個人的性向や好みの域を超えて、大多数の人びとが「よい」ものと承認すべき〈真・善・美〉のもととなる価値観は、各時代・各地域によって異なる言語共同体の産物にほかならない。そうしてみると、[B]言葉も貨幣と同じように、〈さまざまな精神的価値をつくり出す基盤〉であり、*言葉は〈物の見方、世界観〉であると言われるのも理由のないことではないようである。

性向＝性質・気質。

読みつなぎ方

Ⅱとしてまとめるべき部分が、第②段落から第⑤段落までであることは、そのあとの第⑥段落冒頭に「右のような**前提**を確認しておいて」とあるから、比較的たやすくつかめる。つまり、Ⅱは、それ以降の本論を展開するための前提部分であるということだ。

とすれば、Ⅰでの問題提起が文章構造上つながるのは、Ⅱの部分をジャンプして、第⑥段落からの本論部分だということになる。この「読みつなぎ」ができたかどうかが、この練習問題での重要ポイントの一つだ。

Ⅱでは、繰り返されるキーセンテンス〈貨幣と同じく言葉も価値の基盤である〉という内容がつかめていればよい。ただし、第④段落冒頭にも書かれているように、「言葉が〈価値〉の基盤である」ということは貨幣の場合と比べわかりにくいので、その説明を第④段落と第⑤段落で二点にわたって（第⑤段落冒頭の「そればかりか」（**並列の論理関係を示す語**）の前と後で）行っているのである。そして、第⑤段落の最後の一文で「そうしてみると」とまとめに入っている。

この論理の展開は少し入り組んでいるので、その文章構造を次に図示してみよう。

まず第一に

貨幣も言葉も〈価値〉の基盤である

貨幣は価値の基盤であることは自明

（ところが）　←→

言葉が価値の基盤といわれるとピンとこない
（しかし）
価値は⑴生理的次元にとどまらず～言葉と関わる
（それはかりか）
⑵価値観は～言語共同体の産物である
そうしてみると
言葉も　精神的価値をつくり出す基盤　である

Ⅱの読みつなぎでは、同一内容を言っている、その最初と最後の一文が押さえられていればよいということも、この文章構造図から明らかであろう。

ところで、Ⅱの冒頭の「まず第一に」はどこに続いているのだろうか。論理展開がかなり複雑な文章だが、練習のためにしっかり考えておいてから、この先を読み進んでいってほしい。

＊**〔語句の説明〕**――――

「使用価値」（第③段落）

直前に「直接的な物の効用」と説明されている。たとえば、パンの「使用価値」とは、それを食べることで、腹がふくれカロリーを補給して、次なる人間の活動を生み出すことであり、このような価値を意味している。

「交換価値」（第③段落）

直前に「財と財の交換を可能にする効用」と説明されている。たとえば、パンの「交換価値」とは、それが牛乳と交換できるような価値を持っているということである。もちろん、現代社会では、物々交換は行われていないので、この「交換価値」とは、実際には、貨幣に「交換」できる価値のこと、つまりお金に換えられる価値のことと考えるとよい。

「言葉は、〈物の見方、世界観〉である」（第⑤段落）

詳しくは、後の 知の扉 ⑪ **言語論をめぐって**（P286）で見ることにするが、一つの言語共同体（たとえば日本語を用いる社会集団）の言葉には、その社会集団の「物の見方」が表れているということを言っている。よく言われることだが、たとえば第⑧段落にあるように、日本語の「アニ・オトウト」という言葉に表れている「兄弟」というものに対する見方と、英語の“brother”という言葉のそれとを比べて考えてみるとよい。前者には年長・年少という見方がそれ自体に含まれているが、後者にはそのような見方は入っていない。つまり、英語的な世界には、兄弟を年長・年少という関係として見る習慣がないことを表している。このように、言葉は、存在するものをただ指しているう記号というより、どのように世界を見るのかという

見方（世界観）を含むものなのである。その意味で、筆者は、言葉は「精神的価値（たとえば、世界観）をつくり出す基盤」であると言っているのだ。

Ⅱのまとめ

言葉も貨幣も価値の基盤である。

Ⅲ　価値は〈関係〉から成り立つ（言葉・貨幣の本質⑴）（第⑥段落～第⑨段落）

⑥　右のような前提を確認しておいて、言葉と貨幣が共有する類似点を掘り下げていくと、以下に見るような$_{C}$二つの本質が浮き彫りにされてくる。

⑦　第一に、いずれの価値も〈関係〉から成り立っているという点である。つまりは、全体から切り離した〈個〉としての存在は、それだけでは何の価値ももたないということだ。一見、一万円札はたった一枚でも一万円の価値をもっているように思われるが、これは一つにはその紙幣と交換可能な物（たとえば一万円分の米）との関係において、二つには円単位が構成している貨幣体系内での他の貨幣との相関関係においてのみ機能する。それに加えて、円とドル、円とフランといった、他の貨幣体系との均衡（いわゆる円相場）によっても支えられているのである。

⑧　同様に、言葉の方も個としての〈単語〉は、それが属している体系と切り離しては価値をもたない。そしてこの場合も、それが基盤とする関係は二重である。一見、日本語の「兄」という語は英語の

フラン＝フランス・ベルギー・スイスなどの貨幣単位。ヨーロッパでは一九九九年から統一通貨ユーロが用いられている。

brother と同じ意味をもつようだが、その価値は異なっている。なぜならば、日本語という体系内では「兄」のかたわらに「弟」という語があるのに対し、英語の体系内には、そうした対立項は存在しないからである。

⑨　もう一つの関係は、「単語の意味は文脈のなかではじめて決まる」という事実から見えてくる。この文脈は、単に文法上の前後関係にとどまらず、語が用いられるすべてのコンテクスト、すなわち言語的・社会的・歴史的状況である。同じ「民主主義」という語にしても、それが使われる前後の単語、また語り手と聞き手のイデオロギー、その発言がなされる〈場〉次第で、まことにさまざまな意味をもつことを想起されたい。

コンテクスト＝文脈。

読みつなぎ方

Ⅰを受けた展開としてⅢがあることは、すでに述べた。ここまでのⅠ・Ⅱ・Ⅲの「文章構造」を図示しておこう。

Ⅰ　貨幣と言葉の相同性の底に文化の本質を明るみに出す鍵が潜んでいる。

Ⅱ　まず第一に……

Ⅲ　右のような前提を確認しておいて
言葉と貨幣が共有する類似点を掘り下げていくと、……二つの本質が浮き彫りにされてくる。

ところで、ここで読み取らねばならない論理は二点ある。一つは、右の図で明らかなように、Ⅱは、Ⅲを展開していくための「前提」であるということである。この点に気付けば、Ⅱの冒頭の「まず第一に」は、ここでは何かを述べる「前提」であることを示す言葉であって、一般的によくある「まず初めに〜、次に〜」といった言い回しに見られる、その後に予想される「第二に」の展開につなげていく「順序」を示す言葉ではないとわかるはずだ。この点がつかめているかを**問一**でたずねている。

いま一つは、第⑥段落にある、言葉（貨幣）の「**二つ**の本質（傍線部C）」とはそれぞれ何なのかを、それ以降の展開で読み取ろうとすることだ（**並列の論理関係の読解！**）。その「本質」の一つは、第⑦段落冒頭に「**第一に**、いずれの価値も〈関係〉から成り立っている」とすぐ示されているからわかりやすい。問題は二つ目の「本質」がどこで示されるかである。これ以降の「読解」のポイントは、この点にあり、この読み取りが**問三**で問われている。このあたりで、かなり論理が込み入ってきたなと感じている諸君は、この解説を読み進めるのをちょっと休憩して、もう一度演習編の「問題文」に当たって、君自身の力で、二つめの「本質」がどこに出ているのかを探してほしい。それが、本当の読解力を付ける作業だ。頑張りたまえ。他人の説明ばかりにうなずいている人間になってはいけない。

ところで、Ⅲの主題である、「言葉の価値は〈関係〉から成り立つ」ということがどういうことなのかを、第⑨段落冒頭にある「単語の意味は文脈のなかではじめて決まる」という部分に着目して考えてみよう。たとえば、「嫌い」という言葉は、辞書では「好きでないこと」などと説明されているが、その言葉が実際に発せられた前後の文脈（コンテクスト＝言葉の「関係」）しだいでは、「嫌い！」という言葉が時として「好き！」という意味になることもある。「嫌い」という言葉の意味は、辞書のなかにあるのではなく、生きた言葉の「関係」において成り立っており、人と人との「文脈（コンテクスト）」のなかにあるのである。だから、古語や英単語を覚えるときも、「コンテクスト」のなかで理解しておかなくては本当に身に付いたとは言えないのではないか。こういうことがだいたいわかったなら、「言葉の価値は〈関係〉から成り立つ」というかなり難解なことも理解できたと言える。

Ⅲのまとめ

言葉と貨幣の価値基盤は、体系やコンテクストという〈関係〉から成り立っている。

Ⅳ　価値をつくる関係とは存立的関係のことである（言葉・貨幣の本質⑵）（第⑩段落〜第⑭段落）

⑩　ところで、「価値は関係である」と言うだけでは、貨幣と言葉の奇妙な性格を完全に言いあてていることにはならない。私たちは、〈関係〉というと、ともすれば実体論的*な関係を想起しがちである。たとえば「職場では何よりも人間関係を大切にしなさい」とか「最近の学校では師弟関係が崩れてしまった」という場合には、そうした関係が成立する以前から人間が存在し、教師と生徒が存在することを疑っていない。つまり、あらかじめ在《あ》る〝もの〟と〝もの〟が、いかなる関係をとり結ぶかという形成的関係を問題にしているに過ぎない。

⑪　これに対して、貨幣と言葉に共通して見出《みいだ》される本質としての関係とは、「〈物〉を生み出す関係」、つまりは存立的関係のことである。たとえば〈自我と他者の関係〉などがその典型と言えるであろう。あらかじめ確固たるアイデンティティをもった自我と他者が実体的に存在しているのではない。両者は関係によってはじめて生ずるのである。まず在るものは関係であって、それから「あなたにとっての私、私にとってのあなた」といういぐあいに、互換的・相互依存的にしか決まらないのが自・他という存在であろう。大乗仏教でいう〈縁起〉とか〈依他起性《えたきしょう》〉が指す事態である。

⑫　これはまた、貨幣も言葉も、あらかじめ存在する〈物〉の記号*とか代用品ではない、という認識で

互換的＝互いに置き換えられるということ。

縁起＝人と人とのつながりには、人知を超えた縁（えにし）があるという考え方。

もある。

⑬　深層のロゴスとしての言葉は、言葉以前に存在する事物や観念の記号でもなければ、社会的価値観を他人に伝えるための道具でもなく、そもそも存在してはいなかった諸価値を創《つく》り出す〈*荒ぶる神〉であった。

⑭　同様に貨幣もまた、貨幣以前に存在する商品価値（交換価値）に代わるものでもなければ、*商品化以前の生産物が有するかに見えている有用性（使用価値）に代わるものでもなく、そもそも存在してはいなかった諸価値を創り出す〈神〉にほかならない。貨幣が代行・再現しているように見える諸価値は、実は貨幣自《みずか》らが生み出した非実体に過ぎないのである。

ロゴス＝論理。

読みつなぎ方

第⑩段落冒頭の「ところで」が、ここから新たな展開が始まることを示している。

また、それに続いて、「『価値は関係である』（Ⅲの主題だ！）と言うだけでは、貨幣と言葉の奇妙な性格を完全に言いあてていることにはならない」とあるから、第⑩段落以降のⅣは、Ⅲの議論を踏まえながら、その不「完全」な点を補うための展開であるとわかる。こう考えると、第⑥段落の傍線部Cの、言葉と貨幣の「二つの本質」のうち、二つ目の「本質」がⅣの部分で論じられていることはもはや明らかだろう。

こうして、Ⅳでようやく、Ⅰの問題提起を受ける結論、つまり、第⑪段落・第⑬段落・第⑭段落の**繰り返しのキーセンテンス**である〈言葉と貨幣の本質は存在していなかった諸価値を創り出すことにある〉という結論に到達した。

この「存在してはいなかった諸価値を創る」あるいは「存立的関係」という内容については、後の**知の扉**⑪（P286）を先回りして読んで理解してもらいたい。それは言葉についてのたいへん重要な考え方・見方である。

文章全体の骨格を図示すると次のようになる。

第①段落（Ⅰ）＝**問題提起**

「……（貨幣と言葉の）相同性の底にこそ文化の本質を明るみに出す**鍵**が潜んでいる……」

↓

第⑪段落（Ⅳ）＝**結論**

「貨幣と言葉に共通して見出される**本質としての関係**とは……存立的関係のことである」

この〈第①段落＝**問い**⇩第⑪段落＝**答え**〉という**構造をつかめたかどうかが、この問題文での最重要ポイントだ**。全文要約も、この構造が軸になるようにまとめるとよいだろう。

結局、第①段落で提示された「文化の本質」そのものの説明はなかったが、この文章構造からすると、文化も、初めから実体としてあるのではなく、価値を創り出す関係、またはそうした関係が生み出した諸価値の総体としてあるのだということを言おうとしているのだと考えられる。

＊**〈語句の説明〉**――――――

「実体論」（第⑩段落）

「関係が成立する以前から」（第⑩段落）「あらかじめ確固たるアイデンティティをもった自我と他者が実体的に存在している」（第⑪段落）と見なしたりするような、考え方・捉え方のこと。**知の扉**⑥の「**自己とは何か**」（P188）を合わせて読んでおくこと。

「記号」（第⑫段落）

あるものの代わりに示す、代用品としての符号。たとえば、信号機の「赤」は、「止まれ」というメッセージの「記号」である。言葉を、あらかじめ存在するものの「記号」と考える言語観もあるが、筆者はこの見方には異論を唱えている。

「荒ぶる神」（第⑬段落）

混沌《こんとん》と秩序という概念がある（↓P23）。たとえば、ビーカーの中に泥を入れてかき回してみたとする。初めのうちは、砂や小さな粒子が入り交じった「混沌」とした状態で、混濁している。しかし、しばらく時間を置いてみると、次第に粒子は重いものから沈澱していき、土砂はいくつかの層をなし、その上に澄んだ水が観察される。このとき、ビーカーのなかの世界は一つの「秩序」を形成したと言える。

このたとえで考えると、〈荒ぶる神〉とは、「混沌」状態に関わり、世界の「秩序」の根源・深層に絶えず存在しているものであると言える。「混沌」と言うと、無秩序・混乱といったことが連想されて、何かいけないこと（マイナスイメージ）と考える諸君もいるだろうが、この〈荒ぶる神〉という言葉が使われる文脈では、むしろ「秩序」を創出する根源的な状態という積極的な意味を持つことが一般的である。

　人間はあまりにも固定化してしまった「秩序」（たとえば、言葉の世界での常套句《じょうとうく》や文法体系）の中に居続けることはできない。なぜなら、すべてのことがルーティンワーク（決まりきった作業）となってしまい、味気なく退屈だからだ。そのため新たな「秩序」が求められ、それまでの「秩序」は変革される。この変革、あるいは新たな「秩序」を創出することを、たとえて言えば、〈荒ぶる神〉が司《つかさど》っていると言えよう。

〈荒ぶる神〉はまさに「そもそも存在していなかった諸価値を創り出す〈神〉にほかならない」のである。

「商品化」（第⑭段落）

　あるものが売り買いされるもの、つまり商品となること。商品経済社会が進展すると、それまでなら普通、家族が分担して行っていた年末の大掃除や引っ越しといった作業も、それらのサービス労働を提供する企業によって、すべて代行されたりする。このとき、家族のしていた労働は商品化され、それが売り買いされるわけである。現在は、あらゆるものが商品となっていく傾向にあるが、人間の生命までも商品となってしまってよいものだろうか。

Ⅳのまとめ

言葉と貨幣に共通して見いだされる本質としての関係は、存在していなかった諸価値を創り出すという存立的な関係である。

全体の中心論旨としては、言葉と貨幣の二つの本質（ⅢとⅣ）が示されていればよい。第①段落の「文化の本質」については、本文中で展開がないので、無理に入れなくてもよいだろう。

全体の中心論旨

言葉と貨幣は、存在していなかった、関係としての価値を創り出す。

全文要約では、「全体の中心論旨」に盛り込まなかった、Ⅰの「文化の本質」にも触れておくこと。Ⅰを要約文のどこに持ってくるか迷うところだが、本文の構成順序通りでなく、最後に持ってくると、おさまりがよい。Ⅰで提起された「貨幣と言葉のあいだには……その相同性の底にこそ文化の本質を明るみに出す鍵が潜んでいる」の「その相同性」についてⅢ・Ⅳで詳しく論じているわけだから、要約ではⅢ・Ⅳの後にⅠを置くという考え方を持ちたい。Ⅳの**読みつなぎ方**の解説も参照してほしい。**要約文は本文の論旨・構成を正しく踏まえていれば、それを再構成してもよいのである。**

全文要約

言葉も貨幣もさまざまな精神的な価値をつくり出す基盤であるということを前提に、両者の類似点を掘り下げると、どちらの価値も関係からなるものであり、その関係はあらかじめ存在する物どうしが取り結ぶ形成的な関係ではなく、そもそも存在していなかった諸価値を創り出す存立的関係であることが理解される。物の記号や代用品ではない言葉と貨幣に共通するこの本質としての関係に、文化の本質を解明する鍵があるように思われる。

（一九九字）

設問解説

問一

Ⅲの**読みつなぎ方**の文章構造図（P277）を見直してもらいたい。「まず第一に両者（貨幣と言葉）とも〈価値〉の基盤であること」を論じたⅡの部分が、Ⅲ以降で〈言葉と貨幣の本質〉を論じていくための「前提」であるというつながり（論理関係）を、「まず第一に」は示している。この文章構造が理解できているかどうかが、真正面から問われた問題だと言える。

この文章構造の理解に沿った説明は、選択肢の**ウ**である。選択肢の中に「前提」という言葉がきちんと入っていることにも注目できただろうか（この言葉があるからウを選んだという君は鋭い！）。かなり難問だが、**「段落どうしの論理関係」を読みつないでいくことの重要性**がわかるだろう。ここでの「まず第一に」は、その一般的な用い方としてある、「第二に」に続けていく話の順序を示す言葉ではないから、**ア**の「順序だてて」、**エ**の「順序づけ」、**オ**の「順序づけ」が誤り。**イ**は、「ピンとこない人」の「無理解をあらかじめ排除する」が誤り。むしろ筆者は第④段落で理解が得られるように説明しているのである。

問二

Ⅱの**読みつなぎ方**の論理構造をまとめた図（P274）を見てほしい。特に、「言葉と貨幣が価値の基盤であること」を詳しく説明している、第④段落と第⑤段落の論理構造をしっかり見てもらいたい。この部分をここでさらに詳しく示してみよう。

価値は人間の思考や判断のもととなる言葉と関わる　……（イ）

そればかりか　（**並列の論理**）

価値観は～異なる言語共同体の産物である　……（ロ）

そうしてみると

言葉も精神的価値をつくり出す基盤である。　……（ハ）

以上を確認したうえで、問題に戻ろう。傍線部Bが引かれているのは、右の文章構造図の（ハ）としたところである。この（ハ）の内容は、「そうしてみると」とあるので、（イ）・（ロ）の部分をまとめている。したがって、傍線部Bの説明としては、（イ）と（ロ）の二つのポイントをまとめればよいとわかる。

このように本文の論理を明確に押さえることが、そのまま論述問題で説明ポイントを決める視点につながるのである。

問三

この問いも、**問一**と同じく文章の論理構造の把握をたずねた問題である。Ⅲ・Ⅳの**読みつなぎ方**の解説を読み直せば、傍線部C「二つの本質」とは、一つはⅢの〈価値は関係から成り立つ〉であり、もう一つはⅣの〈価値を創る関係とは存立的関係である〉ことが確認できよう。この二つがきっちり入っている選択肢を選べばよいのである。文句なしに、**ア**である。他の選択肢は、いずれも、この二つが共に入っていない。

問四

解法のヒント **❷設問文の理解を十分にすること**（↓P123）にあるように、まず設問の意味（出題意図）を正しく理解しよう。

設問文に「本文の考え方に即した発言」とあるから、選択肢の検討に入る前に、この文章全体を通して読み取れる、筆者の言葉や貨幣に対する考え方（論旨）を確認しておくべきだろう。その上で、その考え方・見方に合う「発言」（本文にそのまま出ていない内容だ）を選んでいくべきだろう。つまり、諸君にもお馴染みの、「本文の内容に合致するものを選べ」という設問とは少し狙いが異なっていることにも気付かねばならない。

筆者の言葉・貨幣に対する考え方は、「二つの本質」として説明されたところのものであり、特にⅣにおいて論じられた「〈物〉を生み出す関係（存立的関係）」「存在してはいなかった諸価値を創り出す」という内容がポイントとなる。この内容をあらためて簡潔に言い直せば、まず言葉や貨幣があって物の価値が生ずるのであって（この考え方を「まず言葉」論と名付けておく）、反対に、先に価値を持ったもの（本文の言葉で言えば「実体」）があってその価値を表す言葉や貨幣がある（この考え方を「まず実体」論と名付けておく）のではないということである。

選択肢がこのような「本文の考え方」（つまり「まず言葉」論）に即した発言となっているかどうかを、順次調べていこう。

アは、「言葉は、死という実体に代わるものではない」の部分が、「まず実体」論であり、ダメ。

イは、「言葉が現実そのものではないから」の部分が、言葉と無関係に「現実」（実体）があるという、「まず実体」論となっているので、ダメ。

ウは、「〈愛〉という言葉が人間に愛を体験させ」の部分が、「まず言葉」論であり、「本文の考え方」に合う。

エは、「そんな価値は……幻に過ぎない」の部分が、つまるところ、貨幣の価値は物（実体）の価値がまずあってそれから生じてくるものではないということを言っており、「まず貨幣（言葉）」論であり、「本文の考え方」に合う。

オは、「絵自体に価値がある」の部分が、「まず実体」論であり、ダメ。

カは、エの発言の逆の考え方、つまり物には「誰にとっても客観的にきちんと測定できる」価値があるというものであり、「まず実体」論であるから、ダメ。

解答

問一　ウ

問二　言葉は、各時代・各地域ごとに異なる言語共同体の産物で、その成員にとって価値的な思考・判断の源泉となるものだということ。（五九字）

問三　ア

問四　ウ・エ

知の扉 ⑪

言語論をめぐって ―― 言葉は物の見方であり、世界観である

入試頻出テーマの一つである「言語論」について、丸山圭三郎の議論に沿って簡単にスケッチしてみよう。

言語についての見方・捉え方にはおおよそ次のような、対立的な二つがある。

(1)　言葉を、言葉以前に存在する物事や観念の記号である（事物の代用品と見る）とか、社会的価値観を他人に伝えるための道具・手段であるとかと、捉えるもの。

(2)　言葉を、存在していなかった諸価値を創り出す基盤であり、物の見方・世界観であると、捉えるもの。つまり、問題文で言えば、〈言葉の本質としての関係とは、存立的関係である〉という考え方に立った言語観である。

特に現代思想が焦点を当てる(2)の言語観（だから、入試ではこちらの見方がよく取り上げられることになる）について、「ロック（ロックンロール）」という言葉を例に挙げて考えてみよう。

「ロックミュージック」という言葉がなかったとき、その音楽は「ブルーズ」と呼ばれていたり、「ポップス」と呼ばれていたりして、それ自身が一つの独立した音楽ジャンルとして存在してはいなかった。つまり、その音楽は「あらかじめ確固たるアイデンティティをもっ」（第⑪段落）ていなかった。

しかし、その音楽に「ロック」と名付けることで、その音楽は、他のジャンルとの「関係」を初めて明確に自覚し、自らを一つのジャンルとして区切り（分節化）、そのことでその音楽はさらに大きく自己運動を始めていったのである。その後の歴史は、君もよくご存じであろう。かつてティーンエイジャーたちは、その音楽に夢中になっただけでなく、「ロック！」という言葉それ自体にも胸を高鳴らせたのだ。まさに「ロック」という言葉は、「そもそも存在してはいなかった諸価値を創り出」（第⑬段落）し、文化ジャンル（音楽だけでなく、ファッションを含めたライフス

タイル全体）を創出するものとしてあったと言える。だから、ある人が「ロックが好きだ！」と言うとき、それはその人の生き方、世界観の表明になることさえあるのだ。

一方、言語観(1)の方に立ってみると、「ロック」という言葉はそう大きな意味を持つものではない。「ロック」という言葉がなくなっても、その音楽は何ら影響されず実体として存在し続けるという考え方である。つまり、価値を創り出すのは実体の方であって、言葉は単に実体を指し示す記号・道具でしかないというわけである。

しかし、私たちは、そう美味でもないのに（実体の価値があまりないのに）、ＣＭや広告コピー（それらは言葉だ！）につられて高価な商品を買ったりすることがあることを知っている。これはどういうことだろうか。

言語観(1)だけでは、この言葉の持つ不思議な力を十分説明できそうにはない。

こうした言語論と関連して、「**分節化**」という言葉もよく出てくる。この言葉も簡単に確認しておこう。丸山圭三郎「言葉と無意識」のⅣの〈語句の説明〉（Ｐ281）で「混沌と秩序」を取り上げた。この「混沌と秩序」に関連付けて、分節化について少し考えることにする。

世界の創世神話には「この世が天と地に分かれる」ところから始まるものが多くある。ギリシャ神話でも、カオス（混沌）からガイア（大地）が生まれ、そしてウラノス（天）が誕生する。つまり「天」と「地」という言葉があって、初めて混沌とした状態は「天」と「地」に「分節化」され（区別・差異化され）、「天と地」という秩序が生成したのである。もっと身近な例を挙げれば、「かなしい」「うれしい」という言葉も、私たちの混沌とした心の状態を「分節化」し、それを整理し秩序付けてくれるものだ。

このように見てくれば、「言葉はものの見方であり、世界観だ」というような、言葉についての議論もよく理解できるのではないか。「上・下」という言葉、あるいは「右・左」という言葉も、そのように世界（空間）を秩序付けて見ることを私たちに教えてくれる。それは逆に言えば、そうした言葉がなければ、私たちは目の前の世界をどう見ればよいのか、どう秩序付ければいいのかわからない状態、つまり、混沌の世界に逆戻りしてしまうということなのだ。

ところで、言語観⑵の変種として「言霊（ことだま）論」がある。簡単に説明しておこう。この言語観は、言葉が霊的な力を持ち、その言葉を発するとその事柄が現実のものとなるという、古代社会にあった考え方である。それは、たとえば、誰かの名前を発しながら「好きだ！」と念ずるとき、その名前を持つ相手との恋愛関係が現実のものとなるというようなことだと考えてよいだろう。だから、古代では、ひと（特に女性）は特別な相手以外には、自分の名前を教えることはなかったらしい。言葉（人の名前）はただ何か（特定の人）を指示したり、伝達するだけではなく、存在していなかった新たな価値（その特定の人との恋愛関係）を創り出すという、現代の言語観⑵にも共通する見方・考え方が、この古代の「言霊論」にもあることがわかるだろう。

現在でも、生まれてくる子どもに、親が、たとえば「明るい子になってほしい」という思いを込めて「明子」と名付けるといった命名行為も、この「言霊論」につながるものと言えるかもしれない。

ただし、この「言霊論」は、「アニミズム」（↓P267）を前提とするもので、そこでは丸山氏の言語論の前提である「関係」は問題とされることはない。念のため。

丸山圭三郎（まるやま・けいざぶろう）

一九三三〜一九九三年。仏文学・言語哲学専攻。著者に、『ソシュールの思想』、『文化のフェティシズム』、『言葉と無意識』、『言葉・文化・無意識』など。ソシュール言語学の研究を基礎に、文化と人間に関する独自の理論を展開した。

【参考図書】

丸山圭三郎『言葉とは何か』（ちくま学芸文庫）
鈴木孝夫『ことばと文化』、『日本語と外国語』（いずれも岩波新書）
町田　健『ソシュールと言語学』（講談社現代新書）

［問題11］柄谷行人「ネーションと美学」

本書で取り上げた問題文のなかでも、この文章は決して読みやすいほうではないと思う。しかし、これまでの取り組みを通して**読みつなぎ方**を鍛え、またそれを自分のものとして消化してきた諸君は、文章の細部は別として、この文章全体の論旨はつかめたのではないか。

また一方で、歯が立たなかったという人もいたかもしれない。しかし、それは課題文が難しいからというよりも、読みつなぎ方という読解の道具を使うトレーニングがまだ不足しているところに原因があると思う。どこで、どう読解がつまずいたのか、その要因を見つけ、今後の課題としてほしい。一見手ごわそうな文章が相手でも、いつも**読みつなぎ方の基本**をしっかりと手にして文章と格闘していこう。

さて、この文章の読みつなぎ方としてまず点検してもらいたいのは、**繰り返しのキーワード**である「括弧に入れる／括弧をはずす」を意識できたかどうかだ。文章のあちこちに出てきているから、これが本文全体のテーマと関係しているということはつかめたのではないか。そしてそのうえで、**並列関係を示す論理語「もう一つ」**（第⑥段落）に注目し、第⑥段落の冒頭文「デュシャンの例は、**括弧に入れることと括弧をはずすこと**に関して、**もう一つの示唆を与える**」を重要なキーセンテンスとして押さえることができたかどうか、である。この文まで読み進めてきて、〈筆者は、「括弧を入れることと括弧をはずすこと」の持つ**二つの意味**について論じたいのだ〉と理解できればまずは十分だ。部分部分に理解しづらく引っかかる箇所があったとしても、このように**文章の全体像を把握・理解できること**こそ重要なのである。いや、全体をつかむことができれば、引っかかっていた部分も霧が晴れてくるように理解できてくることも多い。

この第⑥段落の冒頭文に注目すれば、本文全体は「括弧に入れることと括弧をはずすこと」の意味（1）と意味（2）の二部構成になっているとわかる。そのそれぞれをⅠ（第①段落〜第⑤段落）、Ⅱ（第⑥段落・第⑦段落）として、以下、読みつなぎ方を確認していこう。

Ⅰ　審美主義の問題点……括弧に入れることとはずすこと（1）（第①段落〜第⑤段落）

① 美的態度（審美主義）は、対象そのものからではなく、そこから受け取る様々な反応を括弧に入れることそのものから快を得ている。審美主義者が何かを礼賛するとしよう。それは、対象そのものが快適だからではなく、むしろ不快で、普通ならば忌避されるようなものだからである。もし審美主義者が何かに拝跪《はいき》するとしよう。それはけっして、そのものに本当に屈従しているのではなく、*実際は支配できる対象に屈従する不快をあえて括弧に入れるところに、快を見出しているからである。

② たとえば、浮世絵——一六世紀ごろに発展した日本の「民衆芸術」である——が一九世紀後半のフランスの印象派の画家を震撼させたことは確かである。また、日本の工芸品が大衆的に大きな影響を与え、それがアール・ヌーボーにつながったということも確かである。しかし、「ジャポニスム」だけが特別なのではなかった。その後には、アフリカの美術が同じく大きな影響を与えたからである。それらへの評価は、たんに美的評価であり、またそれらを彼らの芸術に取り込むことにほかならなかった。それは、それらを制作した人間たちを植民地化したか、またはいつでも植民地化できるという事実によってこそ可能だった。しかし、審美主義者は、しばしば、それを忘れ、あたかもそのような美に拝跪することが、彼らを対等な他者として尊重することを意味するかのように考える。

審美＝美の本質を見極めること。

拝跪＝ひざまずいて（跪）、おがむこと（拝）。

印象派＝十九世紀末から二十世紀初頭にかけてフランスを中心に広がった芸術運動。モネ、ルノワールなど。

アール・ヌーボー＝フランス語で「新芸術」の意味。印象派と同時期に流行した芸術様式。

ジャポニスム＝日本文化を賞揚する趣味的態度。いわゆる日本趣味。ここでは、西欧芸術における日本美術の影響

③　こうした現象は、ロマン主義においてはじまっている。それはドイツではカント以後であるが、イギリスやフランスではもっと早い。ロマン主義者が、過去の工芸品を賛美しはじめるのは、それが機械的複製品によって滅ぼされたからである。ベンヤミンは、複製時代には、芸術作品のアウラが消えるといっている。しかし、実際は逆で、複製時代において、それまでの芸術作品にアウラが付与されるのである。そのことは、もっと一般的にいえるだろう。たとえば、生産の機械化は、手仕事による生産物にアウラを与える。すなわち、それを芸術作品に変える。だが、それは手仕事によるからではない。複製品もなおアウラをもつことが可能なのである。アウラ*は対象に存在するのではない。カントが示したように、芸術は、対象の形態ではなく、それを芸術と見なすかどうか、いいかえれば「無関心」によってそれを見るか否かに依存する。たとえば、アンディ・ウォホール*が示したのは、Aわれわれが無関心になることが困難であるような対象（複製品）に対する態度の変更（括弧入れ）である。すでに、「デュシャンの便器」*が複製品であったことを想起すべきである。

④　産業革命とともに、こうした美的態度があらわれる。それは経済的に滅びた生産（手仕事）、およびそのような人々の生活への評価である。それはイギリスではラスキンに代表される。同時に、注意すべきことは、「外」の未開人や非西洋社会を考察する人類学と「内」の近代以前に遡行《そこう》する民俗学が裏腹な関係にあるように、こうした手仕事を評価する審美主義は、彼らが支配し破壊した植民地の文化への審美主義的態度と切り離すことができないということだ。美的態度は他の要素を括弧に入れることによって成立する。しかし、その括弧はいつでもはずされねばならない。それは映画館ではギャングを英雄として観てよいが、外に出れば、ただちに彼らに警戒しなければならないということと同様である。しかし、この種の審美主義者の特徴は、この括弧をはずすことを忘れてしまうことである。

のこと。

ロマン主義＝十八世紀末から十九世紀にかけて西欧に興った芸術思潮。科学的合理主義に対し、感性、個性、自由などを重視する。

アウラ＝「オーラ」に同じ。人や物から発せられる霊的な力。

アンディ・ウォホール＝米国の芸術家。一九二八〜一九八七年。ポップアート作品で知られる。

彼らは、こうした括弧入れによって見出されたものを、他者そのものと混同してしまう。あるいは、そのような美への尊敬を、他者への尊敬と混同してしまう。かくして、審美主義者において、植民地主義は奇妙に没却されるのである。

⑤　植民地主義、あるいは帝国主義は、いつもサディスティックな支配として告発される。しかし、最*も植民地主義的な態度は、相手を美的に、且つ美的にのみ評価し尊敬さえすることなのである。エドワード・サイードが「オリエンタリズム」と呼んでいるのは、むしろそのような態度にほかならない。それがなければ、たんなる支配や認識の意志だけでは、オリエント研究の膨大な蓄積はありえないだろう。しかし、この*美的関心は、何一つ「異者」としての驚きを与えない、ごく当たり前の「他者」がそこに生活しているという事実を認めないことにある。審美主義者がいつも反植民地主義であるように、彼らはいつも反産業資本主義的である。しかし、それは産業資本主義の実現によってのみ可能なのだ。

サディスティック＝嗜虐的。

オリエンタリズム→P304

読みつなぎ方

第①段落冒頭で「美的態度（審美主義）は、対象そのものからではなく、そこから受け取るさまざまな反応を括弧に入れることそのものから快を得ている」と述べ、この内容についてその後言い換えながら説明している。第①段落全体を読み、冒頭文がどういうことを言っているのか、特に全文を通しての中心的キーワードとなる「括弧に入れること」の意味を理解することがポイントだ。つまり、**「括弧に入れること」とは、対象そのものの現実を見ないで不問のままにしておくということ**であり、そのため対象そのものを直視したなら生じるはずのさまざまな不快な反応も起らず、結果として対象をただ美的なものとして鑑賞するだけの態度（審美主義）をもたらすのである。

第②段落は冒頭に「たとえば」とある通り、第①段落の内容を具体的な例（浮世絵、アフリカ美術）を挙げながら説明している。浮世絵の例で言えば、ヨーロッパが、当時の日本を「植民地化できる」という優越した立場にあることを忘れて（＝括弧に入れ）日本の浮世絵は美的だと持ち上げ（＝美に拝跪し）、実際には対等な関係にはない浮世絵師たちを「対等な他者として尊重する」のである。

第③段落は、冒頭文に「こうした現象（審美主義）はロマン主義においてはじまっている」とあるところから、第①段落・第②段落で論じてきた審美主義的な態度が生まれた歴史的背景について考察する部分に入ったと読みつなぐ。したがって、ここでもう一つ意味段落を区切るという考え方をしてもよい。本解説ではこれ以降を意味段落Ⅰの後半部としたい。

Ⅰの後半部の読みつなぎ方のポイントは二つある。一つは、先に見た第③段落の冒頭文と、第④段落の冒頭の「産業革命とともに、こうした美的態度があらわれる」という文、さらに第⑤段落の末尾の「それ（審美主義の態度）は産業資本主義の実現によってのみ可能なのだ」という文は、みな同じ内容を言っているとつかむことである。そう読みつなぐことができれば、細かな部分はさておき、Ⅰの後半部の中心的な内容は、〈審美主義的な態度が成立した歴史的背景には、ロマン主義と産業資本主義の成立があった〉と大きく押さえることはできるだろう。

点検してほしいもう一点は、第④段落6行目の「その括弧はいつでもはずされねばならない」という強調語（主張表現）のあるキーセンテンスを押さえることができたかどうかだ。ここで筆者の主張が明確に示されたことを確実に読みつなぎたい。〈美的態度（審美主義）が現実を「括弧に入れること」で成り立っていることは問題だから、「括弧はいつでもはずされねばならない」のだ〉という主張である。「括弧をはずすこと」とは、具体的にはここでは、植民地主義や産業資本主義の現実を直視したうえでその作品（手仕事）を見るということである。

＊〈語句の説明〉――――――

「実際は支配できる対象に屈従する不快をあえて括弧に入れるところに、快を見出している」（第①段落）

仮に第①段落を読んでいる時点ではわかりにくかったとしても、第②段落の「浮世絵」の例を通して、たとえば

〈実際には支配の対象となりうる日本の芸術品を美的なものとして高く評価することで生じるはずの不快感を「括弧に入れ」、その芸術品からただ美的な快感だけを受け取っている〉というように理解できればよい。

「カントが示したように、芸術は、対象の形態ではなく、それを芸術と見なすかどうか、いいかえれば『無関心』によってそれを見るか否かに依存する」（第③段落）

「いいかえれば」の前後の、「対象の形態ではなく、それを芸術と見なすかどうか」と『無関心』によってそれを見るか否か」がイコール関係で対応しているから、ここで言う「無関心」とは、「対象の形態」（たとえば、どんな形をしているか、材料は何かなど）に対する「無関心」ということを意味し、そのような態度が対象を「芸術と見なす」ことと関わっていることはわかる。しかし、それ以上は本文に説明がないので、少し説明を加えておこう。

　ここで柄谷が紹介しているカントの芸術論（美学）は、カントの『判断力批判』で次のように述べられているものである。

「この対象を美であると言い、また私が趣味を具《そな》えていることを証明するための要件は、私が自分自身のうちにあるこの表象から自分で作り出すところのものであって、この**対象の実在を拠りどころにすることではない**……趣味の事柄に関して裁判官の役目を果たすためには、我々は事物の実在にいささかたりとも心を奪われてはならない。要するにこの点に関しては、飽くまで**無関心でなければならない**のである。」（岩波文庫、篠田英雄訳）

　カントの言う「無関心」とは、〈対象の実在を拠りどころにする（＝それを所有したり現実的な利害を持ったりする）という現実的な関わりから独立したものとして美を捉える態度〉のことであると、ひとまず理解しておいてよいだろう。この態度こそが、第①段落冒頭の「美的態度（審美主義）」のことであり、「様々な反応を括弧に入れる」（第①段落）という態度のことである。この考え方に立てば、たとえば「対象の形態」によって芸術であるかどうかが決まるわけではないのだから、「手仕事による生産物」であれ「複製品」であれ、芸術的な「アウラをもつことが可能なのである」（第③段落）という本文の説明も納得できるはずだ。

「アンディ・ウォホールが示したのは、われわれが無関心になることが困難であるような対象に対する態度の変更で

ある」（第③段落）

アンディ・ウォホールは、大量に市販されるスープの缶詰めのデザインや、シルクスクリーンを用いたポスターなどの複製芸術を制作したことで知られる美術家だ。〈個々の作品は個性的で独自性（オリジナリティ）がなければならない〉とされる近代的な芸術概念からすれば、それらの性質を欠いた複製品（コピー）は芸術には当たらない。したがって、そうした複製品が展覧会に出展されたとしたら、既成の芸術観念に囚われている観客は「こんなものが芸術なのか？」というように反発したり嫌悪感を持ったりするというかたちで、その作品への何らかの現実的な「関心」を持たざるを得なくなるだろう（この内容が**問一**で問われている）。しかし、先に見たカントの芸術論によれば、それが芸術であるかどうかは「対象の形態」に規定されるわけではないのだから、たとえそれが複製のポスターであれ大量生産された缶詰であれ、芸術になりうるのである。つまり、アンディ・ウォホールは、複製品を出展することでそれを見る人びとの態度を、〈複製品は芸術ではない〉というものから〈複製品も芸術である〉というものへと「変更」させたのである。そしてそこには「対象の形態」を「括弧に入れること」、言い換えれば、カントの言う「無関心」が作用しているということになる。

「すでに、『デュシャンの便器』が複製品であったことを想起すべきである」（第③段落）

デュシャンも一般には芸術作品とは見なされない、工場で大量に生産された「便器」を展覧会に持ち込み、アンディ・ウォホールと同じく芸術の自明性を問い直したという趣旨が理解できていればよい。

ところで、芸術の自明性とは第⑥段落で「美術館におかれていれば作品は芸術であると考える態度」と示されているものでもある。デュシャンはそのような自明性を逆手にとって「美術展に出展されている以上、この便器は芸術品ではないのか」と観客たちに問い、あらためて芸術の自明性を問い直したと言えるかもしれない。

「最も植民地主義的な態度は、相手を美的に、且つ美的にのみ評価し尊敬さえすることなのである」（第⑤段落）

この文の冒頭は「しかし」から始まっているので、直前の「植民地主義……サディスティックな支配として告発される」と反対の内容を述べたものだとすぐにわかっただろう。「植民地主義」と言えば、一般的に暴力で支配する強《こわ》面《おも》な印象が強いが、むしろそれとは逆の、植民地の文化を持ち上げるようなソフトな態度（たとえば「ジャポニスム」など）にこそ「最も植民地主義的な態度」が隠されているということを筆者は強調している。これはもちろん第①段落から始まった「審美主義」の問題点にほかならない。

「この美的関心は、何一つ『異者』としての驚きを与えない」（第⑤段落）

「この美的関心」は「審美主義」と同じである。審美主義は対象を直視しない結果としてもたらされるものであった。したがって、その態度では、自分が現実に向き合っている〈対象（相手）＝他者〉も見えてこないことは明らかだろう。実際、自分と異なる他者（異者）と出会えばその差異に驚きもするはずだ。しかし、美的態度は他者と向き合っていないのだから、そこに「『異者』としての驚き」も生じることはない。つまり、実際の他者（異者）と向き合っているのではなく、自己にとって都合のよい「他者」像を対象に投影しているにすぎないということだ。

Ⅰのまとめ

審美主義は芸術作品から現実に受け取る反応を括弧に入れることで成立するが、その括弧をはずして対象を直視することが必要だ。

Ⅱ　芸術享受の弁証法……括弧に入れることとはずすこと（２）（第⑥段落・第⑦段落）

⑥　デュシャンの例は、〈括弧に入れる〉ことと〈括弧をはずす〉ことにかんして、もう一つの示唆を与える。たとえば、アメリカの黒人作家ジェームス・ボールドウィンはこういうことを言っている。彼は『オセロ』で黒人が差別的に見られているということから、シェークスピアを読む気にならなかった。し

ジェームス・ボールドウィン＝一九二四〜一九八七年。米国の作家。代表作に『山にのぼりて告げよ』などがある。

かし、英語が通じないパリで生活している間に、自分が黒人の作家であると同時に英語で書く作家だということを自覚し、はじめてシェークスピアを受け入れることができるようになったというのである。この場合、ボールドウィンは『オセロ』において黒人が差別されていることを括弧に入れることによって、それを「芸術」として観ることができるようになったといってよい。しかし、問題は、ボールドウィンではなくて、B『オセロ』をたんに芸術として観るイギリス人の、あるいは白人の観客である。彼らはボールドウィンが憤激したそのことを括弧に入れようとしたのでなく、そもそも最初から取り除いているのである。彼らは、偉大なシェークスピアにこんなことでけちをつける奴は芸術がわからないというだろう。それは美術館におかれていれば作品は芸術であると考える態度と同じものである。彼らは一度そのような括弧をはずす必要があるのだ。

⑦同じことが、フェミニズム批評やゲイ理論がもたらした視点にかんしていえるだろう。それは、異*性愛の男性読者が通常括弧に入れてきてしかもそのことにも気づかなかったことがらを提示する。つまり、それはいわば括弧をはずすのである。Cだが、それは芸術性を否定することではない。たとえば、ある作品において女性がたんに男の美的表象でしかない場合、その括弧をはずすことは、その作品をたんに否定することではない。テクストは、もしそれが優れたものであるならば、別の解釈を許すだろう。そして、そのようなものとしてテクストを読み直すとき、われわれは当初の批判を括弧に入れることになるだろう、だが、いうまでもなく、それは批判を消去することではない。

公民権運動にも参与した。
シェークスピア＝十六世紀末から十七世紀初にかけて活躍した英国を代表する劇作家。
『オセロ』＝ムーア人（北西アフリカのイスラム教徒）の将軍オセロを主人公とした悲劇。
フェミニズム＝女性の解放を主張する思想や運動。
ゲイ＝同性愛の人びと。

読みつなぎ方

第⑥段落冒頭文の「**もう一つ**の示唆」という**並列の論理**――**語**に注目し、この部分から「括弧を入れることと括弧をはずすこと」の二つ目の意味についての説明が始まると意識する。そして第二文が「たとえば」で始まっているから、「黒人作家ジェームス・ボールドウィン」に関した具体的な説明を通して、二つ目の意味がどういうものであるかを把握する。具体部は抽象部を理解するためにもしっかりと読み進めたい。

第⑥段落の**読みつなぎ方**のポイントは、二点ある。一つは、**具体部の読み方がうまくできているかどうか**という点、もう一つは7行目にある「しかし」をはさんで、具体部が対比構造になっていることをつかんだかという点、である。もちろん、この二点は密接に関連している。

まず**具体部を読むコツ**のほうから説明しよう。これまで何度も、**キーセンテンスを精確につかむ方法(1)　具体部と抽象部とを読み分ける**（↓P31）を使って文章を読んできたが、そのつど抽象部がキーセンテンスになることを強調してきた。その視点からも、「たとえば」の前にある第⑥段落冒頭文がキーセンテンス（抽象部）になるとわかる。では、具体部はどのように読み進めればいいのか。具体部は抽象部の内容をより詳しく説明するためにあるわけだから、**抽象部の内容をしっかりと意識し関連付けながら具体部を読む**といい。第⑥段落に沿って具体的に言えば、抽象部に示されているテーマ「括弧に入れることと括弧をはずすこと」と対応している、6行目「**括弧に入れることで**」と、段落末尾の「**括弧をはずす**必要があるのだ」（「**必要がある**」はもちろん**強調語！**）に注目すればいいということである。そして、具体部にあるこの二箇所が、「しかし」をはさんで対比されているわけである。

以上の読みつなぎから、第⑥段落のポイントは次のようになる。

1　黒人作家ボールドウィンは、『オセロ』の黒人差別を**括弧に入れて**それを芸術として観ることができるようになった。

2　（しかし）『オセロ』を単に芸術として観る白人の観客は**括弧をはずす**必要がある。

ところで、右の二点の理解についてさらに確認しておきたいことがある。ボールドウィンの場合（前者とする）と白人観客の場合（後者とする）の「括弧に入れる」は、それぞれその内容が大きく異なっている。ここを正確に理解できたかどうか。前者は、黒人が差別されているという現実を見たうえでそれを一旦「括弧に入れ」て作品を鑑賞する。一方後者は、黒人の現実を「そもそも最初から取り除いている」（9行目）という意味で、意識的に〈括弧に入れる〉のではなく初めから〈括弧に入れてしまっている〉のである。言い換えれば、前者は現実を直視しているが、後者は最初から現実を見ていない。この決定的な違いを正確に押さえておくことは、次の第⑦段落の理解にも関わる重要ポイントだ。

それでは、最後の第⑦段落を読みつないでいこう。まず、冒頭の「同じことが」に注目し、第⑦段落が直前の第⑥段落と基本的には同じ内容について論じているとつかむ。「フェミニズム批評やゲイ理論」について詳しく説明されていないが、ここでも**具体部を読むコツ**、すなわち抽象部の内容との関連を意識して、「括弧に入れることと括弧をはずすこと」の理解を中心にすえて読めばよいのである。ポイントは二点ある。

1　**括弧をはずす**ことは、芸術性を否定することではない（3行目）。

2　優れたテクストを読み直すとき、当初の批判を**括弧に入れる**ことになる。しかしそれは批判を消去することではない（6・7行目）。

この二点はどういうことを言っているのか。第⑥段落と「同じこと」とあったので、『オセロ』の例で考えてみよう。1は、〈白人の読者が括弧をはずして黒人差別の現実を直視することは、『オセロ』の芸術性を否定することにはならない〉と理解できる。一方2は、〈黒人作家ボールドウィンが当初は批判的に捉えていた『オセロ』に見られる黒人差別の現実を括弧に入れて、それを優れた作品として受け入れる〉というように理解できる。そしてこの2では、「当初の批判を括弧に入れること」は「批判を消去することではない」、つまり黒人差別の現実を忘れることではないと補足している点も落とさないことだ。

以上、Ⅱでは、第⑥段落・第⑦段落のポイント、それぞれ二点を押さえることができていれば大丈夫だ。ただ、それに加え、「括弧に入れることと括弧をはずすこと」の相互関係、つまり右の二点が相互にどのように関係しているかについても考えておきたい。この相互関係の理解が、**問三**で問われている。詳しい説明は**〔設問解説〕**に譲るとして、ここでは、作品を享受する際には、〈括弧をはずす↓作品を否定することではない↓括弧を入れて作品を受け入れる〉という流れ（関係）があることを確認しておこう。

＊〈語句の説明〉

「異性愛の男性読者が通常括弧に入れてきてしかもそのことにも気づかなかった」（第⑦段落）

文の冒頭に「それは」とあるので、前文にある「フェミニズム批評やゲイ理論がもたらした視点」との関係で考える。そして、「フェミニズム」と「ゲイ」の意味を踏まえ、それと対比されるものとして「男性」「異性愛」という表現があることを理解する。したがって、この部分は〈異性愛の男性読者はマッチョな既成の価値観（男性優位の考え）に安住し、性（愛）の多様性を括弧に入れてきたうえ、そういう自己のあり方にも無自覚であった〉というように理解できればよいだろう。

Ⅱのまとめ

作品を享受する際、括弧ははずさねばならないが、それは作品の芸術性を否定するものではない。

全体の中心論旨は、「括弧を入れることと括弧をはずすこと」の持つ二つの意味（ⅠとⅡ）を関連付けてまとめる。

全体の中心論旨

作品から現実に受け取る反応を括弧に入れた審美主義は問題でありその括弧をはずして対象を直視することが必要だが、それは作品の芸術性を否定することではない。

全文要約は、作品享受における審美主義的態度の問題点とその背景を指摘し、そのうえで望ましい作品享受のあり方（筆者の主張）について説明するという構成になるだろう。とくに「括弧に入れることと括弧をはずすこと」の相互関係についての説明がポイントとなる。

全文要約

芸術作品を享受する際に見られる審美主義的な態度は、対象の背景にある産業資本主義や植民地主義の生み出す現実を忘却したうえに成り立っている。したがって、作品の享受に当たっては対象である他者の現実を直視しなければならないが、それは作品の芸術性を否定することを意味しない。美を成立させている現実への視線を持ちつつ、それを一旦留保して作品と向き合うところに多様な解釈が生まれ、その芸術性はより豊かになるのだ。

（一九九字）

設問解説

問一

傍線部Aについては、意味段落Ⅰの**〔語句の説明〕**で確認している（P294）ので、そこをもう一度読み直してもらいたい。たとえば傍線部のある一文全体は、〈観客たちは、ウォホールの示した複製品が作品はオリジナルなものであるべきだという自分のなかにあった既成の芸術観に当てはまらないため、いやでも関心を持たざるを得ず、結果として芸術というものについての自分の態度（固定観念）を変更しなくてはならなくなる〉という内容を言っている。したがって、選択肢**エ**を選べばよい。

残りの選択肢は、どれも、自明としていた芸術観が揺さぶられるという傍線部・一文の趣旨については触れていない。

残りの選択肢についても簡潔に見ておこう。傍線部にある「無関心になる」ことは、Ⅰの**〔語句の説明〕**で解説したように、「美的態度（審美主義）」のことであり、「様々な反応を括弧に入れる」（第①段落）という態度のことである。そうであれば、傍線部の「無関心になることが困難である」とは「審美主義」的な態度が取れないということを意味することになる。

選択肢**ア**の「印象派の画家」（第②段落）も、**イ**の「アフリカの美術」の賞揚（第②段落）も、**ウ**の「近代のロマン主義者」（第④段落）も、**オ**の「手仕事による生産物への関心」（第③段落）も、すべて「審美主義（者）」の例として取り上げられたものだから、これらは傍線部の内容の正反対の立場となる。

問二

傍線部問題の基本（↓P140）をしっかりと踏まえ説明ができただろうか。取り組みの手順に沿って考えていこう。

手順（1）傍線部中の語句に留意する↓傍線部B「『オセロ』を

たんに芸術として観る」とあることに留意し、〈本来ならaとして観なければならないのにそう観ないで（たんに……）〉と補って説明することを考える。第⑥段落の内容として、aはもちろん〈黒人差別の現実〉のことである。

手順（2）傍線の引かれた一文全体を確認する→一文の冒頭に「問題は」とあることに留意し、『オセロ』を観る際の白人観客の問題点について説明することを考える。手順（1）による考え方と同じものになるはずだ。

手順（3）関連部の主題、キーセンテンスを踏まえる→傍線部Bが関わる第⑥段落の主題は「括弧に入れることと括弧をはずすこと」である。それを『オセロ』を観る白人の観客に沿って説明すれば、〈黒人差別の現実を観るべき（＝括弧をはずす）なのに、それを観ていない（＝括弧に入れる）〉ことであり、**手順（1）（2）**で考えた説明内容とこれもまた同じものとなるだろう。

以上見てきた通り、本問では、どの手順をとっても結局説明する内容は同じになった。問題によっては、手順ごとに説明する内容が加わっていくケースもある。いずれにしても、基本的な作業をいつもしっかりと行ってほしい。説明ポイントの中心は、

a　黒人差別の現実があるのに

b　aを見ていない

の二点になる。

問二の解答例（P304）を見てもらいたい。「黒人が差別的に見られていた歴史が反映されているのに」がaポイント、「その差別性に目を向けることがまったくない」がbポイントである。この二点が君の答案にきちんと入っていれば、ひとまずよしとしよう。そのうえで、解答例には「偉大なシェークスピアの芸術作品として観る」という部分が入っているが、そのことについて少し説明を加えておこう。

c　（『オセロ』は）偉大なシェークスピアの作品

というポイントも、なぜ必要なのか。おわかりだろうか。**手順（1）傍線部中の語句に留意する**をもう一度思い起こしてほしい。傍線部には「白人の観客」だけでなく「イギリス人の（観客）」という語もあった。「白人の観客」だけならそれと対応する「黒人差別」のことに触れておけばすむだろうが、「イギリス人の」もあるので、それと対応する説明もしておこうとしたのである。傍線部の後に「偉大なシェークスピアにこんなことでけちをつける奴は芸術がわからない」という記述がある。「イギリス人の」観客は、シェークスピアを同じイギリス人として「偉大」な存在と捉える「態度」を取っていると理解できる。答案では、あくまでも**a**と**b**が中心ポイントになるが、以上のような理由で**c**にも触れておくべきだろう。

問三

この設問をどう理解しただろうか。**設問の理解はとりわけ論述問題では重要だ。**正しく理解してこそ、正しい道を進むことができる（→P123）。

まず、傍線部Cは「だが」から線が引かれているから、「だ

が」の直前文の「それはいわば括弧をはずすのである」を踏まえたうえで傍線部の説明をする必要があると考える。つまり〈括弧をはずす、だがC〉となっているから、結局のところ、Ⅱの読みつなぎ方でも触れた「括弧に入れることと括弧をはずすこと」の相互関係について説明することになる。このように本問のねらいが理解できればよい。

また、**設問文に条件が付されている場合はそれに留意し出題意図の理解をはかること**が重要だ。本問では「本文全体を踏まえ」という条件があること、つまり、本文全体の論旨を関連付けて説明することが求められているわけだ。この条件からも、本問の出題意図が「括弧に入れることと括弧をはずすこと」の相互関係について説明するところにあるとつかむことができる。

説明の大きな方針が立ったら、次に説明ポイントを決めていく。まずは傍線部からスタートして、

a　それ＝括弧をはずすこと

b　（aは）芸術性を否定することではない

の二点について説明する。bはaの補足的な説明であり、これだけでは「括弧に入れること」についての説明とはならない。そこで、本文末尾の第⑦段落にある「われわれは当初の批判を**括弧に入れる**ことになるだろう」の部分を補強し説明しておくことを考える。

c　当初の批判（a）を括弧に入れて作品を享受する

a、**b**、**c**をそのまま抜き出してもその内容はよくわからないから、本文に沿って次のように説明を加えておこう。

aは、〈審美主義的態度ではなく、作品の対象世界（現実）を直視する〉という「括弧をはずすこと」の内容（Ⅰ）を示しておけばよいだろう。

bは、傍線の次の文にある「その作品をたんに否定すること」、あるいはボードウィンが「シェークスピアを読む気にならなかった」（第⑥段落）などの叙述を手がかりに、〈作品の芸術的な価値を否認することではなく〉などと説明しておきたい。解答例ではそれに加えて「作品がすべて現実に解消され」（芸術は不要で現実を見ればよい）とも付け加えている。

cは、「テクストは、もしそれが優れたものであるならば、別の解釈を許すだろう」（第⑦段落）や、その結果としてある「はじめてシェークスピアを受け入れることができるようになった」（第⑥段落）を踏まえ、〈様々な解釈をもたらす作品の享受が可能になる〉という肯定性を指摘する。なお、第⑦段落末尾に「それは批判を消去することではない」という断りがあるので、この点も**c**に付け加えておくとよい。

以上の三点を説明の中心ポイントとすればよいが、それらのポイントをただ羅列して終わるのではなく、**a**、**b**、**c**の関連がわかるように答案を組み立てよう。この一連の作品享受の過程で留意することは、「括弧をはずす」という作品に対する批判的な契機が「別の解釈を許す」という生産的・発展的な結果をもたらしているということである。このような**弁証法的なプロセス**（これは次頁の**知の扉**⑫で説明する）として答案全体が構成されるように心がけるとよいだろう。

解答

問一　ェ

問二　『オセロ』には、黒人が差別的に見られていた歴史が反映されているのに、それをただ偉大なシェークスピアの芸術作品として観るだけで、その差別性には目を向けることがまったくないというもの。（九〇字）

問三　作品の対象世界を直視することで作品を審美的に捉える態度が批判されるが、そのことによって作品がすべて現実に解消され作品の美的価値がおとしめられるわけではない。むしろそうした審美主義的態度への批判的な視点を介することによって、優れた作品はより多様な解釈を生み、その芸術性はより豊かなものになるのである。（一四九字）

知の扉⑫

オリエンタリズム、弁証法について

［問題11］の第⑤段落に「**オリエンタリズム**」という語が出ていた。この語は入試現代文でもしばしば見かける。まず「オリエンタリズム」について簡単に見ておこう。

「オリエンタリズム」という概念（見方）は、エドワード・サイード（一九三五〜二〇〇三年）が自著『オリエンタリズム』（一九七八年刊）で論じたものである。それまで、「オリエンタリズム」とは、たとえば西洋人が東洋の古美術を収集するといったことに見られるような、「東洋（オリエント）に対する西洋の異国趣味、ロマン主義的なあこがれ」といったことを意味するものであった。しかし、西洋の植民地支配を起因とする過酷な現実にいまなお苦しんでいるパレスチナ出身のサイードは、それを「オリエントに対するヨーロッパの思考の様式」と定義し直し、そこにオリエントを支配してきた「西洋の知の問題」を批判的に見たのである。

文学研究者・本橋哲也は、「オリエンタリズム」という思考様式の前提を次のように端的に説明している。

1　東洋人が西洋人より劣った存在であるという想定。よって東洋は西洋による支配の対象とされる。

2　オリエントと概括して呼びうる地域は、インドであろうとエジプトであろうと、だいたいどこも同じだという決めつけがある。

「つまり他者の主体性を無視し、他者同士の違いに目を向けようとしない姿勢がオリエンタリズムの根本にあるのだ」（本橋哲也『ポストコロニアリズム』）。

たとえば、「日本」のイメージ（表象）の一つとしてある、「フジヤマ」「サムライ」について考えてみればよい。このありきたりで陳腐なイメージは、日本に生きる人びとが現在どういう現実に直面し、どういう未来を展望しているか、というオリエントのなまの現実（オリエントの「主体性」）を何も見ようとしないまま、そして、個々の日本人の多様な生のありよう（「他者同士の違い」）を見ないまま、ステレオタイプ（紋切り型、画一化された）の「日本」「日本人」イメージを再生産している点で、まさにサイードの言う「オリエンタリズム」に通じるものだろう。

ところで、この「オリエンタリズム」の思考様式はなにも西洋（人）の専有物ではない。たとえば、かつて日本が「台湾」「朝鮮」「南洋諸島」などを植民地支配していた時期、日本人たちも、オリエンタリズムから自由であったとは言えない。「○○人は……だ」といった紋切り型の言説、表象をしきりに生産していたのである。そして、現在、「東アジアのなかの日本」という思考の枠組みのなかで、はたしてこの社会は他者の主体性を尊重し、他者同士の違いに目を向けているだろうかと、私たちはなお問い続けなくてはならないのではないだろうか。

また、［問題11］**問三**の**設問解説**の終わりで（P303）、「弁証法的なプロセス」という語を示し **知の扉** で説明すると述べた。ここで**「弁証法」**という語について触れておこう。まず、次の文章を読んでもらいたい。入試問題の一部分である。

いったい人間の思想的進歩は決して直線的に行われるものではない。われわれの心の中にはたえずテーゼとアンチテーゼとの闘争が行われている。その闘争の結果、ジンテーゼが生まれた瞬間にはそれがまたただちにテーゼとなって新しいアンチテーゼを生み、そうしてそれらの闘争がたえず行われるのであって、それでこそ思想の進歩が可能なのである。（末弘厳太郎『著作集Ⅳ』）

この引用した部分を受けて、このあとに「弁証法的発展」という語が出てくる。「弁証法」という考え方を理解するには格好の文章だと思う。引用文に出てくる「テーゼ」（命題）、「アンチテーゼ」（反対命題）、「ジンテーゼ」（総合命題）という語は、またそれぞれ「正」「反」「合」とも言われ、弁証法の考え方を説明するキーワードである。たとえば、ある考え方（テーゼ、正）に対してそれと対立する別の考え方（アンチテーゼ、反）が生まれたとする。もちろん両者はそのままでは対立関係に終始するわけだが、両者のあいだで「闘争」が行われると、その結果、対立する二つの考えを統合するようなより高次の考え方（ジンテーゼ、合）が生まれる。この〈より高次の考え方が導かれること〉を**「止揚」「揚棄」**（アウフヘーベン）と言う。そして、「ジンテーゼが生まれた瞬間にはそれがまたただちにテーゼとなって新しいアンチテーゼを生み、そうしてそれらの闘争がたえず行われる」とあるように、この「〈正↕反〉→合」のプロセスは終わりのない運動としてあるという点にも注意を向けておこう。物事が関係において絶えず運動し更新されていく、そのプロセス全体が「弁証法（的発展）」ということになる。

ちなみに、弁証法（dialectic ディアレクティック）は「対話」「問答」（dialogue ダイアローグ）と深い関わりのある語である。テーゼを人物A、アンチテーゼを人物Bに置き換えてみると、テーゼとアンチテーゼとの「闘争」とは、人物AとBとのあいだでの「対話」「問答」にほかならない。そういう対話や問答を通してジンテーゼが生まれてくるわけである。弁証法という語を用いず、「対話法」「問答法」などと言う場合もある。

［問題11］の「括弧に入れること」と「括弧をはずすこと」の関係にも、一種の弁証法が読み取れるだろう。**問三**

の解答例（P304）の「**より多様な**解釈を生み、その芸術性は**より豊かな**ものになる」という部分は、この弁証法的発展関係を意識して「より」という語を加えている。

柄谷行人（からたに・こうじん）

一九四一年生まれ。思想家、評論家。文芸批評から社会批評まで幅広い批評活動を行う。欧米の思想家との交流も深く、海外で翻訳された著作も多い。著書に、『畏怖する人間』、『日本近代文学の起源』、『隠喩と建築』、『倫理21』、『世界史の構造』など、多数。

【参考図書】

柄谷行人『日本近代文学の起源』（岩波現代文庫）
若桑みどり『イメージの歴史』（ちくま学芸文庫）

〔問題12〕 西部 邁「社会科学の落日」

社会科学の衰退とその原因について、高度大衆社会との関わりで論じた文章である。本文全体を、問題提起がなされる「Ⅰ　社会科学の衰退」（第①段落〜第③段落）、社会科学が衰退した理由（背景）について論じた「Ⅱ　伝統から離反した社会科学」（第④段落〜第⑦段落）・「Ⅲ　価値形成能力の衰退した社会科学」（第⑧段落〜第⑪段落）、そして、社会科学と大衆社会の問題状況について述べた「Ⅳ　社会科学者の失語症と大衆の多言症」（第⑫段落〜第⑮段落）の四つの意味段落に分け、読みつないでいくことにする。

Ⅰ　社会科学の衰退（その平衡感覚の喪失）（第①段落〜第③段落）

①　社会科学＊が論理と感情というふたつの急峻《きゅうしゅん》のあいだの尾根を平衡感覚ゆたかに渡っていくためには、勝れた散文精神がなければならない。あっさりいえば、といっても自分の力量のことを考えるといいづらいのだが、ᴬ文章力が社会研究の決め手だということである。社会科学の衰退をもたらした、最大のとはいわぬまでも、大きな原因として、社会科学者における文章力のいちじるしい低下のことが挙げられて然《しか》るべきであろう。

②　このことは、学者連中が易しく流暢《りゅうちょう》な文章を書かないことについての巷間《こうかん》の歎きや嘲《あざけ》りと同じではない。論理と感情の総合はいわば綱渡りの作業であって、それが滑らかにすすむのは例外だぐらいに考えてよい。

急峻＝傾斜が急であること。

社会科学（→P152）

巷間＝世間。「巷」は「ちまた」のこと。

③　それに、易しく流暢な文章がどれほど大衆迎合*の具とされてきたかを考えると、そういう技術的な事柄にこだわるべきとも思われない。綱渡りにおいて平衡を保とうとする精神の型、それが表出されている文章ならばさしあたりよしとしなければならないのである。

具＝道具。

読みつなぎ方

文章全体のテーマを提示する部分である。Ⅰの趣旨は、第①段落中にある「社会科学の衰退」という言葉に端的に示されている。本文のタイトル「社会科学の落日」という表現と照応している（**出典のタイトルは必ず見ておくこと！**）。

ところで、第①段落の「社会科学が論理と感情という二つの急峻のあいだの尾根を平衡感覚ゆたかに渡っていく」、第②段落の「論理と感情の総合はいわば綱渡りの作業」、第③段落の「綱渡りにおいて平衡を保とうとする精神の型」という**繰り返しのキーセンテンス**は読み取れただろうか。

ここに、社会科学は論理と感情という対立的な領域を総合する学問であるとする筆者の考え方が出ている。それは論理と感情のあいだで「綱渡り」をするように難しく、そのどちらにも偏《かたよ》らない平衡感覚が必要であるということだ。

しかし、社会科学の現状を見ると、この平衡感覚を保とうとする精神、つまり第①段落でいう「勝れた散文精神」が表出されている文章が見られないと、筆者はその問題点を指摘する。

＊**〈語句の意味〉**

「論理と感情」（第①段落）

「理性と感性」といった一組の概念と関連させて理解できているだろうか（→P16）。筆者は別の文章（『経済倫理学序説』）で、社会科学は「自然科学の知・ロゴス（論理性）」と「人文科学の知・ミュートス（物語性）」を媒介する知の様式であるとも言っている。

「大衆迎合」（第③段落）

大衆の受けをねらって発言や行動をすること。ここでは、「易しく流暢な文章」で大衆に取り入り、本当に考えるべき問題を指摘しない知識人の姿勢を「大衆迎合」的だと言っている。なお、類語に「ポピュリズム」(populism) という語がある。ポピュリズムは、本来、大衆の利益を重視して政治を行う考え方を言うが、現在では、大衆迎合的／大衆扇動的な政治を指して用いる場合が多い。

Ⅰのまとめ

社会科学では、論理と感情の平衡感覚を精神の型として持つ文章力が決め手なのに、それを欠いて現在の社会科学は衰退している。

Ⅱ　伝統から離反した社会科学（第④段落～第⑦段落）

④　その精神の型は、矛盾、葛藤、逆説のなかで身を持《じ》することを可能にする*智慧《ちえ》のようなものであろう。その種の智慧は、表現者の個人的才覚もさりながら、やはり伝統のなかに蓄積されているものである。というより、伝統のもっとも本質的部分がそうした*精神の政治学のためのいわば魂の技術から成り立っている。それを抜きにしたトラディションは、要するに、伝統ではなく因習なのである。

⑤　どんな表現も、個人の手許《てもと》、口元からうまれてくる以上、かならず、なにほどか*独創的である。模倣にしてすらが、その模倣の仕方においていくばくかは独創的であるほかない。しかし独創性に溺《おぼ》れるならば、*伝統からの離反が生じ、それはおおよそ文章における平衡感覚の喪失となる。

⑥　歴史のなかでそうした失敗がいくたびも生じ、失敗に学ぶことによって培《つちか》われてきた智慧の堆積《たいせき》、それが伝統であると知るならば、表現者は独創を気取っている場合ではない。むしろ、個人のオリジナリティのオリジンも伝統のなかに埋もれていると考えて、伝統の声に聞き従うのでなければならない。

トラディション＝伝統。
因習＝昔からの悪習。
いくばく＝少しは。
オリジン＝起源。

⑦ところが社会科学は近代における伝統破壊運動を帥先《そっせん》してきたのである。「これから、太陽は地上に自由な人間のみを、自分の理性以外に主人を認めない自由な人間のみを、見守る」というコンドルセの叫びは、それから二百余年たったいまも、はっきり聞きとれるくらいの余韻を残している。「科学への自由」をとりもなおさず「伝統からの自由」と見立てるのが社会科学の常套《じょうとう》である。社会科学に未来志向は必要不可欠の要素だが、理想主義は不要と言わねばなるまい。

帥先＝率先。先に立って率いる。
コンドルセ＝十八世紀フランスの啓蒙思想家。
常套＝決まったしかた。

読みつなぎ方

Ⅰで議論した社会科学の衰退の理由（背景）を考える部分である。

第④段落から第⑦段落まで、どの段落にも繰り返されているキーワードは押さえただろうか。「伝統」がそのキーワードである。

第④段落から第⑥段落までは、文章における「平衡感覚」は、智慧の堆積としてある伝統のなかに蓄積されていること、また独創に溺れ伝統から離反するとその平衡感覚を喪失してしまうことの説明がある。そしてそのうえで、第⑦段落で、Ⅰで論じた社会科学の衰退の理由として、この伝統からの離反という事態が指摘される。

＊〈語句の意味〉

「智慧（恵）」（第④段落）

「智慧（知恵）」と「知識」の違いを考えておこう。「智慧」は人間の長い歴史（伝統）の中で経験的に得られた、ものごとを判断する能力、対処のしかたのこと。たとえば、「人生の智慧」「生活の智慧」といった言葉に表されているものである。それに対して、「知識」とは、科学的学問によって得られ、たとえば学校教育の中で教えられ学ばれるものとでも考えておくとよい。「知識」は学校で得ることはできるが、「智慧」はむしろ学校の外で得られるものなのかもしれない。学問としてある「社会科学」が「智慧」から離れていったのも「宜（うべ／むべ）なるかな（＝なるほどその通り）」である。

「精神の政治学」（第④段落）

第③段落末の「綱渡りにおいて平衡を保とうとする精神の型」、あるいは同じ第④段落冒頭の「矛盾、葛藤、逆説のなかで身を持すことを可能にする智慧のようなもの」、さらに第④段落3行目の「魂の技術」と同一の内容を言ったものである。ここでは「政治学」が比喩的表現として使われており、精神の内部に働くさまざまな力をどうコントロールし、平衡を保つかの「智慧」「技術」のことだと考えればよい。

「独創と伝統（模倣）」（第⑤段落）

筆者の考えには（またそれはたいへん一般的な考え方でもあると言えるが）、伝統を無視したところにはどのような独創も生まれないという発想がある。独創は、突然宙から降ってくるものではなく、先人たちの仕事を模倣するところから初めて生まれてくるという考え方だ。

たとえば、「職人」の世界では、まず先人の仕事（伝統）を見習うことから始め、個性の強調（独創）ということは慎まれる。自己の個性を強烈に表現しようとした近代の「芸術家」とは大いに異なる。**知の扉** **⑨芸術論・文学論をめぐって**（P256）を読み直しておくこと。

Ⅱのまとめ

社会科学がその表現において平衡感覚を失ってしまったのは、その精神を支える智慧の堆積としてある伝統を破壊してきたからである。

Ⅲ　価値形成能力の衰退した社会科学（第⑧段落〜第⑪段落）

⑧　しかし急いでつけ加えなければならないのは、B理想がなければ綱渡りの意志を持続させることができないということである。伝統は表現における綱渡りの平衡棒を与えてくれるにすぎず、綱のうえを前進しようとする意志は、いわば彼岸への理想によって統御*されなければならない。いま、社会科学

統御＝コントロールすること。

が平衡を失って解体しつつあるひとつの理由に、価値判断の能力および価値形成の能力の減退があるように思われる。

⑨　社会科学がながいあいだ掲《かか》げてきた価値は、「豊かさ」と「等しさ」の二色旗であった。しかしそれらの価値は、すでに理想であることを止めて現実になりおおせている。「豊かさ」と「等しさ」が素晴らしいものであるのは、それらがまだ理想であるあいだだけであろう。

⑩　なぜといって、c快楽主義の逆説および平等主義の逆説が教えてくれるように、「豊かさ」の実現はもう追求すべき快楽がなくなったという意味で苦痛の温床となり、「等しさ」の実現は、完全な平等がありえない以上かならず残る微少な不平等についての、不満の種となりがちである。

⑪　あありていにいうと社会科学は、綱渡りの平衡棒をみずから投げ捨てたうえに、その理想がすっかり色褪せたために、綱のうえを前進する気力すらなくしてしまったのである。これでは転落しない方が不思議である。

ありてい（有り体）＝ありのまま、はっきり。

読みつなぎ方

Ⅱで論じた社会科学の衰退の理由（理由1）に加え、もう一つの衰退の理由を述べた部分である。

第⑧段落冒頭の「急いで**つけ加え**なければならないのは」や「いま、……**ひとつの理由**に」という部分で、もう一つの理由が出されたことがはっきりとわかる。つまり、この部分で、Ⅱは理由1、Ⅲは理由2について論じているという、**意味段落どうしの関係が並列の論理関係にあること**をつかまなくてはいけない。君自身がこの部分をどう読みつないだかを、いま一度確認してほしい。

さて、理由2の内容について見てみよう。その理由は、第⑧段落末に、「……ひとつの理由に、価値判断の能力および価値形成の能力の減退があるように思われる」と明確に説明されている。ここで言う「価値判断」「価値形成」とは、Ⅲで繰り返し出てくるキーワード「理想」との関連で考えればよい。つまり、理想とする価値に基づいて判断したり、また何を価値ある理想として作るのか、というようなことをそれぞれ意味している。

ところで、社会科学はこうした価値形成の能力を減退させているとはどういうことだろう。第⑨段落の「豊かさ」と「等しさ」という話題に沿って言えば、経済成長や政治的な民主化によって、それらが問題をかかえつつも現実的な射程を持ったとき、社会科学は何のために「豊かさ」や「等しさ」を求めるのかということがわからなくなり、これから目指すべき社会の理想（価値）を見失ってしまったのである。社会科学は確かにGDP（国内総生産）を大きく伸ばすことに貢献したが、果たしてそれは何のための（どのような理想を実現するための）経済成長であるのかという問いに、答えられなくなってしまっているということだ。裏返して言えば、社会科学は、社会の目指すべき理想（価値）を形成し、それを人びとに指し示さなくてはならないと筆者は考えているのである。

さて、第⑪段落をどのように読んだだろうか。特に、それまでの文章展開との関係で第⑪段落の第一文をどう読むかである。

「社会科学は、綱渡りの平衡棒をみずから投げ捨てたうえに……綱のうえを前進する気力すらなくしてしまった」。

まず、**並列の論理関係を示す「うえに」**に注目できただろうか。そのうえで、「うえに」をはさんだ「綱渡りの平衡棒」と「綱のうえを前進する気力」（第⑧段落「綱渡りの意志」の繰り返し！）が、それぞれ、Ⅱの〈伝統に基づく平衡感覚〉とⅢの〈理想を目指す価値形成能力〉という内容に対応した表現であることを読み取れただろうか。この点に気付けば、第⑪段落は、社会科学の衰退の理由1（Ⅱ）と理由2（Ⅲ）をまとめた段落だとわかるだろう。

以上見てきたように、**並列の論理関係を示す語をつかむことが、文章の論理構成を理解するための重要な手がかりとなる**ということを強調しておきたい。

＊〔語句の意味〕

「彼岸への理想」（第⑧段落）

「彼岸」とは現実世界を超えた世界のこと（→P23）。ここでは、現実にすぐ実現できるような理想ではなく、現実のかなたに高く貴いものとしてある理想のことを言っている。

Ⅲのまとめ

社会科学が平衡感覚を失い衰退しているもう一つの理由は、理想を目指す価値形成能力の減退によるものである。

Ⅳ　社会科学者の失語症と大衆人の多言症（第⑫段落〜第⑮段落）

⑫　公衆の面前で転落するのを避けるもっとも簡単な方法は綱にのぼらないことである。つまり、大学にもどって、科挙*の仕事に精出すことである。というより、大学を社会から隔離して社会科学者たちの自己慰安の場所とすることである。

⑬　その不様《ぶざま》な退却ぶりをみて、口さがない世間は「さようなら知識人」とひやかす。社会科学者だけが知識人ではないのだが、それまでの巷《ちまた》での言動が目立ったために、世間が別れを告げている相手はどうやら社会科学者のようなのである。

⑭　だが、世間が平衡感覚を保っているというのではない。それどころか、世間は高度大衆社会の姿をますます露骨にして、マネー、ハイテク、スキャンダル、ガジェット、パロディなどといった名前のついた急峻な坂を滑り落ちていく。つまり大衆人たちは、自分らを低俗であると知りながら、低俗であることを権利として確立してしまったのである。

⑮　彼らが愚かだというのではない。大衆教育の普及と情報社会の発展をつうじて、彼らは社会科学者など顔負けの利口ぶりを発揮している。かつてひそかに存在していた真正の知識人と真正の庶民との連帯はとうに消失し、擬似知識人としての大衆人が我が物顔に振る舞っている。つまり、現代における言葉の状況は〈大衆人の多言症〉と、〈社会科学者の失語症〉とによって特徴づけられている有り様なの

口さがない＝口うるさい。

ガジェット＝通俗的なもの。洒落《しゃれ》ていて、気のきいた小物。

真正の＝本当の。

擬似＝似てはいるが、にせのもの。

である。

読みつなぎ方

第⑫段落・第⑬段落では、社会科学者が自らの転落ぶり（つまり社会科学の衰退ぶり）をごまかすために社会に背を向け大学の中に閉じこもってしまっている（社会と関わろうとしない）現状と、それに対する世間の冷ややかな反応とを述べる。

第⑭段落冒頭の「だが」に示されているように、最後の二つの段落では、一転して社会科学者（知識人）を批判する世間（大衆人）の問題点を論じていく。大衆人は、「低俗であることを権利として確立してしま」い（＝自らの低俗さに居直り）、情報社会の発展を通じ「社会科学者など顔負けの利口ぶりを発揮している」。もちろん、第⑮段落にあるこの「利口ぶり」とは筆者一流の皮肉である。大衆人が、意味を深く考えることなく、マネー、ハイテク……と次々とブームを追いかける「高度大衆社会」を筆者は苦々しく思っているのだ。このように読まず、文字通り大衆人が「利口」だと読んでしまったら、第⑭段落の「世間は……急峻な坂を滑り落ちていく」という否定的な文脈との整合性がなくなってしまう。**どう読むか迷った場合、部分や全体の論旨が一貫するように読むことを考えるとよい。**

筆者は知識人を斬るその手で大衆人をも斬る。それが最後の一文に、「現代の言葉の状況は大衆人の多言症（＝新しい情報を次々と追いかけること）と社会科学者の失語症（＝社会に対し何のメッセージも送らず大学に閉じこもっていること）とによって特徴づけられている」とまとめられているのである。

＊〔語句の意味〕

「科挙の仕事」（第⑫段落）

中国でかつて行われていた、官吏《かんり》の登用試験のこと。この暗記中心型の試験の厳しさは、合格に何十年もかかる難解さや、現実離れした問題、合格するための必死の工夫（およそ考えられる限りのカンニングの数々）など、しばしば笑い話にまでなるものである。もちろんここでも、現実と関係のない知識だけの世界に閉じこもった社会科学者　―　たちを皮肉る言葉として用いられている。

Ⅳのまとめ

社会科学者は自らの責務を放棄し社会から自らを隔離してしまい、それに代わって大衆人が擬似知識人として賑《にぎ》やかに振る舞っている。

文章全体の議論にはかなりの広がりがあるが、**全体の中心論旨**としては文章の中心テーマである「社会科学の衰退」を押さえる。これだけでも十分だが、それに少し付け加えるなら、その「衰退」をもたらした二つの理由（Ⅱ・Ⅲ）を入れておくとよい。Ⅳの大衆社会批判の視点まで盛り込む必要はないだろう。

全体の中心論旨

伝統と理想を見失い、社会科学は衰退している。

全文要約としては、意味段落Ⅰ、Ⅱ、Ⅲ、Ⅳを順にまとめていけばよいだろう。ただし、ⅡとⅢがⅠの理由（背景）として並列されているという本文の論理構成を、要約文にも示しておくことが必要だ。

全文要約

論理と感情を総合すべき社会科学が、その平衡感覚を失い衰退しているのは、それを支える智慧の堆積としてある伝統を破壊し、理想を目指す価値形成能力を減退させてしまったことによる。このような社会科学の衰退状況の中で、社会科学者は自らの責務を放棄したまま社会から自らを隔離しており、一方それに代わった大衆人も擬似知識人として賑やかに振る舞うだけであり、両者ともども転落していく光景があるばかりである。

（一九五字）

設問解説

問一

傍線部の理由が問われているが、まずは**傍線部問題の基本**の作業を行う。傍線の引かれた**一文全体を確認する**と、文の冒頭に「あっさりいえば……」とあるので、傍線部Aはそれ以前の内容を簡潔に言い換えた部分だと理解できる。したがって、第①段落の冒頭の一文の、社会科学には論理と感情の平衡感覚を持った散文精神が必要であるという趣旨が踏まえられた説明を選べばよい。もちろん、Ⅰのキーワードとして「論理と感情」「平衡感覚」を押さえていれば、それらを含む**オ**をとるのは容易だ。**エ**は、キーワード「論理」「感情」を含むが、両者の「平衡」「総合」を言っておらず、「感情を論理化」という説明になっているのでダメ。「技術の熟練が要求される」の部分も、第③段落の「そういう技術的な事柄にこだわるべきとも思われない」の記述に反する。**ア・イ・ウ**は、Ⅰの趣旨およびそれを示すキーワードにまったく触れていない。

なお、選択肢**オ**の理由説明の仕方は、**解法のヒント❸理由説明の問題**（P124）で説明した答案のタイプのうち、（2）**経緯や背景をまとめて説明するタイプ**に相当する。

問二

傍線部Bにある「綱渡りの意志」が何を言っているかが読み取れているかをたずねた問いである。「読みつなぎ方」Ⅲで見た通り、この「綱渡りの意志」とは、現在の社会科学が衰退した理由2に関わる、「価値判断の能力および価値形成の能力」のことである。したがって、答えは**ア**。傍線部Bと同じ第⑧段落にその説明があり、またⅢのキーワードそのものだから、正解を選ぶのは容易だ。

選択肢の**エ**が少し問題となるかもしれない。この選択肢前半の説明は正しいが、後半の「社会科学の解体を防止する唯一の条件」がダメ。社会科学にとっては「綱渡りの意志」だけでなく「綱渡りの平衡棒」も必要であるからである。「唯一の条件」と限定しているのが間違い。**本文にない限定した説明のある選択肢は誤りである。**

イは「社会科学の目的たる『自由な人間』を生み出す」が、**ウ**は『科学への自由』を『伝統からの自由』へと変化させる主力」が、**オ**は「社会科学的な二つの価値『豊かさ』『等しさ』を結びつけ現実化する」が、Ⅲの趣旨からそれていてダメ。

問三

逆説の意味が理解できているかを問う問題である。「逆説」の意味についてはP13をもう一度しっかり読み直してほしい。ここで「逆説」の意味を簡単におさらいしておけば、「本来（普通）なら〜となるはずなのに、かえって逆に〜となる」という言い回しのことを言うのである。

選択肢の中で、この逆説に当たるのは**エ**である。「普通ならうまいものをたくさん食べる経験があるほどその人は満足するはずなのに、かえって反対に苦痛になってくる」と言っているのだから、確かにこれは逆説となっている。傍線部Cに続く「……

もう追求すべき快楽がなくなったという意味で苦痛の温床となり……」も手がかりとなるだろう。**オ**は逆説のように見えるかもしれないが、傍線部の「快楽主義」の内容とは反対であるから不適。なお、選択肢**ウ**にある「蕩尽」とは、「すべてを使いはたしてしまう」の意である。

問四

傍線中の語句「失語症」という比喩的表現は何を言っているのか。傍線部Dのすぐ前にある「大衆人の多言症」という表現と対になっていることが、この表現を考える大きな手がかりである。大衆人が「社会科学者など顔負けの利口ぶりを発揮し」「擬似知識人として……我が物顔に振る舞っている」という事態が、「大衆人の多言症」ということの内実であろう。とすれば、「社会科学者の失語症」とは、ちょうどその反対に、社会的な言論の場でなんら積極的な活動を行うことができていないという事態のことだと考えられる。そしてそれを本文に沿って確かめてみると、社会科学者は「（それまでは）巷での言動が目立った」（第⑬段落）が、現在では公衆の面前から大学のなかに退却してしまった（第⑫段落）という記述がある。設問が「具体的にどういう事態のことを言っているのか」とあるから、**a**社会的な言論の場から遊離したこと、**b**（社会から隔離された）大学の中で自己満足的な学問に閉じこもっていること、の二点をまとめればよいだろう。

解答

問一　オ

問二　ア

問三　エ

問四　社会科学者が、大学の中で自己満足的な学問に閉じこもり、社会的な言論の場から遊離してしまっている事態。（五〇字）

知の扉　⑬

「知識人と大衆」について

［問題12］の最終段落に「真正の知識人と真正の庶民との連帯」という表現があるが、知識人と大衆（庶民）というテーマについて少し考えてみたい。

知識人とは、自分の生活世界だけでなくそれを超えた社会や世界全体のことをも広く考察していく（ときにはその変革に関わっていく）人のことである。インテリゲンチア（略して「インテリ」と言われる）という外来語（ロシア語）に対応する言葉である。

かつて、大学へ進学する者が同世代のごく一部に限られていた時代では、たとえば、大学生となることはほとんどそのまま知識人となることでもあった。そして、自らを、国家や社会のあり方を真剣に考え、社会をリードしていく（ときに変革していく）使命を持った存在として位置付けていた。

ところで、このような知識人はまた、それゆえに悩める人でもあった。

苦悩の一つは、現にある社会からの不遇感（＝才能や実力にふさわしい評価や待遇を受けておらず、大事に扱われていない、という気分）とでも言うものである。

知識人は、自分が、世界全体のことを知り考察を深めていけばいくほど、世界の不幸（社会的な不平等や貧困、そしてそれを作り出すメカニズム）をいっそう知ることになり、いま自分が生きている社会のあり方をそのまま肯定できなくなってしまうということから、どうしても、社会に対し批判的な生き方をすることになるので、社会から受け入れられず、うまく生きていくことができないのではないかという不安を持ったのである。ただし、この不遇感は、逆に、「自分は社会から受け入れられないから偉いのだ」という、逆エリート主義を生み出すこともあったのだが。

そして、もう一つの苦悩は、生活大衆から遊離している不安感である。

たとえば、知識人として外国語を操り、世界の先端をいく思想に触れ、それを論じること（生活世界を超えた普遍的な世界に関わること）ができても、そのことはしょせん自分たち知識人の内部に限られたやり取りにすぎず、自分たちは結局、日々の暮らしをまっとうに立てている大衆の生活や実感から切れてしまっているのではないか、という悩みを抱えていた。簡単に言い換えると、自分たちのしていることは「頭でっかち」で観念的なことにすぎないのではないかという自己懐疑である。漱石が用いた「高等遊民」という言葉（↓P221）も、知識人の持つこの「痛み」に立った自己戯画としてよいであろう。

西部邁の言う「真正の知識人と真正の庶民との連帯」が何を意味するのかはっきりと文中には示されていないが、

知識人と庶民がそれぞれ相手に媚《こ》びず、それぞれに課せられた使命、つまり、知識人は自分の目の前の生活世界だけに埋没せず、世界全体のありように目を向け行動する使命を、また庶民は自分の天職としてある仕事に誇りを持って自己研鑽《けんさん》につとめる使命をまっとうしていくとき、両者は初めて「連帯」できるのだ、というようなことを言っているのだろうか。

しかし、たとえば、大学進学率が著しく上がってきたことも、その成立指標の一つである現在の大衆化社会では、もはや「知識人と大衆」という構図（線引き）は成立しがたいようにも思われる。ただ、かつての「大学生たちの悩み」について考えておくのも、君自身が大学生になることを目指しているという意味ではよいことだろう。

西部　邁（にしべ・すすむ）

一九三九～二〇一八年。評論家。社会経済学専攻。元東京大学教授。著書に、『経済倫理学序説』、『大衆への反逆』など。大衆社会批判の立場から積極的な言論活動を行っている。

【参考図書】

西部　邁『経済倫理学序説』（中公文庫）
岩井克人『ベニスの商人の資本論』（ちくま文庫）
鶴見俊輔『戦時期日本の精神史』（岩波現代文庫）
竹内　洋『教養主義の没落――変わりゆくエリート学生文化』（中公新書）

［問題13］イ・ヨンスク「『国語』という思想」

最後の問題である。まず、ここまで取り組んできた諸君の粘り強い意志力に大いに敬意を表したい。

さて、文章全体を四つの意味段落に分け、それぞれの**読みつなぎ方**を確認していこう。第①段落から第③段落（意味段落Ⅰ）では「言語」というものが人間にとってどういうものかを論じ、その議論を前提として第④段落・第⑤段落（Ⅱ）で「ネーション」（国家）と言語との関連について説明を展開していく。このⅡを踏まえ、第⑥段落から第⑧段落まで（Ⅲ）は「国語」に焦点が当てられ、さらに第⑨段落から最後の第⑬段落まで（Ⅳ）は「国語」と「日本語」の関連について議論が進められる。前の部分で行った議論を前提に次の議論を順次進めていくという、手堅い論の展開となっている。なお、第⑨段落は、国語（日本語）学者・亀井孝の述べた二つの引用文も含めている。

Ⅰ　言語認識をめぐって（第①段落〜第③段落）

① 言語とは、人間にとって最も自明な何かである。素朴な話し手が母語を話すとき、話し手は、自分が何語を話そうと意識して話しているのでもないし、また文法家がするように、その母語の規則に引きあてながらことばを発しているのでもない。そのような話し手にとって、自分が「〇〇語」を話していると教えられる知識そのものが本質的に疎外*された知識であろう。この意味において、ある個人が、自分が〇〇語あるいは「国語」を話していると教えられ、意識させられたとたんに、人間にとっての、ことばの新しい歴史が、すなわちことばの疎外の歴史が始まるのである。

母語＝自然に習い覚えた言語。国家によって教えられる「国語」と区別される。

疎外＝のけ者にすること。本来のあり方でない状態。

② すなわち、わたしたちは、とくに反省的意識を介入させないときには、対象化された「○○語」を話すのではなく、ただ「話す」だけである。しかし、「話す」ということに根拠が求められたり、なんらかの目的意識が芽生えるならば、「言語」はわたしたちの「話す」という素朴な行為に先立って存在する実体として君臨するようになる。つまり、「話す」ことが「言語」を作りだすのではなく、どこかに存在する「言語」というものが「話す」ことの隠れた基礎と見なされるようになる。その時はじめて人間は、迷いなく「言語は伝達の手段である」という定義を下すことができよう。なぜなら、それまで言語は、言語外的状況から意のままに抜き出すことのできる「手段」ではなかったはずであるから。たしかに「言語は伝達の手段である」という定義は、完全に誤りであるとはいえないにせよ、言語の歴史的な疎外性を忘れさせるという点で、それだけでは虚偽たらざるをえない。

③ したがって、言語が人間の話す行為から離れて存在する実体として想像されることと、言語がコンテクストから任意に抽象することのできる中性的な道具であると認識することは、ひとつのコインの裏表の関係をなすといえる。その点からいえば、言語を民族精神の精髄とみなす言語ナショナリズムと、言語をあくまでコミュニケーションの手段としてしか考えない言語道具観は、おなじ言語認識の時代の双生児なのである。こうして高度なイデオロギー*性を帯びた、まさに「言語」の時代が始まるのである。

イデオロギー＝思想傾向や政治的な主義・立場のこと。「冷戦時代の東西のイデオロギー対立」というように用いる。

読みつなぎ方

君は、Ⅰの中心となるキーセンテンスをどこに見定めたろうか。それは、第③段落の「言語を民族精神の精髄とみなす言語ナショナリズムと、言語をあくまでコミュニケーションの手段としてしか考えない言語道具観は、おなじ言語認識の時代の双生児なのである」の一文であったろうか。そう読んだ人にもう一度たずねたい。どうしてその文を中心的なキーセンテンスだと判断したのか。

　実際に第③段落まで読んできた段階では、それが中心的なキーセンテンスになるとはまだわからない。しかし、さらに本文を読みつないでいくなかで、第③段落のそのキーセンテンスが重要な文だったのだと後から理解できたなら、本書を通じて練習してきた読みつなぎ方はすでに君の手の中にある。しかも、それは与えられたものではなく、君自身が「格闘」しながら手にしたものだ。

　本書でしばしば述べてきたように、**読解は思考の運動である**。それは、前から後へと読み進めていくと同時に、後から前へと読み戻り、前の部分の理解を深めていくというような読みつなぎ方のことである。第③段落のキーセンテンスと後続部分との関係については、後に具体的に確認することにしよう。

＊**〈語句の説明〉**――――

「疎外された知識」（第①段落）

「疎」は「うと（む）・うと（んじる）」と読み、「疎外」は、〈のけ者にする〉という意味もあるが、ここでは〈本来のあり方を失っている状態のこと〉である。たとえば、「自己疎外」「人間疎外」というように用いる。この文に即して言えば、普段は意識もせずにある言語（母語）を話せているのに、それをわざわざ「○○語あるいは『国語』」としてその文法などを教えられることは「疎外された知識」にほかならない、ということである。たとえば、日常では特に品詞や活用の種類などを知らなくても不自由なく話ができているのに、文法のテストになると間違ってしまう、そのような知識のあり方を考えてみればよいだろう。

「言語道具観」（第③段落）

　本文にあるように、言語道具観（言語道具説）とは言語を「コミュニケーションの手段」として捉える考え方を言う。たとえば日本語話者が非日本語話者と英語で意思疎通をはかる場合、英語はコミュニケーションの手段（道具）になっているわけである。しかし、言語の性質のすべてをこの言語道具観で説明することはできない。〈言語は世界の見方である〉というような言語観もある。たとえば日本語では「米《こめ》」「飯《めし》」という語がそれぞれ固有の意味を持った語として区別されているが、英語ではそのどちらも「ライス（rice）」と表現される。つまり、〈日本語と英語とでは世界の捉え方が異なる〉から、そういう言語の違いが生じたと考えられる。これを仮に〈言語世界観〉と名付ければ、明らかに言語道具観とは異なる言語の捉え方である。言語世界観は特定の言語の固有性を強調することで（たとえば〈日本語には英語にはない独自性がある〉など）、「言語ナショナリズム」（第③段落）にも結び付く。なお、この言語世界観については **知の扉** **⑪言語論をめぐって**（P286）で詳しく説明しているので、参照してほしい。

Ⅰのまとめ

言語ナショナリズムと言語道具観は同じ言語認識に立っている。

Ⅱ　言語と「ネーション」（第④段落・第⑤段落）

④　ベネディクト・アンダーソンは、言語は「想像の共同体を生み出し、かくして特定の連帯を構築する」能力をもっていると述べている。なぜなら、「いかに小さな国民であろうと、これを構成する人々は、その大多数の同胞を知ることも、会うことも、あるいはかれらについて聞くこともなく、それでいてなお、ひとりひとりの心の中には、共同の聖餐《コミュニオン》のイメージが生きている」からであるという。そこにおいて*言語は、まさにこの共同の聖餐の場であり、聖霊を浴びたパンであり、あるときは、その聖餐の主宰者でもある。

⑤　アンダーソンによれば、この「共同の聖餐」は、その集団が「ひとつの言語」を共有していることを暗黙の前提にしている。ところが、ある社会集団が同一言語の共有を意識し、そこに大きな価値を

聖餐（せいさん）＝パンと葡萄酒を会衆に分けるキリスト教の儀式。ミサ。

主宰者＝団体などを中心となってまとめる人。〈催し物を中心になって行う人〉という意味の「主催者」との違いに注意。

見いだすということは、いったい、いつでも、どの場所にでも生ずる疑うことのできない自明の事実だろうか。アンダーソンは、「ネーション」とは、眼に見える制度ではなく、「イメージとして心に描かれた想像の政治共同体」だという。けれども、言語そのものの同一性も言語共同体の同一性も、「ネーション」の同一性に劣らず想像の産物なのである。すなわち、ひとつの言語共同体の成員は、たがいに出会ったことも、話をかわしたことがなくても、みなが同じ「ひとつの」言語を話しているという信念をもっている。経験でいちいち確認できない言語の共有の意識そのものは、政治共同体と同様に、まぎれもなく歴史の産物である。そして、「ネーション」という政治共同体と「ひとつの言語」を話す言語共同体というふたつの想像とが重なり結びついたとき、そこには想像受胎によって生まれた〈「国語」〉（national language）という御子がくっきりと姿を現わすのである。

ネーション（nation）＝（近代）国家、民族。

御子（みこ）＝神の子。ここでは「国語」の比喩として用いられている。

読みつなぎ方

Ⅱでは、ベネディクト・アンダーソンの「ネーション」論を筆者の言語論と関連付けて論じていく。アンダーソンの「ネーション＝想像の共同体」は現代文によく登場するものだ。Ⅱの説明内容を通して知識として持っておくとよい。知の扉⑭（P340）で取り上げる。

Ⅱのポイントは、第⑤段落末尾の文をキーセンテンスとして読み取ることだ。筆者は、第④段落で「言語」が「想像の共同体を生み出」す能力を持っているとしたうえで、その想像された共同体は「『ひとつの言語』を共有していることを暗黙の前提にしている」（第⑤段落）と指摘する。そして、「ネーション」（国家）が「想像の政治共同体」である以上（第⑤段落）、「『ネーション』という政治共同体と『ひとつの言語』を話す言語共同体というふたつの想像とが重なり結びついたとき」、「『国語』」が誕生するという第⑤段落末尾のキーセンテンスが導かれるわけである。このキーセンテンスに向かってⅡの叙述が展開されていると読みつなぐことができていればよい。

もちろん、Ⅲで「国語」という主題がキーワードとしてはっきりと出てくるので、ⅢからⅡへと前へ読みつなぎ、「国語」という主題語が初めて示された第⑤段落末尾の文に目を向けるという道筋を取ったとしても問題はない。

＊〈語句の説明〉――

「言語は、まさにこの共同の聖餐の場であり、聖霊を浴びたパンであり」（第④段落）

「聖餐（式）」はイエス・キリストの復活を願うキリスト教のミサのことである。キリストが十字架の死の前夜に弟子たちと共にした「最後の晩餐」に由来し、パンと葡萄酒をキリストの体と血としていただく。ここでは言語がある種の共同性（＝「共同の聖餐の場」）を形成することを比喩的に述べている。「聖霊を浴びたパン」も言語を比喩したものである。

Ⅱのまとめ

「ネーション」という政治共同体と「ひとつの言語」という言語共同体が重なるところに「国語」が成立する。

Ⅲ　フランスと日本の「国語」（第⑥段落〜第⑧段落）

⑥　よく知られているように、「国語」という制度が近代国民国家を支える必須項目として出現したのは、フランス革命のときであろう。そこにおいてはじめて、フランス語は「国語」（langue nationale）として「国民」（nation）の精神的統合の象徴となった。しかしそのとき、フランスにおいては、ヴィレール・コトレの勅令やアカデミー・フランセーズなどが作り上げたフランス語そのものの同一性の

フランス革命＝十八世紀末フランスで起きた市民革命。近代社会成立のエポック（画期）の一つと見なされる。

意識がすでに自明の公理となっていた。革命家たちは、このフランス語の伝統をそのままできあいのものとして受け継いだ。

⑦ところが、あらゆる場合において、このように「言語」そのものの同一性、また「言語共同体」の同一性がすでに確立されていて、そこに国家意識あるいは国家制度が注入された結果、「国語」が生まれるわけではない。すなわち、日本の「国語」の誕生の背景は、フランスのそれとかなり異なる。

⑧近代日本においては、「日本語」という地盤が確固として存在した上に「国語」という建築物が建てられたのではない。むしろ、「国語」というはでやかな尖塔が立てられた後に、土台となる「日本語」の同一性を大急ぎでこしらえたという方が真相にちかいだろう。

同一性→P99

読みつなぎ方

第⑦段落冒頭の「ところが」をはさんで、フランス語の「国語」と日本語の「国語」の成立事情の違いを理解することがポイントだ。その趣旨をまとめると次のようになる。

フランス語の「国語」…フランス語の同一性の意識がすでに確立されていて、そこに国家意識が注入されて「国語」が成立した。

日本語の「国語」…「国語」を成立させたあと、その土台となる日本語という同一性を急いでこしらえた。

Ⅲのまとめ

フランス語の場合と異なり、日本では「国語」が「日本語」という同一性意識に先立って形成された。

Ⅳ　「国語」の成立と並行的に成立した「日本語」（第⑨段落〜第⑬段落）

⑨ 〈「国語」〉がさまざまなイデオロギー的洗礼を受けて生まれた概念であることは、いまでは広く認識されているのに対し、〈「日本語」*〉は言語学的に承認された中立的な客観的実在であると考えられているかもしれない。しかし、B「日本語」という何の含みもなさそうなこの概念も、ある種の意識の構えの中からしか生れてこない。こうした「日本語」という概念もまた問題をはらんでいることについて、亀井孝は次のように適切に論じている。

「しかしながら《それではそもそも日本語とはなにか》ともしここにひらきなおってそう問うならば、これはもはやけっして自明の概念ではない。なんらの抽象の操作をまつことなしにすでに言語そのものが一個の統一として実在の対象としてわれわれのまえにまずあるわけではないからである。」

「すなわち万葉集のことばと二十世紀の日本の言語とがその実質においていかにことなったものであっても、なおかつこれらをわれわれがともに〝ひとつ日本語のすがた〟としてうけとるようにみちびかれてきているとすれば、このばあいそれはすくなくとも直接には純粋な意味での言語学の影響によるものではなく、ある固定した観念の独断である。そういう独断*は歴史を超越する形而上学的な絶対の存在を暗黙のうちに――いわば神話として――仮定するそういう思想からのひとつの派生である。」

⑩ ここでは時間的連続に保証された言語*の通時的同一性だけが論じられているが、おなじことはもちろん共時的側面についてもいえる。今、「日本」という政治的・社会的空間に住むあらゆる人々が、

何よりもまず、「ひとつ日本語」を話していると信じなければ、概念としての「国語」など成立するはずもない。いうまでもなく、現実の言語にはさまざまな地域的・階層的・文体的変異がかならずある。しかし、たとえそうした変異性がいかにばらばらなものであったとしても、それをまさに「変異」として把握できるのは、背後に共通で同一の尺度があるからこそである。つまり、「国語」の成立にとって、もっとも根本的なのは、現実には、どんなに言語変異があったとしても、それをこえたゆるぎない言語の同一性が存在するという信仰をもつかどうかである。現実の言語変異は二次的なものであり、想像される「国語」の同一性こそが本質的なものだという言語意識が、絶対に必要なのである。

⑪ もちろん、「国語」の体制実現のためには、「標準語政策」によってこうした言語変異をできるかぎり消滅させねばならない。しかし、言語の完全な均質性は言語そのものの本性からは実現できることではない。「国語」においては、現実の言語政策のかたわらに、かならず、さきに述べたような想像演出がともなわなければならない。

⑫ 近代日本の国語意識のありかたをあきらかにしようとする際に、「国語」概念の成立過程が「日本語」の同一性そのものの確認の作業と並行していたことは、しばしば見過ごされがちである。それは、その作業が「国語」というまばゆい建築物をたてるときに、重要でありながら目立たない地盤づくりであるからである。また、「日本語」の同一性とは、*手でつかみにくいプラトニックな言語意識でもある。だからこそ、鋭くて、すこぶるこまかい網をもった視覚をもたないかぎり、それはそのまま見逃されてしまう。しかし、「日本語」の同一性を、何の疑いもない自明の前提としているかぎり、「国語」の概念がもつ、あの不思議な威力を解きあかすことは困難であろう。そこで、日本における「国語」の概念が成立する以前にあって、「ひとつ日本語」の存在にまったく確信がもてなかった人たち

プラトニック＝純粋に精神的な。ここでは「形而上学的」の意味。

の思考過程を明らかにしておく作業が、どうしても必要になってくるのである。

⑬　日本の「言語的近代」は、そもそも〈「日本語」という言語的統一体〉がほんとうに存在するのかという〈疑念〉から出発した。〈「国語」〉とは、この〈疑念〉を力ずくで打ち消すために創造された概念であるとさえいえる。「国語」はできあいのものとして存在していたのではない。「国語」という理念は明治初期にはまったく存在しなかったのであり、日本が近代国家としてみずからを仕立て上げていく過程と並行して、「国語」という理念と制度がしだいにつくりあげられていったのである。

読みつなぎ方

Ⅳでの読みつなぎ方の点検ポイントは、大きく二点ある。

一点目は、第⑨段落の「『日本語』は言語学的に承認された中立的な客観的実在であると考えられているかもしれない。しかし、『日本語』という何の含みもなさそうなこの概念も、ある種の意識の構えの中からしか生まれてこない」に注目できたかどうか、である。この文に目を向けるべき理由は、「……**考えられているかもしれない。しかし……**」という叙述から、この文が、日本語をめぐる**一般的な通念に対して筆者の考えを対置させている重要な文**であるとわかるからだ。

・通念…「国語」はイデオロギー的な概念であるが、「日本語」は中立的で客観的な実在だ（言い換えると、「日本語」と「国語」は相関しない）

・筆者の考え…「日本語」も実は「ある種の意識」（＝イデオロギー）から生まれてくるのだ（言い換えると、「日本語」と「国語」は相関する）

二点目は、第⑨段落をはじめとし、第⑩段落、第⑫段落で繰り返されているキーセンテンスをつかめたかどうか、である。本文全体の論旨ともなる〈国語と日本語は深く関わっている〉というキーセンテンス（**X**とする）は、具体的に言えば、

・第⑩段落2行目

「……人々が、何よりもまず、『ひとつ日本語』を話しているると信じなければ、概念としての『国語』など成立するはずもない」

・第⑩段落6行目

「つまり、『国語』の成立にとって……それ（言語変異）をこえたゆるぎない言語の同一性（＝「日本語」）が存在するという信仰をもつかどうかである」

・第⑫段落冒頭文

『国語』概念の成立過程が『日本語』の同一性そのものの確認の作業と並行していた」

で繰り返されている。ここをしっかりと読みつなぐことだ。

なお、ひと言付け加えると、Ⅳのキーセンテンスの一つである第⑫段落冒頭文に「……並行していたことは、**しばしば見過ごされがちである**」という表現があり、そこで問題点が指摘されていることにも留意しておきたい。つまりここにも、第⑨段落の冒頭の二つの文と同じく、**〈通念批判・自説の主張〉という論理**がはっきりと示されている。

さて、Ⅳで繰り返されているXが文章全体のなかでの中心的なキーセンテンスだと確認できたが、そのうえで、Ⅰの読みつなぎ方で触れておいた、ⅣのXとⅠの中心的なキーセンテンスとの関連を見てみることにしよう。Ⅰのキーセンテンスである第③段落「言語を民族精神の精髄とみなす**言語ナショナリズム**と、言語をあくまでコミュニケーションの手段としてしか考えない**言語道具観**は、おなじ言語認識の時代の双生児なのである」の一文にもう一度目を向けてほしい。Xと関連付けてあらためて読み直してみると、何か気付くことはないだろうか。「言語ナショナリズム」は「国語」と、また「コミュニケーションの手段としてしか考えない言語道具説」は「中立的」な手段という意味でも「日本語」と対応しているということがわかっただろうか。つまり、このキーセンテンスは、Ⅳで繰り返される「国語」と「日本語」をめぐるXの内容を、あらかじめ言語論一般のレベルで提示していたものだということが、ここに至って理解できるのである。

もちろん、このようにⅠとⅣとの関連まで読みつなぐことができていなくても心配には及ばない。君が、少なくともⅣを中心に繰り返されたXを押さえること、そしてそのXが〈通念〉を批判する筆者の考えの核心部であることが理解できていたなら、見事、本書も「卒業」である。

本書では、「読解」という言葉を漫然と用いず、あえて

「**読みつなぐ**」と言ってきた。それは、キーセンテンスらしき文をバラバラとマークしてすませるのではなく、後へ読み進み、また時には前へ戻って**〈読みつなぎ＝思考の運動〉を重ね、文章全体の論旨を把握する力**を鍛えてもらいたかったからにほかならない。本書の練習問題は本問で終わりとなるが、この読みつなぐという思考の運動、全体を把握する作業は大学進学後も続く。いや、より一層重要になってくるだろう。部分だけに捉われすぎず、文章全体を把握する練習をさらに続けてほしい。もちろんそれは部分をおろそかにしていいということではない。

また、第⑫段落末尾の文に「……**どうしても必要になってくる**のである」と**主張の強調語**があることに留意し、この文もキーセンテンスとして手堅く押さえていたかどうかも点検してほしい。「『ひとつ日本語』の存在にまったく確信がもてなかった人たち」とは日本語研究を行ってきた先人たちのことであり、その「思考過程を明らかにしておく作業が、どうしても必要になってくる」のは、その前文にあるように「『日本語』の同一性」を「自明の前提」としたうえに成り立っている「『国語』の概念が持つ、あの不思議な威力を解きあかす」ためである。

なお、付言すれば、問題文全体は『「国語」という思想』という著作の冒頭に置かれた「はじめに」の前半部である。この第⑫段落で、筆者は、この後に本論として展開する自身の論考の方向、すなわち日本語や国語を研究してきた先人たちの議論を踏まえつつ、「国語」と「日本語」をめぐる〈通念〉を覆し、筆者の考え**X**を明らかにしていくという論点をあらかじめ示唆しているのである。

＊〈語句の説明〉――

『日本語』は言語学的に承認された中立的な客観的実在であると考えられている」（第⑨段落）

「日本語」についての〈通念〉を述べた部分（aとする）である。この部分を含む一文全体を見ると、『国語』がさまざまなイデオロギー的洗礼を受けて生まれた概念であることは……認識されている（bとする）**のに対し**」とあるように、aはbと対比されているから、aを理解する手がかりはbにある。具体的に言えば、イデオロギー的な価値観とは関わらない（＝対立する）ものが「中立的な客観的実在」ということになる。それはたとえば、目の前にあるリンゴを見て、「そのリンゴはおいしそうだ」という価値判断をせずに「そこにリンゴがある」という事実を客観的に述べるにとどめる、というようなことになる。傍線部Bのある一文の「何の含みもなさそうな」は「中立的」や「客観的」と、また「ある種の意識の構え」は「イデオロギー的洗礼」と対応していることも理解しておきたい。

　これは、現代文でよくある**「事実と価値」というテーマ**に関わる。その語を用いて言い換えれば、〈国語〉はナショナリズムといった**価値**に関わる概念だが、「日本語」は言語現象を**事実**としてとらえたものである〉ということになる。「価値中立的」（価値に対してニュートラル）という語もここで合わせて理解しておくとよい。

「そういう独断は歴史を超越する形而上学的な絶対の存在を暗黙のうちに――いわば神話として――仮定するそういう思想からのひとつの派生である」（第⑨段落・引用文）

　「そういう独断」とは、直接的には前文の「ある固定した観念の独断」のことであり、その内容は同じく前文の「万葉集のことばと二十世紀の日本の言語とがその実質においていかにことなったものであっても……ともに〝ひとつ日本語のすがた〟としてうけとるようにみちびかれてきている」ことを指している。したがってここで言う「独断」とは、「万葉集のことばと二十世紀の日本の言語」との「実質」が異なることには目を向けず、「観念」的に両者を「ひとつ日本語」だと決め付けるような判断（＝「観念の独断」）のあり方のことである。

　このように「そういう独断」の内容を確認すれば、「歴史を超越する」とは「万葉集のことばと二十世紀の日本の言語」との「実質」が異なることを見ない（＝飛び越す）ことであり、また、「形而上《けいじじょう》学的な絶対の存在を……仮定する」とは「ひとつ日本語」があると信じ込むことであると理解できる。

　なお、「形而上学」とは〈現象的世界を超越した絶対的な存在（たとえば「神」など）を考察する学問〉のことを言う。英語のmetaphysics（メタフィジックス）の訳語である。したがって「いわば神話として」という説明が補われているわけだ。「形而上」の対義語の「形而下」は〈現象的世界に存在するもの〉のことを言い、英語ではphysical〈物質の、自然の、身体の〉がこれに当たる。ちなみに「物理学」はphysicsである。

　「超越」、「絶対」については第一部「**ことばをイメージする**」（それぞれ、P23とP21）を読み直し再確認しておいてほしい。

「言語の通時的同一性」（第⑩段落）

「通時的」は、フランスの言語学者ソシュールの用語で、〈現象が時間の流れに沿ってあること〉、あるいは、そうした〈現象を時間の流れに沿って記述すること〉を意味する。「継時的」と訳される場合もある。したがって「言語の通時的同一性」とは、ここでは「万葉集のことばと二十世紀の日本の言語」が時代の流れのなかで「ひとつ日本語」として認められるような〈時間的な経過において認められる言語の同一性〉という意味である。

また、「通時的」の対義語も知っておこう。それは同じ文にある「共時的」である。「共時的」は、「通時的」とは反対に、〈ある一定の（静止した）時間における現象や構造〉や、そうした〈現象を時間の流れが静止した状態において記述すること〉を意味する。第⑩段落の2行目の「**今**、『日本』という政治的・社会的**空間**に住むあらゆる人々が……」という部分には、「今」という一定の時間に時の流れを静止させて「空間的」に現象を捉える「共時的」な視点が示されている。いずれにしても、第⑩段落の冒頭部分で、通時的（時間的）にも共時的（空間的）も日本語の同一性が存在するという前提に立って、概念としての「国語」が成立しているという筆者の議論が理解できていればよい。

「手でつかみにくいプラトニックな言語意識」（第⑫段落）

比喩的表現なので少しわかりにくかったかもしれない。直訳的に言い換えれば、その言語意識は「手でつか」むことができる具体性がなく「プラトニックな」（＝純粋に精神的な）ものということになる。第⑩段落の終わりにある「想像される『国語』の同一性こそが本質的なものだという言語意識」という表現も手がかりになるかもしれない。いずれにしても、それは「地域的・階層的・文体的変異」（第⑩段落）を持った「手でつか」むことができる言葉（たとえば方言など）とは対極にある、抽象的な言語のあり方・言語意識だと理解できればよい。

Ⅳのまとめ

「国語」の成立過程と「日本語」の同一性の確認作業は並行していたことを見なければならない。

全体の中心論旨は、**Ⅳ**の〈通念批判・自説の主張〉という論理にある。それが筆者をしてこの文章を書かしめた根本動機であるからだ。まずは、自説の主張を簡潔にまとめて「全体の中心論旨」とする。

全体の中心論旨

日本語の同一性を確認する作業と並行して「国語」が成立したことを見なければならない。

全文要約では、**Ⅳ**のキーセンテンス、特に「国語」と「日本語」をめぐる〈通念と筆者の考えの対比〉を中心におく。そういう見通しを持ったうえで、**Ⅳ**への助走部分に当たる**Ⅱ**・**Ⅲ**の内容を配置するという考え方でまとめるとよい。

全文要約

「国語」は、近代に入り「ネーション」という政治共同体と、同一の言語を話す言語共同体という二つの想像が結び付いて生まれたイデオロギー的な概念である一方で、「日本語」は、中立的な客観的実在であると広く認識されている。しかし、日本においては「国語」の成立過程と並行して「日本語」の同一性の確認作業があったのであり、「国語」の基盤にあるとされる「日本語」を、自明の前提とせずに批判的に解明する必要がある。

（一九八字）

設問解説

問一

「日本の『国語』の誕生の背景」（aとする）と「フランス」の『国語』の誕生の背景」（bとする）との違いを説明する**相違点の説明問題**である。このタイプの問題は、本書ですでに二題、取り組んできた。確実に得点源にできていることだろうが、最後にもう一度、**解法のヒント ❼相違点の説明問題**（P164）を読み直して、君自身の理解を点検してほしい。

解法のヒントの手順にもある通り、まずは対比関係となる項目を定める。対比関係が示されている第⑦段落冒頭の「ところが」の前後に注目し、「国語」とフランス語、「国語」と日本語との関連について焦点を当て説明ポイントを絞る。

b　フランス語の同一性がすでに確立され、その上に国家意識あるいは国家制度が注入されて「国語」が生まれた

a　「国語」（国家意識あるいは国家制度）の形成が先行し、土台となる日本語の同一性をつくった

bでは〈フランス語が先、国語が後〉、aでは〈国語が先、日本語が後〉というように順序（論理）が逆になっていることがわかるように答案をまとめる。a、bの二ポイントが答案の中心となるが、フランス、日本において共通する「国語」の内容（cとする）を説明しておくとより丁寧な説明となる。

c　近代国民国家を支えるもの／国民の精神的統合の象徴（いずれも第⑥段落）

答案をまとめる際には、相違点の説明が中心内容なので〈cである「国語」は、フランスではbだが、日本ではaである〉と組み立てればよい。

問二

まずは、**傍線部問題の基本**である**手順（1）傍線部中の語句に留意する**に基づき、傍線部Bにある「この概念」の指示内容を確認する。「**何の含みもなさそうな**この**概念**」という語の意味を踏まえれば、直前文の『日本語』は言語学的に承認された**中立的な客観的**実在である**と考えられている**」に注目できる。しかし、この部分は本問の答えとはならない。なぜか。ただ字数条件の「五字」に合わないからだけではない。

次に点検してほしいのは、**設問文（出題意図）を正確に理解することが**できていたかどうかである。傍線部には「日本語」という語があるが、設問文では「……の**背景にある言語**についての考え方」とある。つまり「日本語」や「フランス語」に共通する**「言語」一般についての考え方が問われている**わけである。したがって、「この概念」の指示内容に当たる「『日本語』は言語学的に承認された中立的な客観的実在であると考えられている」の部分は設問文の条件に合わないのである。

それではどのように「五字」の該当箇所を追いかければよいのだろうか。傍線部Bの「この概念」は先に確認した通り、直前文の「『日本語』は言語学的に承認された中立的で客観的実在であると考えられている」（aとする）に対応している。そして、その直前文には「のに対し」とあるから、その前後の内

容が対比関係となっている。aと対比される内容は、「のに対し」の直前にある「さまざまなイデオロギー的洗礼を受けて生まれた概念」である『国語』（bとする）である。したがって、〈国語はイデオロギー的だ（b）が、日本語は中立的だ（a）〉という対比関係の全体を理解したうえで、その「背景にある言語についての考え方」に当てはまる部分を探すという発想を立てる。つまり、〈国語と日本語の対比関係〉と対応する、〈言語一般の考え方について対比的に論じられている箇所〉を探すのである。

ここで**読みつなぐ練習**をしてきた諸君は、「言語」一般の説明をしているIに直ちに目を向けることができただろう。**抜き出し問題**で、該当する語句にまったく手がかりがなければ、とにかく冒頭から順を追って探していくということになるが、はじめからそうするのは行き当たりばったりの解き方で、お勧めできない。

〈Iに答えがあるのでは?〉と予想できれば、どの部分に目を向ければよいだろうか。そう、Iのキーセンテンス（第③段落）にひとまず目を向けてみればよい。**抜き出しという設問形式で、傍線部と関連するキーセンテンスが読み取れているかどうかを問うものが多くある。**あらためてそのキーセンテンスを見ると「言語ナショナリズム」と「言語道具観」という二つの「言語についての考え方」が示されている。「国語」（b）に対応するのが第③段落のキーセンテンスにある「言語ナショナリズム」であり、また傍線部B「『日本語』という何の含みもなさそうなこの概念」（a）と対応するのは、間違いなく「言語道具説」のほうである。もちろん、設問文の条件「五字」にも当てはまる。

なお付言すれば、Ⅳの**読みつなぎ方**で見た通り、Iのキーセンテンス（第③段落）は、Ⅳで繰り返される「国語」と「日本語」をめぐるXの内容をあらかじめ言語論一般のレベルで提示していたという関係にあるから、本問のような抜き出し問題が作られたわけである。抜き出し問題も文章の論構造や論旨に沿って作問されることがよくあることを知っておいてほしい。抜き出し問題とはいえ、**あくまでも読解力が問われているのである。**

問三

本書も最後の設問解説となった。ここでもう一度、**傍線部問題との取り組み方**を思い起こしてほしい（解法のヒント❹、P140）。**取り組み方で提示した三点**についてすべて身に付いただろうか。選択肢タイプであれ論述タイプであれ、現代文の設問のほとんどは傍線が引かれた問題形式である。傍線部問題との取り組み方が重要であり、また基本であるゆえんだ。傍線部Cと一文全体を確認すると、傍線部の主題は「国語」に限定されていること、また「威力」の説明に焦点が当てられていることがわかる。そこで、「国語」の「威力」の説明がされている関連部を当たっていくと、次のようになる。特に**「威力」という語の意味・ニュアンス**と対応していると判断できる部分に傍線を引いた。

1　（第⑩段落6行目）「『国語』の成立にとって、もっとも根本的なのは、現実には、どんなに言語変異があったとしても、それをこえたゆるぎない言語の同一性が存在するという信仰をもつかどうかである」（「もっとも根本的」が強調語であることにも留意）

2　（第⑩段落8行目）「現実の言語変異は二次的なものであり、想像される『国語』の同一性こそが本質的なものだという言語意識が、絶対に必要なのである」（「本質的なものだ」が強調語であることにも留意）

3　（第⑪段落1行目）「『国語』の体制実現のためには、『標準語政策』によってこうした言語変異をできるかぎり消滅させねばならない」

4　（第⑬段落2行目）「『国語』とはこの疑念（＝日本語の同一性に対する疑い）を力ずくで打ち消すために創造された概念であるとさえいえる」

これらの文から「国語」の「威力」の説明として必要なポイントが三点抽出できる。

a　「国語」の同一性を持っているという信仰や言語意識

b　現実には言語変異がある

c　言語変異を消滅させる／同一性への疑念を否定する

答案の組み立て方は〈aがbをcする〉とすればよいが、傍線中の語句「威力」（＝強い力）のニュアンスが答案に出るよう工夫するとなおよい（**傍線部中の語句に留意する！**）。そのため、本文の「力ずくで打ち消す」（第⑬段落）を踏まえ、左の解答例では〈bなのに〉としたうえで、cの部分に〈……を押さえ付け〉と入れている。

解答

問一　近代国民国家を支え国民の精神的統合の象徴となる「国語」は、フランスではすでに確立されていたフランス語という同一性の意識のうえに国家意識が注入され生まれたが、日本では国家意識の形成が先行し、日本語の同一性を確認する作業と並行して生まれた。（一一八字）

問二　言語道具観

問三　現実の言語には地域的・階層的・文体的差異があるのに、それらの背後には揺るぎない言語と「ネーション」の同一性があるとして、その同一性への疑念を押さえ付け自明化してしまうこと。（八六字）

知の扉⑭

「想像の共同体」をめぐって――国民国家・国語・国民

日本社会に生きる私たちの多くは、自分は「日本語」を話しており、そして、その「日本語」は、語彙の変化はあれ、昔から一貫して「日本語」としてあったものだと漠然と信じている。だから、「古代の日本語」というような問題（テーマ）の立て方も生まれてくる。しかし、［問題13］でイ・ヨンスクは、そういう「日本語」観に異を唱えている。つまり、「日本語」＝「国語」は、近代日本が人為的に生み出した「制度」であると言うのだ。

たとえば、江戸時代、「大坂」に暮らす一人の庶民が、自分のことを「日本人」だとか、自分の話している言葉は「日本語」だとか思っていただろうか。彼・彼女は、せいぜい自分のことを「浪華《なにわ》（浪速）っ子」と思い、「浪華ことば（上方ことば）」を話していると思っていただけではないのか。それが、明治維新を契機に、近代の国民国家（＝ネーション）が形成されていくなかで、教育などによりその同じ人間が今度は自分を「日本人」と思うようになり、また「日本語」を話し出すようになるのである。「たがいに出会ったことも、話をかわしたことがなくても、みなが同じ『ひとつの』」（第⑤段落）「日本語＝国語」を話し、同じ「ひとつ」の「国民」であるといった意識（＝想像）を持つようになるのである。つまり、「日本語」も、「日本人」も「想像の共同体」であるというわけである。

さらにもう一つのたとえを加えれば、近代化のなかで、軍隊組織も、それまでの長州藩、会津藩といった土地土地の単位のものではなく、「国民軍」として創出される。藩（藩主）のためではなく、「日本」（ネーション）のために戦う軍隊である。そこではもちろん、共通語としての「日本語＝国語」があってこそ、軍隊組織の命令を全体に統一的に行きわたらせることができる。「浪華ことば」では、国民軍の指揮はとれないのだ。そして、そのために、創設された近代の「学校」システムでは、「国語」が教育され、「国民」教育が行われるようになったのである。そしてまた、その「国語」教育は、日本が植民地支配した、台湾や朝鮮などにおいても実施されたということも忘れてはならないだろう。

このように、想像の共同体として「国民国家＝国語＝国民」が不可分のものとして人為的に作られたわけだが、ひとたび、この制度が定着すると、それが「歴史的な産物」であること（近代になって創設されたこと）を忘れ、誰も、それを疑うことなく自明のものとして受け入れるようになる。さらには、それが普遍性、絶対性を持ったもの（はるか昔からずっとあったもの）とさえ思い込む。たとえば、「○○には、時代を越えて連綿と続いてきた日本精神が示されています」などといった説明さえ出てくるわけだ。

［問題13］の引用文にある、ベネディクト・アンダーソン（東南アジア研究を専攻）は、『想像の共同体　ナショナリズムの起源と流行』の著者である。このアンダーソンの議論に触発され、日本において「国民国家」がどういうメカニズムで成立したか（たとえば、国民国家形成にメディアや学校がどういう役割を果たしたか、など）といった研究が活発に行われており、そうした研究動向は当然入試現代文においても反映されている。このテーマを**知の扉**で取り上げた理由でもある。

ベネディクト・アンダーソンの『想像の共同体』から、有名な一節を引用しておこう。なぜ、彼が、この著作を書いたのか、なぜ「ナショナリズムの起源と流行」について研究したかがわかるだろう。

> 国民は一つの共同体として想像される。なぜなら、国民のなかにたとえ現実には不平等と搾取《さくしゅ》があるにせよ、国民は、常に、水平的な深い同志愛として心に思い描かれるからである。そして結局のところ、この同胞愛のために、過去二世紀にわたり、数千、数百万の人々が、かくも限られた想像力の産物のために、殺し合い、あるいはむしろみずからすすんで死んでいったのである。（白石さや・白石隆訳）

イ・ヨンスク（李　妍淑）
一九五六年、韓国生まれ。延世大学校文科大学卒業後、一橋大学大学院で、言語学者・田中克彦の指導のもと社会言語学を専攻。一橋大学大学院教授などを歴任。

【参考図書】

田中克彦『ことばと国家』（岩波新書）
安田敏朗『「国語」の近代史―帝国日本と国語学者たち』（中公新書）

第三部

文章と格闘する［演習編］

第三部　文章と格闘する［演習編］　目次

[演習編の構成]

演習編は、**13の練習問題**で構成されている。入試の出題状況を考え、**評論文が10題、小説が3題**である。

練習問題は、大学入試の問題（国公立大・私立大・センター試験）を中心に、入試**頻出の重要テーマが広く見通せるよう**、それぞれの文章のテーマを意識して採用した。「文章を読みつなぐ」練習をすることにねらいを置いているので、制限時間を設けないで、「文章と格闘する」ことに、まずは、全力集中してほしい。

そのうえで設問を解いていくことになるが、各練習問題の設問数は、読解のポイントとなる重要な設問（そのいくつかはもとの設問を作り変えた）を中心にして、三、四問にとどめている。

[演習編の取り組み方]

各練習問題を以下の**作業(1)〜(5)**の手順を踏んで取り組んでいってもらいたい。

作業(1)　▼形式段落の冒頭に通し番号を付ける

形式的な作業ではあるが、文章構成を把握する上で大切な作業であると心得てもらいたい。

作業(2)　▼問題文の重要な部分にチェックを入れながら読み進める

第二部の「**キーセンテンスを精確につかむ方法(1)・(2)・(3)**」「**小説文を読む方法(1)・(2)・(3)**」を生かし、文章中の強調語、キーワード（小説の場合は心情・想念）、キーセンテンスに当たると思ったところに鉛筆やシャープペンシルでチェックを入れ、段落の論旨を明確につかみ、重要部分を視覚的に押さえておく。
それぞれのチェックの印し方は、本来、君自身が工夫して考えればいいものだが、本書では、次のような印に統一しておくので参考にしてほしい。

演習編・［問題1］の作業例

- **強調語**…そこが重要部分であることを示している強調語は（　）で囲む。
- **キーセンテンス**…文章の部分や全体の主題が示されている重要な文（キーセンテンス）は、その右側に傍線を引く。
- **キーワード**…評論の段落や小説の場面の主題が的確に示されている中心語句（キーワード）は〈　〉印でチェックする。
- **論理の展開を示す重要語**…キーセンテンスの関わる部分で、重要な論理の展開を示す語は□印で囲む。

形式段落番号を付ける

② 「ALTO」（止まれ）
「DESPACIO」（徐行）

③ 農場の入口に立てられた、手作りのこんなスペイン語の道路標識が、ぼくの意識を一気にメキシコ国境にまで連れ戻してゆく。サリーナスの埃っぽい道を歩いていると、そこには、ボーダーの記憶や感触が息づいているのを、だれもが感じとらざるをえない。それはしかし、祖国への甘いノスタルジーとはすこしちがう。背後に残してきた祖国の郷愁に採られたイメージは、すでに国境の向こう側へと後退し、彼らは彼らの日常のさまざまな局面に瞬間的・継続的に出現するはるかにリアルで手ごたえのある「メキシコ」を、まさに彼ら自身のものとして「生きて」いるようなのだ。とすれば、ボーダーとはけっして地理的・政治的な「境界線」として彼らのなかにあるのではなかった。それは、むしろ彼らの日々の生活に駆動力を与え、そのリズムを刻み、その喜怒哀楽の強弱を計測する、デリケートな「感情」を構造づける一種の深遠な原理のようなものだった。それこそが、アメリカ合衆国に住むメキシコ系の人間すべての〈あたらしいボーダーの意味と効用〉なのだ。

▽注意△

なお、はじめのうちは、ある部分にチェックを入れるか入れないかで迷うこともあると思うが、このチェック入れは文章を読解するための手段であり、目的ではないから、こだわりすぎて本末転倒にならないように。また、接続詞が出てくるたびに「印」を付けていくなどといった愚かしい作業は必要ない。あまり付けすぎない程度にチェックを入れるという考え方でいくとよいだろう。

もし、またあとから見直すためにも本に直接そのような書き込みを入れることに抵抗のある人がいれば、練習問題の「問題文」を拡大コピーして、それにチェックを入れていくとよいだろう。

作業(3) ▼意味段落に分け、それぞれに小見出しを付け、まとめる

「全体を大きくつかむ方法(1)・(2)・(3)」を生かし、チェックしたキーセンテンスのいくつかを読みつなぎながら部分のテーマ（主題）をつかみ、段落どうしの関係を考え、文章全体を意味段落ごとに区切ってみる。

その際、一つの意味段落（場面）として区切った部分に、その部分のテーマを端的にまとめた一〇字から二〇字程度の「小見出し」を付け、またその部分の内容を五〇字～一〇〇字程度にまとめてみる。

作業(4) ▼文章全体の中心論旨を絞り、そのうえで文章全体を要約する

文章全体の構成（意味段落分け）と全体の中心論旨が明らかになったところで、自分の理解を確認する（対象化する）ため、全体の中心論旨を三〇字から五〇字程度を目安にまとめる（文章によってはそれ以上の字数になることもあるかもしれない）。

この作業をした後、作業⑶で行った意味段落ごとのまとめ（部分要約）を生かし、中心論旨を鮮明に示しつつ二〇〇字程度に文章全体を要約してみる。

▽注意△　部分要約（作業⑶）、全文要約（作業⑷）は、論述力を鍛えるための基本的な訓練であるだけでなく、読解力・思考力・表現力を伸ばすためにも大切な作業である。論述問題の多くは傍線部の関わる部分の要約問題にほかならないことを知っておいてほしい。

これらの作業のすべてをするのが無理でも、作業⑶の意味段落分け・小見出し付け（**部分のテーマを書き出す**）、そして作業⑷の**全体の中心論旨をまとめる作業**は必ずやること。そして、馴れてきたら意味段落ごとのまとめ（部分要約）や、全文要約の練習も始めてほしい。

なお、君がまとめた部分要約や全文要約が妥当性を持っているかどうか、各練習問題の**読みつなぎ方**（**解説編**）のところに示している「意味段落のまとめ」や「全文要約」の内容と照らし合わせて確かめてみるように。

作業⑸　▼いよいよ設問を解く

以上の作業を生かし、練習問題にある設問を解く。なぜ、それを正解として選んだのか、なぜ論述答案はそうでなくてはいけないのかなど、解答を導く「考え方」をしっかりもって取り組んでほしい。

これらの作業に取り組んだうえで、練習問題ごとに、読みつないだ結果を「**文章と格闘する　解説編**」の「読みつなぎ方」の解説と照合する。「解説編」の扱いについては、「解説編の利用法」（→P104）をよく読んで、理解してほしい。

［問題1］　次の文章を読んで、後の問いに答えよ。

サリーナス(注1)は、一般には作家スタインベックの生地として知られている町だ。肥沃な谷あいの小さな町に白人系の移住者とメキシコ人と中国人移民が混住していた今世紀初頭(注2)のサリーナスの空気は、スタインベックの『エデンの東』をはじめとするいくつかの小説に色濃く写しとられている。それから半世紀たって、いまこの町の空気をつくりだしている主人公は、まちがいなくメキシコ人たちになった。イチゴを中心とする果樹園と、ブロッコリやレタスの畑での労働力を求めて、国境を越えて千マイルちかいこの土地にまで、彼らは疲れを知らない意志によって押し出されるようにして、つぎつぎとやってくる。あるものは留まり、あるものはまた流れ去り、しかし彼らの通過とともに、土地はなおいっそう「メキシコ」の色と空気を湛《たた》えだす。

「ＡＬＴＯ」（止まれ）
「ＤＥＳＰＡＣＩＯ」（徐行）

農場の入口に立てられた、手作りのこんなスペイン語の道路標識が、ぼくの意識を一気にメキシコ国境にまで連れ戻してゆく。サリーナスの埃っぽい道を歩いていると、そこには、ボーダーの記憶や感触が息づいているのを、だれもが感じとらざるをえない。それはしかし、祖国への甘いノスタルジーとはすこしちがう。背後に残してきた祖国の郷愁に彩られたイメージは、すでに国境の向こう側へと後退し、彼らは彼らの日常のさまざまな局面に瞬間的・継続的に出現するはるかにリアルで手ごたえのある「メキシコ」を、まさに彼ら自身のものとして「生きて」いるようなのだ。とすれば、ボーダーとはけっして地理的・政治的な「境界線」として彼らのなかにあるのではなかった。それは、むしろ彼らの日々の生活に駆動力を与え、そのリズムを刻み、その喜怒哀楽の強弱を計測する、デリケートな「感情」を構造づける一種の深遠な原理のようなものだった。それこそが、アメリカ合衆国に住むメキシコ系の人間すべての、あたらしいボーダーの意味と効用なのだ。

　サリーナスの、豊かに耕作された畑と、彼方の丘陵とを交互に眺め、そのあいだを渡る涼やかな湿り気を帯びた風を感じながら、ぼくは自分自身のメキシコの記憶が、あざやかな飛翔の軌跡をしめしつつこの北カリフォルニアの田園地帯にいままさに着地するのを、思いがけず目撃していた。

　でも、ここサリーナスにぼくがやってきた直接の理由は、べつのところにあった。ぼくは、この土地ですでに二〇年以上、大規模な花の栽培と出荷をおこなっている鹿児島県出身の移民者Uさん一家を、訪ねて来たのだった。戦時中、排日運動の拠点とさえなったこのサリーナスで、戦後、彼らはだれも試みたことのなかった花の栽培をはじめた。あえてそうした渦中の町を選んだところに、彼らの野心的な気概がすでにうかがえる。土地の気候と土壌にも恵まれてその仕事は成功し、いまではサリーナス自体が、全米に出荷される花全体のほとんど七割を占める、大生産地となったのだ。コンピュータによって湿度と温度をコントロールされた巨大なビニールハウスのなかでは、バラやカーネーションを主体として、さまざまな花の色と香りがあふれていた。

日本人によるカリフォルニア移民史の全体的な文脈のなかで、Uさんたち家族の軌跡を位置づけるというようなことは、とてもこの滞在記の枠のなかでできる作業ではない。ここでぼくはただ、Uさんたち家族がいま日常的な生活の現場で直面しようとしている興味深いある実験についてだけ、書いてみようと思う。「実験」といっても、Uさんたちがそれを実験だと意識しているわけではない。家族の拡大と成長とともに、当然のようにして現われたある選択と決断をUさん一家は柔らかく受け止めながら、そこに家族のアイデンティティを更新してゆく力が生まれでるかどうかのひとつの賭《かけ》に踏みだしたように、話を聞いていたぼくには思われたからだ。

移民一世であるUさんの話のなかでぼくの注意をひいたのは、二世である長男の結婚についての話題だった。サリーナスの日本人コミュニティは、その経済的重要性に比べると、数のうえからはきわめて小さい。長男の結婚相手を、そうした限られた日本人コミュニティのなかから探すことは、ほとんど不可能に近かった。そしてやはり、あるとき長男が家に連れてきたガールフレンドも、長身の白人女性だった。父親であるUさんは、はじめ当惑した。いずれ一家の長となって仕事と家族をささえてゆく長男の嫁が、日本人でない、ということからくるあらゆる不透明感とそこから予想されるトラブルが、Uさんの脳裏を一瞬よぎったのだ。だが、若い二人の意思はすでにかたかった。そこでUさんは、おもいきった提案をする。結婚を認めるための二つの条件の提示だ。第一は、けっして離婚をしないこと。そして第二に、少なくともU家の嫁として、日本人の基本的な生活習慣は身につけ、母親の味噌汁の味ぐらいはきちんと受け継ぎ、そして日本語をしっかり学ぶこと。この二つである。第二の条件を満たすために、Uさんは、娘のひとりが嫁いだ九州のある温泉町の旅館に、長男の結婚相手を一〜二ヵ月預け、そこで日本語と日本的しきたりを勉強してもらう、というオプションも提示した。

白人女性の答えは、確信のこもった「イエス」だった、という。ある意味で、日本人の家族の一員となるための一方的な通過儀礼を要求されたともいえる彼女は、しかしそうした条件をじつに素直に受け入れて、長男と結ばれた。ぼくがサリーナスを訪ねたとき、彼女はちょうど九州へ研修旅行中だった。まさに研修である。そのスポンサーでもある父親のUさんは、この日本行きがたんなる旅行ではないことをはっきりと認識させるため、彼女に毎週詳細なレポートを日本語で書いて送るよう課題を出した。すでにこの外国人の嫁を家族の一員として受け入れたのか、話しながら柔らかく微笑するUさんが、ぼくに一枚の手紙を見せてくれる。日本到着後、彼女がはじめて書いた手紙＝レポートだという。Bなにげなく手渡された手紙に目をやり、ただたどしい日本語の文章を読みすすむうち、ぼくはその、不規則に並んだたくさんの平仮名とわずかな漢字がいいあらわそうとしている世界の、輝かしい肯定性とでもいうべきものに、すっかり打たれている自分に気がついた。

その、表面的には稚拙な言語世界のなかに、彼女が込めようとしている心情の豊かさには、目をみはるものがあった。あらゆるものが新鮮で鮮明な輪郭をもったものとして映る彼女のはじめての日本体験。その一部始終を報告しようと苦心する文章のなかには、配慮、感謝、希望、当惑、昂揚《こうよう》、不安、感動といったあらゆる処女的感情が、まさにその言葉の不自由さと格闘している彼女の精神の身振りそのものとして、微細に織り込まれるようにして表明されていた。ぼくは、この不思議な日本語の文章に感動した。それが、外形的には「日本語」という姿をとっていることなど、もはやぼくには二次的な問題でしかないようにさえ思われた。なぜなら、ここに書かれている言語は、一つの文化が、もう一つの文化と接触して生き生きとはじけとぶときに誕生するあの快活なリズムと陰影のある文法と簡潔な語彙とによって成立する、ある種の普遍言語としての生命をもっていたからだ。文化的境界を超えて放たれたひとりの主体が獲得する明晰な自己意識とさすらう魂の言葉……。

ぼくはUさんの彼女にたいする態度を、一種の「実験」であるといった。それはもちろん、一人の外国人を日本人の移民社会の家庭がメンバーの一員として受け入れる、大胆な試みである、という意味もある。だがもう一つ、アメリカ人としての彼女がU家につけくわえることのできる、あらたな貢献をも忘れてはいけない。自分を可能なかぎり「日本人」に近づけてゆこうとする彼女の努力は、しかし、それが完全なものにはけっしてなりえないというまさにその一点において、きっと、彼女のアメリカ白人としての主体性を、逆にU家のメンバーに認識させることにつながっていくだろうからだ。家庭はやがてゆるやかにアメリカ的生活倫理を受け入れながら、少しずつ変わってゆくだろう。文化的・民族的境界を超えた人間の家庭的つながりの発生は、かならず、そうした相互作用を生み出してゆく。その意味で、彼女は、サリーナスの一つの日系園芸農家が、二十一世紀のあたらしい生存のかたちに向けて歩みだす道の、隠れた先導者なのかもしれなかった。

メキシコ人と日系人とが交錯するサリーナスの光景をあとにして、この短い旅からサンタクルーズにもどってみると、大学で、「ボーダー／ディアスポラ」という題のシンポジウムがぼくを待っていた。

「ボーダー文化」および「ディアスポラ文化」といういいかたは、現代世界のトランスナショナルな越境文化とヘテロな複合社会の形成にたいする、あたらしいパラダイムとして登場しつつある概念である。「ボーダー」とは、いうまでもなく、たとえばアメリカ―メキシコ国境地帯のような、人間と文化の錯綜したクロスオーヴァーが生じる具体的な空間であり、さらに比喩的には、あらゆる移民や移住や季節労働や亡命の行為が企図され、試みられ、越境と帰還とがくりかえされる社会環境そのものを意味している。一方、「ディアスポラ」とは、人がある特定の国に住みつつ、別な場所との強い絆を維持しつづけているような場合に生ずる特異な関係を指す。ロンドンに住む黒人系イギリス人が、カリブ海諸地域やアメリカ合衆国やアフリカとの継続的なつながりを保ちつづけている、というようなケースが典型的だ。いずれにせよその背景には、さまざまな人種や社会階層の人間が、大量に移動し、あるいは移住を余儀なくされているという現代的状況がある。そして、資本主義的社会関係がトランスナショナルに拡張し、国家がその政治的境界線を十全に支配することが不可能になってきた二十世紀末になって、ボーダーの侵犯やディアスポラの動きによって形成されたハイブリッドな文化の存在が、世界のあちこちで鮮明に浮上してきたのだ。

（今福龍太「移り住む魂たち」）

（注1） サリーナス――地名。アメリカ合衆国カリフォルニア州。サンフランシスコの南方にある。
（注2） 今世紀――ここでは二十世紀のこと。右の文章は一九九二年に発表された。

問一 傍線部Ａ「あたらしいボーダーの意味と効用」とはどういうことか。最も適当なものを、次の中から一つ選べ。

ア　ボーダーを越えてメキシコからアメリカ合衆国まではるばるとやって来たメキシコ系の人びとにとって、「メキシコ」を想起することは現在祖国を離れて生活している困難さを克服する契機となるということ。

イ　異国であるアメリカ合衆国でメキシコ系の人びとが築いた暮らしには、かつて「メキシコ」を訪れたことのある人びとにもその旅の記憶を誘発させるほど、故国の匂いがはっきりと感じられるということ。

ウ　アメリカ合衆国のなかの「メキシコ」においても、やはりそこで暮らすメキシコ系の人びとの記憶や感触を国境の向こう側へと後退させるくらい強固にアメリカ的な文化や風習が根付いているということ。

エ　メキシコ系の人びとが現在生活している土地に滲み込んだアメリカ合衆国のなかの「メキシコ」は、そこでの日々の暮らしと人びとの内的経験をかたどり織り上げていく根源的な力となっているということ。

オ　メキシコとアメリカ合衆国の政治的な境界としてあるボーダーを人びとが行き来することで、境界を挟んだ両側の世界の融和や文化的な差異の平準化を進める動きがさらに活発になっているということ。

問二　傍線部Bについて、なぜ「ぼく」はその「手紙」に「すっかり打たれ」たのか、その理由について一五〇字以内（句読点等を含む）で説明せよ。

問三　傍線部C「あたらしい生存のかたち」とはどのようなものか、「ボーダー／ディアスポラ」と関連付けて一五〇字以内（句読点等を含む）で説明せよ。

［問題２］　次の文章を読んで、後の問いに答えよ。

　ひとりで食事をしてもおいしくない。鍋料理のように、だれかと同じものをいっしょに食するときは、これは楽しくて食が進む。食が進むが、しゃべりながら食べるのがもっとおいしくて、食べるのが主かしゃべるのが主かわからなくなるくらいである。コンパという言葉があるが、これはカンパニー（会社）ともども、ラテン語のcon-という接頭辞とパンを意味するpanisの合成語を語源としている。カンパニーとはまさに食事をともにとるということであり、そこから食い扶持《ぶち》をともにする（つまり共同経営）という意味が出てくる。

　このように人類は他人といっしょに食べるという習慣をひじょうに重要視してきた。しつけの初めも、トイレット・トレーニングとならんで、共食の習慣をつけることにある。なぜ一緒に食べることがそれほど人間の社会生活において重要な意味をもつのか。それは、A ともに食べるということが、他者への思いやりと相互の信頼の基礎をかたちづくるからである。

　眼に映る光景、耳に届く音、漂う匂い。これらの感覚は他人とすぐに共有できる。けれども味覚というのは個々の身体の内部で生まれるので、共有するのがむずかしい。だから、しょっちゅうカレーライスを作るお母さんは作るそのたびごとに「おいしい？」「このあいだのとくらべてどう？」と家族のメンバーに訊《き》く。ここからわかるように共食というのは、他者がいまこの味をどのように感じているか、それに思いをはせるトレーニングになるのである。つまりこのことで、わたしたちのうちに他者への想像力が育まれるのである。（イ）

作ってくれるひとと食べるひとが食卓をともにするというのはまた、自分にとっていちばん大切なこと、つまりいのちの源を作ってもらっている、食べさせてもらっているという事実をそのつど再確認するいとなみでもある。ここで、親密さと信頼という、ひとの社会的関係の礎《いしずえ》となるものが育まれる。

共食にはさらにもう一つの大きな意味がある。それは、壊れやすいひとの生理を秩序だったものへと調整する機能である。故郷を離れ、独り住まいをしながら都会の大学に通うようになった若い知人がいる。彼女はひとり暮らしを始めたあとしばらくして、軽い摂食障害に陥った。ひとりでテレビを観ながらスナックを齧《かじ》っているうちに、止まらなくなり、やがてひどい膨満感に襲われ、喉も通らなくなる。彼女は、いわば物理的限界に達してはじめて食事をかろうじて終えることができたのである。他方、独り住まいだからいつでも食べられるということは食事の時間が一定しないということでもある。そんなこんなの食生活を送っているうちに、ついに食のコントロールが利かなくなり、彼女は過食と拒食をくり返すようになった。（ロ）

やがて夏休みがやってきて、彼女は郷里に帰った。実家にいると食事はつねに家族といっしょだ。食欲がなくても食事のため居間に下りてゆかなければならない。食べたくなくても食べなくてはならない。口に入らなければ食べたふりをする。そして家族が食事を終えたとき、自分も終えたふりをする。そのうち、階下からまな板を叩く音、汁の煮える匂いがしてくると、自然と食欲が湧《わ》いてくるようになった。それじたいとしては人為的な食事の段取り、それが生理の崩れを補修したのである。こういう意味も、共食の習慣にはある。(八)

回遊する魚、たとえばサケは、「故郷の川底で孵化《ふか》後しばらく発生をつづけ、稚魚に成長してのち、いっせいに川を下って父祖伝来の〝餌場《えさば》〟に向かう。ここでたらふく食うと、こんどは故郷の川を目ざして海洋を逆戻りする。腹中の卵巣と精巣はひたすら成熟をつづけ、河口に着く頃はそれらがお腹に充満して腸は押しつぶされ、河を遡《さかのぼ》るときはもう飲まず食わずとなる。こうして孵化地点にたどりついた雌と雄は、そこで産卵・放精を済ませ、やがて静かに死んでいく。ここではだから、餌場で成長を終えるまでが食の相、故郷で受精を終えるまでが性の相となり、しかも当然、餌場は食の場だから、故郷は性の場となる」(三木成夫『胎児の世界』)。このように、多くの生命においては二つのうねりが波模様を描き、食(個体維持)と性(種族保存)がきっぱりと位相を分け、交代する。が、「食と性のけじめが消えた」人間は、食と性という「二足《にそく》の草鞋《わらじ》」をはいて生きる。「〝食い気〟と〝色気〟ももはやごちゃまぜ」なのである。生命の箍《たが》が外れ、果てしのない技巧が食と性を貫通する。(二)

そうした生理の崩れを、ひとはみずからの食に奇妙な規則をあてがうことで補修しようとする。それが食のタブーである。

食のタブーのその一は、液体の摂取の仕方にうかがわれる。たとえば牛や鹿は、一度呑《の》み込んだものを口に戻し、反芻《はんすう》する。これと対照的に、ひとは行きつ戻りつするこうした咀嚼《そしゃく》を受けつけない。たとえばコップの水を飲むには、原理的には無数の仕方がある。ぐいと一息に飲む。一度飲んだ水をコップに戻して、残りの水と攪拌《かくはん》し飲みなおす。それで口を漱《すす》ぎ、ふたたびコップに戻して飲みなおす……。こういうかたちで無数の飲み方があるのに、ひとは二番目以降の飲み方にひどく抵抗を覚える。体内に入るのは水とおのれの唾液だけなのに。これは生理としての食が、人間においてはすでに意味の領域へと拉致《らち》されていることを示している。自己と他者、内と外、その境界を曖昧にするもの、ないものにしてしまうものを、深く忌避するところが人間にはある。

その二は、ひとの食においては、食べられるのに食べてはいけないものが厳格に決められているということである。自分（の一部）でもあれば自分ではないような曖昧《あいまい》な存在、それをひとの喉は受けつけない。里の獣《けもの》という身近な他者を食すことはできても、ペットという「身内」は食すことができない。それは「わたしたち」の一部として家族に属している。が、人間そのものでもない。それは「わたしたち」の一員でありながら、同時に「わたしたち」の一員ではない。「わたしたち」にとって自己でありながら他者でもある／自己でもなければ他者でもない、そういう両義的な存在として、ペットはある。そしてそれがもっとも強い禁忌《タブー》の対象となる。さらに異邦にいて見たこともない絶対的な他者としての野獣、これもひとは食の対象としては忌避する。（ホ）

じつは〈性〉もまた〈食〉に似ていて、人間において性交の対象となるのも、あくまで近隣の他者であって「身内」ではない。「身内」は、自己でも他者でもない曖昧な存在だからである。また遠い異邦のひととの婚姻もながらく禁じられてきた。食におけるタブーと婚姻もしくは性関係におけるタブーとは、このように構造的に同型のものであり、それを指摘したのは、エドマンド・リーチの「言語の人類学的側面」という論考である。〈食〉と〈性〉においては、このように自己との近さ／遠さが禁忌の対象設定の参照軸となっている。自己でも他者でもない曖昧な存在がもっとも強い禁忌の対象となり、次に「絶対的」に異質な他者が禁忌の第二の対象となり、禁忌が適用されないのは［　X　］。その意味で、〈食〉の規則にはわたしたちのコミュニケーションの構造が深く書き込まれている。

ひとの生理はこのように、意味を、あるいは解釈を深く孕《はら》む。だから、ひとの感覚には、そうとは意識されないままに記憶が深く折り畳まれているのだろう。味覚は頑固である。そして、ながらく忘れていた味が、それとは関係のない何かをきっかけにふとよみがえる瞬間があるのも、生理に蓄えられた記憶というものがひとにはあるからだろう。

B食べるといういとなみの、意味による、あるいは解釈による編みなおし。それゆえにこそひとにおいては、意味によって、解釈によって食がほころびるということが起こる。食はひとの生理と文化のはざまでいつも揺れている。

（鷲田清一『わかりやすいはわかりにくい？』）

問一　傍線部Ａ「ともに食べるということが、他者への思いやりと相互の信頼の基礎をかたちづくる」とあるが、なぜそう言えるのか。その理由として、最も適当なものを、次の中から一つ選べ。

ア　自分の作った料理を家族がどのように感じているかを確認する母親との会話を通して、家族のメンバー内の親密さや信頼関係が強まるから。

イ　他者がどのように感じているかを想像する力をはぐくむとともに、自分のいのちが他の生命を食することによって成り立っているという事実を再確認するから。

ウ　視覚や聴覚、味覚といった感覚は他者と共有することが難しいが、子どものうちから他者の感覚を想像するトレーニングを行うことで、社会性を備えた大人になれるから。

エ　自他の共有が難しい味覚を通して他者の感覚を想像したり、他者に作ってもらった食べ物で自分のいのちが支えられていることを確認したりすることができるから。

オ　子どものしつけにおいて、トイレット・トレーニングとともに共食の習慣が重視されることからもわかるように、ともに食べることは人類共通の社会的関係の礎だから。

問二　次の文は、本文中に入るべきものである。本文中の（イ）〜（ホ）から、その入るべき適当な箇所を選べ。

食の箍《たが》が外れてしまったのである。

問三　文中の空欄［X］に入る文章として最も適当なものを、次の中から選べ。

ア　同じ共同体に属しながら「わたしたち」ではない者、つまりは「隣人」である。

イ　同じ共同体に属しながら「わたしたち」ではない者、つまりは「身内」である。

ウ　同じ共同体に属し「わたしたち」の一員である者、つまりは「身内」である。

エ　異なった共同体に属し「わたしたち」とは異なった者、つまりは「隣人」である。

オ　異なった共同体に属し「わたしたち」とは異なった者、つまりは「他者」である。

問四　傍線部B「食べるといういとなみの、意味による、あるいは解釈による編みなおし」とはどういうことを言ったものか。一二〇字以内（句読点等を含む）で説明せよ。

［問題3］ 次の文章を読んで、後の問いに答えよ。

世間の中での個人の位置はどのようなものなのかという問いに対しては、わが国における個人の位置を歴史的に観察するしかないが、私達は明治以来長い間個性的に生きたいと望みながら、十分な形で個性をのばすことができなかった。そのことは、この百年の間ロングセラーとして読み続けられている夏目漱石の「坊っちゃん」を見ればすぐに解ることである。

「坊っちゃん」はイギリスでヨーロッパにおける個人の位置を見てしまった漱石が、わが国における個人の問題を学校という世間の中で描き出そうとした作品である。赤シャツはあるとき坊っちゃんにいう。「あなたは失礼ながら、まだ学校を卒業したてで、教師は始めての、経験である。所《ところ》が学校と云《い》ふものは中々《なかなか》情実のあるもので、さう書生流に淡泊には行かないですからね」。坊っちゃんはそれに対して「今日只今《こんにちただいま》に至る迄是《までこれ》でいゝと堅く信じて居《ゐ》る。考へて見ると世間の大部分の人はわるくなる事を奨励して居る様《やう》に思ふ。わるくならなければ社会に成功はしないものと信じて居るらしい。たまに正直な純粋な人を見ると、坊ちゃんだの小僧だのと難癖をつけて軽蔑する。夫《それ》ぢや小学校や中学校で嘘をつくな、正直にしろと倫理の先生が教へない方がいゝ。いつそ思ひ切つて学校で嘘をつく法とか、人を信じない術とか、人を乗せる策を教授する方が、世の為にも当人の為にもなるだらう」と考えている。

「坊っちゃん」は学校という世間を対象化しようとした作品であり、読者は坊っちゃんに肩入れしながら読んでいるが、その実皆自分が赤シャツの仲間であることを薄々感じとっているのである。しかし世間に対する無力感のために、せめて作品の中で坊っちゃんが活躍するのを見て快哉《かいさい》を叫んでいるにすぎないのである。

この百年の間わが国においても社会科学が発展してきたが、驚いたことにこのように重要な世間という言葉を分析した人はほとんどいない。私達は学校教育の中で西欧の社会という言葉を学び、その言葉で文章を綴《つづ》り、学問を論じてきた。しかし文章の中では扱わないことを会話と行動においては常に意識してきたのであって、わが国の学問が日常会話の言葉を無視した結果がここにある。

いわば世間は、学者の言葉を使えば「非言語系の知」の集積であって、これまで世間について論じた人がいないのは、「非言語系の知」を顕在化する必要がなかったからである。しかし今私達は、この「非言語系の知」を顕在化し、対象化しなければならない段階にきている。そこから世間のもつ負の側面と、正の側面の両方が見えてくるはずである。世間という「非言語系の知」を顕在化することによって新しい社会関係を生み出す可能性もある。

明治十年（一八七七）頃に society の訳語として社会という言葉がつくられた。そして同十七年頃に individual の訳語として個人という言葉が定着した。それ以前にはわが国には社会という言葉も個人という言葉もなかったのである。ということは、わが国にはそれ以前には、現在のような意味の

23　［問題３］

社会という概念も個人という概念もなかったことを意味している、では現在の社会に当たる言葉がなかったのかと問えばそうではない。世の中、世、世間という言葉があり、時代によって意味は異なるが、時には現在の社会に近い意味で用いられることもあったのである。

明治以降社会という言葉が通用するようになってから、私達は本来欧米でつくられたこの言葉を使ってわが国の現象を説明するようになり、そのためにその概念が本来もっていた意味とわが国の実状との間の乖離《かいり》が無視される傾向が出てきたのである。

欧米の社会という言葉は本来個人がつくる社会を意味しており、個人が前提であった。しかし[B]わが国では個人という概念は訳語としてできたものの、その内容は欧米の個人とは似ても似つかないものであった。欧米の意味での個人が生まれていないのに社会という言葉が通用するようになってから、少なくとも文章のうえではあたかも欧米流の社会があるかのような幻想が生まれたのである。特に大学や新聞などのマスコミにおいて社会という言葉が一般的に用いられるようになり、わが国における社会の未成熟あるいは特異なあり方が覆《おお》い隠されるという事態になったのである。しかし、学者や新聞人を別にすれば、一般の人々はそれほど鈍感ではなかった。人々は社会という言葉をあまり使わず、日常会話の世界では相変わらず世間という言葉を使い続けたのである。

この点については特に知識人に責任がある。知識人の多くはわが国の現状分析をする中で常に欧米と比較し、欧米諸国に比べてわが国が遅れていると論じてきた。遅れているという判断の背後には、遅れを取り戻せるという見通しがなければならない。多くの知識人はそのような見通しもないままに遅れについて論じてきたのである。

たとえばカントの「啓蒙とは何か」という書物の中で、上官の命令が間違っていた場合に部下のとるべき態度が論じられている。上官の命令が間違っていると考えた場合でも、部下はその命令に従わなければならない。さもなければ軍隊は成立しないからである。しかし軍務が終了したとき、その部下は上官の命令の誤りを公開の場で論じることができるとカントはいう。そしてその場合彼は自分の理性を公的に使用しているのだというのである。日本の事情を考えてみよう。ある会社員が会社の経理やその他に不正を発見して、それを公的な場で指弾した場合、彼は間違いなく首になるであろう。そしてもしそのことが公的に論じられるようなことが起こった場合、彼の行動が公的な理性に基づくものだという者が日本にいるだろうか。

このカントの言葉を引用して日本の社会の遅れを説く論者は今でもあとを絶たない。C しかし問題はここからはじまるのであって、こういう状態だからわが国は遅れているといってみたところで何もいっていないに等しいのである。このように考えてくると、問題の一つは、わが国においては個人はどこまで自分の行動の責任をとる必要があるのかという問題であることが明らかになろう。それはいいかえれば世間の中で個人はどのような位置をもっているのかという問いでもある。

日本の個人は、世間向きの顔や発言と自分の内面の想いを区別してふるまい、そのような関係の中で個人の外面と内面の双方が形成されているのである。いわば個人は、世間との関係の中で生まれているのである。世間は人間関係の世界である限りでかなり曖昧《あいまい》なものであり、その曖昧なものとの関係の中で自己を形成せざるをえない日本の個人は、欧米人からみると、曖昧な存在としてみえるのである。ここに絶対的な神との関係の中で自己を形成することからはじまったヨーロッパの個人との違いがある。わが国には人権という言葉はあるが、その実は言葉だけであって、個々人の真の意味の人権が守られているとは到底《とうてい》いえない状況である。こうした状況も世間という枠の中で許容されてきたのである。

（阿部謹也『「世間」とは何か』）

問一 傍線部Ａ「学校という世間を対象化しようとした作品」とはどういうことを言っているのか。「赤シャツ」と「坊っちゃん」という言葉を用いて、七〇字以内で具体的に説明せよ。

問二 傍線部Ｂ「わが国では個人という……似つかないものであった」とあるが「欧米の個人」と「日本の個人」はそれぞれどういう場において形成されてきたか。本文中の語句を用いて、その違いを六〇字以内で説明せよ。

問三 傍線部Ｃ「しかし問題はここからはじまる」と筆者が言うのはなぜか、本文全体の論旨を踏まえて一二〇字以内で説明せよ。

〔問題4〕　次の文章を読んで、後の問いに答えよ。

A近代主義の視覚とは、同一性の確認のための眼差《まなざし》である。言い換えれば、自己の意志で対象物を措定《そてい》しておき、それを見るという意味だ。

ルネッサンス以後の遠近法の発達で解るように、意志的な視覚主義は、客観性と科学性を標榜《ひょうぼう》した脳中心思想から来たものである。それを（1）に図式化した人がデカルトであり、彼において、見るということは、エゴー(注1)による視覚の規定力を指している。

ところで実は、広い世界を前にしたごく限られた眼は、逆遠近法的に開いている。自分の眼の前のものより遠いところをもっと広く思い、そのように見るということは誰でも知っており経験していることだ。もちろん具体的な対象世界において、近くのものが大きく見え、ずっと遠いものは小さく見えるということが科学的であることは明らかだが、眼の限定性から来る感じ（思い）が、その反対であることもまた否定できない。最近では、古代社会の絵画や中世のイコン(注2)、または東洋の山水画などの分析から、逆遠近法の考え方が再照明されていることも注目に価する。むしろ近代の遠近法というものが、人類文化史の中では特異な時代の産物であるという者さえいる。

今日、視覚と言う時、何処《どこ》に焦点を置くかによって、正反対の言葉になってしまう。近代的な遠近法的視覚とは、こちらからあちらを一方的に捉え定めることを言う。対象物自体とか世界が重要なのではなく、見る主体の意識と知識による規定力が （2） であるということだ。ここでは見ることが、設定された素材やデータで組み立てたテクストと向き合う態度である。

これに対し逆遠近法では、反対に、向こうからこちらを見ている形であるため、世界の側が圧倒的に大きく扱われる。それゆえ見る者の対象物に対する限定力は、曖昧で弱くなるしかない。このような視覚は、受動性が強く、偶然性や非規定的な要素の作用が著しくなりがちだろう。

ここで私は、受動性と能動性を兼ね合わせた身体的な視覚を重視したい。人間は （3） な存在であると同時に、身体的な存在でもある点を再確認すれば、どちらにしても見るということが一方的であってはなるまい。身体は私に属していると同時に、外界とも連なっている両義的な媒介項である。だから身体を通して見るということは、見ると同時に見られることであり、見られると同時に見ることなのだ。対象物や世界は私の理性の反映ではなしに、それは外界性を持った未知的なものであるという立場と言っていい。見ることは、データ化されたテクストを読むことではなく、他者との出会いによる相互作用であると言うことになろう。

美術は視覚と不可分の領域である。

ところで身体的な視覚の軽視や無視による近代自我中心の視覚主義は、必然的に作品の同一性と概念化を招く。そしてついに作品は、世界との関係的な存在性が否定されて、言語学や哲学の説明体に成り下がり、アイディアや概念の確認以外、なんら視覚の力を呼び起こさないものとなる。従ってそこでは、作品が（4）であったり曖昧で不透明である時、それは軽蔑の対象であるしかない。

もはや作品が理性と世界の同一性を表す対象である時代は過ぎた。外部性を否定する、排除と差別下の、自己の内面の再現化で世界を覆い被《かぶ》す帝国主義的な視覚は、解体されなければならない。私と外界が相互関係によって世界する、という立場からすれば、作品もまた差異性と非同一性の一種の関係項である。

モネが言った外界が存在するという意味を、関係の概念で受け入れれば、閉じられた自我主義から出て、対話が可能な開かれた世界に立つことが出来る。知識や意志に劣らず、感覚や体験が重要なのだ。それは決して内面性のみの発露ではなく、身体を通した外部との触れ合いの中で起こる出会いの一部だからである。

作品において、知的な概念性と共に、感性による知覚を呼び起こすことが出来るということは、そこに未知的な外部性が浸透されているということであり、だから、見る者と対話が成り立つのだ。見るという行為は、身体を媒介にして対象との相互関係の場の出来事を招く。作品が、出会いが可能な他者性を帯び、見るということが両義性を回復する時、芸術の新しい地平は開かれよう。

（李　禹煥「余白の芸術」）

（注1）エゴ――エゴ、自我。
（注2）イコン――キリストなどの聖画像。

問一 空欄（１）〜（４）を補うのに最も適当な語を、次のア〜オの中から選び、記号で答えよ。ただし、同じ語を重ねて用いてはならない。

ア 意識的　イ 感性的　ウ 決定的　エ 相対的　オ 合理的

問二 傍線部Ａの「近代主義の視覚」とはどういうものか、五〇字以内（句読点等を含む）で説明せよ。

問三 この文章全体を通した筆者の考えを一二〇字以内（句読点等を含む）で説明せよ。

［問題５］　次のⅠ～Ⅲの文章は、高井有一の小説「少年たちの戦場」のひと続きの部分である（一部略）。氷川をはじめ鷹杜《たかもり》学園初等部の生徒たちは、戦争末期、激しさを加える空襲を避けて東京郊外の欅《けやき》村の月舟寺《げつしゅうじ》に集団疎開していた。この文章を読んで、後の問いに答えよ。

Ⅰ　炎上

一箇月《いっかげつ》が過ぎた。起床は一時間早められて五時半となり、顔を洗う水のしぶきを朝の陽が輝かせた。

氷川泰輔が職員室へ呼ばれたのは、五月二十八日である。何の予想もなく入って行くと、五代が寺の備品らしい古い黒ずんだ机に向い頻《しき》りに手帳に字を書込んでいた。

「坐りなさい」

彼は氷川の方にちらと視線を走らせただけで、また机に向き直った。十分余りもそうしていてから、音を立てて手帳を閉じ、溜息《ためいき》をついた。

「さあ、これでよし」

眼に笑いがあった。

「この間の空襲では、畏《おそ》れ多い事に、宮城《きゅうじょう》まで焼けてしまった。われわれ臣下の者が苦労をするのは、当然の事だね」

この時、氷川は不意に、机の上にある封書の上書きが、父の筆跡であるのに気が附いた。尋常な事では、父が手紙を寄越す筈《はず》はなかった。

「先生」

「うん」

五代は頷《うなず》いた。彼も、氷川が感じた事を察したのであろう。

「お父さんからの手紙だ。読むか」

「いいです」

「そうか。二十四日の空襲でね、君の家、やられてしまったんだ。だが、お父さんは、家の焼けるのは、前から覚悟の上だったと書いて居《お》られるよ。空襲の晩、お父さんは、坂の下の空地《あきち》まで避難して、其処《そこ》から家の方を凝《じっ》と見ていたんだそうだ」

ああ、あの土管《どかん》が一杯積んであった空地だな、と氷川は思った。学校からの帰り、其処まで来ると高台の頂上にある家が、硝子《ガラス》窓を光らせて見えたものであった。

「焼夷弾《しょういだん》が続けざまに落ちて、家が、太い火柱になって燃え上ったのを見たら、もうこれ以上、何も悩まされるものはないという気がしたそうだよ。先生には解らないが、そういうものかな。今は、三鷹の伯父《おじ》さんの所にいるが、やがては、焼跡にバラックでも建てて、また以前と変らない生活を始めるつもりだと書いてあったな。意志の強い、立派なお父さんだな」

「ええ」

A彼は無意味に答えた。心は冷えていた。巧みに作られた物語を聞かされているような気さえしたのは、余りに唐突に、眼の前の現実が変ったせいであったろうか。

東京の夜間空襲は、四月十五日以来、四十日間も跡絶《とだ》えて、昼間の、艦載機による攻撃が断続していた。関西や中京、九州への爆撃が始り、沖縄の失陥《しっかん》も間近いと思われる時期にあったが、東京に残して来た家にしか関心を持たない少年たちにとって、それは所詮《しょせん》遠い場所の戦《いくさ》であったに過ぎない。

「心配しなくてもいいよ」

黙ってしまった彼を気遣《きづか》って、五代は言った。

「お父さんお母さんが健在なんだから、東京の事はその方へお任せしておけばいい。この戦争さえ終れば、直《す》ぐに元通りになるよ」

戦争は終るだろうか、と氷川は遠い心で思った。彼の生れた頃から、休みなく戦われている戦争が、何時《いつ》か終る日があろうとは、考え難かった。彼を初め、寺にいる生徒の総《すべ》てが、再び東京へ帰る日のある事を漠然と信じてはいたが、その日が果してどういう形でやって来るのか、誰にも解ってはいなかった筈である。

「高津なんか、先月の空襲で両親とも行方不明になってしまったんだからね。それに較《くら》べれば、君の場合はどんなに恵まれているか判りゃしない」

高津というのは、信州に疎開している生徒の名である。それでは、高津はみなし児《ご》になってしまったんだな、と氷川は思ったが、その時、彼が肉親を喪《うしな》った者の哀しみを理解したわけではない。沈んだ感情は容易に動きはしなかった。

「さ、もうよろしい。皆には、先生から話すからね」

「先生」

氷川は思わず言った。今少し五代と話していたかった。

「空襲で焼けた跡は、どんな風になるんですか。死骸がごろごろしてるって話も聞いたけど」

「先生も見たわけじゃないが、君の家のような住宅地ではそんな事はないだろう。死人の多かったのは、下町《したまち》の、家が建て込んだ所だよ」

「先生、ぼく、一度家の焼跡に行ってみてはいけませんか」

「焼跡へ」

五代は、訝《いぶ》かしそうに眉を寄せた。

「行ってどうするんだ」

「ええ、あの、見たいんです」

氷川は言い淀《よど》んだ。彼は焼けた家の庭へ行って見たいと思ったのである。庭の片隅、柘榴《ざくろ》の木の下に、彼の花壇があった。二坪の土地に、自分で低い竹の柵《さく》を作り、好きな花を植え、育てていた。庭の芝を剥《は》がし、野菜を作るようになっても、その花壇だけは変らずに残された。ダリアの球根を埋めたままにして来たが、焼けた土の中でも、それが生きているかどうかを知りたかった。彼のいない間は、母が面倒を見て呉《く》れている筈であったが、焼けた後にも咲いている花があるかどうかを知りたかった。しかし、その気持を、五代に納得させる言葉は見附《みつ》からないようであった。

「行ってみたくなるのは、当然かも知れない、長い間暮して来た家だからね。でも、それをしてはいけないな」

部屋はやや暗くなって、五代の、肌を撫《な》でるような柔かい声が流れた。本堂では、夕食の食器の触れ合う音がしていた。

「皆が自分のしたい事を怺《こら》えて生活しているんだよ。君にだけ例外を作るわけには行かない。それに君だって、家が失くなっているのを見たら、今後此処《ここ》にいるのが辛《つら》くなるばかりじゃないか」

「はい」

引込まれるように氷川は答えた。五代の優しさに抗《あらが》えなかった。

「いいね」

「はい」

「もう行きなさい」

素直に、彼は立って部屋を出た。間もなく夕食であった。

35　［問題５］

Ⅱ〔五代節雄の日記〕

五月二十八日　晴

氷川の父親から、罹災《りさい》を知らせる手紙が来たのは、朝だった。私は、夕方までそれを当の子供に伝えられなかった。先月、湯浅の罹災を聞いた時には、こんな事はなかった。私は直ぐに彼を呼び、出来るだけ快活を装って励ましたのだった。だが、その虚しい励ましが、一体何になっただろう。湯浅にも同じように快活を装えと強いる結果になったのではなかったか。私は絶えず彼の行動を見守っていた。彼は私が話しかけ、命令する度に、私の眼を正面から見て、はきはきと応答した。父母への手紙にも、特に変わった所はなかった。そのうちの一通の末尾に、私は、「孝夫君はこの通り元気にやっています。御安心下さい」と書き添えてやった。これは嘘ではない。私は本当にそう信じていた。その湯浅が、私のいない所で級長に乱暴をし、土筆《つくし》を川に流したと聞いた時、私は自分の浅はかさを彼に嗤《わら》われているような気がした。家の事なんか忘れて快活にしろというんなら、幾らでも明るく振舞ってやるが、本当はそうじゃない、俺の本当の気持はお前になんか解るものか、と彼が言っているような気がした。茂木は、彼の訴えを私が取合わなかったのが不満らしく、その後も時々湯浅の行動を告げに来る。その一つ一つは大した事ではない。しかし、湯浅が私の前では、決して、明るい健康な子供の姿勢を崩さないのが気にかかる。人間同士はそう簡単に互いの内心にまで踏み込んで理解するわけには行かないのは、確かな事だろう。相手が子供でも、たとい六年近く育てて来た教え子でも、それは同じに違いない。だが、今の私には、そんな一般論は、気休めにすらなりはしない。

こうした経験が、私を臆病にしていた。半日の間、私は氷川にどう伝えたらよいかと考えるつもりでいながら、実際には何にも考えずに無駄な時間を消した。私は怖かった。氷川は私の躊《ため》らいを見抜いただろうか。彼は父親の手紙があるのを見て、敏感に事実を悟《さと》ったらしい。そして私が話しかけるのにも、殆《ほとん》ど何も言わなかった。彼は気難しい父親の躾《しつけ》のせいか、普段から思った事を口にする方ではないが、反面には、細かい事に意外に気を悩ませる弱さがあるのを私は知っている。それだけに、彼が焼跡へ行ってみたいなどと、何時《いつ》もの彼に似合《にあ》わしくない奇妙な事を言い出した時には、涙ぐみそうになるのを抑《おさ》えるのに苦しんだ。そうした言葉でしか自分の感情を表現出来ない彼が哀れだった。彼と向き合っていたのは、僅《わず》か二十分足らずに過ぎなかったろう。それでも、彼が消えるように去った後の疲労は重かった。これから先、彼はどうなって行くのだろう。どうなるにしても、私は、硝子戸の内側から表を見るように、離れた場所から見護《みまも》って行く以外の事は出来ないだろう。私は彼の親ではなく、教師にしか過ぎないからだ。

Ⅲ　昭和四十二年　冬

氷川泰輔は、五代の遺《のこ》した日記が、二冊目に入る辺《あた》りから、次第に色合いを変えているのに気が附いた。初めは、日々の生活記録であったものが、感想を述べ、心の動きを語る方へ重点が移って行くように思われた。それは日ましに息苦しさを加えていた疎開生活に五代が思い屈していた事の反映の一つであったろう。

日記に誌《しる》された自分の名を、氷川は傷《いた》ましい思いで眺めた。古い日記は、インクの色も殆《ほとん》ど灰色に褪《あ》せていた。消灯の後、職員室の襖《ふすま》から洩《も》れていた灯を、彼は憶《おぼ》えている。その暗い光の下で、五代はこの陰鬱な日記を書き綴《つづ》っていたのであろう。その時期の五代は、まだ四十歳にはなっていなかった筈である。

月舟寺へ行ってからの五代は、確かに変ったと氷川は思う。厳しく自分の理想に当て嵌《は》めて躾けようとする硬さが失《な》くなり、やや離れた場所に立って、生徒の感情を汲《くみ》取ろうと努めたのではないかと思う。それは、当時幼かった彼にも感じられた事だが、何がその変化を齎《もたら》したかについては、古い日記に刻まれたB五代の心の揺れ動きを知るまで、何一つ解ってはいなかったのである。細かい文字を辿《たど》るのに疲れた眼の裏に、穏やかに笑っていた五代の顔が繰返して浮かんで来た。氷川は、自分の気持が何時になく和《なご》んでいるのを知った。

通夜は九時過ぎに終り、人の引揚げて行く気配が書斎にまで伝わって来た。氷川は読みさしの日記帳を持って、表へ出た。三ツ池は未亡人とともに門に立ち、客を送り出していた。

問一 傍線部A「彼は無意味に答えた。心は冷えていた。」（Ⅰ）とあるが、この時の「氷川」の心情について、一〇〇字以内で説明せよ。

問二 傍線部B「五代の心の揺れ動き」（Ⅲ）についての説明として不適当なものを、次の中から一つ選べ。

ア　焼けてしまった家を見たいという生徒の申し出について、集団生活を優先しなければならないとしても、それを単なるわがままな要求だと頭ごなしに否定することにはためらいを感じている。

イ　生徒たちの言動を上滑りに見聞きしているだけでは、かれらのほんとうの姿をつかむことができないのではないかとも思え、生徒とのあいだでどういう関係をつくっていけばいいか悩んでいる。

ウ　人間同士だからといってお互いに分かり合うことができるというのは安易な考え方であり、むしろ分かり合えないからこそ生徒を真に理解しようとする動機が生まれてくるのではないかとも思っている。

エ　自分は家が罹災した生徒たちに気を落とさないようにと励ましてきたが、そのことは本当に子供たちにとってよかったことだろうかと問い返してみると、そこから自分の無力なあり方が浮かび上がってくる。

オ　生徒たちの内心をどれほど理解できるかわからないにせよ、その一端に触れると、自分の気持ちも大きく動揺することがあるが、何とか冷静さを保って生徒たちと向き合っていくしかないと思っている。

問三　ⅠとⅢの文章で、筆者は「五代」の描き方を変えている。その相違について一〇〇字以内で説明せよ。

［問題6］ 次の文章を読んで、後の問いに答えよ。

父は煙草盆《たばこぼん》を前に控えて、うつむいていた。代助《だいすけ》の足音を聞いても顔を上げなかった。代助は父の前へ出て、丁寧にお辞儀をした。さだめてむずかしい目つきをされると思いのほか、父は存外穏やかなもので、「降るのに御苦労だった」といたわってくれた。

その時はじめて気がついてみると、父の頬《ほお》がいつのまにかぐっとこけていた。元来が肉の多いほうだったので、この変化が代助にはよけい目立って見えた。代助は覚えず、「どうかなさいましたか」と聞いた。

父は親らしい色をちょっと顔に動かしただけで、別に代助の心配をものにする様子もなかったが、しばらく話しているうちに、

「おれもだいぶ年を取ってな」と言い出した。その調子がいつもの父とは全く違っていたので、代助はさいぜん兄嫁の言ったことをいよいよ重く見なければならなくなった。

父は年のせいで健康の衰えたのを理由として、近々実業界を退く意志のあることを代助にもらした。けれども今は日露戦争後の商工業膨張の反動を受けて、自分の経営にかかる事業が不景気の極端に達している最中だから、この難関をこぎ抜けた上でなくては、無責任の非難を免れることが出来ないので、当分やむを得ずに辛抱しているよりほかに仕方がないのだという事情をくわしく話した。代助は

父の言葉を至極《しごく》もっともだと思った。

父は普通の実業なるものの困難と危険と繁劇と、それらから生ずる当事者の心の苦痛および緊張の恐るべきを説いた。最後に地方の大地主の、一見地味《じみ》であって、その実自分らよりはずっと強固の基礎を有していることを述べた。そうして、この比較を論拠として、新たに今度の結婚を成立させようと努めた。

「そういう親類が一軒ぐらいあるのは、たいへん便利で、かつこの際はなはだ必要じゃないか」と言った。代助は、父としてはむしろ露骨すぎるこの政略的結婚の申しいでに対して、いまさら驚くほど、はじめから父を買いかぶってはいなかった。最後の会見に、父が従来の仮面を脱いでかかったのを、むしろ快く感じた。彼自身も、こんな意味の結婚をあえてし得る程度の人間だと自ら見積もっていた。

その上父に対していつにない同情があった。その顔、その声、そのA<u>代助を動かそうとする努力</u>、すべてに老後のあわれを認めることが出来た。代助はこれをも、父の策略とは受け取り得なかった。私はどうでもようございますから、あなたの御都合のいいようにお決めなさいと言いたかった。

けれども三千代《みちよ》と最後の会見を遂げたいまさら、父の意にかなうような当座の孝行は代助には出来かねた。B<u>彼は元来どっちつかずの男であった</u>。だれの命令も文字通りに拝承したことのないかわりには、だれの意見にもむきに抵抗したためしがなかった。解釈のしようでは、策士の態度とも取れ、優柔の生まれつきとも思われるやり口であった。彼自身さえ、この二つの非難のいずれかを聞いたときに、そうかもしれないと、腹の中で首をひねらぬわけにはいかなかった。しかしその原因の大部分は策略でもなく、優柔でもなく、むしろ彼に融通のきく二つの目がついていて、双方を一時に見る便宜を有していたからであった。彼はこの能力のために、今日《こんにち》までいちずにものに向かって突進する勇気をくじかれた。つかず離れず現状に立ちすくんでいることがしばしばあった。この現状維持の外観が、思慮の欠乏から生ずるのでなくて、かえって明白な判断にもとづいて起こるという事実は、彼が侵すべからざる敢為《かんい》の気象をもって、彼の信ずるところを断行したときに、彼自身にもはじめてわかったのである。三千代の場合は、すなわちその適例であった。

彼はC三千代の前に告白したおのれを、父の前で白紙にしようとは思い至らなかった。同時に父に対しては、心《しん》から気の毒であった。平生《へいぜい》の代助がこの際に執《と》るべき方針は言わずして明らかであった。三千代との関係を撤回する不便なしに、父に満足を与えるための結婚を承諾するにほかならなかった。代助はかくして双方を調和することが出来た。どっちつかずに真中《まんなか》へ立って、煮え切らずに前進することは容易であった。けれども、今の彼は、ふだんの彼とは趣を異にしていた。再び半身を埒外《らちがい》にぬきんでて、余人と握手するのは既に遅かった。彼は三千代に対する自己の責任をそれほど深く重いものと信じていた。彼の信念はなかば頭の判断から来た。なかば心の憧憬《しょうけい》から来た。二つのものが大きな波のごとくに彼を支配した。彼は平生の自分から生まれ変わったように父の前に立った。

彼は平生の代助のごとく、なるべく口数をきかずに控えていた。父から見ればいつもの代助と異なるところはなかった。代助のほうではかえって父の変わっているのに驚いた。実はこの間からいくたびも会見を謝絶されたのも、自分が父の意志に背《そむ》く恐れがあるから父のほうでわざと、延ばしたものと推《すい》していた。今日会ったら、さだめて苦い顔をされることと覚悟をきめていた。ことによれば、頭からしかり飛ばされるかもしれないと思った。代助にはむしろそのほうが都合がよかった。三分の一は、父の暴怒に対する自己の反動を、心理的に利用して、きっぱり断わろうという下心さえあった。代助は父の様子、父の言葉遣い、父の主意、すべてが予期に反して、自分の決心を鈍らせる傾向に出たのを心苦しく思った。けれども彼はこの心苦しさにさえ打ち勝つべき決心をたくわえた。

「あなたのおっしゃるところは一々御もっともだと思いますが、私には結婚を承諾するほどの勇気がありませんから、断わるよりほかに仕方がなかろうと思います」ととうとう言ってしまった。その時父はただ代助の顔を見ていた。ややあって、「勇気がいるのかい」と手に持っていた煙管《きせる》を畳の上にほうり出した。代助は膝頭《ひざがしら》を見つめて黙っていた。

（夏目漱石「それから」）

問一　傍線部Ａ「代助を動かそうとする努力」とは、父のどのような努力のことか、一〇〇字以内で説明せよ。

問二　傍線部Ｂ「彼は元来どっちつかずの男であった」とあるが、代助はその自分自身の性格をどのように認識したか。適当なものを、次の中から二つ選べ。

ア　彼は本来融通のきく男で、事のおこった時にどっちつかずの立場で物事の流れに身をまかすことができた。

イ　彼は自分の信念に自信のある男で、いったんこうと決めたらたとえ相手が父であってもあとへ引かないところがあった。

ウ　彼は人情のあついところがあって、だれにでも便宜をはかってやるが、とくに父に対してはいたわる心が深かった。

エ　彼は他人の命令に従わぬところがあって、他人からあれこれ指図《さしず》されたくないという誇り高い一面があった。

オ　彼は判断力が鈍い男と見られたが、それはあまりに物事の先を見抜く目がありすぎたからであった。

カ　彼は損得の判断に優れた男と見られ一見勇気がなさそうだが、しかしいったん決めると驚くべき行動力を示した。

問三　傍線部Ｃ「三千代の前に告白したおのれ」とあるが、代助の「告白」はどのような「決意」に基づいたものと考えられるか。三〇字以内（句読点等を含む）で説明せよ。

問四　傍線部Ｄについて、「そのとき父は……畳の上にほうり出した」という父の態度・動作は父のどういう気持ちの変化を表しているのか。「ややあって」という表現に注意しながら、次の空欄Ｘ（五字程度）・Ｙ（一五字程度）を適切な言葉で補うことによって答えよ。

［　Ｘ　］の気持ちから［　Ｙ　］の気持ちへの変化。

［問題7］ 次の文章を読んで、後の問いに答えよ。

初盆に母の精霊《しょうりょう》を河に流した。星のない夜で、ながれにのって舟のゆくとき、舟のなかで提灯《ちょうちん》の火がまたたいた。水面にうつる灯はそのまたたきを忠実になぞりながら、いっそうやわらかく、にじむように河を明かるませていた。

暗黒の河をおもむろにくだってゆく灯は、河面を吹く風に肝を冷やし、速さをましてくる流れを警戒し、繊細に、微妙に、そして人恋いしげに、揺れ、消えようとし、ふたたび明かるく燃えあがり、瞬《また》たきをおくり、呼びかえし、打ちたたく鐘の音のなかを、せんかたなく流れていった。

その時私は知ったのだった。供養とは別離を新たにすることだと。流れのかなた、眼《まな》ざしのようやくとどくところで灯は消え、鐘の音のやんだ夜の岸を私は離れた。時を具象して流れる水と、心さながらの焔《ほのお》と、この簡素で抽象的な別離の形式の生々しさは、ベッドの横で私のもったまことの別離をしのいでいた。水の上の焔ほど、心置きなく語ったことが母にあったであろうか。握ってやった手に応えるだけの力が母にはなかった。苦痛が、衰えた体力とともに言葉をうばって、覗《のぞ》きこんだ私の顔に、わずかに瞳の動くと見えたばかりである。ながくつづいた喘鳴《ぜんめい》と呼吸困難は、枕頭《ちんとう》の私たちをおびやかしつづけ、静けさのやってきたとき、私をおそったのは悲哀よりは安堵《あんど》だった。

埋葬の儀式の煩雑は、そして弔問《ちょうもん》の人々による混雑は、あれは悲しみに暇《いとま》をあたえないための慈

47　［問題７］

悲なのであろう。緊張がそのとき私を救った。母の生涯に私の流させた涙の夥《おびただ》しさを知るほどの者は、不本意のなかに死んだ母のために、私の流すべき涙の欠如をいぶかったであろう。このときほど、私が多忙に生き甲斐を見出したことはない。

読経《どきよう》がはじまって、導師が母の戒名《かいみよう》を口にしたとき、私の涙は不意にところを得た。その戒名は、父の墓石をたてるためにあらかじめ得ていたもので、母は「麗光院千空妙里大姉」という死後の自分をしばしば異様な気持ちでながめたものであった。この変わり果てた名が、変わり果てた姿に動揺しなかった私の涙をさそった。恐らく、私は不意をつかれたのであって、導師の引導《いんどう》が口をつくまで、私は母が戒名どおりの存在になったことを忘れていたのである。すでに昵懇《じつこん》であった名が不意に鼓膜に鳴りひびき、このときはじめて、私は母が彼岸の人になったことを思い知ったのであった。

不思議なことに、花々のなかに粉黛《ふんたい》をほどこされ、恐ろしい静けさの宰領する母の寝姿は、私には、死よりは生のたんなる休息にすぎないと思われた。火葬の習慣をもたぬ田舎の寛大さは、この静かな寝姿のまま死者を冥府《めいふ》に送るのであって、生者のおろかな錯覚は、あるいはその甲斐《かい》ない愛の幻術は、花々にかこまれて眠る死者を、生のかりそめの眠りのごとき姿として記憶のなかに保存する。そうして、時が、この記憶の保存するものを刻々に破壊にみちびいている現実に思いおよばない。

現身《うつしみ》の姿のまま母を葬った私は幸いであった。あれから十ヵ月、もういくらか竹垣も黒ずんだ新塚《にいづか》に水を手向《たむ》けながら私は信じた。この下に眠る母は、私の記憶に寸分たがうことなく、とりどりの色の菊の香りにつつまれ、かならず時くれば覚める人のように、かりそめの眠りをねむっている。……

それにしても、なんたる非情の墓石であろう。墓石は塚のかたわらにあって、父母の戒名が刻まれている。生者のしるしに、朱に彩《いろど》られていた母の碑銘も、いまは朱の輝きを剥脱《はくだつ》されている。母を葬った日の終わり、私は刃《やいば》のような竹をそいで、たんねんに刻面の朱をいためつけたのであった。彫《ほり》の深い隅は、厚く塗料を埋没せしめてそれをかばっていた。そしてこの剥離の困難さが、私にひそかな企《たくら》みを教えた。人目につきにくいのを幸い、私は字画のすみずみにこのはなやかな色彩を隠匿《いんとく》し、こうして「妙里」の二字はなお隠微に執拗《しつよう》に死者たることを否定しつづけていたのである。私の記憶に母は単なる仮眠のなかにいるのであってみれば、戒名は私の敵であり、戒名からその運命の力を奪うために、私はA巫女《ふじょ》の唇のような色彩と密約をかわすことが必要であったのだ。

けれども、わずかな朱はいつか剥脱しなければならぬ。恐らく、ときはすでに到来したのではあるまいか。なぜなら、私に追憶に生きることの徒労が目覚め、B廃墟の静寂に私の憎悪が育っているから。

よみがえってくる決意のなかで、私は今日まで自分のうちに大切に持ちつづけてきたイメージを、思いきって反転しなければならぬ。

――病院から郷里へ、母の遺骸《なきがら》を自動車でうつすとき、動揺が白衣の下の母をおりおり微妙に動かせ、そのつど私は信じられない蘇生《そせい》を信じて裏切られた。そしてこのときの私に、車窓からみる街の雑踏ほど異様で親しみがたい風景はなかった。私に親しかったのは、ひととき視野の遠くにみえた廃

49　［問題７］

墟である。たけた秋草の黄ばむ一面に、さらされて頑丈なコンクリートの壁が立っていた。汚れ、天井は落ち、何の建物とも定めがたい荒れようながら、壁は堂々と空につっ立ち、年経たいまの姿のまま、何年も、何百年も、何千年も存在しつづけそうに思われた。

　廃墟とは放棄した意志である。しかしそれは無であってはならず、意志なくして持続し、理由なくして現存するものである。見事な自己放棄、そして図々しい非存在の存在。この時間の外にあって時間を呼吸し、死者の静寂をそのまま、平然と生者のあいだに伍《ご》している無機質。かつて生者の意志がそれを築き、いま意志に見捨てられながら瓦解《がかい》を拒《こば》みとおしているこの由《よし》ありげな人工の産物は、死によりそう私をほとんど感動せしめた。

　いま私は、廃墟よりも、廃墟にすがれていた秋草に思いをやっている。枯れてゆく草たち。けれどもそれらは悔いのない夏の日の営みののち、来《こ》ん年のために存分の種子を散布し終えていたのである。等質の・凝固した・死の時間の支配する廃墟のなかに、生成の・輪廻《りんね》の・継代の生の事実をこそ私は見るべきであった。この平凡な事実の不思議は、私のながいあいだ見つめてきた母の死を、私のながいあいだ忘れていた自身の生に無理なくつれもどす。C別離を新たにする辛《つら》さは身にしみている。身にしみていればこそと言おうか、母よ、あなたの空しくなった丁度《ちょうど》一年目のいま、私は未練なくあなたを彼岸の夜にかえし、私一人、この世の光のなかに歩みでようとしている。

（上田三四二「廃墟について」）

問一 本文中に語られている筆者の体験のうち、次の三つの体験〔X…母の精霊を河に流した体験、Y…墓石に刻まれた母の戒名の朱を剥がした体験、Z…廃墟を見て感動した体験〕を、時間の経過に従って正しく並べてあるものを、次の中から一つ選べ。

ア Y—Z—X　イ X—Z—Y　ウ X—Y—Z　エ Z—Y—X　オ Y—X—Z

問二 傍線部A「巫女の唇のような色彩と密約をかわすこと」とは、具体的にどのようなことを指して言ったものか。六〇字以内（句読点等を含む）で説明せよ。

問三 傍線部Bについて、「廃墟の静寂に私の憎悪が育っている」とあるが、このときの「私」の気持ちの説明として最も適当なものを、次の中から一つ選べ。

ア 廃墟の存在は、いまだに母の死を信じたくない、死者たることを否定したい私にとって、むしろ憎しみの対象になりつつあるということ。

イ 時がたち母の思い出が徐々に色あせてきつつある今、廃墟は私の心を何ら動かさないどころか、かえって不快感を催すようになっているということ。

ウ 瓦解を拒みとおしているあの見事な廃墟もまた、やがて滅びねばならないことに気づいた私は、運命の非情な力への怒りをつのらせているということ。

エ 堂々と空につっ立ちつづけている廃墟のイメージの中に、母の死によって心をいためつけられた私の、理不尽な人間世界への憎しみが生まれつつあるということ。

オ 廃墟に感動し、母の死ばかりを見つめていた、これまでの私自身の不毛なあり方に対し、嫌悪を覚えるようになっているということ。

問四　傍線部Ｃ「別離を新たにする辛さ」とあるが、その「辛さ」と最も関わりの深いものを、次の中から一つ選べ。

ア　せんかたなく流れ、そして消えていった灯

イ　読経の中で導師が口にした母の変わり果てた名

ウ　現身の姿のまま葬られた母の遺骸

エ　すがれた秋草が生えていた廃墟

オ　巫女の唇のような朱に彩られた墓石の碑銘

［問題8］ 次の文章を読んで、後の問いに答えよ。

芸術というものは、想像作用を大きな要素とする点で、夢とその性質に重なる部分をもつけれども、しかし芸術は対社会的伝達を大前提とする作業であり、内面的にも悟性・理性・判断力といったあらゆる能力が動員されるものであるから、前芸術的な段階での空想や夢のもつ特質がそのままあてはまるものではない。

夢や白昼夢のもつ決定的な性格は、徹底した自己中心性ということであり、無反省ということであって、それゆえに、人はいかに夢のなかで楽しく、あるいは苦しかろうと、その夢が他者と共有されることはないのである。表現という行為は、それ自体、伝統がそだててきた言語、社会の基本的な約定に自分を一たん従わせることであって、それゆえ、常に「言は意を尽くさ」ないけれども、尽くしえないものよりは尽くしうる部分を、ともあれ大事にすることでなければならない。我ひとともに人間であることの了解のうえに、言語は成立し、伝達は可能となる。

ところで、その表現という次元で、事実と仮構ということが新たな問題として浮かびあがってくる。つまり芸術家には、人に伝えたい強烈なイメージがまず存在するわけだが、そのイメージは現実的対応物をもっているとはかぎらない。たとえば、一人の男性が、いささかの女性遍歴のすえに、ついに満たされなかったものを、一種の極端化の思念によって〈聖母〉というイメージに結晶させたとする。

彼個人には、それはありありと存在する。だが現実的な対応物は存しない。私は聖母の観念をもってるんだ、これが何よりも大切なのだ、信じてくれよ、と叫んでみたところで、それは無意味である。彼はそれを人にも了承しうる像に、現実化し、具体化し、客観化しなければならないわけだが、なにを構築するにせよ、結局は現実に存在する材料しか、つかえない。

　そこで、歴史上の事実や自然的世界の構図などを、彼は可能なかぎり利用しようとする。現実的に対応物をもたないイメージや思念を表現し伝達するのに、事実に力を借り、借りるばかりか、出来るだけ事実らしくみせ、事実はそれが事実として存在するならば、どんなことでも人は究極において容認するというくやしい法則を利用するより手はないというのが、想像的表現がおちいらねばならぬ背理なのである。

　いろんな苦肉の策が試みられてきた。たとえば理想、つまりは道徳の想像的イメージを歴史として記述し、それを人類の文化史のもっとも古い時代のことと想定し、はるかな時間の高みに投げあげてしまうことである。誰がそうしたのかは知らないけれども、洋の東西を問わず、理想世界を太古に想定する歴史観が長期間にわたって存続したことは、単に戯曲や小説という架空的表現の登場発達といった問題をこえて、想像的イメージが、社会的に、効用をもつためにはどういう手続きが必要だったかを物語る。たとえ科学が未発達であっても、どの共同体、どの村落、どの時代、どの民族にも必ずいる知恵者というものが、事物の即物的記述と、非事実の事実的表現とを区別する能力をもたなかったとは思えない。ホメロスを語る詩人も、堯舜《ぎょうしゅん》伝説を読む読書人にも、おそらくはその二つのことの区別はついていたと思われる。いや、区別がついていただけではなく、そうした非実在の事柄や人物のイメージを思い浮かべることの、人間精神に対して果たす役割というものを、むしろ明確に自覚していたのではないかと、近ごろ私は考えはじめている。ということは、B そういうものとして、古典を読み研究し評価すべきだということを意味する。

こうした大問題だけではなく、多くの詩文にえがかれる、人物像や風景すら、それは芸術であるかぎり、事実の模写というよりは心的イメージの表出であるのだが、文学の専門的な研究者すらがしばしばそのことを忘れがちである。

見わたせば　花も紅葉も　なかりけり　浦のとまやの　秋の夕ぐれ

と歌われていても、それはなにも浦のほとりに詩人が立って歌ったのではなく、書斎で心中のイメージをまさぐりつつ歌われたのである。想像的イメージとその相関者としての感情は、その伝達のために事実の衣を借りるが、次に伝達された時、そのイメージを浮かべるための、あたかも虚無への無償の奉仕に近い労苦は捨象され、歌われた情景がそのまま存在するかのように思いこまれる。時に世に行われる「文学散歩」などというものは、そういう錯覚の上になり立っているのだが、しかし読者の側に立てば文学的イメージも読者の心中に一つの像をむすべば、一つの〈事実〉なのだから、それもいたしかたないのかもしれない。いや、誰しもが、何かの作品に刺戟《しげき》されて胡蝶《こちょう》の舞をひととき舞う権利はあるわけであって、歌枕なる名勝で、現実と架空の間隙《かんげき》を飛ぶこころみとしては、「文学散歩」などもまた意味はあるわけだろう。

（高橋和巳「事実と創作」）

問一　傍線部Ａ「くやしい法則を利用するより手はない」とあるが、なぜ「くやしい」と言うのか、その理由について一〇〇字以内で説明せよ。

問二　傍線部Ｂ「そういうものとして……を意味する」とあるが、筆者は「古典」をどのようなものとして捉えているか。その説明として最も適当なものを、次の中から一つ選べ。

ア　古典とは、理想という想像的イメージを太古という歴史的事実に託して表現したものだが、一方では、文学という想像的表現はいかにあるべきかを最も明確に語っているものでもある。

イ　古典とは、人類の文化史上もっとも古い時代を想定して描いた空想的記述であると同時に、現代人であるわれわれに人間精神における想像力の偉大な役割を示唆してくれるものでもある。

ウ　古典とは、想像的イメージという非事実を歴史的事実であるかのように表現したものだが、それは想像力の人間精神に対して果たす役割を明確に自覚したうえで成立したものでもある。

エ　古典とは、事物の即物的記述と、非事実の事実的表現とを区別する能力をもった知恵者が語ったイメージの表現であり、読者の想像力をかきたてる大きな力をもったものでもある。

問三　傍線部C「現実と架空の間隙を飛ぶこころみ」とはどういうことか。その説明として最も適当なものを、次の中から一つ選べ。

ア　作品の想像的イメージに刺激され、作品の素材となった現実を前にしながらも、読者の想像力によって現実を超えた読者なりのイメージを抱くということ。

イ　作品に刺激された読者が想像力を働かせて、現実を超えた空想の世界に遊ぶことで、自らもまた一人の文学者になったかのような幻想に陥るということ。

ウ　作品に描かれた風景に感動した読者が、現地を訪れることなく、現実とは無関係に自分なりに美化した風景をつくり出し、それを楽しむということ。

エ　作者の心的イメージで構築された作品を手掛かりにして、読者自身の想像力を働かせ、結果として作者の心的イメージを自分のものにするということ。

［問題9］　次の文章を読んで、後の問いに答えよ。

老父の容態が悪くて、広島県福山市に行ってきた。父の入院している日本鋼管病院は市のはずれの山の上にあって、私は病院に近い山の中腹の宿屋に泊まって病院に通った。その宿屋のガラス戸越しに、市の一部の夜景がよく見えた。山や丘陵を浸食してひろがった新開区域らしいが、ネオンも見え、新幹線が走り過ぎ、店や家の電灯の光が夜更《よふ》けまで明るかった。

市の中心部は通り過ぎただけだったが、新しい十何階建てのホテルがそびえ、十階ほどのデパートも豪華に改装されていた。つまりいまや中都市程度の地方都市も、目に見える部分については急速に現代都市化されている。街を歩く若者や女性たちの服装も私がいま住んでいる下北沢（注1）とそう変わらない。

ところが一週間近い滞在を終えて新幹線で戻ったとき、列車が多摩川の鉄橋を渡って東京に入ってから、とくに新橋、有楽町のあたりを徐行し始めてから、やはり東京はちがう、ということを鋭く感じた。ビルの高さやネオンの華やかさではない。空気がちがう。

空気といっても物理的な空気の組成ではなく、意識の皮膚に感じられる神経心理的な空気の密度と緊張度である。これは何だろう、と新幹線の窓から、東京を熱心に感じとりながら考えた——多分それは［　A　］だろう、と。

このところ都市論や都市写真がやたらと多い。東京の先端的な風景をたいへん美しくとった写真を幾つも並べて、それに文章をつける雑誌の企画が、今月だけでも幾つも目につく。実は私もそのひとつを旅行に出る前に書いていたが、福山市から戻りの車中で、卒然と気づいたのである——目に見え、写真にうつせる部分に関する限り、いまや東京は地方都市とほとんど変わらない。東京の東京性は写真にうつらないところにある。

かねて私は、東京が最も東京らしくなるのは、一年に二度、正月とお盆の数日間ずつ、車も人もウソのように減って、東京中心部ががらんとからっぽになるときだと思ってきた。空気が信じ難いほど澄み、ビルの輪郭が鋭く浮き出し、正月なら葉が落ちた街路樹の裸の小枝の黒い交線が、高層ビルの壁画ととても美しく調和する……。

からっぽだから美しい（多分私の内面とも見合って）、と私は感じてきたのだが、少し間違っていたのではあるまいか。確かに目に見える車や人の動きはなくなるが、そのためかえって目に見えぬものの緊迫度を、私は感じとっていたのだ。情報が集まり加工され、あるいはかきまぜられて新たな形をとって、世界へ地方へ、あるいは空中へと放出されてゆく。

情報という言葉はあいまいで、秘密情報、科学情報などから、視覚、聴覚、超感覚にまで時時刻刻にとびこんでくる感覚的情報、さらには全く無意味な雑音、思念の断片までを含むが、そのすべてを含めて、東京という都市の情報密度は空気の肌ざわりまでを変えている。（イ）

それをいつも追い立てられるようで、刺激過剰で落ち着かない、もっと静かに（つまり少ない情報環境で）暮らしたいと感ずる人もいるだろう。だが、私自身は、この交錯する情報の密度の感触こそ現代であり、その凝集点が本当の現代都市だと思う。たとえばニューヨーク、ベルリン。

多分それはわれわれの意識の、大脳皮質の網の目の高密度化、高速化、微細化に対応しているのだろう。その意識の微細化と拡大は、肉体的な感覚器官を超えつつあるにちがいない。われわれは高感度オーディオ装置のように音を聞き、電子顕微鏡のように物を見始めている。（ロ）

かってこの目で見たから本当だと言い、まるで目に見えるようだというのが良い文章、良い小説のほめ言葉だったたが、その段階をいま東京とともにわれわれは超えつつある。たとえばテーブルの表面をわれわれは滑らかに平らだと感じない。コンクリートの壁面も実は小さな穴だらけだと感ずる。（ハ）鉄筋さえ、それを構成している原子の内部はスカスカだと知っている。ビニールが高分子ならわれわれの遺伝子も高分子だと、そのねじれくねった電子顕微鏡写真やイラストを、毎日のように目にしている。（ニ）

つまりもろもろの情報がわれわれの感覚と意識下を刻々に直撃し、ひそかに通じ合い、常識的理性を素通りして、われわれの現実感の根本を変えつつある。（ホ）

都市は硬くない。高層ビル群も森と同じように生まれ古び腐る。物質も生滅変幻する。地下鉄のホームに立って、レールの横の壁のしみをじっと見つめてみるといい。じわじわとうごめいているよ。

そんなことを考えていると、高度情報の集中点東京はいま、私の中の原始的なアニミズム(注2)的心性を徐々によみがえらせ始めているように思えてならない。東京という巨大な森。林立する石の塔。そのひとつひとつが妙に物的な気配をにじみ出し、私の想像力はコンクリートにしみこんでゆく。

その意味で、東京は私にとって自然だ。田園風景より本ものの自然、謎と畏怖を秘めた魅惑的な自然、そしてそれはわれわれのこのうごめく脳髄でもある。

（日野啓三「東京の謎」）

（注1）下北沢——東京都世田谷区の地名。
（注2）アニミズム——すべてのものに霊魂や精神が存在すると信じる考え方。

問一 次の文は、本文中に入るべきものである。本文中の(イ)〜(ホ)から、その入るべき最も適当な箇所を選べ。

われわれの意識はこの視聴覚を超えて、うごめき震え想像し夢み始めている。

問二 文中の空欄 A に入る最も適当な語句を、本文中から一〇字以内で抜き出せ。

問三 傍線部B「原始的なアニミズム的心性」によって超えられていく心性を端的に言い表している語句を、本文中から五字以内で抜き出せ。

問四　次のア〜オのうちから本文の要旨に合わないものを一つ選べ。

ア　目に見える部分で比較すれば、東京も地方都市もそう大差はないが、東京は知らず知らずのうちに人々の意識を刺激してやまない独特の濃密感を生み出している。

イ　正月とお盆の東京が印象的なのは、その時だけは目に見える夾雑物が取り除かれるため、目に見えない都市の空気の緊密度がかえってはっきりとしたかたちで感じとられるからである。

ウ　東京はニューヨークやベルリンと同じように、おびただしい情報量が肉体的な感覚器官をこえるような感覚を生み出し、人々の意識に直接働きかける力を内に潜めている都市である。

エ　われわれの意識がこれまでと違い、生きもののように外的世界を感じとろうとする現代において、東京はまさに時代のあり方を象徴する都市となっていると言えよう。

オ　東京という都市に潜む多様な情報に興味を向けるほど、われわれの感覚は病的とも言える段階に達して、この複雑で矛盾に満ちた都市こそが真の現代都市だという皮肉な見方さえ生じる。

［問題10］　次の文章を読んで、後の問いに答えよ。

貨幣と言葉のあいだには、いくつかの比喩的アナロジー(注1)を挙げることができるだけでなく、その相同性の底にこそ文化の本質を明るみに出す鍵《かぎ》が潜んでいるように思われて興味深い。

A まず第一に、両者とも〈価値〉の基盤であることに注目しよう。貨幣が価値をもつ、もしくは諸価値の尺度となっているということは、ほぼ自明のように思われる。〈価値〉とは〈ねうち〉であり物の〈効用〉のことであるのだから、お金が無価値なものと思う人はまずいないだろう。

少なくとも現今の貨幣経済の下においては、一日たりともお金なしに生きていくことはできない。現代人が、衣・食・住に代表される生活の要求を満たす直接的な物の効用（＝使用価値）に加えて、そうした財と財の交換を可能にする効用（＝交換価値）という二種類の価値の世界に生きているとすれば、貨幣は〈価値〉の基盤であるばかりか、〈価値〉そのもののように思われてくることも納得できる。

ところが、言葉が〈価値〉の基盤であると言われても、必ずしもピンとこない人のほうが多いのではあるまいか。「モチ」という言葉は何の腹の足しにもならないからである。しかし、〈価値〉とは人間の好悪《こうお》の対象となる性質のことである限り、生理的欲求に直接関わる次元にとどまらないことは言うまでもないだろう。「その本は読む価値がある」とか「この仕事は一生続ける価値がない」などという意味での〈価値〉は、そのように思考させ判断させる言葉と無関係ではあり得ない。

それればかりか、個人的性向や好みの域を超えて、大多数の人びとが「よい」ものと承認すべき〈真・善・美〉のもととなる価値観は、各時代・各地域によって異なる言語共同体の産物にほかならない。そうしてみると、言葉も貨幣と同じように、さまざまな精神的価値をつくり出す基盤であり、言葉は〈物の見方、世界観〉であると言われるのも理由のないことではないようである。

右のような前提を確認しておいて、言葉と貨幣が共有する類似点を掘り下げていくと、以下に見るような二つの本質が浮き彫りにされてくる。

第一に、いずれの価値も〈関係〉から成り立っているという点である。つまりは、全体から切り離した〈個〉としての存在は、それだけでは何の価値ももたないということだ。一見、一万円札はたった一枚でも一万円の価値をもっているように思われるが、これは一つにはその紙幣と交換可能な物（たとえば一万円分の米）との関係において、二つには円単位が構成している貨幣体系内での他の貨幣との相関関係においてのみ機能する。それに加えて、円とドル、円とフランといった、他の貨幣体系との均衡（いわゆる円相場）によっても支えられているのである。

同様に、言葉の方も個としての〈単語〉は、それが属している体系と切り離しては価値をもたない。そしてこの場合も、それが基盤とする関係は二重である。一見、日本語の「兄」という語は英語のbrotherと同じ意味をもつようだが、その価値は異なっている。なぜならば、日本語という体系内では「兄」のかたわらに「弟」という語があるのに対し、英語の体系内には、そうした対立項は存在しないからである。

もう一つの関係は、「単語の意味は文脈のなかではじめて決まる」という事実から見えてくる。この文脈は、単に文法上の前後関係にとどまらず、語が用いられるすべてのコンテクスト、すなわち言語的・社会的・歴史的状況である。同じ「民主主義」という語にしても、それが使われる前後の単語、また語り手と聞き手のイデオロギー、その発言がなされる〈場〉次第で、まことにさまざまな意味をもつことを想起されたい。

ところで、「価値は関係である」と言うだけでは、貨幣と言葉の奇妙な性格を完全に言いあてていることにはならない。私たちは、〈関係〉というと、ともすれば実体論的な関係を想起しがちである。たとえば「職場では何よりも人間関係を大切にしなさい」とか「最近の学校では師弟関係が崩れてしまった」という場合には、そうした関係が成立する以前から人間が存在し、教師と生徒が存在することを疑っていない。つまり、あらかじめ在《あ》る〝もの〟と〝もの〟が、いかなる関係をとり結ぶかという形成的関係を問題にしているに過ぎない。

これに対して、貨幣と言葉に共通して見出《みいだ》される本質としての関係とは、「〈物〉を生み出す関係」、つまりは存立的関係のことである。たとえば〈自我と他者の関係〉などがその典型と言えるであろう。あらかじめ確固たるアイデンティティをもった自我と他者が実体的に存在しているのではない。両者は関係によってはじめて生ずるのである。まず在るものは関係であって、それから「あなたにとっての私、私にとってのあなた」というぐあいに、互換的・相互依存的にしか決まらないのが自・他という存在であろう。大乗仏教でいう〈縁起〉とか〈依他起性《えたきしょう》〉(注2)が指す事態である。

これはまた、貨幣も言葉も、あらかじめ存在する〈物〉の記号とか代用品ではない、という認識でもある。

深層のロゴス(注3)としての言葉は、言葉以前に存在する事物や観念の記号でもなければ、社会的価値観を他人に伝えるための道具でもなく、そもそも存在してはいなかった諸価値を創《つく》り出す〈荒ぶる神〉であった。

同様に貨幣もまた、貨幣以前に存在する商品価値（交換価値）に代わるものでもなければ、商品化以前の生産物が有するかに見えている有用性（使用価値）に代わるものでもなく、そもそも存在してはいなかった諸価値を創り出す〈神〉にほかならない。貨幣が代行・再現しているように見える諸価値は、実は貨幣自《みずか》らが生み出した非実体に過ぎないのである。

（丸山圭三郎「言葉と無意識」）

（注1）アナロジー――類似。
（注2）依他起性――他に依《よ》って起こる性質ということであって、仏教でいう因縁によって生ずるものを言う。
（注3）深層のロゴスとしての言葉――意識の深層において私たちを突き動かしている言葉。

問一 傍線部A「まず第一に」とあるが、この語句のここでの意味・用法の説明として最も適当なものを、次の中から一つ選べ。

ア　主張内容を順序だてて述べる語句で、後段の「そればかりか」（63頁1行目）以下の内容を述べるに先立ち、それと対比して最初に「言葉と貨幣がともに〈価値〉の基盤であること」に注目させる表現である。

イ　以下述べることが何より先に注目されるべきだとの筆者の考え方を打ち出す語句で、「言葉が〈価値〉の基盤であると言われても、必ずしもピンとこない人」を予想して、そういう無理解をあらかじめ排除するための強調表現である。

ウ　言葉と貨幣の類似性の本質を述べる前提として、最初に目をつけるべきものに注意を向けさせる語句で、言葉と貨幣がともに〈価値〉の基盤であることを考察の出発点としてとりたてて指し示すことばである。

エ　「貨幣が価値をもつ、もしくは諸価値の尺度となっているということは、ほぼ自明のように思われる」の部分を引き出す語句で、二つ目にあげられる「言葉が〈価値〉の基盤である」という内容との順序づけ・対比を形成する言い方である。

オ　貨幣と言葉とが価値の基盤であるという重要な関係を指摘する語句で、次に後段で「もう一つの関係は」（64頁2行目）以下に述べる点との順序づけ・文脈の整理をするために置かれた言い方である。

問二　傍線部B「言葉も貨幣と同じように、さまざまな精神的価値をつくり出す基盤であり」とあるが、「言葉」が「さまざまな精神的価値をつくり出す基盤」だというのは、ここではどのようなことを言っているのか。六〇字以内（句読点等を含む）で説明せよ。

問三　傍線部C「二つの本質」とあるが、それはどのようなことか。その説明として最も適当なものを、次の中から一つ選べ。

ア　言葉も貨幣も、価値は〈関係〉から成り立っており、しかもその関係は存立的関係をもって本質とするということ。

イ　言葉も貨幣も、「価値は関係である」ことによって性格づけられ、その関係は実体論的なものであるということ。

ウ　言葉も貨幣も、形成的関係と存立的関係という二つの本質的関係をもち、価値はその両者の中から生まれてくるということ。

エ　言葉も貨幣も、あらかじめ在る〝もの〟と〝もの〟との関係に規定され、さらに本質的に存立的関係に規定されているということ。

オ　言葉も貨幣も、言語体系と貨幣体系という二つの価値体系の中でその本質的な働きをするということ。

問四　本文の考え方に即した発言となっているものを、次の中から二つ選べ。

ア　「〈死〉という言葉を聞いても恐怖感はないが、死の現実には恐怖する。つまり〈死〉という言葉は、死という実体に代わるものではないのである。」

イ　「〈セーター〉という語は身を暖めてくれない。それは、言葉が現実そのものではないからである。したがって言葉は全面的に信用できず、不言実行が尊いとされるのである。」

ウ　「愛も死も結局のところ言葉である。つまり〈愛〉という言葉が人間に愛を体験させ、〈死〉という言葉によって人間は死という事実に出会うのである。」

エ　「高級ホテルの一泊十万円という値段も、それに見合うだけの価値を私たちは考えがちだが、そんな価値は、現今の貨幣経済のもとで意味をもたされている幻に過ぎないものなのである。」

オ　「ゴッホの絵は、絵自体に価値があるために何億円もの値段がつくのであり、無名作家の絵も価値が内在していればいずれ高い値段はつくのである。」

カ　「金の延べ棒や宝石は、金の量や宝石の大きさが誰にとっても客観的にきちんと測定できるため、一定の価値をもち、世界のどこでも同等の値段がつけられるのである。」

［問題11］　次の文章を読んで、後の問いに答えよ。

美的態度（審美主義）は、対象そのものからではなく、そこから受け取る様々な反応を括弧に入れることそのものから快を得ている。審美主義者が何かを礼賛するとしよう。それは、対象そのものが快適だからではなく、むしろ不快で、普通ならば忌避されるようなものだからである。もし審美主義者が何かに拝跪《はいき》するとしよう。それはけっして、そのものに本当に屈従しているのではなく、実際は支配できる対象に屈従する不快をあえて括弧に入れるところに、快を見出しているからである。

たとえば、浮世絵――一六世紀ごろに発展した日本の「民衆芸術」である――が一九世紀後半のフランスの印象派の画家を震撼させたことは確かである。また、日本の工芸品が大衆的に大きな影響を与え、それがアール・ヌーボーにつながったということも確かである。しかし、「ジャポニスム」だけが特別なのではなかった。その後には、アフリカの美術が同じく大きな影響を与えたからである。それらへの評価は、たんに美的評価であり、またそれらを彼らの芸術に取り込むことにほかならなかった。それは、それらを制作した人間たちを植民地化したか、またはいつでも植民地化できるという事実によってこそ可能だった。しかし、審美主義者は、しばしば、それを忘れ、あたかもそのような美に拝跪することが、彼らを対等な他者として尊重することを意味するかのように考える。

こうした現象は、ロマン主義においてはじまっている。それはドイツではカント以後であるが、イギリスやフランスではもっと早い。ロマン主義者が、過去の工芸品を賛美しはじめるのは、それが機械的複製品によって滅ぼされたからである。ベンヤミンは、複製時代には、芸術作品のアウラ（注1）が消えるといっている。しかし、実際は逆で、複製時代において、それまでの芸術作品にアウラが付与されるのである。そのことは、もっと一般的にいえるだろう。たとえば、生産の機械化は、手仕事による生産物にアウラを与える。すなわち、それを芸術作品に変える。だが、それは手仕事によるからではない。複製品もなおアウラをもつことが可能なのである。アウラは対象に存在するのではない。カントが示したように、芸術は、対象の形態ではなく、それを芸術と見なすかどうか、いいかえれば「無関心」によってそれを見るか否かに依存する。たとえば、アンディ・ウォホールが示したのは、[A]われわれが無関心になることが困難であるような対象（複製品）に対する態度の変更（括弧入れ）である。すでに、「デュシャンの便器」（注2）が複製品であったことを想起すべきである。

産業革命とともに、こうした美的態度があらわれる。それは経済的に滅びた生産（手仕事）、およびそのような人々の生活への評価である。それはイギリスではラスキンに代表される。同時に、注意すべきことは、「外」の未開人や非西洋社会を考察する人類学と「内」の近代以前に遡行《そこう》する民俗学が裏腹な関係にあるように、こうした手仕事を評価する審美主義は、彼らが支配し破壊した植民地の文化への審美主義的態度と切り離すことができないということだ。美的態度は他の要素を括弧に入れることによって成立する。しかし、その括弧はいつでもはずされねばならない。それは映画館ではギャングを英雄として観てよいが、外に出れば、ただちに彼らに警戒しなければならないということと同様である。しかし、この種の審美主義者の特徴は、この括弧をはずすことを忘れてしまうことである。彼らは、こうした括弧入れによって見出されたものを、他者そのものと混同してしまう。あるいは、そのような美への尊敬を、他者への尊敬と混同してしまう。かくして、審美主義者において、植民地主義は奇妙に没却されるのである。

植民地主義、あるいは帝国主義は、いつもサディスティックな支配として告発される。しかし、最も植民地主義的な態度は、相手を美的に、且つ美的にのみ評価し尊敬さえすることなのである。エドワード・サイードが「オリエンタリズム」と呼んでいるのは、むしろそのような態度にほかならない。それがなければ、たんなる支配や認識の意志だけでは、オリエント研究の膨大な蓄積はありえないだろう。しかし、この美的関心は、何一つ「異者」としての驚きを与えない、ごく当たり前の「他者」がそこに生活しているという事実を認めないことにある。審美主義者がいつも反植民地主義であるように、彼らはいつも反産業資本主義的である。しかし、それは産業資本主義の実現によってのみ可能なのだ。

デュシャンの例は、括弧に入れることと括弧をはずすことにかんして、もう一つの示唆を与える。たとえば、アメリカの黒人作家ジェームス・ボールドウィンはこういうことを言っている。彼は『オセロ』で黒人が差別的に見られているということから、シェークスピアを読む気にならなかった。しかし、英語が通じないパリで生活している間に、自分が黒人の作家であると同時に英語で書く作家だということを自覚し、はじめてシェークスピアを受け入れることができるようになったというのである。この場合、ボールドウィンは『オセロ』において黒人が差別されていることを括弧に入れることによって、それを「芸術」として観ることができるようになったといってよい。しかし、問題は、ボールドウィンではなくて、B『オセロ』をたんに芸術として観るイギリス人の、あるいは白人の観客である。彼らはボールドウィンが憤激したそのことを括弧に入れようとしたのでなく、そもそも最初から取り除いているのである。彼らは、偉大なシェークスピアにこんなことでけちをつける奴は芸術がわからないというだろう。それは美術館におかれていれば作品は芸術であると考える態度と同じものである。彼らは一度そのような括弧をはずす必要があるのだ。

同じことが、フェミニズム批評やゲイ理論がもたらした視点にかんしていえるだろう。それは、異性愛の男性読者が通常括弧に入れてきてしかもそのことにも気づかなかったことがらを提示する。つまり、それはいわば括弧をはずすのである。Cだが、それは芸術性を否定することではない。たとえば、ある作品において女性がたんに男の美的表象でしかない場合、その括弧をはずすことは、その作品をたんに否定することではない。テクストは、もしそれが優れたものであるならば、別の解釈を許すだろう。そして、そのようなものとしてテクストを読み直すとき、われわれは当初の批判を括弧に入れることになるだろう、だが、いうまでもなく、それは批判を消去することではない。

（柄谷行人「ネーションと美学」）

（注1）アウラ――オーラ。物体や人間が発するとされる霊気や雰囲気。
（注2）「デュシャンの便器」――デュシャンは「泉」というタイトルで便器を美術展に出品した。

問一 傍線部A「われわれが無関心になることが困難であるような対象（複製品）に対する態度の変更（括弧入れ）」とはどういう事態を言うのか。その例として最も適当なものを、次の中から一つ選べ。

ア　フランスの印象派の画家たちが、それまで見たこともなかった日本の浮世絵展を見て衝撃を受け、その画風につよい関心をもつようになること。
イ　アフリカを植民地化したヨーロッパの国々のあいだで、アフリカの美術を対等な他者が創作したものとして尊重すべきだという風潮がしだいに高まってくること。
ウ　近代のロマン主義者が過去の工芸品を賛美するようになったことを、ベンヤミンが複製時代になって消えてしまったアウラを復活させるものだと批判したこと。
エ　自らのなかで自明化していた芸術観念に当てはまらない展示品を観客が見て、それもひとつの芸術作品だと受けとめるようになること。
オ　産業革命をひとつの契機として、非西洋社会を考察する人類学と西洋内部を探求する民俗学が進展し、ヨーロッパ内外の手仕事による生産物への関心が深化したこと。

問二　傍線部Ｂ『『オセロ』をたんに芸術として観るイギリス人の、あるいは白人の観客』について、『オセロ』に対する「イギリス人の、あるいは白人の観客」の態度はどのようなものか、九〇字以内（句読点等を含む）で説明せよ。

問三　傍線部Ｃ「だが、それは芸術性を否定することではない」とあるが、筆者はここでどういうことを言おうとしているのか、本文全体を踏まえ一五〇字以内（句読点等を含む）で説明せよ。

［問題12］　次の文章を読んで、後の問いに答えよ。

社会科学が論理と感情というふたつの急峻《きゅうしゅん》のあいだの尾根を平衡感覚ゆたかに渡っていくためには、勝れた散文精神がなければならない。あっさりいえば、といっても自分の力量のことを考えるといいづらいのだが、A文章力が社会研究の決め手だということである。社会科学の衰退をもたらした、最大のとはいわぬまでも、大きな原因として、社会科学者における文章力のいちじるしい低下のことが挙げられて然《しか》るべきであろう。

このことは、学者連中が易しく流暢《りゅうちょう》な文章を書かないことについての巷間《こうかん》の歎きや嘲《あざけ》りと同じではない。論理と感情の総合はいわば綱渡りの作業であって、それが滑らかにすすむのは例外だぐらいに考えてよい。

それに、易しく流暢な文章がどれほど大衆迎合の具とされてきたかを考えると、そういう技術的な事柄にこだわるべきとも思われない。綱渡りにおいて平衡を保とうとする精神の型、それが表出されている文章ならばさしあたりよしとしなければならないのである。

その精神の型は、矛盾、葛藤、逆説のなかで身を持《じ》することを可能にする智慧《ちえ》のようなものであろう。その種の智慧は、表現者の個人的才覚もさりながら、やはり伝統のなかに蓄積されているものである。というより、伝統のもっとも本質的部分がそうした精神の政治学のためのいわば魂の技術から成り立っている。それを抜きにしたトラディションは、要するに、伝統ではなく因習なのである。

どんな表現も、個人の手許《てもと》、口元からうまれてくる以上、かならず、なにほどか独創的である。模倣にしてすらが、その模倣の仕方においていくばくかは独創的であるほかない。しかし独創性に溺れるならば、伝統からの離反が生じ、それはおおよそ文章における平衡感覚の喪失となる。

歴史のなかでそうした失敗がいくたびも生じ、失敗に学ぶことによって培われてきた智慧の堆積《たいせき》、それが伝統であると知るならば、表現者は独創を気取っている場合ではない。むしろ、個人のオリジナリティのオリジンも伝統のなかに埋もれていると考えて、伝統の声に聞き従うのでなければならない。

ところが社会科学は近代における伝統破壊運動を帥先《そっせん》してきたのである。「これから、太陽は地上に自由な人間のみを、自分の理性以外に主人を認めない自由な人間のみを、見守る」というコンドルセの叫びは、それから二百余年たったいまも、はっきり聞きとれるくらいの余韻を残している。「科学への自由」をとりもなおさず「伝統からの自由」と見立てるのが社会科学の常套《じょうとう》である。社会科学に未来志向は必要不可欠の要素だが、理想主義は不要と言わねばなるまい。

しかし急いでつけ加えなければならないのは、B理想がなければ綱渡りの意志を持続させることができないということである。伝統は表現における綱渡りの平衡棒を与えてくれるにすぎず、綱のうえを前進しようとする意志は、いわば彼岸への理想によって統御されなければならない。いま、社会科学が平衡を失って解体しつつあるひとつの理由に、価値判断の能力および価値形成の能力の減退があるように思われる。

社会科学がながいあいだ掲げてきた価値は、「豊かさ」と「等しさ」の二色旗であった。しかしそれらの価値は、すでに理想であることを止めて現実になりおおせている。「豊かさ」と「等しさ」が素晴らしいものであるのは、それらがまだ理想であるあいだだけであろう。

なぜといって、c快楽主義の逆説および平等主義の逆説が教えてくれるように、「豊かさ」の実現はもう追求すべき快楽がなくなったという意味で苦痛の温床となり、「等しさ」の実現は、完全な平等がありえない以上かならず残る微少な不平等についての、不満の種となりがちである。

ありていにいうと社会科学は、綱渡りの平衡棒をみずから投げ捨てたうえに、その理想がすっかり色褪《あ》せたために、綱のうえを前進する気力すらなくしてしまったのである。これでは転落しない方が不思議である。

公衆の面前で転落するのを避けるもっとも簡単な方法は綱にのぼらないことである。つまり、大学にもどって、科学の仕事に精出すことである。というより、大学を社会から隔離して社会科学者たちの自己慰安の場所とすることである。

その不様《ぶざま》な退却ぶりをみて、口さがない世間は「さようなら知識人」とひやかす。社会科学者だけが知識人ではないのだが、それまでの巷《ちまた》での言動が目立ったために、世間が別れを告げている相手はどうやら社会科学者のようなのである。

だが、世間が平衡感覚を保っているというのではない。それどころか、世間は高度大衆社会の姿をますます露骨にして、マネー、ハイテク、スキャンダル、ガジェット、パロディなどといった名前のついた急峻な坂を滑り落ちていく。つまり大衆人たちは、自分らを低俗であると知りながら、低俗であることを権利として確立してしまったのである。

彼らが愚かだというのではない。大衆教育の普及と情報社会の発展をつうじて、彼らは社会科学者など顔負けの利口ぶりを発揮している。かつてひそかに存在していた真正の知識人と真正の庶民との連帯はとうに消失し、擬似知識人としての大衆人が我が物顔に振る舞っている。つまり、現代における言葉の状況は大衆人の多言症と、D社会科学者の失語症とによって特徴づけられている有り様なのである。

（西部　邁「社会科学の落日」）

問一　傍線部A「文章力が社会研究の決め手だということである」とあるが、なぜそう言えるのか。その理由として、最も適当なものを、次の中から一つ選べ。

ア　世間で言われているように、多くの社会科学者の文章は読みにくく、一般に理解するのが困難であるから。
イ　伝統と独創の総合を可能にするのは文章なのであるが、そうした文章は書く技術が要求されるから。
ウ　文章を書くことは元来困難であり、その上流暢に書くと大衆迎合になりやすいから。
エ　感情を論理化し科学的にするには、文章上の技術の熟練が要求されるが、それを完成するのは困難であるから。
オ　社会科学者にとって必要なのは論理と感情のバランスであり、その難所を抜ける手立てこそ文章であるから。

問二　傍線部B「理想がなければ綱渡りの意志を持続させることができない」とはどういうことか。その説明として、最も適当なものを、次の中から一つ選べ。

ア　理想こそが、社会的価値判断の基準であり、価値形成の原動力であるということ。
イ　理想こそが、社会科学の目的たる「自由な人間」を生み出すことのできる力であるということ。
ウ　理想こそが、「科学への自由」を「伝統からの自由」へと変化させる主力であるということ。
エ　理想こそが、彼岸へ向かう意志を生み出し、社会科学の解体を防止する唯一の条件であるということ。
オ　理想こそが、社会科学的な二つの価値「豊かさ」「等しさ」を結びつけ現実化するものであるということ。

問三　傍線部C「快楽主義の逆説」とあるが、それに当たると思われる具体例はどれか。最も適当なものを、次の中から一つ選べ。

ア　自分が一番好きで楽しく思われる水泳の最中に、水難事故にあった子供の例。
イ　趣味の切手あつめに熱中する内に、成績がおもわしくなくなった学生の例。
ウ　朝寝が好きで、朝酒が好きで、先祖伝来の家産を蕩尽《とうじん》した小原庄助さんの例。
エ　うまいものをたくさん食べてきた結果、ついには食べることが辛《つら》くなる美食家の例。
オ　苦しい事が習い性となって、豊かさや幸福の中ではつい不安になってしまう苦労人《にん》の例。

問四　傍線部D「社会科学者の失語症」とあるが、それは具体的にどういう事態のことを言っているのか。五〇字以内（句読点等を含む）で説明せよ。

［問題13］ 次の文章を読んで、後の問いに答えよ。

言語とは、人間にとって最も自明な何かである。素朴な話し手が母語を話すとき、話し手は、自分が何語を話そうと意識して話しているのでもないし、また文法家がするように、その母語の規則に引きあてながらことばを発しているのでもない。そのような話し手にとって、自分が「○○語」を話しているると教えられる知識そのものが本質的に疎外された知識であろう。この意味において、ある個人が、自分が○○語あるいは「国語」を話していると教えられ、意識させられたとたんに、人間にとっての、ことばの新しい歴史が、すなわちことばの疎外の歴史が始まるのである。

すなわち、わたしたちは、とくに反省的意識を介入させないときには、対象化された「○○語」を話すのではなく、ただ「話す」だけである。しかし、「話す」ということに根拠が求められたり、なんらかの目的意識が芽生えるならば、「言語」はわたしたちの「話す」という素朴な行為に先立って存在する実体として君臨するようになる。つまり、「話す」ことが「言語」を作りだすのではなく、どこかに存在する「言語」というものが「話す」ことの隠れた基礎と見なされるようになる。その時はじめて人間は、迷いなく「言語は伝達の手段である」という定義を下すことができよう。なぜなら、それまで言語は、言語外的状況から意のままに抜き出すことのできる「手段」ではなかったはずであるから。たしかに「言語は伝達の手段である」という定義は、完全に誤りであるとはいえないにせよ、言語の歴史的な疎外性を忘れさせるという点で、それだけでは虚偽たらざるをえない。

　したがって、言語が人間の話す行為から離れて存在する実体として想像されることと、言語がコンテクストから任意に抽象することのできる中性的な道具であると認識することは、ひとつのコインの裏表の関係をなすといえる。その点からいえば、言語を民族精神の精髄とみなす言語ナショナリズムと、言語をあくまでコミュニケーションの手段としてしか考えない言語道具観は、おなじ言語認識の時代の双生児なのである。こうして高度なイデオロギー性を帯びた、まさに「言語」の時代が始まるのである。

　ベネディクト・アンダーソンは、言語は「想像の共同体を生み出し、かくして特定の連帯を構築する」能力をもっていると述べている。なぜなら、「いかに小さな国民であろうと、これを構成する人々は、その大多数の同胞を知ることも、会うことも、あるいはかれらについて聞くこともなく、それでいてなお、ひとりひとりの心の中には、共同の聖餐《コミュニオン》のイメージが生きている」からであるという。そこにおいて言語は、まさにこの共同の聖餐の場であり、聖霊を浴びたパンであり、あるときは、その聖餐の主宰者でもある。

　アンダーソンによれば、この「共同の聖餐」は、その集団が「ひとつの言語」を共有していることを暗黙の前提にしている。ところが、ある社会集団が同一言語の共有を意識し、そこに大きな価値を見いだすということは、いったい、いつでも、どの場所にでも生ずる疑うことのできない自明の事実だろうか。アンダーソンは、「ネーション」とは、眼に見える制度ではなく、「イメージとして心に描かれた想像の政治共同体」だという。けれども、言語そのものの同一性も言語共同体の同一性も、「ネーション」の同一性に劣らず想像の産物なのである。すなわち、ひとつの言語共同体の成員は、たがいに出会ったことも、話をかわしたことがなくても、みなが同じ「ひとつの」言語を話しているという信念をもっている。経験でいちいち確認できない言語の共有の意識そのものは、政治共同体と同様に、まぎれもなく歴史の産物である。そして、「ネーション」という政治共同体と「ひとつの言語」を話す言語共同体というふたつの想像とが重なり結びついたとき、そこには想像受胎によって生まれた「国語」(national language) という御子《みこ》がくっきりと姿を現わすのである。

よく知られているように、「国語」という制度が近代国民国家を支える必須項目として出現したのは、フランス革命のときであろう。そこにおいてはじめて、フランス語は「国語」(langue nationale) として「国民」(nation) の精神的統合の象徴となった。しかしそのとき、フランスにおいては、ヴィレール・コトレの勅令(注1)やアカデミー・フランセーズ(注2)などが作り上げたフランス語そのものの同一性の意識がすでに自明の公理となっていた。革命家たちは、このフランス語の伝統をそのままできあいのものとして受け継いだ。

ところが、あらゆる場合において、このように「言語」そのものの同一性、また「言語共同体」の同一性がすでに確立されていて、そこに国家意識あるいは国家制度が注入された結果、「国語」が生まれるわけではない。すなわち、[A]日本の「国語」の誕生の背景は、フランスのそれとかなり異なる。

近代日本においては、「日本語」という地盤が確固として存在した上に「国語」という建築物が建てられたのではない。むしろ、「国語」というはでやかな尖塔が立てられた後に、土台となる「日本語」の同一性を大急ぎでこしらえたという方が真相にちかいだろう。

「国語」がさまざまなイデオロギー的洗礼を受けて生まれた概念であることは、いまでは広く認識されているのに対し、「日本語」は言語学的に承認された中立的な客観的実在であると考えられているかもしれない。しかし、[B]「日本語」という何の含みもなさそうなこの概念も、ある種の意識の構えの中からしか生れてこない。こうした「日本語」という概念もまた問題をはらんでいることについて、亀井孝は次のように適切に論じている。

　「しかしながら《それではそもそも日本語とはなにか》ともしここにひらきなおってそう問うならば、これはもはやけっして自明の概念ではない。なんらの抽象の操作をまつことなしにすでに言語そのものが一個の統一として実在の対象としてわれわれのまえにまずあるわけではないからである。」

　「すなわち万葉集のことばと二十世紀の日本の言語とがその実質においていかにことなったものであっても、なおかつこれらをわれわれがともに〝ひとつ日本語のすがた〟としてうけとるようにみちびかれてきているとすれば、このばあいそれはすくなくとも直接には純粋な意味での言語学の影響によるものではなく、ある固定した観念の独断である。そういう独断は歴史を超越する形而上学的な絶対の存在を暗黙のうちに——いわば神話として——仮定するそういう思想からのひとつの派生である。」

ここでは時間的連続に保証された言語の通時的同一性だけが論じられているが、おなじことはもちろん共時的側面についてもいえる。今、「日本」という政治的・社会的空間に住むあらゆる人々が、何よりもまず、「ひとつ日本語」を話していると信じなければ、概念としての「国語」など成立するはずもない。いうまでもなく、現実の言語にはさまざまな地域的・階層的・文体的変異がかならずある。しかし、たとえそうした変異性がいかにばらばらなものであったとしても、それをまさに「変異」として把握できるのは、背後に共通で同一の尺度があるからこそである。つまり、「国語」の成立にとって、もっとも根本的なのは、現実には、どんなに言語変異があったとしても、それをこえたゆるぎない言語の同一性が存在するという信仰をもつかどうかである。現実の言語変異は二次的なものであり、想像される「国語」の同一性こそが本質的なものだという言語意識が、絶対に必要なのである。

もちろん、「国語」の体制実現のためには、「標準語政策」によってこうした言語変異をできるかぎり消滅させねばならない。しかし、言語の完全な均質性は言語そのものの本性からは実現できることではない。「国語」においては、現実の言語政策のかたわらに、かならず、さきに述べたような想像演出がともなわなければならない。

近代日本の国語意識のありかたをあきらかにしようとする際に、「国語」概念の成立過程が「日本語」の同一性そのものの確認の作業と並行していたことは、しばしば見過ごされがちである。それは、その作業が「国語」というまばゆい建築物をたてるときに、重要でありながら目立たない地盤づくりであるからである。また、「日本語」の同一性とは、手でつかみにくいプラトニックな言語意識でもある。だからこそ、鋭くて、すこぶるこまかい網をもった視覚をもたないかぎり、それはそのまま見逃されてしまう。しかし、「日本語」の同一性を、何の疑いもない自明の前提としているかぎり、C「国語」の概念がもつ、あの不思議な威力を解きあかすことは困難であろう。そこで、日本における「国語」の概念が成立する以前にあって、「ひとつ日本語」の存在にまったく確信がもてなかった人たちの思考過程を明らかにしておく作業が、どうしても必要になってくるのである。

日本の「言語的近代」は、そもそも「日本語」という言語的統一体がほんとうに存在するのかという疑念から出発した。「国語」とは、この疑念を力ずくで打ち消すために創造された概念であるとさえいえる。「国語」はできあいのものとして存在していたのではない。「国語」という理念は明治初期にはまったく存在しなかったのであり、日本が近代国家としてみずからを仕立て上げていく過程と並行して、「国語」という理念と制度がしだいにつくりあげられていったのである。

（イ・ヨンスク『「国語」という思想』）

（注1）ヴィレール・コトレの勅令――一五三九年にフランス国王が、ラテン語に代えてフランス語を公に用いることを定めた勅令。
（注2）アカデミー・フランセーズ――一六三五年に設立された、フランス語を洗練するための機関。

問一　傍線部Ａ「日本の『国語』の誕生の背景は、フランスのそれとかなり異なる」とあるが、どう「異なる」のか、一二〇字以内（句読点を含む）で説明せよ。

問二　傍線部Ｂ「『日本語』という何の含みもなさそうなこの概念」の背景にある言語についての考え方を端的に示す語句を、五字で抜き出せ。

問三　傍線部Ｃ「『国語』の概念がもつ、あの不思議な威力」について、ここで言う「威力」とはどのようなことか、九〇字以内（句読点を含む）で説明せよ。

20420